财经类专业"十四五"规划教材·智能化新形态教材

业财一体化应用与设计

主　编／李新娥　李晓月　张亚男
组　编／厦门网中网软件有限公司

图书在版编目(CIP)数据

业财一体化应用与设计 / 李新娥，李晓月，张亚男主编. --上海：立信会计出版社，2025.1. -- ISBN 978-7-5429-7655-0

Ⅰ．F232

中国国家版本馆 CIP 数据核字第 2025EB1189 号

策划编辑	王斯龙
责任编辑	汤 晏
美术编辑	吴博闻

业财一体化应用与设计
YECAI YITIHUA YINGYONG YU SHEJI

出版发行	立信会计出版社
地　　址	上海市中山西路 2230 号　　邮政编码　200235
电　　话	(021)64411389　　传　　真　(021)64411325
网　　址	www.lixinph.com　　电子邮箱　lixinaph2019@126.com
网上书店	http://lixin.jd.com　　http://lxkjcbs.tmall.com
经　　销	各地新华书店
印　　刷	浙江临安曙光印务有限公司
开　　本	787 毫米×1092 毫米　　1/16
印　　张	18.75
字　　数	432 千字
版　　次	2025 年 1 月第 1 版
印　　次	2025 年 1 月第 1 次
书　　号	ISBN 978-7-5429-7655-0/F
定　　价	49.00 元

如有印订差错，请与本社联系调换

前　　言

当前,大数据、人工智能、移动互联、云计算等现代信息技术正以前所未有的速度蓬勃发展,并深入经济社会的各个领域。企业作为微观经济主体,为了在市场中更好地生存和发展,需要不断地适应时代变化,利用科技发展带来的新技术和新工具实现财务管理变革,基于信息化技术的业财一体化模式将越来越受欢迎。通过业财一体化,实现财务向业务前端延伸,可以打通财务与业务、财务与内部利益相关者及外部利益相关者的界限,实现业务流、资金流、信息流等数据源的及时共享,并基于共同的价值目标开展计划、决策、控制和评价等管理活动,以保证业务价值创造过程高效和顺利实现。和传统系统开发模式相比,低代码业财一体化流程开发更便捷、高效。一个完整的低代码业财一体化流程平台涵盖了协同办公、业务系统流程化、流程一体化、流程管理提升等功能,能高效整合业务流程和财务流程,可以实现自动化账务处理、实时可视化分析,并具有稳定性和安全性、可扩展性和灵活性。

本书基于业财融合的理念,构建低代码业财一体化的理论框架,设计低代码业财一体化流程和方法,并通过详实的案例讲解低代码业财一体化的应用。本书主要包括三部分内容:第一部分为理论基础,主要概述数字化时代业财一体化的内涵和特征、现状和问题,以及低代码业财一体化流程的内涵,低代码平台的概念与分类、价值与选型、环境准备等;第二部分为低代码业财一体化设计基础,主要有业财数据收集(在线表单)、业财流程管理(流程引擎)和业财信息挖掘(数据工厂和仪表盘)等内容;第三部分为低代码业财一体化实战和应用,介绍薪资管理体系、费控管理体系、库存管理体系以及门店管理体系的建设和应用。本书可以作为高等院校经济管理类本科生、专科生教学用书,也可以作为企业财务人员和业务人员学习业财融合实战的重要参考书。

本书力求体现以下特色:

(1) 内容新颖,体系完整。本书是企业数字化转型背景下行业新技术与专业知识体系深度融合的呈现,顺应科技发展最新潮流和企业财务管理需要。本书不仅阐述数字化时代业财一体化理论基础和设计基础,也详细介绍基于低代码技术的业财一体化实战和应用，每章都设有章节小结、思考与练习、拓展思考等内容，便于学生形成完整的业财一体化理论体系和掌握最新的业财一体化方法，并及时进行练习。

（2）可视化呈现。本书包含丰富的图片、动画等多媒体元素，使学习内容更加生动直观，易于理解和记忆。此外，本书第八章和第九章分别是库存管理体系建设和门店管理体系建设，作为深度学习资源放在二维码中，学生可以通过扫描二维码进行学习。

（3）有机融入思政元素。本书注重课程思政融入及创新，不仅在章节内容中贯穿了法律法规意识、社会责任意识、工匠精神、科学精神等，还在课后设计了思政园地，以提升学习者的思政素质，为人才筑牢思想根基。

（4）产学研深度融合。本书是高校和企业优势互补，跨领域合作，促进科技成果转化和应用的产学研深度融合的呈现。本书内容紧密围绕行业和企业需求，使学生能够在学习过程中更好地理解和应用理论知识，增强解决企业和行业实际问题的能力，并鼓励学生在实践过程中进行创新和实践，注重培养学生的实践能力和创新能力。

本书由北京联合大学管理学院副教授李新娥、北京联合大学管理学院教师李晓月、厦门网中网软件有限公司研究员张亚男担任主编，全书共分九章，其中第一至第五章由李新娥、陈静编写，第六至第九章由李晓月、张亚男、辛舒畅等编写。

由于平台功能处于持续迭代优化的进程中，部分功能的运用与教材的描述可能存在差异。因此，我们鼓励学生充分发挥主观能动性，积极开展自主探究。在探索平台新功能的过程中，不断挖掘其潜在价值，从而提升自身的探索、创新能力。由于编者水平有限，本书可能存在疏漏，恳请读者批评指正。

编者

2025 年 1 月

目 录

第一章　数字化时代的业财一体化 ··· 1
- 第一节　企业数字化转型概述 ··· 1
- 第二节　财务数字化转型概述 ··· 8
- 第三节　数字化时代业财一体化的内涵、特征及现状与问题 ············· 14

第二章　低代码业财一体化流程 ··· 21
- 第一节　低代码业财一体化流程概述 ····································· 21
- 第二节　低代码平台基础认知 ··· 27
- 第三节　低代码平台的价值与选型 ·· 32
- 第四节　低代码业财一体化的环境准备 ································· 38

第三章　业财数据收集——在线表单 ·· 53
- 第一节　在线表单基础认知 ·· 53
- 第二节　费控报销单据设计（上） ·· 67
- 第三节　费控报销单据设计（下） ·· 88

第四章　业财流程管理——流程引擎 ······································ 107
- 第一节　流程引擎基础认知 ··· 107
- 第二节　费控报销审批流程设计（上） ································· 118
- 第三节　费控报销审批流程设计（下） ································· 125
- 第四节　智能报修派单流程设计 ··· 130

第五章　业财信息挖掘——数据工厂和仪表盘 ·························· 138
- 第一节　数据工厂和仪表盘的基础认知 ································ 138
- 第二节　费控报销统计与分析 ·· 166
- 第三节　智能报销派单统计与分析 ······································ 173

第六章　薪酬管理体系建设 ·· 185
- 第一节　薪酬管理概述 ·· 185

第二节　薪资管理系统方案设计 ·· 194
　　第三节　薪资管理系统开发 ·· 201

第七章　费控管理体系建设 ·· 244
　　第一节　费控管理概述 ··· 244
　　第二节　费控管理系统方案设计 ·· 247
　　第三节　费控管理系统的开发 ·· 254

第八章　库存管理体系建设 ·· 290

第九章　门店管理体系建设 ·· 291

第一章

数字化时代的业财一体化

学习目标

1. 了解企业数字化转型的背景、内涵及现状,了解业财一体化的发展历程,了解我国企业业财一体化的现状和问题;了解RPA、低代码、数据中台等概念。
2. 理解财务数字化转型的背景和挑战、内涵和目标,理解和掌握财务数字化转型的蓝图、路径和实施步骤;理解企业信息化和数字化的关系,理解财务数字化转型过程中财务人员角色定位的转变。
3. 掌握数字化时代业财一体化的内涵和特征,理解和掌握解决业财一体化发展中问题的方法。

第一节 企业数字化转型概述

一、企业数字化转型的背景

(一) 科技进步推动企业数字化转型

当前,互联网、云计算、大数据、人工智能等现代信息技术正以前所未有的速度蓬勃发展,并深入经济社会的各个领域,也给企业的生产经营活动、管理对象、组织结构带来重大变革,表现在以下三个方面。

1. 生产经营活动方面

在工业时代,企业的生产经营活动主要集中于生产制造过程,通过对产品制造过程的不断细分,形成一套标准化、制度化的操作程序,使成本降低效应达到最大,企业的内部控制系统也主要限于生产过程。在信息技术时代,企业的精力开始转向人员培训、研究和开发新产品(或新设备)、市场调查、计划、设计、广告营销和内部沟通等信息活动上,这些信息活动的价值在企业生产的产品(或提供的服务)中所占比重日益上升,企业生产经营活动重心的转移必然要求会计核算重点有所转移。比如,在过去的成本核算中,注重生产环节直接费用的归集、分配,随着这部分比重的下降,这种成本核算思路已无法准确反映产品的真实成本,企业有必要对费用的归集和分配方法进行重新选择,近几年兴起的作业成本法就代表了这样一种会计变革的趋势。

2. 企业管理对象方面

在工业时代,企业管理的核心主要侧重于两方面,一是对原材料、产成品、厂房和机器设备等实物资产的管理,二是对相对固定的生产和分配活动进行管理。在信息技术时代,企业管理更多集中于对以信息技术为基础形成的一系列知识资产的管理,这些知识资产包括人力资源的研究和开发、顾客需求信息、企业创新能力、技术标准等,具有无形性、独占性、高收益性、不确定性等明显区别于传统实物资产的特征,它们正成为现代企业财富创造的主要源泉,并决定着企业的未来生存和发展。因此,现代企业管理的重点是如何有效地借助全球信息网和专家信息系统的建立,使企业得以不断获取知识、积累知识,进行知识资产的优化组合和创新,如何通过对人才的挖掘和培训,激发出他们的主动性和创造力,从而形成企业的核心竞争力。需要注意的是,能够为企业带来巨额"未来经济利益"的知识资产在传统的财务报表中却无一席之地,表明传统的会计模式存在无法适应现实的严重缺陷,未来会计必须在对一系列知识资产的确认、计量和报告上进行创新,对历史成本原则、稳健原则、充分披露原则等进行改革。

3. 企业组织结构方面

在工业时代,企业组织结构是一种纵向的、多层次、等级式的管理结构,呈"金字塔"形,居于"塔尖"的企业决策者与一线员工之间,一般不存在直接的沟通,而是通过中间管理层进行"上传下达",职能部门间存在严格的"专业分工"。这种垂直的集中式管理方式,虽然消除了大中型组织管理中可能存在的冲突和混乱,但由于信息传递和反馈手段的落后(单纯依赖中间管理层),企业组织机构臃肿,缺乏应变能力,管理成本高昂。在信息技术时代,企业组织开始经历一场"扁平化"革命,劳动分工出现非专业化分工趋向,企业各部门功能融合、交叉开始出现,科层制管理方式的运行基础被削弱,人工智能将辅助组织内层次式信息结构转化为网络式信息结构,AI技术和工具的普及与应用将促进知识配置方式和组织流程发生变革,企业资源计划(enterprise resource planning,ERP)系统的逐步成型和推广运用,不仅使企业内部上下级之间、多功能小组之间的信息交流变得快捷,而且使企业与它的供应商、分销商、客户群之间也能够高效地进行信息交流和共享。激烈的市场竞争和进一步提高效率的愿望,促使它们借助发达的信息技术,整合各自的资源,形成一个虚拟的利益共生体,能够根据环境的变化不断做出统一、迅速的整体行动和应变策略。在某种程度上,这是企业组织在内部"扁平化"后,向外部做出的一种功能延伸。企业组织结构的这种变化对会计的最大影响是:会计已不可能再固守自己封闭式的信息孤岛状态,必须打破传统分工界限,积极与销售、生产、人事等系统集成,形成共享数据库,提高对企业决策的支持功能。

(二)国家政策鼓励企业数字化转型

近些年来,有关数字经济、企业数字化转型发展的政策红利得到充分释放,党和国家高度重视企业数字化发展,在政策加持下,传统产业快速向数字化、智能化方向发展。企业数字化转型是深入学习贯彻习近平总书记关于推动数字经济和实体经济融合发展重要指示精神的具体体现,是改造提升传统动能、培育发展新动能的重要手段。

2020年9月,国资委发布《关于加快推进国有企业数字化转型工作的通知》,该通知系统明确了国有企业数字化转型的基础、方向、重点和举措,引导国有企业不断准确识变、科学应变、主动求变,加快提升传统动能、培育发展新动能。伴随着经济全球化和新技术对市场、行业的重塑变革,复杂多变的国内外环境对财务及时性、精确性、有效性的要求与日俱增,财务必须不断优化管理能力,以应对外部环境的不确定性风险;在我国高质量发展阶段,传统的财务管理模式容易造成集团财务管控薄弱、资金使用效率不高、资本运营能力不足等问题,国有企业在对标世界一流管理能力、建设世界一流财务管理水平的过程中仍有较大提升空间。以财务数字化转型带动国企全面数字化转型,适应新技术变革对企业战略、经营的创新要求,明晰社会责任,发挥国企在行业、社会数字化转型中的引领作用,需要明确财务数字化转型的新逻辑。

2021年3月12日,《中华人民共和国国民经济和社会发展第十四个五年规划和2035年远景目标纲要》全文发布,提出应以数字化转型整体驱动生产方式、生活方式和治理方式变革,打造数字经济新优势,需充分发挥海量数据和丰富应用场景优势,促进数字技术与实体经济深度融合,赋能传统产业转型升级,催生新产业新业态新模式,壮大经济发展新引擎。

在国家政策的引领下,中华人民共和国工业和信息化部、中华人民共和国财政部(以下分别简称工信部、财政部)等部委出台了多项相关产业政策,加快推动企业数字化转型进程。历年相关产业政策如表1-1所示。

表1-1 历年工信部、财政部等部委出台的相关产业政策

发文部门及文件名称	政策相关内容
工信部、财政部:《智能制造发展规划(2016—2020)》(以下简称《规划》)	加快发展智能制造是培育我国经济增长新动能的必由之路,是抢占未来经济和科技发展制高点的战略选择,对于推动我国制造业供给侧结构性改革、打造我国制造业竞争新优势、实现制造强国具有重要战略意义。《规划》的指导思想是将发展智能制造作为长期坚持的战略任务,分类分层指导,分行业、分步骤持续推进,实施数字化制造普及、智能化制造示范引领,以构建新型制造体系为目标,以实施智能制造工程为重要抓手,着力提升关键技术装备安全可控能力,着力增强基础支撑能力,着力提升集成应用水平,着力探索培育新模式,着力营造良好发展环境,为培育经济增长新动能、打造我国制造业竞争新优势、建设制造强国奠定扎实的基础
工信部:《工业互联网发展行动计划(2018—2020)》(以下简称《计划》)	2018—2020年是我国工业互联网建设起步阶段,对未来发展影响深远。为深入实施工业互联网创新发展战略,推动实体经济与数字经济深度融合,有关部门制订该行动计划。《计划》的指导思想是坚持新发展理念,按照高质量发展的要求,以供给侧结构性改革为主线,以全面支撑制造强国和网络强国建设为目标,着力建设先进网络基础设施,打造标识解析体系,发展工业互联网平台体系,同步提升安全保障能力,突破核心技术,促进行业应用,初步形成有力支撑先进制造业发展的工业互联网体系,筑牢实体经济和数字经济发展基础
工信部:《工业互联网创新发展行动计划(2021—2023)》(以下简称《行动计划》)	2021—2023年是我国工业互联网的快速成长期。为深入实施工业互联网创新发展战略,推动工业化和信息化在更广范围、更深程度、更高水平上融合发展,相关部门制定了该计划。《行动计划》明确指出将开展网络体系强基行动、标识解析增强行动、平台体系壮大行动、数据汇聚赋能行动、新型模式培育行动、融通应用深化行动、关键标准建设行动、技术能力提升行动、产业协同发展行动、安全保障强化行动、开放合作深化行动11项重点任务。其中一项发展目标为"进一步彰显融合应用",体现在智能化制造、网络化协同、个性化定制、服务化延伸、数字化管理等新模式新业态广泛普及;重点企业生产效率提高20%以上,新模式应用普及率达到30%,制造业数字化、网络化、智能化发展基础更加坚实,提质、增效、降本、绿色、安全发展成效不断提升

(三)企业自身发展需要数字化转型

从市场竞争的角度看,由于现代市场变化迅速,竞争激烈,为了在市场中生存和取得竞争优势,企业需要不断适应变化,提供更高质量的产品和服务,数字化转型可以帮助企业更快速地适应市场需求和变化,以满足客户不断演变的需求,保持客户的忠诚度。从效率和生产力的角度看,传统业务流程可能会导致效率低下和资源浪费,而数字化转型可以帮助企业优化各项流程,提高企业生产力,降低成本,从而增强自身的竞争力;从决策管理角度看,数据获取是企业决策的关键因素之一,数字化转型提供了更多相关数据和重要信息,使企业能够更高效地制定决策,降低风险,更好地理解市场和客户;从技术发展的角度看,云计算、物联网、人工智能等新兴技术为企业提供了更多的实用工具和数据资源,可以帮助企业提高效率、扩展业务等。因此,数字化转型是企业顺应时代的必然要求,是企业信息化发展的必然阶段,是企业打造竞争力的必然选择,是企业降本增效的内在需求,是企业流程再造的必由之路,也是回应市场、客户、效率和创新等多方面需求的策略举措,是企业自身发展的必然选择。

二、企业数字化的内涵

(一)数字化与信息化

数字化是基于移动互联网、大数据和人工智能等新一代信息技术,对商业流程或作业方式进行赋能、改造和重塑,从而实现从最终用户到中后台的全流程自动化,进而产生新的商业模式。信息化是指企业将自身的业务经营活动,人、财、物的管理过程等,通过各类信息系统"从线下搬到线上",减少人工处理,方便企业的运营和决策,并不改变公司现有的商业流程。

数字化与信息化的区别如表 1-2 所示。

表 1-2 数字化与信息化的区别

项目	信息化	数字化
时代背景	互联网+ERP	大、智、移、云、物、区
应用范围	单个系统	全域集成
数据分析	数据统计模型	算法模型
数据价值	数据只是数据	数据沉淀为资产
业务数据	业务生成数据	数据赋能业务
核心价值	提升管理效率	重构商业模式
驱动模式	流程驱动	数据驱动
管理要素	组织+流程+系统	场景+数据+算法

具体来说,两者的区别在于:

(1)时代背景不同。信息化是建立在互联网与 ERP 的基础上,而数字化则扎根于大数据、人工智能、移动互联网、云计算、物联网和区块链的时代背景中。

(2)应用范围不同。信息化侧重于单个系统的应用,而数字化则更倾向于全面的系统集成和整合。

(3) 数据分析方式不同。信息化倾向于使用数据统计系统,而数字化则更注重算法模型的应用。

(4) 数据价值不同。信息化阶段的数据仅仅是数据,而数字化阶段的数据则更多地转化为实际资产的积累。

(5) 从业务和数据关系的角度来看,信息化阶段业务主要产生数据,而数字化阶段则将数据赋予业务能量和创新。

(6) 核心价值不尽相同。信息化侧重于提升管理效率,而数字化更关注商业模式的重构与创新。

(7) 驱动模式有差异。信息化更侧重于流程驱动,而数字化更倾向于数据驱动。

(8) 管理要素不同。信息化的管理要素主要包括组织、流程和系统,而数字化则更加注重场景、数据和算法的整合应用。总体来看,信息化是企业转型的初级阶段,着重于提高企业内部的管理效率,而数字化是企业转型的进化阶段,着重于企业运营的全面优化和商业模式的重构。

(二) 企业数字化的含义、特点及意义

1. 数字化的含义和特点

数字化是将信息、数据、内容、过程和操作转化为数字形式或以数字方式进行处理、存储、传输和交互的过程。企业数字化有以下七方面特点。

(1) 数据表示。数字化涉及将模拟数据(如文字、图像、声音、视频等)转换为数字形式,以便计算机和数字系统能够理解和处理。该过程涉及采样、量化和编码等技术。

(2) 数字存储。数字化后的数据以数字格式存储在电子设备、计算机硬盘、云服务器或其他数字存储媒体上,使得数据可以轻松地被保存、检索和备份。

(3) 数字传输。数字化的数据可以通过数字通信网络以电子方式传输,包括互联网、局域网、移动通信网络等。这种传输方式通常更快速、稳定和可靠。

(4) 数字交互。数字化使得人们可以通过数字设备和界面进行交互,如计算机、智能手机、平板电脑等。这种交互可以包括文本输入、点击、滑动、语音命令等。

(5) 数字化内容。数字化使得文档、图书、音乐、电影、照片和其他媒体内容可以以数字形式存储、传输和分发,这也促进了数字媒体的发展。

(6) 自动化和智能化。数字化为自动化和智能化提供了基础,通过算法、人工智能和机器学习等技术,数字化系统可以自动化地执行任务、提供个性化服务。

(7) 数据分析和洞察。数字化数据可用于数据分析,可帮助企业制定决策、解决问题等。

总之,数字化的内涵涵盖了将信息和数据转化为数字形式,并在数字系统中处理、存储、传输和交互的过程。这一概念在现代社会和科技领域中起到了重要的作用,促使众多领域的发展和创新。

2. 数字化转型的意义

数字化转型的意义表现在以下三方面。

(1) 客户体验方面。数字化转型使客户享受到简洁流畅的美好体验,实现全程在线连

接,实时无等待。

(2) 运营管理方面。数字化转型可以在全流程实现相关人员的即时连接和知识共享,通过数字技术驱动实现商业决策智能化。

(3) 商业模式方面。数字化转型将带来新的产品和服务,进而催生全新的组织模式和资源配置,推动企业跨界发展。

三、企业数字化转型的现状

(一) 全球数字化转型现状

全球数字化转型是指全球范围内各行业和组织采用数字技术和创新来改善业务流程、提高效率、提供更好的产品和服务,并适应不断变化的市场需求和竞争环境的过程。这一趋势在全球范围内迅速发展,受到了数字化技术、云计算、大数据、人工智能、物联网等新兴技术的推动。全球数字化转型影响着各个行业,包括制造业、金融、医疗保健等。在全球数字化转型的背景下,各国政府、企业和社会各界都在积极探索数字化战略,以应对未来的机遇和挑战,包括政策制定、数字化技能培训、创新投资以及建立数字基础设施等。全球数字化转型将继续塑造未来的商业和社会格局,对全球经济和可持续发展产生深远影响。

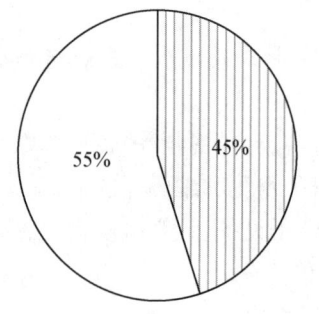

图 1-1　2021 年全球 47 个主要经济体数字经济占比

数字经济全球化改变了世界经济运行机制,全球数字经济规模持续扩张。各国纷纷把数字经济作为提升经济发展能力的重要手段,将构建全球数字贸易规则作为参与新一轮全球化竞争的关键。2021 年,全球 47 个主要经济体数字经济规模为 38.1 万亿美元,较 2020 年增长 5.1 万亿美元,占 GDP 比重 45%,如图 1-1 所示。面对巨大的数字经济市场,全球大部分企业都开始了数字化转型进程,数字经济发展活力持续释放,数字经济全球化也是社会生产力发展的客观要求和科技进步的必然结果。

在全球数字化转型的浪潮中,企业数字化转型有三大特点。

(1) 从被动转换为主动。全球数字化转型正迅速改变着商业和社会的面貌。这一变革不再仅仅将数字化视为提高生产效率的被动工具,而是将其提升为一种主动战略,旨在塑造创新的发展模式,强化发展质量,适应快速变化的环境。在过去的几十年里,数字化技术已经从辅助的角色逐渐演变为主导力量,从计算机的普及到互联网的崛起,再到现代云计算、大数据分析和人工智能等技术的快速发展,数字化已经成为各行各业的核心。这一转变正在塑造未来的商业和社会,为企业带来了巨大的机会和挑战。

(2) 从片段型转为连续型。全球数字化转型正在推动企业和组织重新思考数字化的范围和目标。过去,数字化主要侧重于对局部生产和经营环节的参数获取和分析,以提高效率和精确性。现在,随着数字技术的不断进步,数字化的范围已经从局部扩展到了全局,将重点从微观层面的参数获取和分析转向了宏观层面的全局流程和架构的诠释、重构及优化,这一转变反映了数字化转型更广泛更具战略性的愿景。

全球数字化转型从片段型转为连续型,意味着企业不再只致力于优化独立的生产和经营环节,而是着眼于整个价值链和业务生态系统。全球数字化转型的目标之一是实现端到端的可视化和控制,以便更好地理解和管理整个业务过程。这要求企业将全局流程纳入数字化转型的范畴,并通过数据收集、分析和可视化促进对整个价值链和业务流程的全面理解,发现并改进低效环节,消除冗余和浪费,从而实现对全局流程的优化与革新。

(3)从垂直分离转变为协同集成。全球数字化转型正在经历一场深刻的演变,数字化的范围从单一环节、行业和领域扩展到了对整个产业生态体系的全面映射,即从垂直分离转变为协同集成。传统上,数字化主要集中在改进诸如生产、销售或客户服务等某个特定环节的效率,随着数字技术的进步,企业逐渐意识到数字化的力量能够深刻影响整个产业链,这意味着企业需要考虑如何与供应商、合作伙伴和客户进行数字化协同,构建更加高效、有竞争力的生态体系。

另外,全球数字化转型促进了不同行业之间的协同和整合。传统上,各行业通常相对独立运营,但数字化转型正在打破这种界限。通过数字化技术的应用,不同行业可以更好地协同合作,共享数据和资源,创造新的跨界业务机会。例如,物联网技术可以将农业、物流和零售等领域连接起来,实现从农田到餐桌的供应链可视化和优化。这种产业间的协同集成有助于提高效率,降低成本,并创造更多的价值。

(二)国内数字化转型现状

2021年,我国数字经济延续蓬勃发展态势,规模达45.5万亿元,如图1-2所示,有效支持我国经济的持续发展。我国人口众多,产业门类齐全,数字化转型的应用场景十分丰富,数字化转型的市场需求也较为稳定,这促进了数字化应用及产业生态建设。随着企业数字化转型需求的增加,使用云服务、边缘计算产生的数据会不断扩展,这也会形成更多有待挖掘的生产数据。另外,我国还加大了数字中心的建设力度,2022年开始实施"东数西算"战略,引导政府和企业将数据中心和算力向枢纽城市倾斜,有助于我国形成更有竞争力的数据产业。

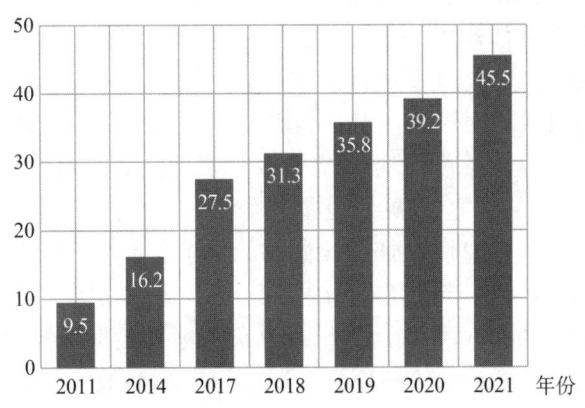

图1-2 我国数字经济规模(单位:万亿元)

第二节 财务数字化转型概述

一、财务数字化转型的背景和挑战

（一）财务数字化转型的背景

一方面，在科技进步的推动下，大数据、人工智能、移动互联网、云计算、物联网、区块链等新一代信息技术在各行各业的快速渗透，数字化已经演变成为当今社会经济发展的时代潮流；另一方面，在我国经济转型升级和全球化进程不断加快的大环境下，企业间的竞争不断加剧，成千上万的企业都在寻找新的变革动力来提升自己的核心竞争力。随着新技术的持续发展，企业对财务和业务数据的要求越来越高，财务数字化转型已成为大势所趋，并成为大多数企业的共识。

（二）财务数字化转型的挑战

1. 数字化基础设施不健全

数字化基础设施的健全性对企业顺利进行财务数字化转型来说至关重要。然而，原有的财务信息体系在数字化转型的背景下显得相对过时，不足以满足现代业务需求，难以实现实时数据收集和分析，也不够灵活以适应快速变化的业务环境。因此，这要求企业需要积极地更新和升级数字化基础设施，以支持更现代、高效的财务数据管理和分析。

另外，信息孤岛和业财融合缺失也是数字化基础设施不健全的体现。信息孤岛是指不同部门或业务单元之间独立运作，数据难以共享和整合的情况，这容易导致数据重复、不一致，以及难以实现全面而准确的数据分析等情况，增加了沟通的成本。业财融合缺失则表示业务和财务部门之间的协同性不足，业务决策和财务决策之间缺乏紧密的集成。

2. 财务人员认知及定位不清晰

数字经济的持续发展，需要将数字化深入融合到财务人员日常工作当中，企业当前迫切需要数字化人才为其财务数字化转型提供高质量的服务，这一转变也要求财务人员重新审视自己的角色和职责，在其认知和定位方面带来了一系列挑战。

首先，财务人员必须对传统财务职责进行重塑。传统上，财务部门主要负责财务报表的编制和审核，以确保合规性和财务透明度。然而，随着企业环境的变化，财务人员需要具备更广泛的能力，包括了解业务运营、市场动态以及数字技术的应用等，这意味着他们需要逐步培养既懂财务又懂业务的能力，以更好地参与战略决策和业务优化。

其次，财务人员的流程管理和数据分析能力变得至关重要。现代财务职能不再仅仅局限于报表和账务处理，还包括了流程优化和数据分析，财务人员需要能够理解和管理跨部门的业务流程，以提高效率和降低成本。此外，要从大量财务数据中提取关键信息、针对性地制定战略以及做出决策，需要具备较好的数据分析能力，这要求财务人员熟练掌握数据分析工具和技术，以更好地支持企业的业务发展目标。

最后，财务角色的前置化和做到全流程管控也是财务人员必须面对的挑战。传统财务部门在业务流程中的角色较为被动,主要关注事后的财务报告和审计。现代财务部门要求在业务流程中前置,参与事前、事中的决策规划和中间流程管理,预防潜在的财务风险和问题。

3. 技术高速迭代带来的跨界挑战

财务数字化转型过程中,财务人员对其身份认知将产生巨大的转变,很可能会产生"技术焦虑"。

传统财务部门主要专注于财务管理和报表编制,财务人员的角色被界定为财务专家。然而,随着数字化技术的快速发展,财务人员需要不断适应新的技术工具和方法,扩展其技能和职能范围。这种身份认知的变化可能导致财务人员产生焦虑,担心自己是否能够适应新的要求和角色。

技术高速迭代要求财务人员具备持续学习的能力,以不断适应新的技术工具和趋势。数字化转型不仅仅改变了财务流程,还带来了数据分析、云计算、人工智能等技术的广泛应用,财务人员需要主动学习并掌握这些新技术,以更好地满足业务需求。此外,财务人员需要与数据分析师、数据架构师、软件工程师等跨界专家合作,共同解决复杂的数字化挑战,这要求财务人员具备良好的协作能力以及跨领域沟通的能力。

二、财务数字化转型的内涵和目标

(一) 财务数字化转型的内涵

财务数字化转型是指企业在财务领域运用大数据等技术来重构财务组织和再造业务流程,从而提高财务工作的质量和效率,更好地赋能业务、支持管理、辅助经营和支撑决策。从本质上来看,财务数字化转型主要是由企业改革发展的客观需求决定的。互联网经济不仅对企业商业模式产生巨大冲击,也对传统财务系统和财务管理模式提出了更高的要求,由此财务数字化转型的需求变得更加迫切。财务数字化转型也是企业降本增效的内在需求,将数字技术应用到企业财务管理中可以帮助企业更好地管理固定资产的运转并加快费用报销处理速度,财务工作将变得更趋自动化和智能化。

(二) 财务数字化转型的目标

无论数字技术影响如何深刻,财务工作的初心永远都是推动乃至引领企业的价值创造。为实现该价值,财务数字化转型工作的整体目标可以归纳为以下四点。

1. 业财系统重构

业财系统重构是财务数字化转型工作的首要目标。其涉及对企业内部的财务管理系统进行重新构建和升级,从而打破"数据孤岛",促进数据集成和共享,提高财务数据的准确性和可靠性,确保其能够更好地支持业务需求,加强对财务风险的监控和控制,并提供更高效的财务决策支持。

为实现业财系统重构的目标,企业需要对现有财务系统进行全面审视和分析,确定需要改进的方面,选择先进且适合企业的财务管理软件;可以考虑引入新的技术和工具,如人工智能、大数据分析和区块链等,以提升系统的性能和功能,确保系统间的互操作性,建立智能报告和分析机制,以支持数据驱动决策;还需要与相关部门和业务团队密切合作,确保系统的设计和实施符合企业的实际需求。

2. 财务流程重构

财务流程重构是指企业重新设计并优化财务管理流程，通过数字化手段提升效率、降低成本，实现自动化处理和实时监控，并加强风险管理及合规性。这一目标的意义在于简化复杂的财务操作流程，加快财务数据的处理速度，减少人工错误，并提高对财务流程的监控和管理能力。

为实现财务流程重构的目标，企业需要对现有的财务流程进行全面的评估和分析，找出存在的瓶颈和问题；可以借助数字化技术，如自动化软件和工作流程系统，对财务流程进行重新设计和优化；还需要对财务团队开展必要的培训活动，以确保财务人员熟悉新的财务处理流程，并能够有效地运用新的财务工具。

3. 财务职能重构

财务职能重构是指企业重新定义和定位财务人员职能，强调人力资源的转型与升级，以适应数字化时代的要求。这一目标的意义在于转变财务部门的角色和职责，使其能够积极地参与到企业的战略决策和价值创造中。

为实现财务职能重构的目标，企业需要明确财务职能的定位，确定其在企业中的价值和作用；可以通过改变组织结构、提升财务人员的专业技能和知识水平，加强与其他部门的合作和沟通，从而促进财务职能的转型和升级；另外，还应注重培养员工数字化技能、提升财务人员的数据分析能力，结合企业发展目标重塑财务人员的工作职责，使其参与到整体战略规划的进程中。

4. 数字赋能

数字赋能是指企业利用数字技术和工具，如人工智能、大数据分析、区块链等，来改进财务决策、加强风险管理、提高预测分析能力。将数字技术和工具融入财务运营中，能够提升财务工作的效率和质量，增强财务团队的工作能力，提高企业的竞争力和创新能力。这一目标的意义在于推动财务数字化转型的全面实施，实现财务工作的自动化、智能化和高效化。

为实现数字赋能的目标，企业需要推动数字技术的应用和创新，如人工智能、机器学习、数据分析和云计算等。同时，还需要培训和提升财务团队的数字技术能力，保持与时俱进，能够灵活应对日益复杂的业务环境。此外，还需要建立相应的数据安全和隐私保护机制，以确保财务数据的安全和合规性；企业也应持续关注新技术发展趋势，进行定期的技术更新和系统升级，并确保技术与业务目标保持紧密对齐。

财务数字化转型，通常需要从以下六方面实现。

（1）转变管理理念。持续关注并梳理现有的工作内容和流程，及时发现问题，通过多方位沟通，打破传统思考方式，更灵活地去调整和优化业务流程，管理理念要从管控到赋能。

（2）转变组织体系。打造数字化的财务团队，采用"AIA"的模式——"AI"是指人工智能，"A"是指会计师；将目标、人员以及组织与整体转型路径相匹配，通过"管理＋运营＋技术"的转型，打造一支灵活、高效、全面的财务专业团队。

（3）转变工作习惯。传统以人为中心的业务流程和工作方式将转变为以"人＋机器"为中心，实现人机多重交互等新型工作方式。

（4）转变流程管理。财务人员深度参与公司从业务规划到再投入全生命周期的管理，具有贯穿性和全局性的特点；财务人员要有全链路的思考模式和工作方式，延伸到业务的上下游环节，以目标为结果导向来推进财务工作，提升价值。

（5）转变系统建设。建立系统模块基础，打破"数据孤岛"，通过数据治理解决数据规范不统一、数据不贯通等问题；设定以数据为驱动的流程，实现数据创造价值。

（6）转变职能定位。财务数字化背景下，财务部对管理层决策的支持，需要从事后协助转变成事前预测、事中预警及事后分析；财务人员未来的定位将转变为价值经营模型的设计者、财务服务数字化平台的搭建和维护者，以及数据的挖掘者。

三、财务数字化转型的蓝图、路径和实施步骤

（一）财务数字化转型的蓝图

财务数字化转型是一个需要管理理念、业务、技术、战略、组织、人员和文化高度融合的过程，也是一项复杂的工程，只有从整体及融合的角度去准备，做好蓝图规划，才能走好数字化转型之路。

1. 以价值导向为核心

财务数字化转型要时刻紧扣财务管理的终极目标，推动乃至引领企业价值创造。传统财务工作场景如财务核算、差旅费报销、资金管理、记账对账、稽核审批等，要以效率、效果、用户体验、风险控制、成本控制为价值导向，赋能管理决策。

2. 以"业财融合＋数据驱动"为方向

财务工作涉及数据的完整生命链（采集、清洗、存储、挖掘、应用、赋能），贯穿业务属性到财务属性再到业财融合的全过程，财务管理工作需要前置到业务端。组织中的财务人员由原先只负责单一职能转变为可以灵活交互从事复合型工作的状态，财务人员根据目标或项目灵活组合来实现敏捷管理。

3. 以"战略财务管理＋数字财务运营＋智能财务决策"为目标

战略财务管理、数字财务运营、智能财务决策三者共同拉动企业战略目标，实现价值提升。在财务运营中通过角色转型，实现敏捷管理和降本增效，通过数据赋能使财务决策实时高效。

4. 以"流程再造＋系统交互＋平台集成＋自动智能"为手段

传统流程式管理模式下，业务是基于管理层级和功能划分逐层推进的，随着企业规模的持续增长和业务流程的不断复杂化，原有系统已经无法满足要求，也可能会限制数字化转型的推进。财务数字化转型要求从流程再造开始，通过系统交互避免形成"数据孤岛"。在系统无法交互的情况下，通过搭建一体化平台打通系统间的断点，结合各种自动智能技术的应用，推动传统应用向现代化应用演进。

（二）财务数字化转型的路径

1. 组织重构：财务专家＋创新管理模式

财务数字化转型过程中，底层核算处理财务人员骤减，企业一方面需要更多的财务专家参与决策支持活动，另一方面还需要建立敏捷型组织和创新团队，创新业务流程和管理方

式,帮助企业优化组织结构和业务流程,以达到数据驱动、提高洞察力、优化决策、改善效率的目标。

2.体系重塑:新系统+新技术工具

历次科技革命都催生新的产业格局,以云计算、大数据、人工智能为代表的新一代数字技术不但成为经济增长的新动能,也是财务数字化转型的第一驱动力。新技术与财务场景的深度融合,形成了一系列新的技术和系统,重塑后的"新技术+新系统"体系将为财务工作开创新局面。

3.流程再造:数字化+全链路

财务数字化不仅仅是把流程从线下搬到线上,而是全链路的流程再造。财务人员要从根本上意识到工作要以数据为驱动,数据从产生到流转的过程中要被不断地附上标签和属性,将业务数据转化为财务属性数据,进行业财数据的融合,并以此对流程进行梳理重构,实现全链路的流程再造。

4.决策支持:数据全生命周期+数据赋能

数字化转型的一大目标是建立基于数据驱动决策的流程型组织,数据驱动是基于系统中采集到的数据,通过数据建模和机器学习,实现基于数据的分析和决策体系的输出,贯穿数据的全生命周期。而流程驱动是数据驱动的基础,所以数字化转型不能仅依靠数据驱动,还必须以流程搭建为基础来确保数据的输入和输出。为了提供决策支持,财务需要前置数据标准,从数据采集、数据流转交互及数据挖掘全过程搭建数据颗粒度规则,这就需要财务人员转型为懂战略、懂业务、懂数据分析的复合型人才,甚至转型为数据科学家,财务人员角色定位在此转变中也会发生变化,如图1-3所示。财务人员要改变作为传统"账房先生"的思想观念,走出舒适区,应新而变,成为系统的主人、数字化变革的领导者、需求分析和数据分析专家、企业战略合作伙伴,积极主动地参与和推动财务数字化转型,实现财务团队和整个组织的共同进步。

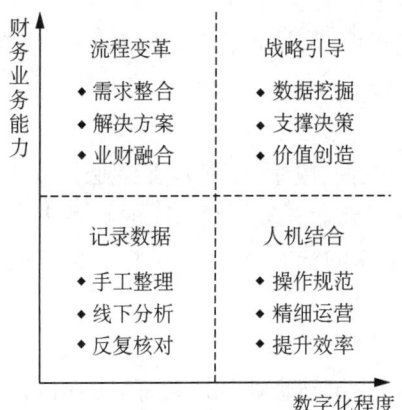

图1-3 财务人员的转型

(三)财务数字化转型的实施步骤

财务数字化转型是企业数字化转型的重要组成部分,也是提高企业财务管理水平和工作效率的重要手段,转型步骤应该是系统性、渐进式的,具体步骤如下。

1.创建"目标+自主"型财务组织

数字化转型过程中如果缺乏配套组织和管理模式的支持,新财务角色可能会由于无法与组织适配而无所适从。因此,企业应创建一个目标自主型的财务组织,整个组织有一致的使命、愿景和价值观,同时有明确的规则,财务人员的工作内容将打破职能边界,以共同目标为前提,快速形成应对模式,这样可以更好地激发组织效能及实现价值流转。

"目标+自主"型财务组织以系统、流程及数据作为底层支持,搭建起贯通且稳固的目标型协同运维体系,实现标准化、专业化、可拓展化的结合。"目标+自主"型财务组织有以下四个子组织体。

1) 战略财务

战略财务是企业战略的参与者和推动者。战略财务管理包括四个方面:①参与公司发展战略的设计和规划;②基于公司战略设计商业模式以及匹配该商业模式的财务模型;③进行有效的资源配置;④通过预算管理和绩效考核来确保公司战略的实现。战略财务需要将企业的长期目标(包括财务目标、客户目标、内部流程目标等)和行动计划转换为可量化的财务预测模型,在不同的经营、投资和筹资的预设条件下,模拟和分析目标指标及数据。

2) 财务 BP

财务 BP(finance business partner)是指拥有财务技能的业务合伙人。财务 BP 就是将财务的触觉主动前置到业务活动中,深入了解业务模式,追踪业务动态,积极促进业财的跨部门协同,让财务业务化,业务理性化,努力促成业务财务的双向融合,为决策提供支持,从而赋能企业发展。相对于业务人员,财务 BP 的业务方向更偏向于全局、数据维度、制度设计、资源配置等非业务细节实操,如销售指标的分配,经销商的价格政策、激励政策和合同签订过程中的风险把控,销售奖金的设计,市场费用的分配等。

3) 财务共享服务中心

财务共享服务中心的特征是财务管理职能的标准化和去重复化。财务共享服务中心可以将不同地点的会计业务集中起来记账和报告,它是一种会计和报告业务的管理方式,可以保证会计记录和报告规范完整、结构统一。财务共享服务中心的建设主要基于财务分层,把一些最繁琐但不增值的事务性财务业务,如费用报销、应收应付、总账报表、成本核算等进行改进、梳理和统一,大幅提高财务基本核算和审核的效率,同时为企业提供大数据和必要的基础分析。财务共享服务中心是一种战略性业务架构,它以实现客户价值为导向,促使组织聚焦核心能力,创造更大的价值。

4) 财务数字化卓越中心

财务数字化卓越中心(center of expertise, COE)是财务数字化转型的助推器。利用卓越中心的机制,建立一套目标和工作机制明确、跨团队的组织模式,可以有效进行工作搭配,持续优化追求卓越。卓越中心设立的总目标是作为财务数字化转型的指挥部,指导各项财务数字化建设工作。卓越中心有四个核心特点:①架构性,建立认知一致的规则、明确的标准。②共享性,共享财务数字化的知识、技能、资源和最佳实践。③目标性,沿着一致的目标轨道前进。④机制性,明确组织职责、组织形式、成员分工及运行机制。

2. 搭建基础系统平台

搭建系统过程中遵循从简单到复杂的原则,通过系统及平台的搭建从而建立起数据交互的基础。常见的基础系统包括:①财务核算系统或 ERP。完成常规会计记账及报表功能,同时为对接前后端数据源留好对接标准,以便后续根据数据可以自动推送。②协同 OA 并对接费控和采购的管理系统。完成报销、采购到付款,包括电子合同管理全流程的线上推进。③资金和税务管理系统。管理各项资金业务;打通业财相关的税务发票管理。④电子会计档案系统。实现凭证、账簿、报表电子化;合同、采购、核算、资金、税务等系统信息以电子化方式关联存档,实现无纸化的财务管理。

3. 通过系统和数据交互,减少信息孤岛

传统的财务处理流程都是基于线下操作习惯在流转,由于存在数据断层,会在流程中设置更多的处理节点。因此,在搭建系统的过程中企业需要时刻梳理和重构已有的线下处理流程。不能像信息化那样,把线下流程简单复制或照搬到线上来。

在数字化转型过程中,最终要形成具有企业特色的统一管理平台,通过流程标准化管理进行协同。以目标价值为驱动,从线上数据流通的维度重塑流程。因此,企业需要结合现代化的信息技术敏捷响应需求,打通系统,消除"信息孤岛",拔掉"数据烟囱"。

4. 实现财务决策支持的数智化

当企业打通系统并完成数据治理,通过统一的数据标准使数据和业务情况都清晰呈现时,企业可以利用大数据进行标准化、智能化、可视化和移动化的报表分析,可以实时监控、处理各项交易数据,提高风险预警能力,还可以进一步借助数字化工具卓越的计算能力对数据进行挖掘,从而对企业决策做出有效支撑。

以业务需求为起点,通过数据分析,最终支持决策的步骤如图1-4所示。

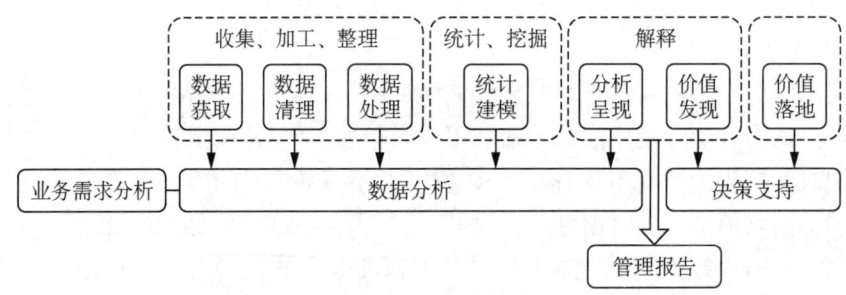

图1-4 实现财务决策支持数智化流程图

通过数据中台,企业可将分散的业务进行数据整合,和财务数据形成联动,构建集数据采集、数据存储、数据加工、数据分析、数据展现为一体的数据全生命周期建设模式,集中存储的财务标准化数据,可通过Power BI等工具呈现,形成各类报告提供决策支持。简言之,数据中台的使命就是要让数据用起来。

第三节 数字化时代业财一体化的内涵、特征及现状与问题

一、业财一体化的内涵

业财一体化是指通过财务向业务前端进行延伸,打通财务与业务,财务与内、外部利益相关者的界限,实现业务流、资金流、信息流等数据源的及时共享,基于价值目标共同作出规划、决策、控制和评价等管理活动,以保证业务价值创造过程的实现。

业财一体化的关键要以价值链为核心,关注业务链条中的不增值环节和节点,并利用信息化与智能化消除流程中的非增值部分。业财一体化是长期、复杂的系统工程,也是不断优化的动态过程。业财一体化的内涵可以从四方面理解:①业财一体化的"财"秉持的是"大财务观",包含核算财务、管理财务和战略财务三个层面。②业财一体化的目的是推动财务转型升级,实现企业价值重塑;业财紧密配合,产生"1+1>2"的协同效应。③业财一体化的前提是通过信息化实现各种数据的实时共享,通过数据分析为决策行动提供参考。④业财一体化的路径是"融合",以技术手段为媒介,融合业务和财务,更好地为企业创造价值。

二、业财一体化的特征

1. 业财一体化重在流程重塑

业务和财务的流程重塑是业财一体化的首要环节。一方面,财务管理流程起点需要前置于业务流程之前,使业务工作和财务工作高效协同;另一方面,业务流程的全过程要为财务提供及时完整的业务数据,使其成为财务数据的基础,最终为企业决策和风险控制提供参考。

2. 业财一体化以企业生产经营活动全过程为管理对象

财务人员要全程参与企业经营管理活动,事前进行评估和预测,事中实施监督和控制,事后分析和评价,并将结果及时传递给业务部门,及时有效地改进业务流程,提高业务水平。

3. 业财一体化共享知识和信息

业财一体化需要共享知识和信息,将财务部门和业务部门各自拥有的专业知识和信息进行融合,共同创造最大价值。

4. 业财一体化以组织协同和理念融合为实现路径

实现业财一体化需要各部门积极配合,特别是业务部门和财务部门,更需要在组织上和理念上进行融合,携手推动企业的发展。

三、业财一体化的发展历程

2016年,财政部发布的《管理会计基本指引》中明确提出了以融合性原则为基础的财务管理方法,即"财务应嵌入业务环节,以业务流程为基础,将财务和业务进行逻辑上而非物理上的有机融合",以实现财务业务一体化。近年来,随着"互联网+会计"的深度融合,数字技术为会计行业带来了新的生产力,会计体系建设也在不断向前推进。在企业内部管理中,要想充分实现业财一体化的管理理念,需要正视业财一体化对其产生的冲击,并基于会计信息化手段对现有会计流程进行再造。企业数字化发展的进程在一定程度上代表了业财融合的发展历程。业财一体化融合发展的具体历程可以分为会计核算单机版阶段、会计核算网络版阶段、ERP阶段、大智移云阶段和区块链技术应用五个阶段。

(一)会计核算单机版

我国的会计电算化是从20世纪70年代末期开始的。1979年,财政部对长春第一汽车厂进行首次计算机与会计相融合的举措标志着我国会计电算化的初步开始,彻底改变了我国会计行业手工核算方式的落后现状。

电算化初始阶段,会计核算软件的开发成本高、投资回报的周期长、应用水平较低,主要是对其准确性的保证。其本质上就是简单地对数据进行收集和分类。此时出来后的数据仅是一个半成品,造成了大量数据的散布,逐渐形成了"数据孤岛"。由于此阶段科技发展的局限,会计电算化的应用不能给企业带来综合性的财务管理功能,主要的局限性表现为缺乏一套集成化的财务会计信息系统。

随着会计软件的不断发展,会计电算化不仅解决了企业的会计问题,还有助于管理企业的资金流、物流和信息流。同时,还可以综合分析各种财务指标。为了促进财务管理的有效进行,企业亟需财务和业务集成化的软件。

(二)会计核算网络版

20世纪80年代末到90年代中期是我国经济和会计电算化有序、快速推进的时期。这一时期会计电算化软件的主要功能是会计核算,主要目的是取代手工记账,减少会计人员的手工抄录、计算等工作,提高工作效率。

1996年以后,会计电算化软件的发展进入转型期。原先具备单一会计核算功能的软件逐渐不能满足管理层的需要。会计软件商业化水平也在逐渐提高,版本随之升级,功能也逐渐增强。

会计电算化的影响主要在于四方面:①会计核算方面。相比传统的人工搜集原始凭证并录入、编制报表,会计电算化过程不仅大大节省人工成本,还很大程度上提高了会计核算速度和准确率,方便查询会计账簿。②会计岗位方面。传统的会计部门岗位设置主要依据企业的规模和会计核算需求。会计电算化推行后,企业设置会计岗位时需要根据计算机系统核算的步骤分配人员,建立起一个以财务系统管理岗位为主要核心的财务管理岗位制度。③会计监督方面。传统的会计监督大多数是对财务报表等实体数据的审查,需要较多的人力完成。会计电算化的监督体系需要对计算机系统内部数据程序进行审查,同时也需要部分财务人员对数据输入复核、系统维护等,节省了时间,提高了财务监管的效率。为避免来自黑客及病毒的攻击,对电算化系统的维护就变得尤为重要。④财务管理方面。在传统的财务管理模式下,需要财务人员在工作中处理复杂的资料整合计算等问题,由于财务人员自身计算速度存在一定缺陷,无法高质量完成各项工作,无法保证分析结果的精准性,无法及时发现问题。会计信息系统能够在很大程度上弥补传统财务管理中的不足,提高了财务管理的效率,可以提供较为准确的财务分析报表,为企业的决策提供更可靠的数据支撑。

(三)ERP

ERP阶段一般是指20世纪90年代中期至2010年左右。ERP的基本理念包括三个基本维度:管理思想、软件、管理系统。总体来说,ERP系统是一种将管理思想应用于会计软件系统中的管理系统;它不同于传统的会计核算软件,也不仅仅是一个简单的信息系统,更多的是将企业的管理思想体系与较为先进的信息技术相结合,来达到管理层的目标,提升企业的竞争力,获得最佳效益。

ERP的企业管理理念是通过企业内部的信息流带动物流进行管理,然后物流带动企业资金流。从本质上看,ERP是一种将企业各类人、财、物资源及业务活动进行全面整合、运营的管理信息系统。业财一体化的本质就是将企业财务和业务活动相融合,因此,ERP 的思想与业财一体化的需求是一致且相适应的。

业财一体化下的 ERP 系统的应用主要是基于闭环管理思想。除此之外,还应用了信息集成和实时共享的思想。在该思想下,ERP 将企业管理的各个环节进行整合,实现数据共享。企业的财务信息能够在业务活动中自动生成,形成了业财一体化重要的数据基础。因此,ERP 系统是实现企业业财一体化的重要途径。

(四)大智移云

大智移云阶段是指大数据、智能化、移动互联网和云计算等新兴时代的信息技术这个阶段,即 2010 年开始至今。大智移云背景下业财一体化的应用特点有:①优化业财一体化模式。构建以大数据和云计算为基础的可视化"云平台",打破部门间的信息阻碍,达到信息及时共享,增强信息有用性和准确性。②推动业财一体化的发展。"云物联"通过数据输入、筛选分析和存储、数据输出三个阶段来实现业务部门和财务部门数据的高效对接。③提高信息共享的效率。移动互联＋AI 的融合,可以从海量数据中筛选出有用信息,保证信息共享的效率和相关性。

(五)区块链技术应用

区块链技术应用阶段是当前及未来的一个崭新阶段。2016 年,国务院正式发布了《"十三五"国家信息化规划》。该规划首次正式将区块链技术纳入我国战略前沿技术中,并将此列入国家信息化规划行列中,标志着区块链技术的应用上升到了国家战略层面上。虽然越来越多的新技术与企业财务管理流程相融合,究其本质,主要是通过区块链技术的应用,以其他技术为辅助,促进我国会计智能化的发展。

区块链的技术从本质上来说就是一种数据记账的技术,具有数据安全性、分布式记账以及可追溯性等特征。区别于其他通用数据记账技术,区块链在对数据进行传输时由多方维护,同时利用密码学的特点来保证数据在传输的过程中不能轻易被篡改。区块链技术主要从五个方面推动业财一体化的有效运行:人人记账众人协同、分布记账提高效率、加密技术保障安全、业务流程跟踪再造、智慧合约建立信任。

区块链的技术特性使它在推动企业业财一体化过程中产生了不可忽视的影响,主要包括:①有效确保账目准确。账目的准确性是业财一体化开展的基础,区块链技术通过"去中心化"的账务处理模式,可以保障账目的准确性,不易被篡改。②提升信息的交互性。数据信息的传递要求高效且具有保密性。区块链的分布式记账法使业务人员能够在区块链中随时上传及查看所需信息,提高业财交互程度,提高工作效率及决策质量。③提高员工工作效率。区块链技术可以及时核算财务信息,降低中间环节的时间,极大地减轻了财务人员的压力及错误的产生,业财信息的准确性得到保证。

四、业财一体化存在的问题

近几年来,企业由面对面办公向远程办公转变,企业的日常经营管理从线下转为线上,管理层也开始正视会计工作向数字化转型,加速推进了企业的业财一体化建设与优化进程,企业逐步以先进的数字技术手段支持并推动业财融合与流程再造工作,打通相关部门的内部信息壁垒,推动商业模式创新和数据中台、业务中台与技术中台的建设,增强数据采集、数据管理、数据挖掘能力,全面提升企业数据资源应用的广度和深度及共享服务水平、智能化程度。

然而,很多企业在业财一体化建设方面热情很高,但是在实际推进方面却存在各种问题,比如系统建设中信息处理与过程的集成管理不到位、部门之间的信息闭环没有打破,业财一体化流于形式、相关工作人员主观接受度低等,导致最终的结果不如人意。具体来说,现阶段我国企业业财一体化过程中,主要存在业务财务关联性弱、财务不懂业务、财务与业务工作标准不统一、缺乏有效的信息交流载体等问题。

(一)业务财务关联性弱,数据共享性差

在企业中,业务部门和财务部门是两个相互独立的部门,在处理数据时往往都是从自身业务的角度出发,这就导致数据口径不统一、数据使用效率低、数据无法共享、重复统计、浪费时间,还会产生不必要的内部矛盾。

(二)财务不懂业务

业财一体化需要企业的财务人员具备较高的专业素质和综合能力,但由于部门工作的独立性,通常财务人员对业务具体工作了解较少,融入业务的积极性不高,业务人员也对财务人员的介入存在偏见,不愿财务介入业务。财务人员不能将数据和实际业务情况很好地结合,这样就导致分析报告缺乏实用价值。

(三)财务与业务工作标准不统一

财务部门开展工作需要严格按照相关制度规定开展,具有较强的规范性、严肃性与强制性。业务部门开展业务活动具有较强的灵活性,可以随时根据市场变化进行调整。财务与业务之间工作标准的不统一导致双方在工作交集时会产生较多的矛盾。

(四)缺乏有效的信息交流载体

现实中,每家企业开始信息化建设的时期不同,并且投产的应用系统数量不一,同一家企业同时存在新旧系统。大部分系统的建设都是围绕一个部门的具体需求展开,每个系统都有自己独立的数据库和应用服务器,它们之间功能不关联、标准不统一、数据不共享、信息不互通,所归属的管理部门也不同。以上种种原因形成"信息孤岛""数据烟囱",使得数据分散、数据间存在业务壁垒、数据质量参差不齐,也就直接导致财务信息的质量不够高,分析结果不够科学准确,无法适应业财一体化对信息化水平的要求。

在财务数字化转型的背景下,越来越多的企业开始建立健全财务系统,期望通过数字化工具提升管理效率,驱动业务创新,促进企业成长,从而实现财务数字化转型。

五、解决业财一体化发展中问题的方法

解决业务和财务融合发展中的问题对于企业的长期发展至关重要。它有助于实现更好的战略协同作用,提高资源分配效率,优化决策质量,强化风险管理,提高透明度,促进创新,使企业能够更好地适应竞争激烈的市场环境,实现可持续的增长和发展。

(一)机器人流程自动化技术

机器人流程自动化技术(robotic process automation,RPA)是一种流程自动化软件工

具,它通过模拟人类与计算机的交互过程,来完成大批量、重复性、有明确规则的操作,从而帮助人们提高工作效率和正确率。RPA基于用户界面执行操作,并不会破坏企业原有的IT结构,可拓展性较强。

(二) 构建低代码业财一体化流程

狭义的低代码是指开发人员可以利用厂商已经开发好的"预制件"来创建应用程序主体,再补充一些核心代码,通过这种"拖拽+配置"的形式即可快速搭建企业级的应用。低代码以其低成本、高效率、高质量的特性,可以非常便捷地实现"软件开发平民化"。

(三) 打造财务数据中台

数据中台是指将企业内外部全域海量、多源、异构的数据进行集成整合,并依托统一的数据存储和管理机制,形成标准化、口径统一的数据资产,且通过抽象封装,向应用层面提供灵活、共享的数据服务,以满足不同管理应用场景下的敏捷数据需求,最终构建数据生产—消费—再生产的闭环。

本章小结

数字化转型是企业顺应时代、提升竞争力和实现自身发展的必然选择,也将深刻影响企业生产经营活动、管理对象和组织结构,企业需要不断加强数字化基础设施建设。财务数字化转型的目标是实现业财系统重构、财务流程重构、财务职能重构、数字赋能。财务数字化转型需要创新,转变管理理念和组织体系;同时要打破传统的工作习惯,转变为以人机协同为中心的工作方式;重视流程管理和数据整合,打破"数据孤岛",将财务工作延伸到整个业务链;财务人员要转变职能定位,从事后协助转变为事前预测、事中预警和事后分析,成为价值经营模型的设计者和财务服务数字化平台的维护者。

财务数字化转型的蓝图包括以价值导向为核心,以"业财融合+数据驱动"为方向,以"战略财务管理+数字财务运营+智能财务决策"为目标,以"流程再造+系统交互+平台集成+自动智能"为手段。在组织重构方面,财务人员需要转变角色,从传统的"账房先生"转变为系统的主人、数字化变革的领导者,通过建设数字化知识学习文化和灵活的组合方式,实现财务专家团队的敏捷管理和业务支持。在体系重塑方面,新技术和系统的应用与财务场景的深度融合,为财务工作开创新局面。流程再造方面,财务人员要意识到数据驱动,实现全链路的流程再造。决策支持方面,建立基于数据驱动决策的流程型组织,以流程驱动和数据驱动为基础,前置数据标准,转型为数据科学家,实现数据全生命周期和数据赋能。财务数字化转型需要企业在多个方面进行改变和升级,推动企业迈向数字时代。

业财一体化是指通过财务向业务前端进行延伸,打通财务与业务,实现数据共享和价值创造。其特征包括流程重塑、全程参与企业生产经营活动、共享知识和信息以及组织协同和理念融合。在业财一体化中,财务部门需要参与业务的全过程,进行评估、预测、监督和控制,同时与业务部门共享知识和信息,共同创造最大的价值。业财一体化需要各部门的积极配合,并在组织和理念上进行融合,以推动企业的发展。

业财一体化的发展历程经历了会计核算单机版、会计核算网络版、ERP、大智移云和区块链技术应用五个阶段。在发展过程中,企业面临着业务财务关联性弱、财务不懂业务、财务与业务工作标准不统一、缺乏有效的信息交流载体等问题。为解决这些问题,可以采取以下方法:利用RPA实现重复性操作的自动化,构建业财一体化流程来快速搭建企业级应用,打造财务数据中台实现数据的集成整合和共享。这些方法有助于提高业财一体化的效率和质量,加强业务与财务的融合,推动企业的数字化转型。

 思考与练习

1. 什么是数字化转型,企业为什么要进行数字化转型?
2. 财务数字化转型的意义是什么?
3. 如何实现财务数字化转型?
4. 业财一体化的内涵是什么?它具备哪些特征?
5. 现阶段企业实现业财一体化的问题是什么?如何解决?

 拓展思考

1. 从财务人员的角度来看,企业数字化转型将对财会工作提出更高的要求。一方面,互联网技术改变了传统的事后核算模式,实现会计核算与业务活动的同步集成。会计监督、内部控制与业务流程的有机融合,更好地促进会计对经济活动的实时反映和有效监控,更好地为内部管理、风险控制、绩效评价等提供决策支持。另一方面,会计系统是整个企业系统的一部分,它与经济活动系统之间并不必然独立,而是相互影响的。随着专业化分工和会计组织职能的外部化,核心会计部门的权限和职责被逐渐削弱。请问,企业在实现业财一体化的过程中,财会人员的知识技能结构将发生哪些转变?财会人员的角色定位需要做出哪些调整?

2. 什么是区块链?它是怎样推动业财一体化的运行的?区块链对业财一体化的发展会带来什么影响?

 **思政园地**

新质生产力与数字化转型

第二章

低代码业财一体化流程

 学习目标

1. 了解低代码业财一体化的内涵、特征、优势及低代码业财一体化流程的实施路径，了解低代码技术的发展和趋势。
2. 理解低代码平台的概念和特征、低代码平台的分类及各主流分支的区别，理解低代码平台的优势、核心价值及低代码平台选型的方法。
3. 掌握低代码在业财一体化中的初步应用，熟悉低代码业财一体化的环境准备，包括简道云账号的注册和登录、简道云平台的功能架构以及简道云平台中的常用概念，并初步搭建应用。

第一节 低代码业财一体化流程概述

一、低代码业财一体化的内涵和特征

（一）低代码业财一体化的内涵

低代码是一种软件开发模式，也是实现便捷构建应用程序的一种解决方案。通过降低或去除应用开发对原生代码编写的需求量，并为开发者提供可视化的应用开发环境，可以快速开发和部署应用。

低代码技术因其具有编程门槛低、敏捷高效、集成度高等特点，越来越受到社会各界关注，可以覆盖制造业、金融、医疗、房地产、零售、餐饮、航空等众多行业的不同应用场景，也可以应用于事业单位、政府部门，既可以应用于各种流程类系统开发，如人力资源系统、差旅审批系统等，也可以应用于各种数据管理类系统开发，如业务台账、报表系统等。2022年，工信部印发的《中小企业数字化转型指南》（工信厅信发〔2022〕33号）指出，数字化转型服务商可以研发推广低代码产品服务，助力中小企业自行创建、部署、使用和调整数字化应用，提升中小企业二次开发能力和需求响应能力，为低代码技术助力企业数字化转型指明了方向。

低代码业财一体化是指使用低代码平台构建和定制企业应用程序，将业务流程、财务流程和管理流程有机融合在一起，促进企业财务与业务走向一体化，更好地实现企业科学、有效管理和决策。为实现低代码业财一体化功能，需要构建低代码业财一体化流程平台，以流

程为企业管理的切入点,帮助企业实现各个业务环节的高度整合和端到端的流程管理。

低代码业财一体化流程是指利用低代码开发平台,快速搭建业务和财务系统的集成流程。通过该流程,企业可以实现业务和财务数据的自动化流转,提高效率和准确性,并能够更好地把握企业的业务、财务状况,为企业管理和决策提供支持。一个完整的低代码业财一体化流程平台应涵盖以下四项功能。

(1) 协同办公。实现统一架构下的跨地域、跨组织、跨层级、跨业务、跨系统的统一办公。针对组织的业务特点和财务管理需求,利用数字技术把各场景内有关联的"人""物""事""组织"等要素智能连接起来,把工作自动推送给特定任务流程中的特定人员,使涉及多地域、多部门、多层级、多人员、多环节的工作协同推进。

(2) 业务系统流程化。以生产型企业为例,组织的业务系统是由一系列业务模块分系统构成的,如采购、生产、销售、新产品开发、销售、客户服务等业务模块分系统。在各业务分系统中,人是业务活动的参与者和驱动者,活动之间不仅有严格的先后顺序限定,而且活动的内容、方式、责任等也都必须有明确的安排和界定。业务系统流程化就是扩展现有系统的流程应用,通过流程驱动现有业务系统。例如,企业的采购流程需要经过多个部门的审核和审批,包括采购部门、财务部门、审计部门等。在传统的操作方式下,这些部门需要通过传统的纸质文档或电子邮件来进行协作,耗费时间长、操作效率低下且容易出错。而通过业务系统流程化,企业可以通过低代码业财一体化工作流平台等数字化工具来进行协作,将采购流程数字化改造,建立一个跨部门的完整的采购流程,实现自动化和标准化,从而提高采购流程的效率,快速响应市场和需求变化。

(3) 流程一体化。以流程为中心,打通各个业务系统,形成连接系统与系统、系统与人、人与人的流程融合方案。对数据结果和业务环节依据事先设定好的规则和权限进行处理,不需要每一个环节都必须由人工介入,通过系统自动流转实现智能触发设计好的业务步骤,最终实现系统全流程的自动化运行。

(4) 流程管理效能提升。在使用低代码业财一体化流程平台之前,应先梳理好清晰的流程管理制度和框架,然后依据流程设计业务的先后顺序、职责权限。这样,一个有效的低代码业财一体化流程平台就能够打破部门之间、业务分系统之间的"信息孤岛",实现组织流程运营通畅,提升内部运营的规范性和运营效率。此外,一个有效的低代码业财一体化流程平台还能够优化流程全生命周期管理,助力企业流程管理水平提升。

(二) 低代码业财一体化的特征

利用低代码技术实现业财一体化,就是利用低代码技术对组件功能进行封装,通过可视化拖拽方式即可快速完成某个应用构建,是一种更高维和易用的可视化开发模式,可帮助用户快速构建由表单界面、业务逻辑、工作流和数据服务组成的完整应用程序。低代码业财一体化具备以下五个特征。

(1) 整合业务流程和财务流程便捷高效。低代码平台可以通过简化数据输入和管理,便捷高效地将业务流程和财务流程整合到一个应用程序中,操作方便快捷。

(2) 自动化账务处理。低代码平台可以自动记录交易、计算费用和利润,并生成财务报告,实现自动化账务处理。

（3）实时可视化分析。低代码平台可以提供实时可视化分析，帮助用户了解业务和财务数据之间的关系。

（4）稳定性和安全性。低代码平台通常具有严格的安全和权限控制，以保护用户数据的完整性和机密性，具有稳定性和安全性。

（5）可扩展性和灵活性。低代码平台具有可扩展性和灵活性，以适应不同规模和类型的企业。

二、低代码业财一体化的优势

随着企业数字化转型进程加快，系统上线速度要求更加敏捷，企业为了快速响应市场需求，其软件开发模式必然向更加敏捷高效的开发模式转变。低代码技术因其敏捷高效、集成度高等特点，可以助力企业实现流程再造，加速企业业务敏捷创新，实现业务应用的快速交付，让企业业务人员也能够基于低代码的方式快速搭建应用系统。利用低代码平台实现业财一体化主要有以下优势。

（一）使用门槛低，可以快速响应业务变化

低门槛性使开发人员在面临业务需求变化时可以满足对现有系统或系统功能迭代以及拓展的需求，甚至业务人员也可以主导搭建系统，可以快速响应业务变化，及时实现流程更新，完成业务报批、审核等。

（二）开发效率高、成本低，可以弥补技术人才缺口

开发人员不需要编程或者仅需少量编程知识，就可以快速实现业务流程和财务流程的集成，可以节省开发时间，降低劳动力成本，还可以弥补企业缺乏技术人才的不足，轻松实现平台的开发、系统维护和更新。

（三）实现一站式管理，打破数据壁垒

低代码平台可以将业务流程与财务管理系统无缝集成，实现一站式管理，打破数据壁垒，减少手动干预和数据处理，提高工作效率。

（四）增强企业运营洞察力

低代码平台可以帮助企业实时监控业务和财务数据，提供数据分析和可视化呈现，从而能够更好地掌握企业运营状况，及时发现财务指标或者业务指标的异常，增强企业运营洞察力。

（五）促进数字化转型

低代码平台帮助企业快速搭建数字化基础设施，推动数字化转型，加速企业业务和财务管理的数字化、现代化、科学化。

三、低代码业财一体化流程的实施路径

和传统系统开发模式相比，低代码业财一体化流程开发更便捷、高效。传统的系统开发模式需要经过需求分析、软件设计、软件开发、软件测试、软件部署、维护等环节，而低代码业财一体化流程的实施路径仅包括场景发现、需求分析、平台搭建和测试上线四个步骤。传统开发流程和低代码开发流程对比如图2-1所示。

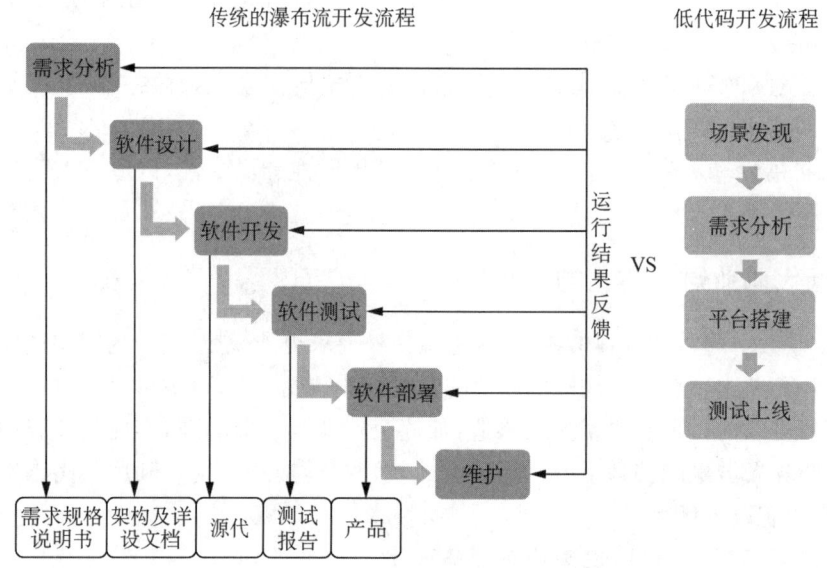

图 2-1 传统开发流程和低代码开发流程对比

（一）场景发现

传统系统开发模式通常需要通过复杂的需求分析和业务流程分析等步骤，耗费较长时间和大量人力资源。相比之下，低代码开发模式可以利用预置的组件和模板来加速场景发现和应用构建过程，提高开发效率和质量。

（二）需求分析

采用传统系统开发模式进行开发时，需求部门和 IT 部门通常基于 IT 规格说明书进行沟通，沟通效率低，并且开发出来的系统可能不符合操作习惯，需要对需求部门业务操作人员进行大量培训，而且枯燥难懂的培训也会让业务人员产生畏难和抵触情绪，导致系统落地困难。

然而在低代码开发模式下，不需要复杂难懂的编程技术，可以打破 IT 人员和需求人员之间的沟通壁垒，降低开发门槛，系统相关的各方员工都可以参与开发满足自身业务需求的系统。

（三）平台搭建

传统系统开发模式下，平台搭建需要编写大量的自定义代码来实现业财一体化平台的功能，包括前后端开发、数据库设计、API 接口等，需要专业的技术人员进行开发和维护。而在低代码开发模式下，通过可视化界面和预设组件来快速构建应用程序，减少了手动编码的数量并降低了对技术人员的依赖。

（四）测试上线

传统系统开发模式下，测试人员需要编写更多的测试用例和测试脚本，以确保系统的正确性和稳定性，可能会导致测试效率低下或者漏测的情况。而在低代码开发模式下，低代码平台已经提供了大量的预制组件和自动化测试工具，因此测试人员的测试工作会相对减少，可以缩短上线周期,快速响应业务需求。

需要注意的是,尽管低代码开发模式有很多的优势,但是组件集成依然依赖传统开发方式,因此低代码开发并不会完全取代传统开发方式,而是与传统开发方式长期互补。

四、低代码在业财一体化中的应用

(一) 低代码平台的核心功能

当前,国内像阿里、腾讯、网易、华为、简道云、明道云等知名科技公司都开发出了低代码开发平台。低代码平台具有三大核心功能,分别是在线表单功能、流程引擎功能和仪表盘功能,如图 2-2 所示。

图 2-2 低代码平台的核心功能

1. 在线表单

在线表单功能是指用户可以通过浏览器向服务器端提交信息,如我们常用的用户注册、在线调查表等都是在线表单的具体应用形式。对企业的业务人员来说,数据的填报、采集可以通过在线表单来完成,在线表单适用于调查统计、在线报名等信息收集场景,信息填报界面看到的是具体的在线表格。利用在线表单搜集数据和信息,可以解决纸质采集慢、数据统计量大、操作迂回繁琐等难题,实现业务数据和信息采集的高效、便捷、适时,提升效率,降低成本。

低代码的在线表单功能在业财一体化中可以应用于以下方面。

(1) 订单与采购管理:低代码平台可以帮助企业快速构建订单和采购管理系统,通过在线表单收集供应商信息、采购需求、合同条款等数据,并将其整合到企业的财务系统中,从而实现采购流程的自动化和优化。

(2) 费用报销管理:低代码平台可以帮助企业设计和管理费用报销流程,通过在线表单收集员工的报销信息、原始凭证等支持文件材料,并将其自动导入财务系统中进行审批和报销处理。

(3) 合同管理:低代码平台可以帮助企业实现合同管理的自动化,通过在线表单收集并存储关键合同相关信息(如签约方、时间、金额、条款等),并将其与企业的财务系统集成,从而实现合同执行的跟踪和监控。

（4）客户服务管理：低代码平台可以帮助企业快速搭建客户服务系统，通过在线表单收集客户反馈和投诉信息，并将其整合到企业的财务系统中，以及时响应客户需求和改进业务流程。

2. 流程引擎

流程引擎功能可以实现数据的实时流转，适用于财务审批、申请、申报等包含工作流的场景，可以解决财务审批、申请、申报等手续需要跨部门、跨层级，甚至跨地域的多部门、多人签字时，流程耗时长、审批跑断腿、沟通辗转费力等难题。低代码平台的流程引擎功能可以帮助企业实现业务流程自动化、数据收集与分析以及合规性审查等，提高业务处理效率和数据质量。

低代码的流程引擎功能在业财一体化中可以应用于以下方面。

（1）自动化审批流程：低代码平台的流程引擎可以自动化处理审批流程，包括发起流程、定义审批节点、设置审批人员、发送审批通知等操作，大大减少了手动干预的时间和工作量。

（2）自动化数据收集：低代码平台的流程引擎可以通过表单收集业务数据，并将其存储到数据库中。这些数据可以用于报表生成、统计分析、决策支持等需求。

（3）合规性审查：低代码平台的流程引擎可以在流程中进行合规性审查，确保业务流程符合法律法规和企业政策要求。

（4）异常处理：低代码平台的流程引擎可以自动化处理异常情况，如发生重复提交或错误数据输入等问题，可以提高审批效率和数据准确性。

（5）可视化流程管理：低代码平台的流程引擎可以提供可视化的流程管理界面，方便管理员对业务流程进行配置、修改和优化。

流程引擎是一种用于业务和财务流程管理的工具，它能够在计算机应用环境中实现业务流程管理的自动化。数据引擎是一种软件组件或系统，专门负责数据的存储、检索、管理和处理。二者在功能和应用上的区别是，流程引擎专注于业务流程的管理和自动化，帮助企业优化业务流程和提高运营效率。而数据引擎专注于数据的存储、检索、管理和优化，是数据库系统的核心。

低代码的数据引擎通过提供可视化的界面和预定义的组件，使用户能够快速创建数据收集表单或页面。当用户提交数据后，数据引擎会自动将数据存储到数据库或其他数据源中，并执行相关的业务逻辑。

数据引擎通常支持多种数据源的集成，如关系型数据库、非关系型数据库、文件系统、Web API 等。这些数据源可以通过低代码平台提供的 API 或连接器进行连接和集成，从而实现数据的自动收集和统一管理。

在数据收集过程中，低代码平台还可以提供数据验证和格式化等功能，以确保数据的准确性和完整性。同时，低代码平台还支持自定义的数据处理逻辑和工作流程，如数据清洗、转换和推送等，以满足用户特定的业务需求。

3. 仪表盘

仪表盘功能可以实现数据的统计分析与展示，适用于业务趋势、财务状况等分析场景，可以避免财务人员或者决策人员繁重的数据处理工作，还可以避免由于部分数据变动后的重复整理、处理和分析工作，实现自动分析。低代码的仪表盘功能可以在业财一体化中应用于数据可视化和决策支持。通过低代码的仪表盘功能，用户可以基于不同维度和指标创建图表、表格、地图等多种可视化组件,展示企业的关键业务数据和指标,并实现数据的实时监控和分析。

具体来说,低代码的仪表盘功能在业财一体化中可以应用于以下方面。

(1)创建财务报表。通过低代码平台提供的图表和表格组件,用户可以快速创建财务报表,并实现实时的数据更新和呈现。

(2)管理报表。通过低代码的仪表盘,用户可以根据管理需求定制各类报表,随时查看,这有助于提升管理效率,促进企业业财融合管理。

(3)预算管理。低代码的仪表盘功能可以对企业预算情况进行实时跟踪和预警,及时发现和解决预算偏差问题,并根据情况进行预算调整。

(4)绩效指标。低代码的仪表盘功能可以将企业绩效指标可视化,帮助企业进行目标完成情况追踪、绩效评估、绩效奖惩等工作。

(二)低代码在业财一体化中的应用场景

随着数字化时代的到来,企业管理面临着越来越多的挑战,如何高效整合和利用企业的业务和财务数据成为企业管理的难题。而低代码平台作为一种全新的开发方式,为解决这个难题提供了全新的思路和方法。低代码在业财一体化中的应用场景包括:

(1)自动化财务流程。低代码平台可以帮助企业自动化处理账单及报销、付款等财务流程,提高工作效率和减少人工错误。

(2)数据分析和可视化。低代码平台可以集成各种数据源和分析工具,帮助企业进行数据分析和可视化展示,提升决策效率。

(3)预算管理。低代码平台可以帮助企业制定预算、监控实际支出情况并及时反馈,提高预算管理精度和管理效率。

(4)财务合规性管理。低代码平台可以帮助企业建立财务合规性框架和监控体系,确保企业的财务行为符合法规和标准。

(5)税务管理。低代码平台可以帮助企业进行税务申报、纳税管理和风险评估,降低税务风险和成本。

第二节 低代码平台基础认知

一、低代码平台的概念和特征

(一)低代码平台的概念

低代码开发平台(low-code development platform,LCDP),简称低代码平台,被称为企业级低代码应用平台,是支持快速应用开发,并使用陈述性、高级的编程抽象(如基于模型驱动和元数据编程语言)实现一站式应用部署、执行和管理的应用平台。低代码开发平台无须编码或通过少量代码就可以快速生成应用。低代码平台提供的界面、逻辑、对象、流程等可视化编排工具可以完成大量开发工作,技术门槛低,开发效率高,能快速创新应用,实现快速试错,敏捷迭代。

(二) 低代码平台的特征

1. 可视化开发

可视化的界面,开发人员可以通过拖拽、点选等方式快速构建应用程序,无须编写大量的代码。

2. 快速迭代

开发人员可以快速构建原型和迭代,能大大缩短开发周期和上线时间。

3. 可扩展性

低代码平台不仅提供预设的组件和模块,同时也支持开发人员自定义组件和模块,使得应用程序可以根据业务需求不断扩展和演化。

4. 高效协作

低代码平台可以让开发人员和业务人员之间更加紧密地协作,同时也可以方便团队内部的协作和沟通。

5. 低门槛

低代码平台技能门槛低,不需要过多的开发技术,使得更多的人可以参与到应用程序的开发和维护工作中。

低代码平台的这些特征,使得"软件开发平民化"成为可能,对于主动参与到数字化转型过程中的财务人员来说,相比于学习一门Python编程语言,使用低代码工具更加容易,便于理解,也能更直观地体会业务流程如何和财务决策相融合。从企业层面考虑,由于IT预算、技术开发的人力成本比较高,如果未来财务人员可以利用低代码工具进行一些自主开发,能为公司整体层面减少开发支出。此外,低代码平台可以帮助财务人员快速搭建自己所需的应用程序,提升工作效率、提高数据可视化效果,有助于增强决策的准确性、科学性。

二、低代码平台的分类

广义的低代码平台是指所有可以帮助缺少编程基础的人员快速完成软件开发的技术和工具平台。目前,广义低代码平台主要有无代码开发平台、低代码应用平台、多重体验开发平台和智能业务流程管理套件四个主流分支。

(一) 无代码开发平台

无代码开发平台,也称为零代码开发平台,是一种能够让用户在不需要编写任何代码的情况下快速构建应用程序的开发平台。无代码开发平台通常提供了一些预设的组件和模块,用户可以通过拖拽、点选等方式快速构建应用程序,同时也支持自定义组件和模块,但是不提供或者仅支持非常有限的编程扩展能力,一般仅用来开发内部管理类或者市场营销类表单。

无代码开发平台的特点主要有。

(1) 高度可视化。无代码开发平台提供了高度可视化的开发环境,用户可以通过拖拽、点选等方式快速构建应用程序。

(2) 易于使用。无代码开发平台注重用户友好性和易用性,无须编写任何代码就可以构建应用程序。

（3）快速迭代。无代码开发平台可以快速构建原型和迭代，因此可以缩短开发周期和上线时间。

（4）可扩展性。无代码开发平台能提供预设的组件和模块，同时也支持用户自定义组件和模块，使得应用程序可以根据业务需求不断扩展和演化。

（5）低门槛。相对于传统的软件开发，无代码开发平台的开发门槛低，开发人员无需更多技能，就可以参与到应用程序的开发和维护工作中。

（二）低代码应用平台

低代码应用平台的主要特点是使用可视化的界面和少量的编程语言，使开发者能够快速构建和部署应用程序。这种平台通常包括一组预制的组件和模块，使开发者能够通过简单的拖放操作和配置来创建应用程序。与传统的软件开发相比，低代码应用平台可以大大缩短开发时间和降低开发成本，因为它不需要专业的编程技能和大量的编程代码。

低代码应用平台适用于各种类型的应用程序，包括企业应用程序、移动应用程序、Web应用程序、物联网应用程序等。它可以使企业快速响应市场需求，快速开发新的应用程序，从而提高业务效率和客户满意度。

低代码应用平台和无代码开发平台都是用于快速构建应用程序的工具，两者都支持可视化界面，提供预制的组件和模块，并且都具有开发速度较快、开发成本低的特点。无代码开发平台使用可视化的界面和模板，使开发者能够通过拖放操作和配置来构建应用程序，而无须编写任何代码。这种平台通常提供了一些预置的组件和模块，如表单、工作流程、报表等，使开发者能够快速构建应用程序。低代码应用平台也是使用可视化的界面和少量的编程语言来构建应用程序，但是它需要一些编程知识和技能。与无代码开发平台相比，低代码应用平台仍然需要一些编程知识来进行一些自定义配置和扩展。因此，无代码开发平台更适合那些没有编程知识或经验的人，而低代码应用平台更适合那些具有一定编程知识的人。无代码开发平台和低代码应用平台的区别如表2-1所示。由于无论是零代码还是低代码，本质上都是一种实现快速迭代的方式，开发者写很少的代码或者无须编码。一般提及的低代码是"零代码＋低代码"的统称。

表2-1 无代码开发平台和低代码应用平台的区别

区别点	无代码开发平台	低代码应用平台
编程知识要求	不需要编程知识	需要一定的编程知识
编写代码量	不需要编写代码	需要编写少量代码
可视化界面	支持可视化界面	支持可视化界面
组件和模块	提供预制的组件和模块	提供预制的组件和模块
定制能力	定制能力有限	可以进行一定的定制和扩展
适用场景	适用于没有编程知识或经验的人	适用于具有一定编程知识的人
开发效率	开发速度较快	开发速度较快
开发成本	开发成本较低	开发成本较低

(三)多重体验开发平台

多重体验开发平台是一种软件开发平台,提供快速开发跨平台 App 的工具,一般用来开发多平台/多终端应用。这些产品通过提供包含前端开发工具和后端服务的集成套件,使开发人员甚至非开发人员能够跨各类数字设备进行相应用途和形式的扩展性应用开发,可以在多种设备和渠道上提供一致的用户体验。多重体验开发平台可以支持多种应用程序类型,包括 Web 应用程序、移动应用程序、桌面应用程序、物联网应用程序等,同时还可以支持多种用户界面,如语音界面、虚拟现实界面等。

低代码应用平台和多重体验开发平台都具有支持可视化开发、开发效率高、支持定制和可拓展、支持多种应用程序类型等优势,两者的主要区别在于,低代码应用平台通常只支持图形用户界面,需要少量的编程知识和技能,适用于需要快速构建应用程序的场景,并且开发成本较低,而多重体验开发平台可以支持多种用户界面,如语音界面、虚拟现实界面等,需要一定的编程知识和技能,适用于需要在多个设备和渠道上提供一致的用户体验的场景,并且开发成本较高。

低代码应用平台和多重体验开发平台的区别如表 2-2 所示。

表 2-2 低代码应用平台和多重体验开发平台的区别

区别点	低代码应用平台	多重体验开发平台
应用程序类型	支持多种应用程序类型,如企业、移动、Web 等	支持多种应用程序类型,如 Web、移动、桌面、物联网等
用户界面	通常只支持图形用户界面	支持多种用户界面,如语音界面、虚拟现实界面等
编程知识要求	需要少量的编程知识和技能	需要一定的编程知识和技能
开发效率	开发速度较快	开发速度较快
定制能力	可以进行一定的定制和扩展	可以进行一定的定制和扩展
适用场景	适用于需要快速构建应用程序的场景	适用于需要在多个设备和渠道上提供一致的用户体验的场景
开发成本	开发成本较低	开发成本较高

(四)智能业务流程管理套件

智能业务流程管理套件是一种基于云计算技术和人工智能技术的企业级应用软件,用于管理和优化企业的业务流程,一般用于解决大型企业的跨系统业务流程。智能业务流程管理套件通过对业务流程进行建模、分析和优化,可以帮助企业实现业务自动化、提高业务效率和质量,同时还可以提供实时的业务分析和监控功能,帮助企业快速响应市场需求和变化。

智能业务流程管理套件通常包括四个主要模块:业务流程执行引擎、业务流程建模和设计工具、数据分析和监控工具、人工智能和机器学习技术。业务流程建模和设计工具用于创建和设计企业的业务流程模型。业务流程执行引擎用于执行和管理业务流程,包括任务分配、流程控制、错误处理等功能。数据分析和监控工具用于收集和分析业务数据,提供实时的业务分析和监控功能。人工智能和机器学习技术用于优化业务流程,提高业务效率和质量。

智能业务流程管理套件和多重体验开发平台是两个不同的概念,两者在应用范围、应用目的、主要功能、适用场景、使用对象、核心优势等方面均存在差异。两者最大的区别在于应用范围和目的不同,前者主要应用于企业业务流程管理,后者主要用于开发和实现应用程序。智能业务流程管理套件旨在优化和自动化企业的业务流程,可以帮助企业更高效地管理和协调业务流程,从而提高工作效率和质量,而多重体验开发平台旨在帮助开发人员更快速、更高效地开发和部署应用程序。此外,智能业务流程管理套件通常包括流程建模、自动化执行、监控和优化等功能,可以应用于各种业务场景,如采购、销售、人力资源等,而多重体验开发平台的主要功能通常包括各种开发工具、框架和平台,可以用于多种应用场景,如Web应用、移动应用等。智能业务流程管理套件的使用人员通常是企业管理人员或者业务分析师等,而多重体验开发平台的使用人员通常是软件开发人员或者应用程序设计师等。两者的主要区别如表2-3所示。

表2-3 智能业务流程管理套件和多重体验开发平台的区别

区别点	智能业务流程管理套件	多重体验开发平台
应用范围	企业业务流程管理	应用程序开发和实现
主要目的	优化和自动化业务流程	开发和实现应用程序
主要功能	流程建模、自动化执行、监控和优化等	开发工具、框架和平台等
适用场景	采购、销售、人力资源等业务场景	Web应用、移动应用等应用场景
使用对象	企业管理人员、业务分析师等	软件开发人员、应用程序设计师等
关注点	业务流程优化和效率提升	应用程序开发速度和质量
核心优势	提高企业工作效率和质量	加快应用程序开发周期和部署速度
重要性	对企业管理和效率提升至关重要	对软件开发和应用实现至关重要

三、低代码平台主流分支的区别

无代码开发平台、低代码应用平台、多重体验开发平台和智能业务流程管理套件在需要的编程知识、开发速度、灵活性、扩展性、使用场景特点、主要功能、使用对象、重要性等方面都存在差别。低代码平台四个主流分支的区别如表2-4所示。

表2-4 低代码四个主流分支的区别

区别点	无代码开发平台	低代码应用平台	多重体验开发平台	智能业务流程管理套件
需要的编程知识	不需要编程知识	基础知识即可	需要一定的编程知识	不需要编程知识
开发速度	非常快	快速开发	相对较快	相对较慢

(续表)

区别点	无代码开发平台	低代码应用平台	多重体验开发平台	智能业务流程管理套件
灵活性	较低	一定的灵活性	较高	较高
扩展性	较低	一定的扩展性	较高	较高
适用场景特点	应用简单,需求不复杂	中小型应用	各类应用程序	企业业务流程管理
主要功能	拖拽式界面设计和开发	拖拽式界面设计和开发、业务逻辑和数据处理	开发和实现应用程序	优化和自动化业务流程
使用对象	业务人员、非专业开发人员	非专业开发人员、中小企业	软件开发人员、应用程序设计师	企业管理人员、业务分析师等
重要性	快速开发应用程序,提高业务效率	快速开发应用程序,提高业务效率	加快应用程序开发周期和部署速度	对企业管理和效率提升至关重要

从共同点来看,无代码开发平台和智能业务流程管理套件都不需要编程知识,无代码开发平台和低代码应用平台开发速度相对更快,多重体验开发平台和智能业务流程管理套件的灵活性和扩展性较高。但是,四种主流分支的差异也较大。无代码开发平台适用于应用简单,需求不复杂的场景,低代码应用平台适用中小型应用,多重体验开发平台适用于各类应用程序,智能业务流程管理套件适用于企业业务流程管理。无代码开发平台和低代码应用平台适合非专业开发人员进行开发,多重体验开发平台适合软件开发人员、应用程序设计师进行开发,智能业务流程管理套件适合企业管理人员、业务分析师等人员进行开发。此外,无代码开发平台、低代码应用平台、多重体验开发平台和智能业务流程管理套件在主要功能和重要性方面也存在较大差异,企业需根据自身需求进行选择。

第三节 低代码平台的价值与选型

一、低代码技术的沿革和发展趋势

(一)低代码技术的沿革

低代码技术的出现可追溯至 20 世纪 80 年代,美国公司和实验室在可视化编程领域开展研究时,推出了第四代编程语言(后衍生为 Visual Programming Language,VPL)。从 20 世纪 80 年代开始,低代码的发展历程可以分为萌芽阶段(20 世纪 80 年代至 2014 年)、快速发展阶段(2015 年至 2020 年)、低代码生态体系形成阶段(2021 年至今)。低代码发展历程如图 2-3 所示。

(1)萌芽阶段,也称为早期探索阶段(20 世纪 80 年代开始至 2014 年)。1999 年,总部设于美国旧金山的客户关系管理(CRM)软件服务提供商 Salesforce 开始涉足开发可视化编程

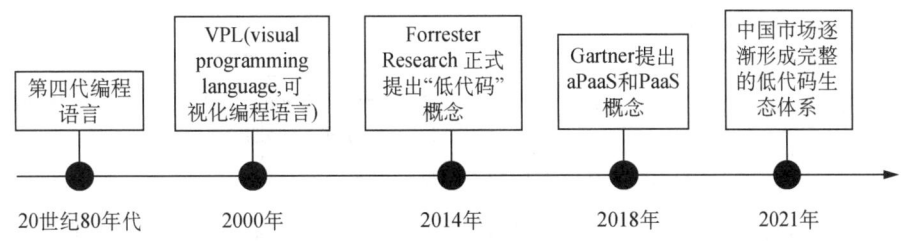

图 2-3　低代码发展历程

语言。2001 年,葡萄牙 OutSystems 公司也加入了低代码平台开发阵营。在国内,从 2003 年起,炎黄盈动、奥哲、伙伴云、明道云等公司也相继开始了早期的探索。2014 年,一家独立的技术和市场研究公司 Forrester Research 正式提出"低代码"概念,伴随资本的大力追捧,国外行业巨头陆续入局,国内一大波创业型公司蓬勃增长,共同引发第一次产业共振,低代码开发平台迅速进入快速发展期。

（2）快速发展阶段（2015 年至 2020 年）。从 2015 年起,谷歌、微软、Oracle 等国际行业巨头陆续入局低代码技术。2015 年,国内科技公司帆软推出简道云,华炎软件也推出了华炎魔方。2018 年,Gartner 提出 aPaaS 和 PaaS 概念,国际资本大力追捧低代码市场,例如,OutSystems 公司获 KKR 集团和高盛集团 3.6 亿美元融资,估值超过 10 亿美元,成为低代码行业不折不扣的独角兽。同时,国内互联网大厂也纷纷入局,国内科技公司相继发布低代码平台。

（3）低代码生态体系形成阶段（2021 年至今）。随着中国低代码热度持续升高,尤其是 2021 年阿里集团专为中小企业打造的通信、协同的移动办公平台钉钉落地"低代码"应用,将低代码推向了大众视野,也推动了国内完整的低代码生态体系逐步形成。据国内艾瑞咨询研究院的调查,2021 年中国低代码行业市场规模达到 27.5 亿元,增长速度为 72.4%,中国市场逐步形成完整的低代码生态体系,预计 2025 年中国低代码行业市场规模可能会达到 118.4 亿元。而根据国际咨询机构 Gartner 的预测,到 2024 年,低代码平台将占据应用程序开发市场的 65%。低代码技术由于可以帮助用户快速构建由表单界面、业务逻辑、工作流和数据服务组成的完整应用程序,使软件开发变得更加快速、简单和易于管理,在企业数字化转型的大潮下,越来越受到欢迎。国内主要低代码企业及平台特点如表 2-5 所示。

表 2-5　国内主要低代码平台

企业名称	主要产品	发布日期	产品定位
伙伴云	伙伴云	2012 年	国内最早的无代码应用搭建平台
帆软	简道云	2015 年	零代码轻量级应用搭建平台
奥哲	云枢/氚云/有格/H3 BPM	2016 年	针对不同的企业规模和企业需求设计
炎黄盈动	AWS PaaS	2017 年	AWS PaaS 是炎黄盈动推出的第六代平台产品,以低代码和 BPM 为核心能力的开发平台
爱湃斯	ClickPaaS	2017 年	企业级低代码开发平台,偏向于中大型企业

(续表)

企业名称	主要产品	发布日期	产品定位
百特云享	百特搭	2018年	产品以NoCode+LowCode+ProCode三种能力赋能企事业客户信息化系统高质高效建设
明道云	APaaS平台	2019年	偏向于中型以上企业
阿里	宜达	2019年	打通阿里云和钉钉的底层能力和技术,将企业原有系统与钉钉连接
百度	爱速搭	2020年	百度技术、资源、产品、生态能力深度加持与百度内部海量真实业务应用验证,打造多项产品优势
腾讯	微搭WeDa	2021年	基于腾讯云底层资源,打通企业微信、链接腾讯会议、腾讯文档、微信支付等腾讯内部生态

(二)低代码技术的发展趋势

低代码平台将企业需求与自主开发深度融合,可以打造出可持续性的、紧跟变化的IT服务能力,同时低代码能够赋予普通业务人员开发技能、加速创新想法落地,帮助公司探索新的业务增长路径。低代码在不同应用场景的渗透率受产品功能覆盖度和应用场景复杂度两方面共同影响,例如中小企业一般业务场景由于需求简单,且通用性较强,低代码渗透较早,应用覆盖更为全面。随着产品技术积累和需求侧认知提升,低代码应用场景将会由中小企业个性化场景、中大型企业创新应用场景、中长尾场景不断向中大型企业核心业务系统渗透。

未来低代码技术的市场发展趋势主要是:

(1) 应用场景延伸,助力工业互联网渗透"最后一公里",加速与实体经济融合。工业互联网将新一代信息通信技术与工业经济深度融合,并向交通、物流、能源等多实体经济领域渗透,加速产业数字智能化转型是大势所趋。从采集、分析,再到综合数据进行应用开发集成,工业互联网面临的细分应用场景不断分裂,渗透的垂直行业种类日渐增多。末端需求种类的量变带来的海量项目开发将阻碍厂商正常商业模式下的规模化营收产生,也会进一步阻碍工业互联网渗透的"最后一公里"。因而,越来越多的低代码工具出现在与工业互联网相关的应用开发集成场景中,发挥短周期灵活搭建个性化应用的优势,快速满足末端多样化需求的定制,并与原有系统集成打通,减轻工业互联网供应商开发负担,借助工业互联网的铺开,加速与各类企业或组织应用场景的融合。

(2) 技术融合加速,技术板块融合深度增加,横向扩展的平台能力纵向加深业务交互。低代码平台可通过API等方式,在成本最小化条件下接入数据开发、人工智能、RPA、IOT等高研发密度类的科技功能板块,横向最大化扩展平台能力。能力的提升使得低代码技术平台在专注自身业务成长的同时,仍可进一步为需求侧提供打通"数据孤岛",自动化重复劳动,智能化操作等高等级服务,加强业务场景的融合深度,进而提升平台可使用范围与客户忠诚。如今,人工智能、大数据等边界正在逐渐模糊,并成为彼此发展动力,技术的交互提供更优质的服务体验,也满足了VUCA(volatile、uncertain、complex、ambiguous的缩写,分别代表不稳定、不确定、复杂和模糊的状态)时代下企业对智能用数及敏捷决策的迫切需求。未来,低代码将进一步增加数据开发、人工智能、RPA、IOT 相关细分能力的调用量,从而发展更多垂直业务场景的解决方案,加速企业全面深入数字化转型。

二、低代码平台的两大优势

(一)提高开发效率、降低成本

(1)效率方面。首先,用图形化拖拽的方式替代原来编写代码的方式,低代码能够大幅降低工作量。其次,在编写代码的方式下,开发人员往往会花很多时间寻找并解决代码 bug,而低代码开发很少直接写代码,因而有效规避了代码本身的 bug 问题。最后,低代码平台支持将开发完的应用一键部署到多种环境,通过云化的开发全流程协同和版本管理,可以提高协同效率。

(2)成本方面。在开发中,应用开发的成本主要是人力成本。开发成本的高低取决于人员日均工资、开发人数和开发天数。开发成本的计算方式是:

$$开发成本 = 人员日均工资 \times 人数 \times 开发天数$$

在编写代码的方式下,增加人力并不能带来对等的开发总时长的缩短,传统开发是紧耦合、串行开发模式,即开发者之间需要紧密配合、联调等,很多开发环节需要等待上一环节完成才能进行。低代码平台非常关键的一点是:底层核心技术从紧耦合的产品(如 MySQL、Java 等)变成松耦合的产品(如 NoSQL、JavaScript 甚至是无代码方式等),从而实现从串行开发到并行开发的转变。低代码开发模式降低了对开发者开发水平的要求,很多开发工作不再需要高薪聘请专业的开发人才来完成,降低了人员日均工资,从而降低整体成本。根据咨询公司 Forrester 的报告,使用低代码平台可以将应用程序开发时间缩短 50% 以上,并将开发成本降低 30% 以上。根据葡萄牙 OutSystems 公司的调查,使用低代码平台的企业的平均应用程序开发时间为 2.5 个月,而不使用低代码平台的企业的平均应用程序开发时间为 7 个月。根据西门子旗下 Mendix 的调查,使用低代码平台的企业可以将应用程序开发时间缩短 75%,并将开发成本降低 50% 以上。

(二)企业进行数字化转型的有力工具

低代码平台可以帮助企业更快地开发和部署应用程序,从而提高企业数字化转型的效率和成功率。越来越多的企业正在采用低代码平台来推动其数字化转型进程,并获得了显著的效果,低代码平台已成为企业数字化转型的有力工具。原因在于:①低代码致力于降低应用开发的准入门槛,使得没有技术背景的员工也能很快上手开发和使用;②低代码有助于打破"信息孤岛",使得企业可以更好地利用现有的系统和数据,从而提高协作效率和业务效率;③低代码加速了各种能力服务化的进程,可以集成多个系统和数据源,使得不同系统之间可以无缝地协作和集成,快速响应需求变化。

三、低代码平台的核心价值

低代码平台具有七大核心价值,即隐私保护、快速高效、降低成本、降低复杂性、易维护、贴近业务实际和最小化不稳定或不一致的需求价值。

(一)隐私保护价值

低代码平台提供了更好的隐私保护机制,因为它通常采用的是模块化的应用程序开发方式,可以将不同的功能模块进行分离,从而降低了数据泄露的风险。程序也可以由业务人员开发,不需要外包给第三方,这也增强了保密性,加强了隐私保护。

(二)快速高效价值

低代码平台能够快速构建原型,并且可以快速进行测试和迭代,从而加快应用程序的开发和部署速度,提高了开发效率和业务响应速度。咨询公司 Forrester Research 进行的一项调查显示,低代码平台将开发速度加快了 5～10 倍。

(三)降低成本价值

低代码平台可以减少开发人员的编码工作量和开发周期,无论是由公司开发还是由外包人员开发,成本都会降低。

(四)降低复杂性价值

低代码平台提供了可视化的工具和应用程序模板,使得开发人员可以更加方便地进行应用程序开发和管理。

(五)易维护价值

在平台使用中,软件维护至关重要,要求能快速更改软件,确保应用提供的服务与业务需求之间保持一致。由于低代码平台提供的代码很少,几乎没有代码需要维护。

(六)贴近业务实际价值

低代码平台提供了简单直观的界面作为应用部署的开发环境。在这种情况下,不需要技术知识,这些应用的最终用户将成为其开发人员,因为他们更了解业务需求。

(七)最小化不稳定或不一致的需求价值

在当前的软件开发过程中,需求之间可能会发生冲突,并对需求发生变化的应用产生影响。但是,由于业务人员也能参与开发,使用低代码意味着可以快速构建最小可行产品来验证想法和客户要求,最小化不稳定或者不一致的需求。

四、低代码平台的选型

低代码平台将企业需求与自主开发深度融合,打造出可持续性的、紧跟变化的 IT 服务能力来经受瞬息万变的市场和业务需求考验。但企业要在时代洪流中屹立不倒,仍需保持创新动力,低代码能够赋予普通业务人员开发技能、加速创新想法落地,帮助公司探索新的业务增长路径。

不同的低代码平台之间,功能和性能的差异也很大。"工欲善其事,必先利其器",一个合适的低代码业财一体化平台是企业数字化转型成功的关键。然而,国内外低代码平台很多,选择合适的低代码平台是企业进行低代码开发的第一步,并且在选择低代码平台时,需要考虑多个因素。

(1)易用性。低代码平台的易用性能够影响开发人员的生产效率和开发效果。在易用性评估方面,一般考虑平台操作的流畅性、UI 设计的美观度、文档和教程的完善度、交互反馈的及时性、开发工具的集成性等评估指标。

（2）功能性。低代码平台的功能性会影响应用程序的开发和运行效果。在功能性评估方面，一般考虑平台支持的数据源类型和数据集成方式、组件库的丰富程度、支持的应用类型和场景、代码自定义能力等评估指标。

（3）可定制性。低代码平台的可定制性能够影响应用程序的灵活性和可扩展性。在可定制性评估方面，一般考虑平台的可扩展性、可定制性、组件定制难度、代码调试和维护难度等评估指标。

（4）安全性。应用程序的安全性是一个非常重要的因素，因为它关系到企业的数据和业务安全。在安全性评估方面，一般考虑平台的数据隔离机制、权限管理机制、访问控制机制、数据备份和恢复机制等评估指标。

（5）性能和稳定性。低代码平台的性能和稳定性，它关系到应用程序的运行效果和用户体验。在性能和稳定性评估方面，一般考虑平台的响应速度、页面加载速度、并发处理能力、负载均衡能力、容错和恢复能力等评估指标。

（6）服务和支持。确保平台能够得到持续的发展和支持。在服务和支持评估方面，一般考虑技术支持响应速度、培训和文档支持、社区支持度、版本更新和升级支持等评估指标。

（7）服务商资质。服务商资质的好坏直接关系到企业在使用低代码平台时能否得到专业的支持和服务。在服务商资质评估方面，一般考虑服务商的资质证书、历史客户评价、专业技能和经验等评估指标。

在进行低代码平台选型时，通常由企业的IT部门或技术团队负责人对评估结果进行打分，他们对企业的业务需求、技术架构和开发人员的技术水平等方面有深入的了解，一般能够客观地评估低代码平台对企业的适用性和价值。

对于每个评估指标，可以采用十分评分制或者五分评分制，并给每个维度设置评分权重，邀请专业人员或者业务人员进行打分，加权计算综合评分结果，得到综合评估分数，根据综合评估分数进行选择，以便选择最适合企业需求的低代码平台。低代码平台选型评估打分样表如表2-6所示。

表2-6 低代码平台选型评估打分样表

评估维度	主要评估指标	评估权重	低代码平台			
			A	B	C	D
易用性	平台操作流畅性、UI设计美观度、学习曲线、文档和教程完善度、交互反馈及时性、开发工具集成性等					
功能性	平台支持的数据源类型和数据集成方式、组件库的丰富程度、支持的应用类型和场景、代码自定义能力等					
可定制性	平台的可扩展性、可定制性、组件定制难度、代码调试和维护难度等					
安全性	平台的数据隔离机制、权限管理机制、访问控制机制、数据备份和恢复机制等					

(续表)

评估维度	主要评估指标	评估权重	低代码平台			
			A	B	C	D
性能和稳定性	平台响应速度、页面加载速度、并发处理能力、负载均衡能力、容错和恢复能力等					
服务商资质	服务商资质证书、历史客户评价、专业技能和经验等					
服务和支持	技术支持响应速度、培训和文档支持、社区支持度、版本更新和升级支持等					

第四节 低代码业财一体化的环境准备

一、简道云账号的注册和登录

（一）简道云简介

简道云是南京帆软软件有限公司旗下产品，南京帆软软件有限公司成立于 2006 年，是一家从事计算机系统集成、电脑图文设计、自营等业务的科技型企业。作为一款 SaaS（Software as a Service）软件，简道云是基于 B/S 架构的企业应用搭建工具，可用于搭建如项目管理、进销存、人事行政管理、客户管理、财务管理等应用，支持表单设计、流程设计、数据实时分析、智能提醒等功能，无须编码即可搭建数据库。简道云通过帮助用户搭建灵活易用的应用平台，旨在满足企业/部门的个性化管理需求，帮助企业规范业务流程提升管理效率，促进团队协作减少工作沟通障碍，实现数据追踪形成企业数据资产。

简道云操作简单，用户入门容易，无须编程即可搭建 OA 办公、销售管理、生产管理等应用。同时简道云通过采用 HTTPS 技术(以安全为目的的 SSL 加密传输协议)、阿里云的云计算服务器、数据加密存储、定时备份数据和签订保密协议的形式保障用户数据安全，拥有强大的备份服务器集群，可以定期备份数据，并结合分布式服务器集群，在发生故障节点后自动接管，数据传输加密从网络层到数据层，从内部视角到外部视角，均部署防护和监测体系，机密信息及未脱敏信息禁止展示，最大可能做到安全保障和安全无忧。

简道云因其功能强大、简单易用，目前已有超 1 000 万人、40 万家企业在应用简道云，超 60 万个管理应用被搭建起来。一些知名企业例如蒙牛、元气森林、娃哈哈、OPPO、中国石化、中国石油等，都在使用简道云实现数字化的转型与升级。

（二）账号注册

简道云平台无须下载，随时随地都可以在线使用，注册网址（简道云官网）是：https：//www.jiandaoyun.com/。进入网址后，在右上角可以看到"立即注册"，如图 2-4 所示。点击"立即注册"，出现如图 2-5 所示的界面。通过输入手机号以及验证码，勾选并同意相关的服务条款和隐私声明，点击"注册"按钮即可完成注册步骤。若无法通过手机验证，可以点击注册页面下方的"点击此处",通过个人邮箱进行验证。

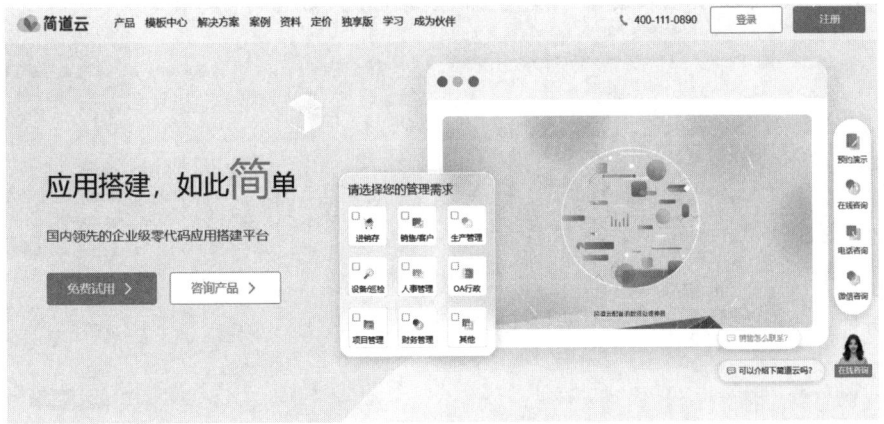

图 2-4　注册界面

图 2-5　登录界面

注册账号后,通过创建或加入团队并完善个人信息(图 2-6),即可使用简道云。个人信息可以在个人设置中修改。

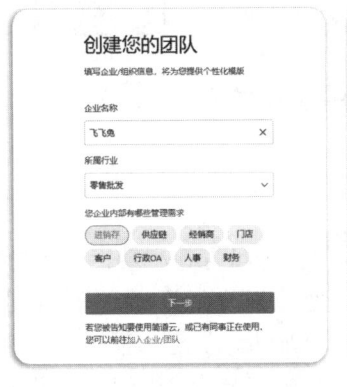

图 2-6　创建团队

（三）设置密码

注册账号后，可以在个人设置中设置密码、修改个人信息等，如图2-7所示。

图2-7 "个人设置"界面

（四）账号登录

登录简道云时，可以采用密码、验证码、微信、钉钉、企业微信等方式进行登录，如图2-8所示。

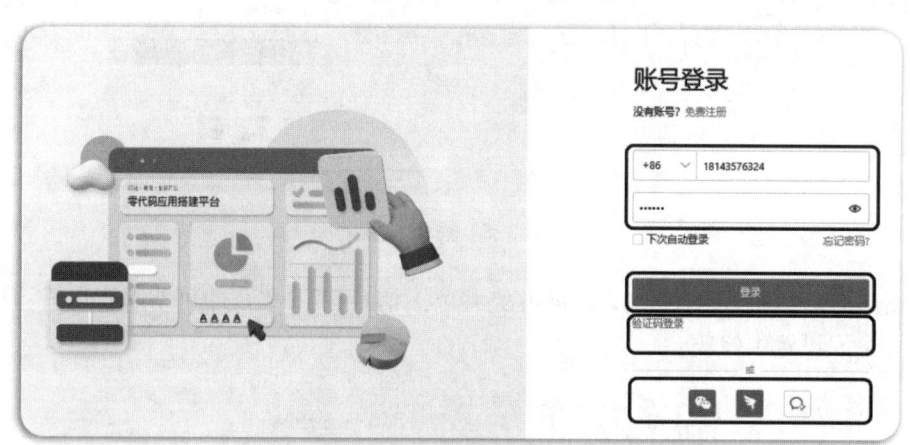

图2-8 "账号登录"界面

二、简道云平台的功能架构

简道云拥有在线表单、流程引擎、数据工厂、仪表盘等核心功能，支持使用者在钉钉、企业微信、飞书、微信等移动端接收简道云消息、处理相关业务，并进行数据的录入、查询、共享、分析等操作，简道云平台的功能架构如图2-9所示。简道云通过简单拖、拉、拽的操作方式，让企业快速搭建出符合自身需求的管理应用，简道云的灵活使用有助于企业规范业务流程、促进团队协作、实现数据追踪。

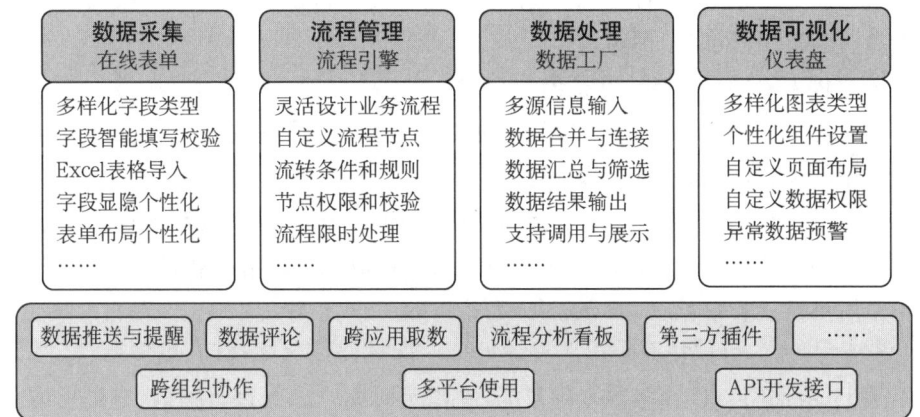

图 2-9 简道云平台的功能架构

（一）在线表单

在线表单是简道云最基础的功能，是数据的来源之一，数据的填报采集可以通过表单来完成。简道云在线表单可以满足各类典型的场景需求，例如调查统计、在线报名、销售上报、会议预约、采购入库、订单录入、扫码签到等。简道云在线表单可以提供多样化字段类型、字段智能填写校验，并支持 Excel 表格导入、字段显隐个性化、表单布局个性化。简道云在线表单的功能特点主要有：

（1）可以实名或者匿名搜集数据。通过表单外链，可匿名收集数据。内部收集数据时，也可以自动记录收集人信息，确保收集效率。

（2）智能推送提醒。支持新数据提交提醒、合同到期提醒、定时提醒等多种方式，覆盖各类常见的提醒场景。

（3）个性化布局，多平台支持。表单提供多种排版方式、支持设置个性化界面，电脑、手机均可打开使用表单，随时随地录入数据。

（4）支持导入/导出 Excel 数据。支持将 Excel 数据导入到简道云，并在后台批量处理，也可以将简道云数据批量导出到 Excel。

（5）数据管理，分享查询。对于收集来的数据，可在后台批量管理、分享，团队成员可按条件筛选、查询数据。

（6）简单操作，就可以创建强大表单。简道云提供 20 多种字段，70 多种函数。通过简单的拖拽，即可创建表单。

（二）流程引擎

简道云流程引擎是基于低代码平台的流程自动化功能，可以灵活设计业务流程。它允许用户通过图形可视化界面、预设模块和拖拽式操作，快速设计、构建和部署业务流程，从而降低开发和维护成本，提高工作效率。

简道云流程引擎能够自定义流程节点，可以为每个流程添加负责人，结合待办等消息提醒,轻松实现多种复杂流程的业务场景,如报销申请、周报审批、家电派单、员工请假、物品领用、维修申请、意见反馈等。简道云流程引擎还可以实现自定义流转条件和规则、设置节点权限和校验、设置流程限时处理等。

简道云流程引擎的功能特点主要有:

（1）可视化界面,灵活设计业务流程。通过简单的拖、拉、拽、连线等操作,可以快速设计出一个实用的流程,将原线下流程搬到简道云上。

（2）按流程处理业务。例如,员工（或部门、供应商、客户等）A 发起流程,员工（或部门、供应商、客户等）B 自动接收流程信息,处理并提交后,员工（或部门、供应商、客户等）C 接收到流程信息后继续处理,按流程处理业务,有条不紊。

（3）若流程超时,可以按既定设置自动处理。例如,员工（或部门、供应商、客户等）A 发送流程给员工（或部门、供应商、客户等）B,B 在限定时间内未处理,流程将自动提醒 B,或按规则自动处理,防止堆积。

（4）流程状态一目了然。流程流转到哪里,哪些流程还在处理中,都可以通过后台清晰查看。

（5）线上处理,多平台支持。不管是手机、电脑,都可以接收消息、处理业务,员工不再为流程审批等问题"跑断腿"。

（三）数据工厂

数据工厂是简道云中加工和处理数据的功能,得到的数据可以用于仪表盘进行数据分析,也可以把数据工厂理解为数据仓库技术中的 ETL（extract-transform-load）工具,将数据从来源端经过抽取（extract）、转换（transform）、加载（load）至目的端。简道云数据工厂支持多源信息输入、数据合并与连接、数据汇总与筛选、数据结果输出,还支持调用与展示。通过简道云数据工厂,可以先对已有数据进行处理,再将处理好的数据在仪表盘中展示。

（四）仪表盘

简道云仪表盘可以实现多样化图表类型、个性化组件设置、自定义页面布局、自定义数据权限、异常数据预警等功能。简道云仪表盘的功能特点主要有:

（1）简单拖拽,轻松搞定可视化分析。通过简单的拖拽,即可制作出一个个柱形图、折线图、饼图等,还可以自定义颜色等信息。

（2）自定义图表样式。多种配色,可以完全自定义设置多样化图表类型,让仪表盘与众不同,独具特色。

（3）灵活控制查看权限。通过权限设置,可以灵活控制哪些人能看到哪些数据,确保数据安全。

（4）多平台查看图表。不管是手机、电脑、iPad,还是工厂 PDA,都可以查看仪表盘,随时随地掌握数据。

（5）异常数据智能预警。通过预警设置,当数据异常时（如库存不足）,将第一时间向负责人推送消息。

三、简道云平台中的常用概念

(一) 工作台

工作台也可以称为首页,进入简道云系统时会跳转到该页面。这个页面中可以看到待办任务、我的应用、我的图表等信息。管理员也可以自定义企业的工作台页面,如图2-10所示。

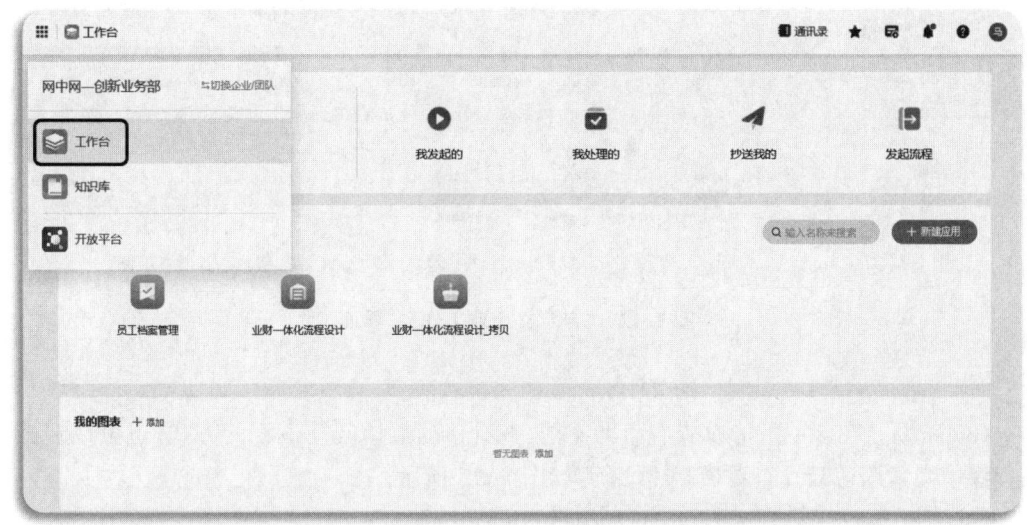

图 2-10 "工作台"界面

(1) 通讯录。通讯录是一个企业架构的管理工具,使用者可以在通讯录中邀请成员并管理成员信息、调整组织架构;还可以添加互联组织的信息,设置管理员等,如图2-11所示。

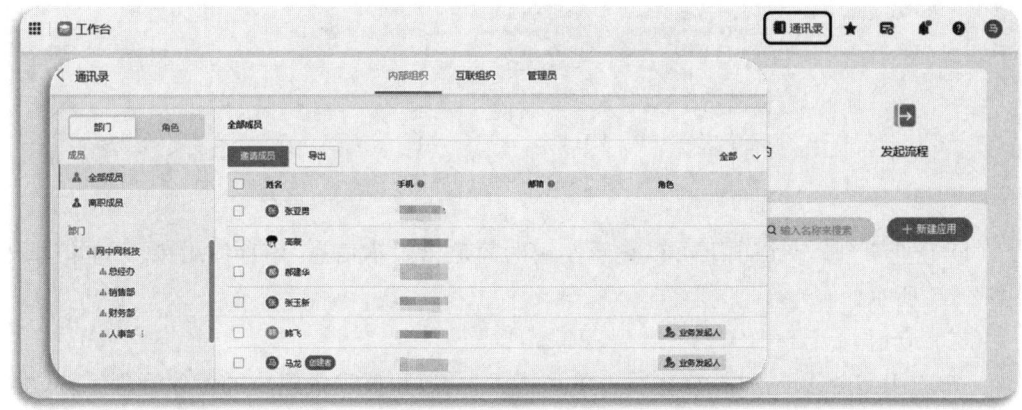

图 2-11 "通讯录"界面

（2）自定义工作台。管理员和企业成员能够通过自己设置，打造出适合个人和企业的工作台，员工可以清晰地看到与自身相关的企业信息，也可以给企业员工及时推送企业信息，提高办事效率，如图 2-12 所示。

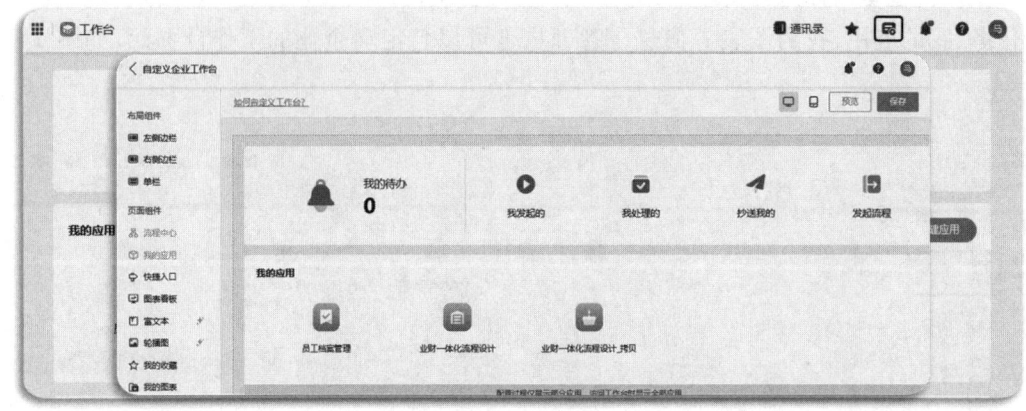

图 2-12 "自定义企业工作台"界面

（3）帮助。在该项下可以查看帮助文档、查看移动端访问简道云的方式（也可以在微信小程序中搜索简道云）、查看模板中心等，如图 2-13 所示。

图 2-13 "帮助"界面

（4）企业管理。在该项下可以查看使用的简道云版本信息、信息使用量、订单信息等，如图 2-14 所示。

（二）应用

一个应用是由若干张表单（普通表单和流程表单）和仪表盘组成的业务管理系统，类似于 ERP 中的应收模块、应付模块等。"新建应用"界面如图 2-15 所示。

（1）表单。表单是由若干字段组成的，用于数据填报和收集的工具。在简道云中，表单分为普通表单和流程表单两类（在某些低代码平台中，不对表单进行分类，流程引擎是单独模块)。例如,在员工档案管理中,员工姓名、所属部门、身份证号码、出生日期等都是普通表单,如图 2-16 所示。

图 2-14 "企业管理"界面

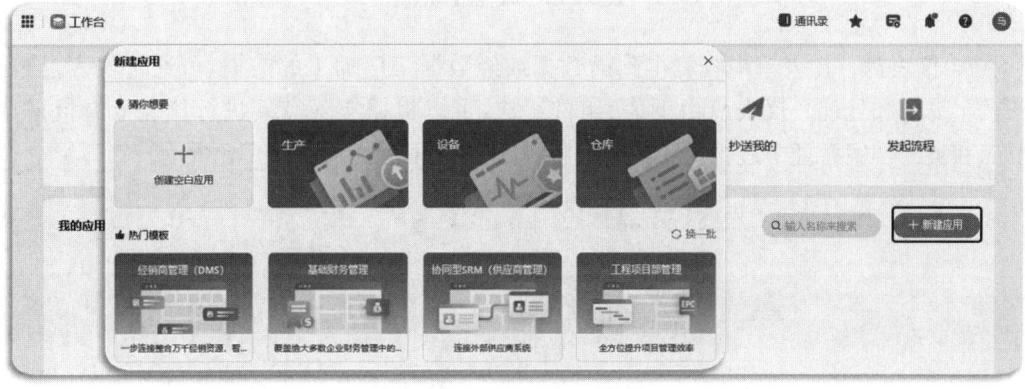

图 2-15 "新建应用"界面

图 2-16 表单示例

（2）流程。为流程表单中的数据设置流转规则，使得数据可以按照预设的流程流转。流程流转的各个环节成为流程节点，每一个节点都需要设置数据的可见权限以及流程负责人，每个节点的负责人审批后，流程数据会继续流转。流程示意图如图2-17所示。

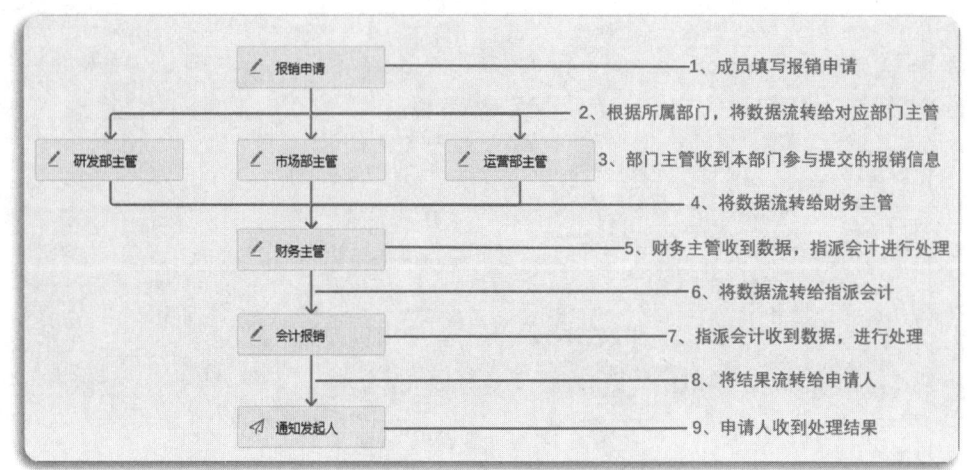

图2-17　流程示意图

（3）仪表盘。在表单中收集得到的数据或经数据工厂加工的数据，可通过仪表盘来进行查看、分析和处理。仪表盘由图表、组件组成，可以根据实际需要进行仪表盘看板搭建。例如，在员工档案管理中进行员工信息分析，仪表盘界面展示如图2-18所示。

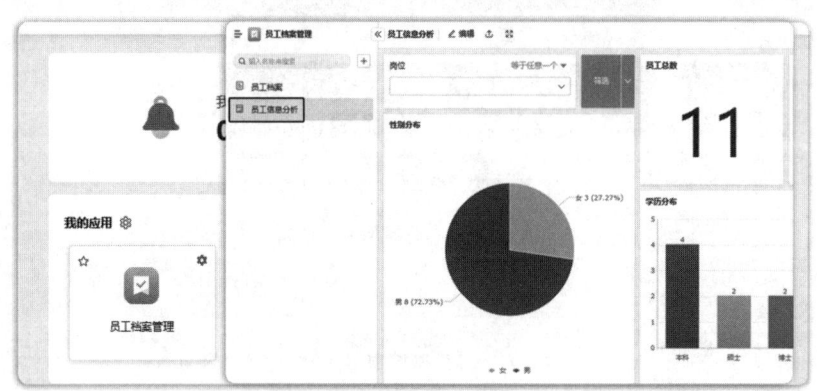

图2-18　仪表盘示例

（4）管理后台。管理员配置应用和使用高级功能的控制台，包括应用设置和高级功能两部分内容。在应用设置中可以批量设置表单和仪表盘的权限、应用链接和图标等。在高级功能中包含了聚合表、智能助手、数据工厂、流程分析等，如图2-19所示。

（三）知识库

简道云知识库是企业级的知识管理工具。使用者可以通过知识库不断地梳理业务资料，沉淀业务知识，制定业务规范，从而让团队的业务更进一步。"知识库"界面如图2-20所示。

图 2-19 "管理后台"界面

图 2-20 "知识库"界面

(四)开放平台

简道云开放平台基于产品内的前端事件、插件、API 接口等为用户提供开发能力,让用户可以通过自主开发或者使用官方、第三方服务商等开发的功能来实现企业个性化需求。"开放平台"界面如图 2-21 所示。

图 2-21 "开放平台"界面

四、搭建第一个应用

创建自己的第一个应用"你好，低代码！"，在其中创建一个普通表单"低代码测试"，添加字段"单行文本"，并保存该应用。分别从电脑端、移动端进入简道云并查看应用。

具体步骤是：

（1）登录简道云平台，自动进入工作台界面，如图 2-22 所示。

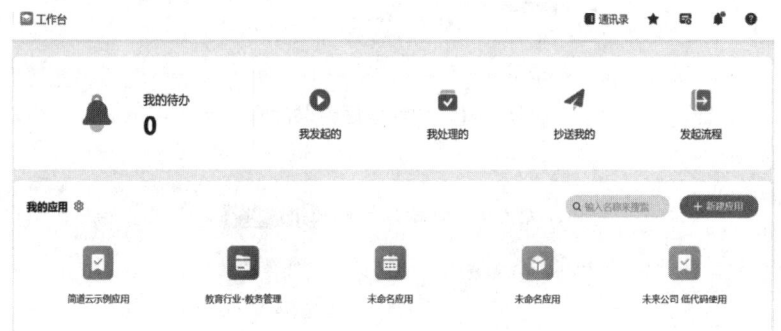

图 2-22　登录示例

（2）点击"＋创建空白应用"，创建新应用，如图 2-23 所示。

图 2-23　新建应用示例

（3）新建应用命名为"你好，低代码"，保存应用，如图 2-24 所示。

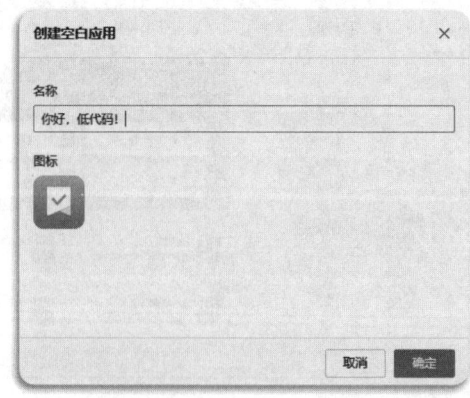

图 2-24　新建应用，命名为"你好，低代码"

(4)新建表单,创建空白表单,命名为"代码测试",如图2-25所示。

图 2-25　创建空白表单,命名为"代码测试"

(5)在空白表单中添加"单行文本"字段。在字段选择区域选择"基础字段",单击或者拖拽"单行文本"字段到表单设计区域,给"单行文本"字段命名,如"张三",如图2-26和图2-27所示。

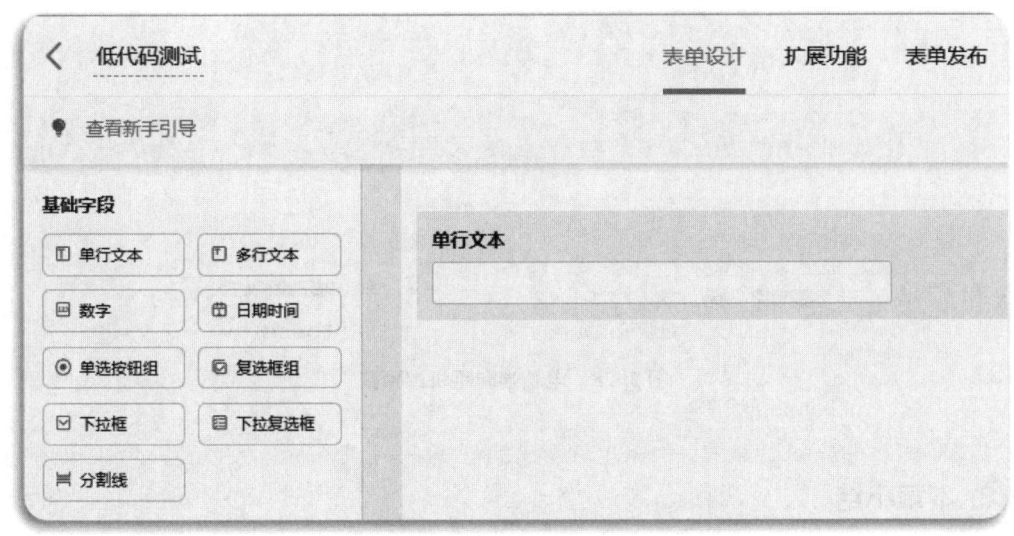

图 2-26　在空白表单中添加"单行文本"字段

图 2-27　添加"单行文本"字段,命名为"张三"

（6）点击"保存"按钮。保存成功后,可以预览一下效果。电脑端和手机端预览如图 2-28 所示。

电脑端预览　　　　　　手机端预览

图 2-28　电脑端和手机端预览

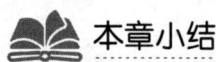本章小结

　　数字化转型涉及企业的方方面面,其中寻求技术及实现手段上的突破是决策者需要考虑的主要问题之一。当数字化转型进入深水区,系统迭代成本高昂、交付周期长、功能高度定制的传统 ERP 系统越来越难满足企业的全部需求。"低代码技术"作为解决企业数字化转型以及增强企业应变能力的有力技术手段,得到越来越多的关注。

低代码是指开发者写很少的代码,通过低代码平台提供的界面、逻辑、对象、流程等可视化编排工具来完成大量开发工作,降低软件开发中的不确定性和复杂性,从而大幅提升开发效率,让企业能够降低开发成本,降低技术门槛,快速创新应用,实现快速试错,敏捷迭代。广义低代码平台主要有无代码开发平台、低代码应用平台、多重体验开发平台、智能业务流程管理套件,它们在应用场景、功能和使用对象等方面存在较大差异,企业在选择时需根据自身需求进行选择。

低代码平台的两大优势是,一是低代码平台能提高开发效率和降低成本,二是低代码平台是企业数字化转型的有力工具。低代码平台的七大核心价值是:①隐私价值;②快速价值;③降低成本价值;④降低复杂性价值;⑤易维护价值;⑥贴近业务实际价值;⑦最小化不稳定或不一致的需求价值。借助低代码平台,企业可以为移动设备或桌面设备等创建多功能和高信息管理功能的应用程序。在国内,低代码平台在近几年如雨后春笋般涌现,不同的低代码平台之间,功能和性能的差异也很大,因此在选择低代码平台时,需要考虑多个因素,如易用性、功能性、可定制性、安全性、性能和稳定性、服务和支持、服务商资质等,通过评估打分,综合考虑各方面因素,选择最适合企业需求的低代码平台。低代码平台的选型虽然是第一步,但也是最关键的一步,它直接决定了所建立起来业务流程的"底色"。帆软的简道云是国内低代码领域的头部平台,是一个低代码轻量级应用搭建平台,支持在电脑端和移动端操作,其拥有在线表单、流程引擎、数据工厂、仪表盘四大核心工具,可以通过拖拉拽的操作方式,快速搭建出符合自身需求的管理应用,助力企业的财务数字化转型。

思考与练习

1. 低代码业财一体化的实现路径是怎样的?
2. 低代码平台使"软件开发平民化"成为可能,作为财务人员使用低代码平台的理由有哪些?
3. 无代码开发平台和低代码应用平台都是用于快速构建应用程序的工具,两者的区别有哪些?
4. 低代码应用平台和多重体验开发平台有哪些相同点?两者的主要区别在哪里?
5. 智能业务流程管理套件和多重体验开发平台都是具有重要意义的软件工具,它们有什么差异?
6. 在传统编写代码的方式下,是否可以通过增加人力来缩短对等的开发周期?
7. 创建自己的第一个应用,尝试搭建一个由若干张表单(普通表单和流程表单)和仪表盘组成的业务管理系统,如应收模块、应付模块等,掌握普通表单、字段"单行文本",以及如何保存该应用,并分别从电脑端、移动端进入简道云查看应用。

拓展思考

近几年来,数据资产作为企业和公共部门重要资产被深度开发利用,我国推行了民法

典、电子商务法、网络安全法、数据安全法、个人信息保护法等法律法规,约束和解决数字经济快速发展带来的矛盾和冲突。作为具有普适性的技术,低代码技术在跨部门、跨层级、跨地域打通应用通道、化解"信息孤岛"方面有得天独厚的优势,必将成为实现企业业财融合、助推企业数字化转型的重要推手。请思考:财务人员在使用和创建低代码平台实现业财一体化过程中,可能会面临哪些风险?应如何解决或应对?

思政园地

宁波钢铁有限公司的业财一体化实践

第三章

业财数据收集——在线表单

学习目标

1. 了解表单的含义和分类。
2. 理解表单数据管理的作用和内容；依据业务需求选择合适的字段类型。
3. 掌握新建表单的方法，掌握表单设置的步骤和方法；掌握常见字段、表单的属性设置方法，掌握部分字段智能化设置的方法；理解和掌握借款额度设置、业务类型设置、出差申请表单设计、借款和还款表单设计以及日常费用报销单和差旅费用报销单等相关表单的设计。

第一节 在线表单基础认知

一、在线表单的含义和分类

数据的填报采集可以通过表单来完成。在线表单是简道云中最基础的工具，是数据的来源之一，理解时可以将其想象为一个表格。随着信息时代的发展和互联网的普及，越来越多的企业和个人选择了数字化管理和操作，传统的纸质表单已经逐渐被淘汰，取而代之的是在网页端进行的在线表单收集。在线表单不仅能够提高信息收集和处理的效率，而且还可以减少纸张使用量，促进环保，因此在线表单工具越来越受到关注和喜爱。

简道云中的表单工具可以分为普通表单和流程表单。普通表单可以收集业务进程中的所有数据，可以进行分权协作，将数据权限发布给需要管理数据的成员，也可以进行外部数据收集。流程表单除了拥有普通表单的所有功能，还可以让数据层层流转，逐级审批，同时能够分配权限，管理流程数据。普通表单和流程表单可以相互转换，两者之间最大的区别就是流程表单需要逐级审批，且需要设置流程。

要进一步理解表单的含义，需要理清 Excel 与表单的关系。Excel 通常包含了标题和数据两个部分，而这两部分可以对应转化为表单中的字段和数据。Excel 与表单的关系如图 3-1 所示。

图 3-1 Excel 与表单的关系

Excel 作为数据管理界的"元老级"工具，一直以来都备受推崇，但也有着无法忽视的缺点。例如：在移动端难以操作和管理，难以管理大型数据，数据容易出错；不易协作、拓展和自动化；不易进行数据分析；存在数据隐私安全问题等。

随着互联网和移动设备的快速发展，用户对数据的流动速度、易管理性、易使用性等要求在不断提高。相比 Excel，低代码平台的在线表单可以集中管理数据，实时共享数据，以及分权管理数据。在线表单中的数据可以直接存储在简道云的数据库中，并通过数据管理功能进行统一管理。数据管理功能可以让用户对表单数据进行分类、筛选、排序、查找、导入、导出等操作，结合仪表盘的功能，帮助用户更好地了解数据趋势和状况，更符合现代化数据管理需求。

二、新建表单的方法

新建表单可以采用直接创建空白表单或者导入 Excel 创建表单（将 Excel 中的标题作为字段），新建时可以任选普通表单与流程表单，两者可以根据使用需求相互切换。对新建应用或无数据的应用，可以参照第二章内容示例创建表单，此处不再赘述。对于已有数据的应用，可以按照如图 3-2 所示方法创建表单。

三、表单设置的步骤

创建表单后，需要进行表单设置。表单设置具体分为四个步骤：表单设计、流程设定、扩展功能、表单发布。

（一）表单设计

在简道云中，表单设计过程可分为添加字段、设置字段属性、设置表单属性三个步骤，表单设计界面分为字段选择区（基础字段、增强字段、部门成员字段）、表单设计区、属性设置区（字段属性、表单属性）三个区域。表单设计划分的三大区域如图 3-3 所示。

第三章 业财数据收集——在线表单

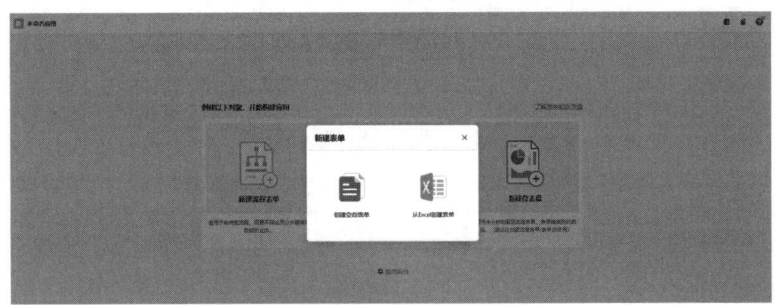

图 3-2 新建表单的方法

图 3-3 表单设计划分的三大区域

1. 添加字段

字段是制作表单的必要内容，也是收集数据的核心工具。字段分为基础字段、增强字段、部门成员字段。基础字段包括单行文本、多行文本、下拉框、数字、单选按钮组、日期时间、复选框组、分割线、下拉复选框等，增强字段包括地址、定位、手机、关联查询、选择数据、

55

附件、图片、按钮、文字识别、手写签名、流水号、子表单等,部门成员字段包括成员单选、成员多选、部门单选、部门多选等,不同字段的用途如表 3-1 所示。在表单中合理使用不同类型的字段,可以让数据收集事半功倍。

表 3-1 字段的用途

字段名称	字段用途或说明
单行文本	录入较短的文本信息,如姓名等
多行文本	录入较长的文本信息,如备注等
下拉框	内容较多且固定,需要从列表中选择一个
数字	需要计算的数字信息
单选按钮组	内容较少且固定,只需要选择一个
日期时间	记录日期时间信息,可用于计算
复选框组	内容较少且固定,需要选择多个
分割线	分割字段的内容,让页面更加清晰
下拉复选框	内容较多且固定,需要从列表中选择多个
成员单选	从企业成员列表中选择一个成员
成员多选	从企业成员列表中选择多个成员
部门单选	从组织架构中选择一个部门
部门多选	从组织架构中选择多个部门
地址	选择省、市、区,填写详细地址
定位	获取当前定位信息
手机	进行手机验证,如短信验证等
关联查询	查询其他表单中数据
选择数据	调用其他表单中的信息
附件	上传图片、文档、视频等文件
图片	上传图片文件
按钮	设置自定义的按钮
文字识别	将图片上的字符信息转换为可编辑的文字内容
手写签名	手写签名,可用于会议签到、消费确认、质检管理等
流水号	按照设定的规则自动生成流水编号
子表单	增加多行信息,可以添加多个子字段

从字段选择区点击或拖动所需要的字段到表单设计区,就可以实现添加字段,收集数据和信息,如图 3-4 所示。

第三章　业财数据收集——在线表单

图 3-4　添加字段

2. 设置字段属性

选中某一个字段，就可以设置字段属性，如图 3-5 所示。如修改字段的标题名称、添加描述信息、提示文字、设置字段校验、设置字段权限（流程表单需要在流程节点中设置）等，让数据收集更加方便。

图 3-5　设置字段属性

不同的字段有不同的属性，有共性的字段属性、也有个性化的字段属性（共性的字段属性在本节中了解和学习，个性化的字段属性在后续内容中陆续学习）。共性的字段属性如标题、描述信息、提示文字、默认值、校验、字段权限、字段宽度等。①"标题"。即字段的标题，默认显示字段的名称，可以根据需求自定义修改，也可以设置为不显示。②"描述信息"。即字段的描述，描述该字段在表单中的作用与注意事项等，供填写人理解和使用。③"提示文字"。即字段的提示文字，在输入框中显示的提示文字不同于字段描述。④"默认值"。即字段的默认值，不同类型字段的默认值选项不同，通常包括自定义、数据联动、公式编辑三种。⑤"校验"。即字段的校验，其中必填选项默认不勾选，如果勾选必填项，录入信息时必须录入，否则不能提交。不允许重复值选项默认不勾选，如果勾选不允许重复值选项，当录入信息存在重复时，在提交信息时会给出提示（提示信息可以自定义）。⑥"字段权限"。即字段的权限，其中可见选项默认可见、可编辑，用户在录入信息时，可以看到和编辑该字段（在流程表单中，权限在流程节点中设置）。⑦"字段宽度"。即字段的宽度，如四分之一、三分之一、二分之一、三分之二、四分之三等，当表单属性中的布局为多列时，可以设置字段宽度。

3. 设置表单属性

表单属性设置包括表单提交检验条件、字段显隐规则、不可见字段的赋值，以及设置是否缓存、前端事件、多标签页、表单布局及设置表单外链的样式等，如图3-6所示。需要注意的是：①当某些字段是否显示由其他字段的值来决定时，需要设置显隐规则，一个表单可以添加多个显隐规则，例如当"是否借款"字段的值为"是"时，显示字段"银行账号""借款金额"等。反之，不显示相关字段。②当设置某些字段不可见时，可以设置赋值规则，有保持原值、空值、始终重新计算三种方式。③表单前台缓存默认不开启。当开启后，在用户提交数据过程中，切换到其他表单或页面，再切换回当前表单，已填写的数据不会丢失，可以提高录入效率。④多标签显示默认不开启。当开启后，可以设置多个页面标签，在每个页面标签中添加字段，让布局更加清晰（在标签下方，不能再添加字段）。⑤设置表单布局时，字段的显示布局默认单列显示，可以设置单列、双列、三列、四列。⑥设计的表单要及时保存，点击界面左上角可以给表单重新命名，如图3-7所示。

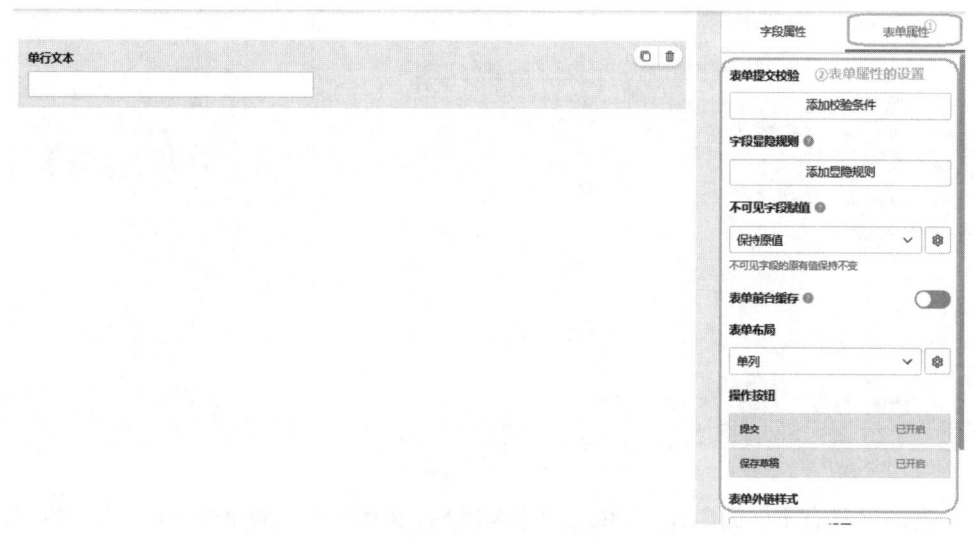

图3-6　表单属性的设置

图 3-7 重命名表单

(二) 流程设定

流程表单需要进行流程设定(普通表单无需这一步)。流程设定界面分为节点选择区(流程节点、抄送节点、子流程)、流程设计区、属性设置区(节点属性、流程属性)三个区域,如图 3-8 所示。

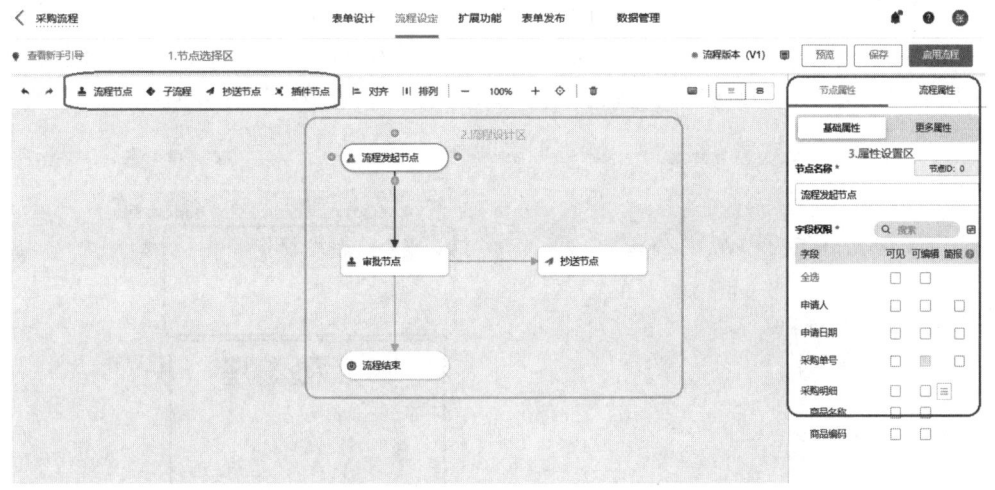

图 3-8 流程设定划分的三大区域

流程设置是流程表单的一个组成部分,需要先在"表单设计"页面设计好流程表单,然后再进入"流程设定"页面设置流程。流程设置过程主要有三个步骤,即添加节点和连接线、设置节点属性和设置流程属性。

1. 添加节点和连接线

节点和连接线是流程的基本元素。节点是指流程流转过程中某个需要审批人处理的环节,比如发起人填写请假申请,就是一个开始节点,请假申请需要主管审批,那么直接主管审批就是审批节点。用连接线把所有的节点串联起来就是这个流程的审批路径。添加节点和连接线如图 3-9 所示。

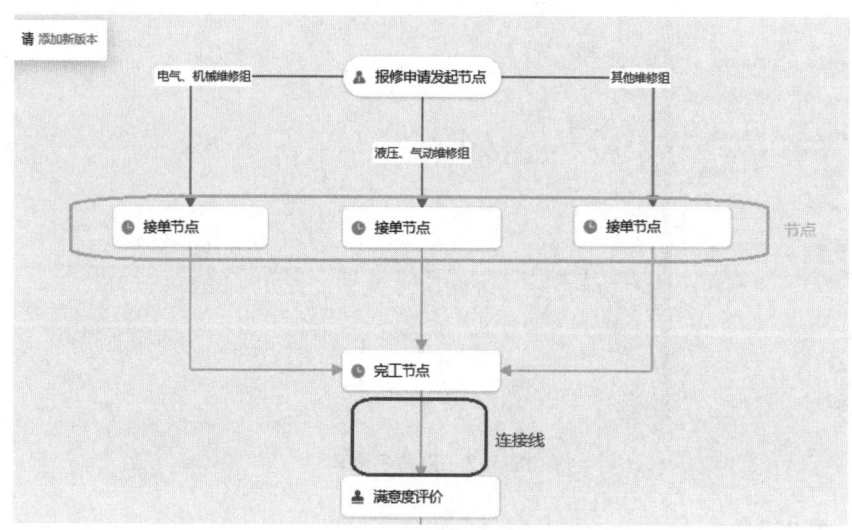

图 3-9　添加节点和连接线

2. 设置节点属性

节点属性是对单个节点进行的属性相关设置，区别于流程属性针对整个流程的设置。设置节点属性通常包括节点名称的修改，设置节点负责人，设置审批意见、节点操作、流转规则、限时处理等，设置节点属性还包括设置字段的权限。设置节点属性界面如图 3-10 所示。

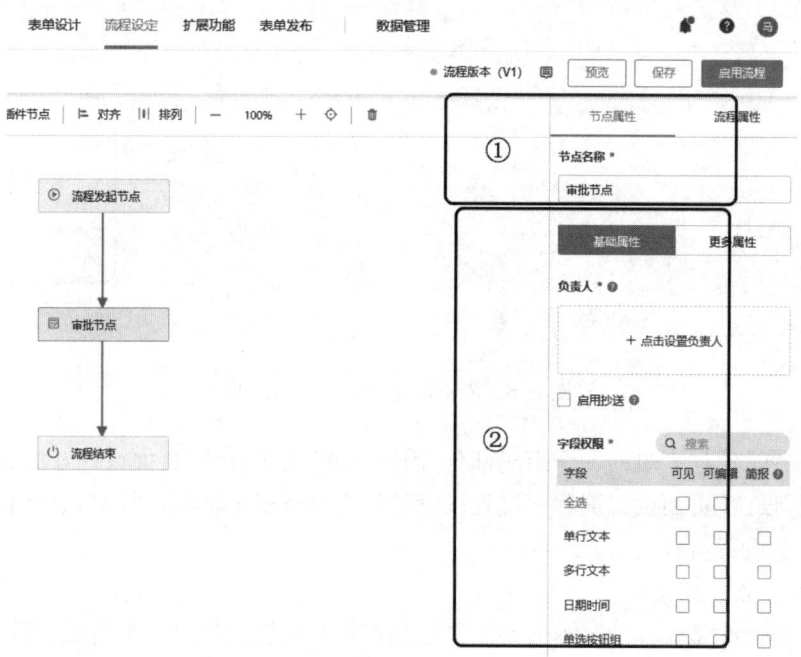

图 3-10　设置节点属性

3. 设置流程属性

流程属性通常包括流程提醒设置、允许流程发起人催办、查看流程动态和流转图、自动提交规则、版本管理等。设置流程属性如图 3-11 所示。

图 3-11　设置流程属性

（三）扩展功能

完成表单设计后，可以进行扩展功能设置，以便对数据进行更加科学合理的管理，实现数据业务流的自动化和智能化。扩展功能包含数据协作、推送提醒、提交提示、打印模板、智能助手、自定义按钮、数据推送等，如图 3-12 所示。

图 3-12　扩展功能设置

1. 数据协作

数据协作包含数据标题、表格视图直接编辑、数据日志、数据评论等部分内容,如图3-13所示。

图3-13 数据协作

2. 推送提醒

推送提醒能够对满足条件的数据进行通知。如在数据新增、修改或者数据到期时,可以对其设置提醒,以便更加科学合理地管理数据,提高工作效率。推送提醒设置如图3-14所示。

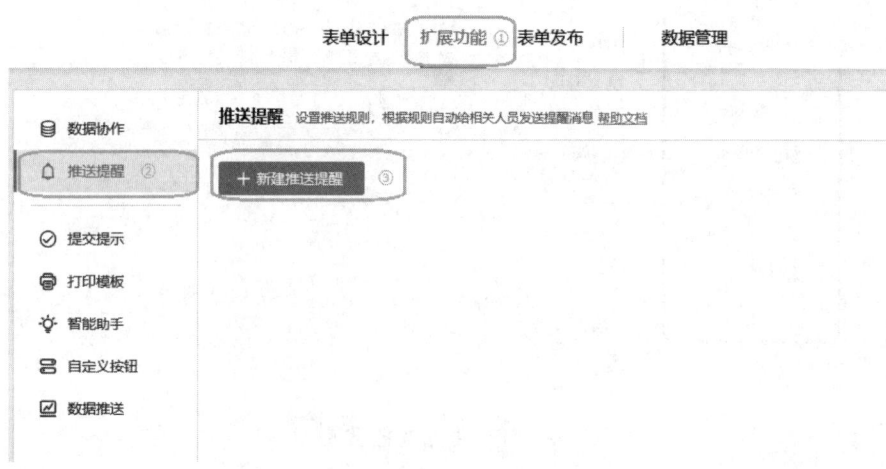

第三章 业财数据收集——在线表单

图 3-14 推送提醒

3. 提交提示

提交提示是指在表单提交时的数据提示以及表单提交后的反馈提示。提交提示可以实现表单提交时保存本次提交的内容，以便对本人数据进行复用，并且可以在表单提交后对提交人进行反馈提示，如图 3-15 所示。

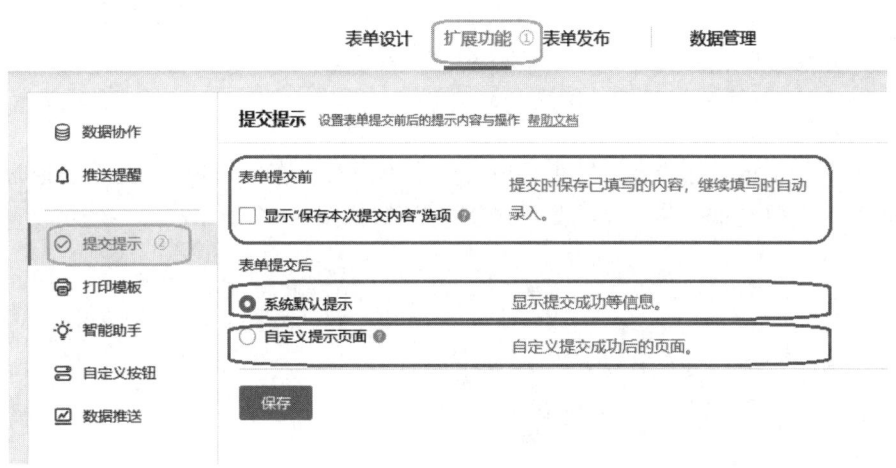

图 3-15 提交提示

4. 智能助手

智能助手可以在满足指定的触发条件后，自动在目标表单中新增、修改、删除数据，或执行插件。智能助手设置如图 3-16 所示。

图 3-16 智能助手

(四) 表单发布

表单发布是指将做好的表单发布给成员。表单只有发布给成员，成员才能通过表单进行数据填写。表单发布包含对成员发布和公开发布，如图 3-17 所示。

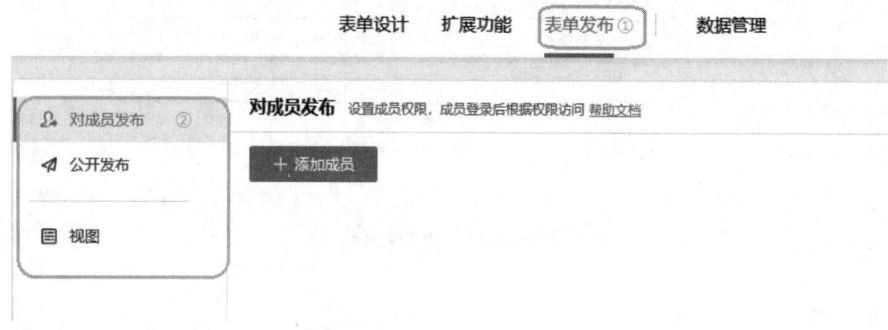

图 3-17 表单发布

1. 对成员发布

对成员发布是指发布给通讯录中的成员（企业内部成员），拥有权限的成员方可填报和管理数据。对成员发布的设置如图3-18所示。

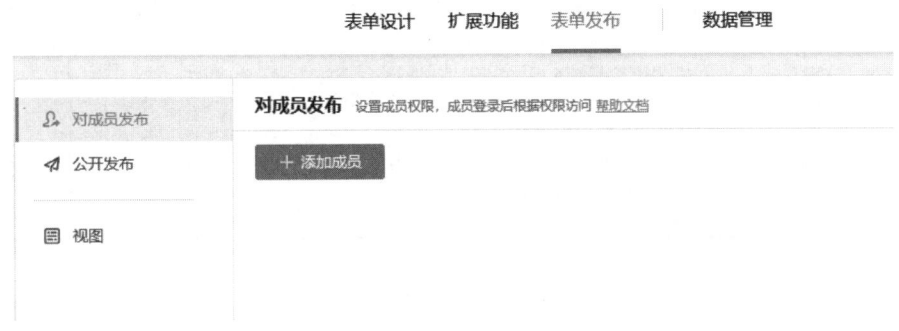

图3-18　对成员发布

2. 公开发布

公开发布是指发布给通讯录以外的成员（外部人员），不需要加入团队即可完成数据的填报，但只能进行简单的数据填报、查询等操作，如调查问卷等。公开发布设置如图3-19所示。

图3-19　公开发布

四、表单数据管理的内容

数据管理是对表单提交的数据的集中管理，也是管理员查看全部数据的地方（如果成员需要查看全部数据，可以在权限组中为成员设置查看全部数据的权限）。数据管理分为数据操作和数据列表两部分区域，如图3-20所示。

图 3-20　表单数据管理

（一）数据操作

数据操作包括数据的新增与编辑、批量操作、数据过滤、数据删除、表格样式等功能。例如添加录入新的数据信息、利用 Excel 导入（导出）数据、批量操作等，如图 3-21 所示。

图 3-21　数据操作

（二）数据列表

在数据列表区域，可以对单列数据进行筛选、隐藏等操作，如图 3-22 所示。

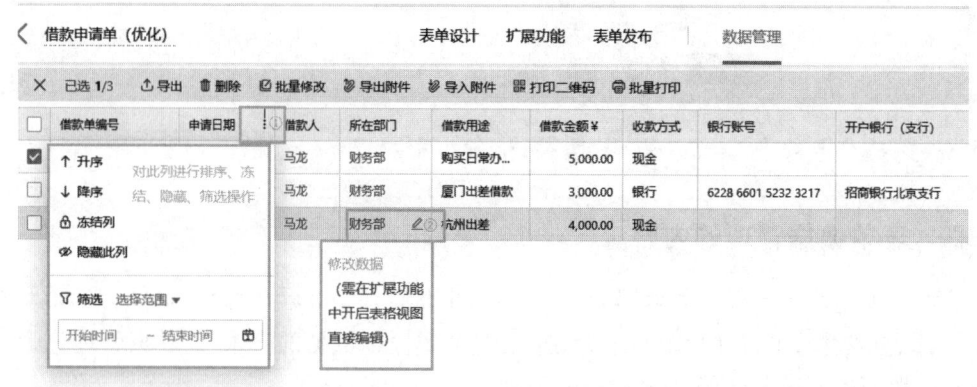

图 3-22　数据列表

第二节 费控报销单据设计(上)

一、表单设计:借款额度设置

(一)业务描述

在财务数字化转型过程中,需要构建各类业财流程,费控管理流程是其中一项常见的流程。在构建费控管理流程时,核心点就是用数字化思维把线下执行的业务流程搬到线上,实现业务流程审批的无纸化、控制审核的智能化、业财结果的可视化。在利用低代码平台实施时,首要步骤就是根据业务需求来设计表单,替代线下的纸质化单据和流程。

本节内容以东方控股(福建)集团有限公司(以下简称东方集团)为例,介绍费控报销单据设计。东方集团总部位于福建厦门,集团下设 7 家子公司,主营物业管理,园林绿化工程施工,专业保洁、清洗、消毒、家政、停车场、住房租赁等服务。2023 年,集团开始财务数字化转型,并着手实施业财一体化战略。但在财务管理方面,集团自身受制于报销流程冗杂,流转效率低下之苦。经企业管理层研究,决定先从差旅报销和日常费用报销入手,采用低代码平台搭建一套符合企业管理需求的费用报销管理系统。

在日常业务活动中,日常费用报销活动和差旅报销活动涉及出差申请、借款、还款、费用报销等业务的发生,涉及的业务单据有出差申请单、借款单、还款单、日常费用报销单、差旅费用报销单等。公司财务制度规定,员工借款实行备用金管理方法。当员工借款余额超过备用金额度时,员工将无法取得新的借款。部分员工的备用金额度信息存储在"备用金额度表.xlsx"中,如表 3-2 所示。

表 3-2 部分员工的备用金额度信息

员工姓名	部门名称	借款额度(元)
张三	财务部	30 000
李四	采购部	30 000
王五	销售部	30 000

(二)任务清单

根据东方集团借款额度设置需求,完成以下任务:①完善通讯录。在通讯录中添加部门、角色和成员。②新建应用和表单。在简道云中新建应用"3.2 费控报销单据设计",新建普通表单"借款额度设置"。③添加字段并设置属性。添加相关字段,设置字段的常见属性和表单属性,完成表单的设计。④录入数据。运用当前账号(管理员、创建者)录入成员的借款额度信息,查看已录入的数据。⑤发布表单。发布表单给指定成员,运用该成员的账号录入借款额度信息,查看已录入的数据。

1. 完善通讯录

在通讯录中添加成员、部门和角色。

1）添加成员

进入通讯录页面，添加成员，如图3-23所示。

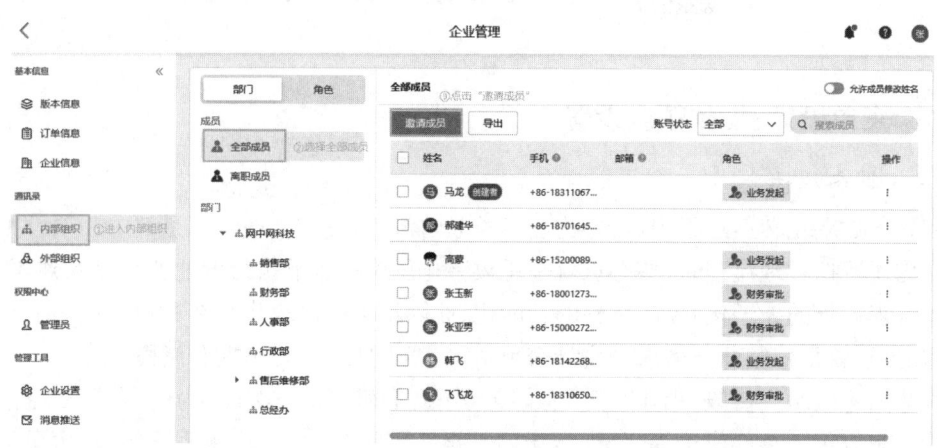

图3-23　在通讯录中添加成员

添加成员时，默认进入内部组织添加成员（也可以根据业务需要添加互联组织成员或者管理员），选择"全部成员"，点击"邀请成员"按钮。邀请成员有三种方式，一种是手动邀请成员，选择"手动添加成员"，录入成员姓名、手机号码或邮箱地址，点击"邀请"后完成手动录入。第二种方式是批量导入成员，点击"批量导入成员"按钮，下载通讯录模板，编辑好成员信息，接着选择要导入的文件，导入编辑好的带有成员信息的文件。第三种方式是公开链接邀请，点击"公开链接邀请"按钮，会出现链接地址和二维码，分享链接或二维码给成员，对方注册账号后可以自动加入。

2）添加部门

进入通讯录页面，添加部门，如图3-24所示。

图3-24　在通讯录中添加部门

添加部门时,默认进入内部组织添加成员(也可以根据业务需要添加互联组织成员或者管理员),点击"内部组织"按钮,可以添加财务部、销售部、人事部、行政部等部门,也可以添加这些组织部门的子部门。对部门可以进行的操作有修改名称、调整上级部门、设置部门主管、添加子部门、删除等。

3) 添加角色

进入通讯录页面,添加角色,如图 3-25 所示。

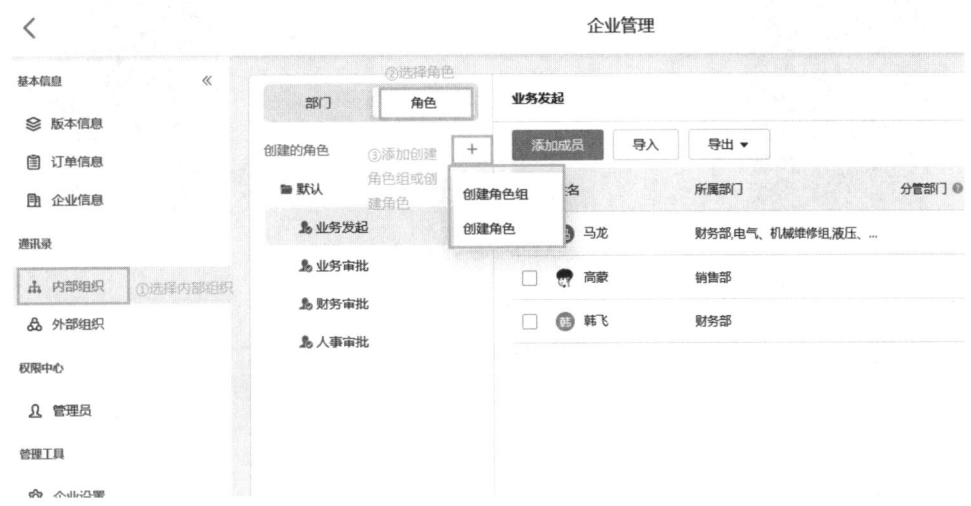

图 3-25　在通讯录中添加角色

添加角色时,默认进入内部组织添加成员角色,点击"内部组织"按钮,点击"角色"按钮,可以创建角色组或者创建角色。例如,创建角色"财务审批",选中某个成员作为财务审批角色,点击"确定"按钮,即可实现角色设置和添加。

2. 新建应用和普通表单

在简道云中新建应用"3.2 费控报销单据设计",新建普通表单"借款额度设置"。具体做法是点击"新建应用"按钮,创建空白应用,录入应用名称"3.2 费控报销单据设计",如图 3-26 所示。然后点击"新建表单",创建空白表单或者选择从 Excel 中创建表单,本例选择"创建空白表单",录入表单名称"借款额度设置",如图 3-27 所示。表单可以编辑、修改信息,移动、删除或者切换为流程表单。

3. 添加字段并设置属性

添加相关字段,设置字段的常见属性和表单属性。例如"员工姓名"选择成员单选字段,"部门名称"选择部门单选字段,"借款额度"选择数字字段,"备注"选择多行文本字段。具体做法是:①进入表单"借款额度设计"的表单设计界面。②在表单设计界面添加字段,设置标题、校验、字段权限等共性字段属性。在设置字段属性时,可以采用批量设置字段属性方式,同时按下 Ctrl+鼠标左键,可以选择多个字段,可以批量设置共同的字段属性,批量删除与复制。③进行部门字段、成员字段的可选范围设置。进行部门字段、成员字段的个性化字段属性设置,确定字段的可选范围。字段的可选范围默认为"自定义",其中"组织架构"选项可

图 3-26 新建应用

图 3-27 新建普通表单

以限定为某些部门下所有的成员,"动态参数"可以限定为当前登录的用户,"角色"选项可以限定为某些角色下所有的成员,"成员"选项可以直接限定为某些成员。当选择"由部门字段确定"时,通过字段选择,限定为当前表单中部门字段下的所有成员。④进行部门字段、成员字段的默认值设置。字段的默认值默认为"自定义"。可以选择"成员"选项下选择一名固定成员,也可以在"动态参数"选项下限定为当前登录的用户。当选择"数据联动"时,字段值可以随着其他表单中成员字段的变动而变动。⑤设置数字字段属性:格式、默认值。数字字段的格式可以设置为数值,数值的格式可以设置小数位、设置千分位。数字字段属性可以设置为百分比,可以选择百分比或者设置小数位。数字字段的默认值可以选择"自定义""数据联动"或者"公式编辑","自定义"是指用户自己录入固定的数字,"数据联动"是指字段值可以随着其他表单中成员字段的变动而变动,"公式编辑"是指依据当前表单或其他表单中的字段值计算所得。⑥设置表单属性,如前台缓存、表单布局等,使表单看起来布局美观、合理。⑦预览已设置好的表单,查看在电脑端和移动端的展示效果,不断作出调整。例如可以加入字段"分割线",优化表单布局,补充表格说明,还可以设置样式、主题色、标题颜色等。

4. 录入数据

运用当前账号(管理员、创建者)录入成员的借款额度信息,如图 3-28 所示。

图 3-28 录入成员的借款额度信息

5. 发布表单

发布表单给指定成员,可以运用该成员的账号录入借款额度信息,并查看已录入的数据。

发布表单给指定成员时,依次选择"表单发布""对成员发布"(或者"公开发布")、"添加成员",如果按部门选择成员,可以发布给部门下的所有成员;按角色选择成员,可以发布给该角色组所有成员;按成员选择,可以发布给某些成员,然后设置"成员权限",以设置成员的数据管理权限。可以再次添加权限组,也可以对当前权限组进行修改。

运用某一指定成员的账号录入借款额度信息时,登录该成员的简道云账户,进入有权限的应用"3.2 费控报销单据设计",可以添加新的数据,也可以看到其他有权限的成员录入的数据。录入新的数据信息后点击"提交"按钮,就可以看到新录入的数据信息了。

二、表单设计:业务类型设置

(一)业务描述

为了实现业财一体化,更好地收集和利用业财信息,东方集团计划扩大业务信息的数据收集维度,即在业务发生时标记更多的数据标签。在日常报销业务中,拟增加业务事项的数据标签,以便能够快速地生成会计凭证。财务人员梳理归纳了相关业务事项信息,将其存储在"业务事项设置.xlsx"中,部分数据如表3-3所示。

表 3-3 "业务事项设置.xlsx"部分数据

业务事项类别	业务事项	事项说明
费用	快递费	邮寄费、快递费等
费用	业务招待费	与生产经营相关的为招待客户支出的餐费、交通费、住宿费等

(二)任务清单

针对东方集团以上业务需要,需要完成的任务是:①新建普通表单。在应用"3.2费控报销单据设计"中,采用Excel导入的方式新建普通表单"业务事项设置"。②设置字段属性和表单属性。根据表格中的标题和内容类型,设置字段属性和表单属性,完成表单的设计。

1. 新建普通表单

在应用"3.2费控报销单据设计"中,采用Excel导入的方式新建普通表单"业务事项设置"。

具体做法:进入应用"3.2费控报销单据设计"后,点击"新建表单",新建普通表单,用于设置员工借款额度,表单名称命名为"业务事项设置"。然后选择"从Excel创建表单",如图3-29所示。选择要导入的Excel文件,通过选择或拖拽上传文件(2MB以内)后,可以预览数据,点击任意一行可将其设置为标题行,确认后点击"导入"按钮,会显示数据已成功导入。

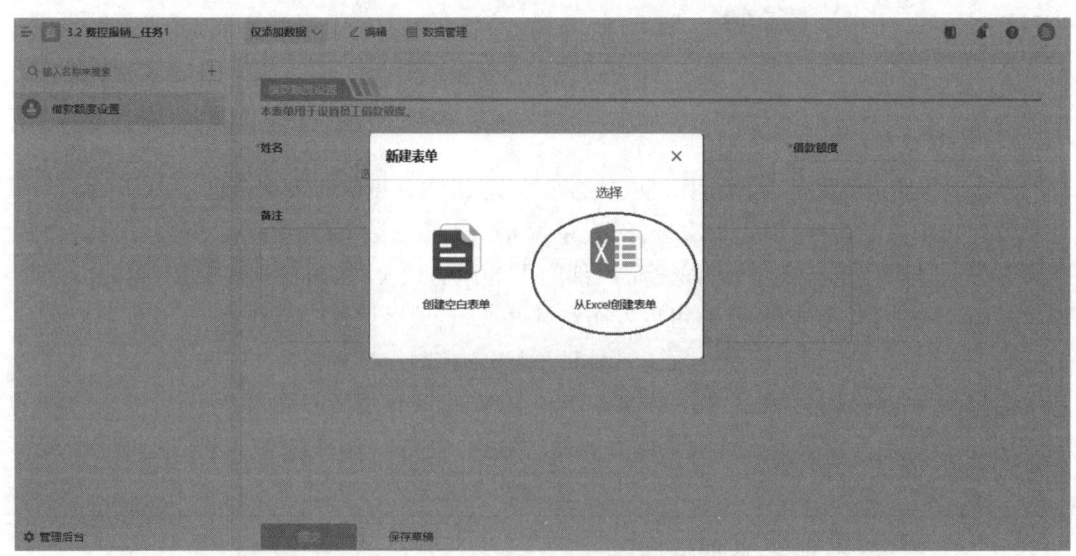

图 3-29 采用Excel导入的方式新建普通表单"业务事项设置"

2. 设置字段属性和表单属性

首先,进行下拉框的个性化字段属性设置。在不删除字段的前提下,单行文本、下拉框、单选按钮组可以相互切换,类似的复选框组、下拉复选框也可以相互切换。下拉框的选项有三种设置方式,一是自定义,也是默认的选择,可以手动输入选项;二是关联其他表单数据:获取其他表单中某个字段的值作为选项;三是数据联动,可以获取其他表单中满足一定条件的某个字段值作为选项。在"选项"界面,可以添加选项或者添加其他选项,甚至进行批量编辑。添加选项时,可以逐个添加选项,手动输入选项内容。添加其他选项时,在用户录入界面,当用户选择"其他"后,可以任意录入内容,还可以批量编辑选项,例如批量录入采购、销售、收入、支出、内部转账等。对录入的可选项还可以进行拖动排序,拖动选项即可改变顺序,简单方便。

其次,进行单行文本的个性化字段属性设置。可以预置文本的格式,用于录入校验,如手机号码、身份证号码、邮箱等。可以选择扫描输入,在移动端扫码录入,包括二维码、条形码等。

最后,进行校验的属性值设置。"业务事项类别"字段为必填项,每条数据允许重复。为了区分业务活动的类别,"业务事项"字段应为必填,且不能重复。本表单的作用是让员工在填写日常报销单时进行选择,员工需要了解每个业务事项核算的内容和范围,因此,"事项说明"字段也应设置为必填项,如图 3-30 所示。

图 3-30 校验的属性值设置

三、出差申请表单设计

(一)业务描述

随着东方集团业务的发展和多元化,员工出差的需求不断增加,原来线下流程的出差申请单已经逐渐不能满足业务需求,为了提高员工出差申请的便捷性和高效性,加强差旅费用的事前管控和审核,东方集团决定将出差申请流程由线下搬到线上。原有的出差申请单如图 3-31 所示。

出差申请单

出差人		部门		职务	
申请日期		联系电话		出差人数	人
出差日期	年 月 日 至 年 月 日				合计： 天
出差地点					
出差事由					
交通工具	□飞机	□火车	□高铁	□汽车	□其他
预借差旅费	□需要	□不需要	预支金额	万 仟 佰 拾 元整	
审批意见	部门主管签字：	行政人事签字：		总经理签字：	
实际出差天数		本人确认		确认时间	

图 3-31 原出差申请单

经过与业务人员、财务人员充分讨论，在原有单据的基础上，需要进行以下调整：①能够实时统计每天提交出差申请单的数量、预计支出的差旅费金额。②能够根据差旅报销制度的规定对不同岗位（普通员工、部门经理、总经理）的住宿标准等进行控制。③强化部门费用的责任管理，每次出差费用都要归属部门，便于费用的统计分析。

（二）任务清单

根据东方集团出差申请业务需求，需要完成的任务是：①新建普通表单"出差申请单"。在应用"3.2 费控报销单据设计"中，新建普通表单"出差申请单"。基于学习进度，本节先设置为普通表单，在后期学习流程管理时再转换为流程表单。②在表单中添加字段。根据线下出差申请单、需求分析的情况，在表单中添加需要的字段。③设置字段、表单属性。完成本表单的设计。

1. 新建普通表单

在应用"3.2 费控报销单据设计"中，新建普通表单"出差申请单"，如图 3-32 所示。

图 3-32 新建普通表单"出差申请单"

2. 在表单中添加字段

"出差申请单"如图 3-33 所示。根据线下出差申请单、需求分析的情况,在表单中添加需要的字段。例如,出差申请编号采用流水号字段,申请人采用成员单选字段,部门采用部门单选字段,申请人职位采用单选按钮组字段,出差事由采用单行文本字段,费用归属部门采用部门单选字段,同行人采用成员多选字段,出差行程中的开始时间和结束时间采用时间字段,出发点和目的地采用地址字段,交通工具采用下拉框字段,出差天数、出差天数合计、预计差旅费用采用数字字段。

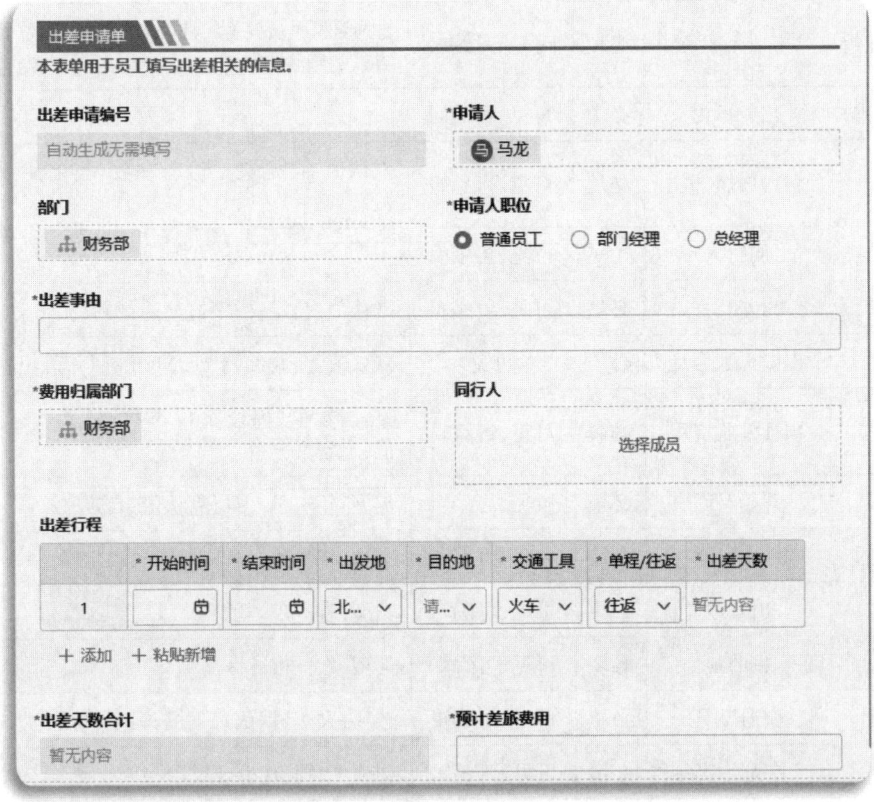

图 3-33　出差申请单

子表单适用于录入字段格式一定,但录入条数不定的情况,主要应用于数据一对多的场景。例如,一个出差申请单编号可能对应多个行程,一个销售订单可能对应多个产品等。子表单中可以添加多个子字段,子字段可以在子表单的字段属性中操作(添加、删除、复制、排序),也可以在左侧的操作面板中拖拽来实现。选中子表单中的单个子字段,即可在右侧设置对应的子字段属性(和常规的字段属性一致)。

3. 设置字段、表单属性

1) 设置常见字段属性、表单布局

根据业务需要设置的字段属性和表单布局示例如表 3-4 所示。

表 3-4　常见的字段属性与表单布局

字段	标题	校验	字段权限	其他
分割线	出差申请单	—	可见	描述信息；样式；标题颜色；主题色
流水号	出差申请单编号	—	可见	流水号规则：固定字符＋提交日期＋3位数字，每日重置。如：CCSQ-日期3位流水号
成员单选	申请人	必填	可见、可编辑	默认值：自定义—动态参数(当前用户)
部门单选	部门	必填	可见、可编辑	默认值：自定义—动态参数(当前用户所在部门)
单选按钮组	申请人职位	必填	可见、可编辑	选项：普通员工(默认)、部门经理、总经理分布方式：横向排列
单行文本	出差事由	必填	可见、可编辑	—
部门单选	费用归属部门	必填	可见、可编辑	默认值：自定义—动态参数(当前用户所在部门)
成员多选	同行人	—	可见、可编辑	—
子表单	出差行程	必填	可见、可编辑	默认值：自定义；字段显隐规则：无
数字	出差天数合计	必填	可见	默认值：公式编辑(SUM(出差行程.出差天数))
数字	预计差旅费用	必填	可见、可编辑	格式：数值、保留2位小数，显示千分位；默认值：自定义
日期时间	开始时间	必填	可见、可编辑	类型：年—月—日；默认值：自定义
日期时间	结束时间	必填	可见、可编辑	类型：年—月—日；默认值：自定义
地址	出发地	必填	可见、可编辑	类型：省—市—区
地址	目的地	必填	可见、可编辑	类型：省—市—区
下拉框	交通工具	必填	可见、可编辑	选项：火车(默认)、飞机、客车、其他
下拉框	单程/往返	必填	可见、可编辑	选项：单程、往返(默认)
数字	出差天数	必填	可见	默认值：公式编辑

2) 设置流水号字段

可以添加流水号规则，在表单中设置固定规律的序列号，无需手动录入，即可自动递增，如图3-34所示。

3) 设置单选按钮组字段

可以直接点击选择的单选字段，一般用于单选且选项较少的场景，如图3-35所示。

4) 设置子字段属性

选中子表单中的单个子字段，在右侧设置子字段属性。可以修改子表单的标题，也可以修改子字段的标题。出差天数可以选择"公式编辑"，"校验"选项设置为必填，"字段权限"选项设置为可见，但是不可编辑。

图 3-34　在表单中设置固定规律的序列号

图 3-35　单选按钮组字段

5）出差天数设置

根据开始时间和结束时间，利用公式自动计算出差天数。

公式编辑属于字段单行文本、多行文本、数字、日期时间的"字段属性—默认值"的参数之一，在给表单中的某个字段编辑公式后，在填写表单或修改表单数据时，可以使该字段的值根据公式自动计算出来，不需要再手动填写。例如，在薪酬管理中，总工资＝基础工资＋奖金－扣款。那么在输入基础工资、奖金、扣款之后，总工资就能根据公式自动计算出来，避免手工计算出错。

公式通常由函数、字段、运算符、标点符号组成，业务中常用的函数如表 3-5 所示。

表 3-5 常用函数

函数类别	函数符号	函数说明
逻辑函数	IF	可用于判断一个条件能否满足;如果满足返回一个值,如果不满足则返回另外一个值
	IFS	IFS 函数可用于判断是否满足一个或多个条件,且返回符合第一个 true 条件的值
	AND	当所有参数逻辑值为 true 时,返回 true;只要有任何一个参数逻辑值为 false,则返回 false
	OR	参数组中,任何一个参数逻辑值为 true 时,即返回 true;只有当所有参数逻辑值为 false 时,才返回 false
文本函数	CONCATENATE	将多个文本字符串或者文本类型的字段合并成一个文本字符串。其中,文本字符串需要用英文双引号包裹
	EXACT	比较两个字符串是否完全相同(区分大小写)。完全相同则返回 true,否则返回 false
	ISEMPTY	判断值是否为空字符串、空对象或者空数组。如果是空则返回 true,否则返回 false
	RMBCAP	将金额小写转换为人民币大写金额形式。其中人民币大写只到小数点后两位
	REPLACE	根据指定字符串的起始位置和字符数量,将该部分字符串替换为其他的文本字符串
	TEXT	将数字、日期转换成特定格式的文本
	VALUE	将内容为数字的文本转化为数字格式
	LEFT	返回文本字符串最左边指定个数的字符
	RIGHT	返回文本字符串最右边指定个数的字符
	LEN	返回一个文本字符串中字符的个数
	MID	返回从指定位置开始的特定数目的字符
数学函数	ABS	返回数字的绝对值
	AVERAGE	返回参数的算术平均值
	COUNT	统计参数的个数
	COUNTIF	统计满足条件的参数个数
	INT	向下舍入到最接近的整数
	MOD	返回两数相除的余数
	MAX	返回一组值中的最大值
	MIN	返回一组值中的最小值
	PRODUCT	返回给出参数的乘积

(续表)

函数类别	函数符号	函数说明
数学函数	ROUND	四舍五入到指定的位数
	SUMPRODUCT	在给定的数组中,将数组间对应的元素相乘,并返回乘积之和
	SUM	返回给出参数的和
	SUMIF	计算子表单中满足某一条件的数字的和
	SUMIFS	计算子表单中满足多个条件的数字的和
日期函数	DATE	将时间戳转换为日期对象
	DAY	返回日期中的天数,值是介于1到31之间的整数。类似的有YEAR、MONTH、HOUR、MINUTE、SECOND返回年、月、时、分、秒
	DAYS	计算两个日期之间的天数。返回一个整数
	DATEDELT	在指定日期的基础上增加/减少天数,返回一个新日期
	TODAY	获取当前系统的日期,可精确到秒
其他函数	DISTANCE	计算两个定位之间的距离,单位为米
	GETUSERNAME	获取当前用户的昵称
	TEXTDEPT	分别获取部门名称和部门编号
	TEXTUSER	分别获取成员昵称和成员编号
	TEXTLOCATION	获取"定位"和"地址"字段中的完整地址,省、市、区、详细地址
	MAPX	在检索范围中,找到检索值对应的返回值,并对返回值进行聚合操作(求和、统计、最大、最小、求平均数等)

所有的字段都有一个内置的ID,而所能看见的字段名称仅仅是一个名称。所以,在公式中插入字段只可通过两种方式:①点击公式编辑页面右上角"复制公式",在公式编辑中粘贴使用(手工录入或其他来源粘贴字段不可用);②公式所要用到的字段绝大多数情况下可以从当前表单字段中选择。只有MAPX函数的最后2个参数会用到所有表单字段。

运算符如:加"+"、减"-"、乘"*"、除"/"、大于">"、小于"<"、大于等于">="、小于等于"<="、等于"=="(注意不是"=")、不等于"!="等都可以直接手动输入。

需要注意的是,符号要在英文状态下输入,否则会提示字符错误,另外还需要保证括号的两两匹配,否则会提示"语法错误,缺少标示符"。

四、借款和还款表单设计:借款申请单

(一)业务描述

东方集团对有借款需求的员工实行备用金制度,当借款余额在备用金额度以内时,员工可以填写借款申请单申请借款;反之,员工无法再继续借款,直至费用报销冲抵借款或偿还借款。在原有的线下流程中,员工无法实时查看自己的借款信息,费用会计在审核时需要查询多个账簿和台账,工作效率低下。为了提高员工查阅信息的便捷性和管理效率,加强员工借款的管控

和审核，东方集团决定将借款申请流程由线下搬到线上。原有的借款申请单如图3-36所示。

借 款 单

20 年 月 日

部门		职务		借款人	
借款事由				身份证号码	
借款金额	（大写） 拾 万 仟 佰 拾 元 （¥ ）				
预计还款日期					
支付方式	□现金 □工资卡 □其他银联卡：				
审批意见	部门负责人	财务	审批人	出纳	领款确认

图3-36 原借款申请单

经过与业务人员、财务人员充分讨论，在原有单据的基础上，需要进行以下调整：①员工填写借款单时能够查询借款总额度、已借款额度、剩余额度等信息。②员工能够查阅每个借款单的借款、还款、日常报销冲抵、差旅报销冲抵的明细记录。③在填写借款单时实现智能审核（借款额度<=剩余额度）。

（二）任务清单

根据东方集团借款申请业务需求，需要完成的任务是：①新建普通表单。在应用"3.2费控报销单据设计"中，新建普通表单"借款申请单"。基于学习进度，本节先设置为普通表单，在后期学习流程管理时再转换为流程表单。②在表单中添加字段。根据线下借款申请单，在表单中添加需要的字段。③设置字段和表单属性。完成本表单的设计。

1. 新建普通表单

在应用"3.2费控报销单据设计"中，点击"新建表单"，如图3-37所示。

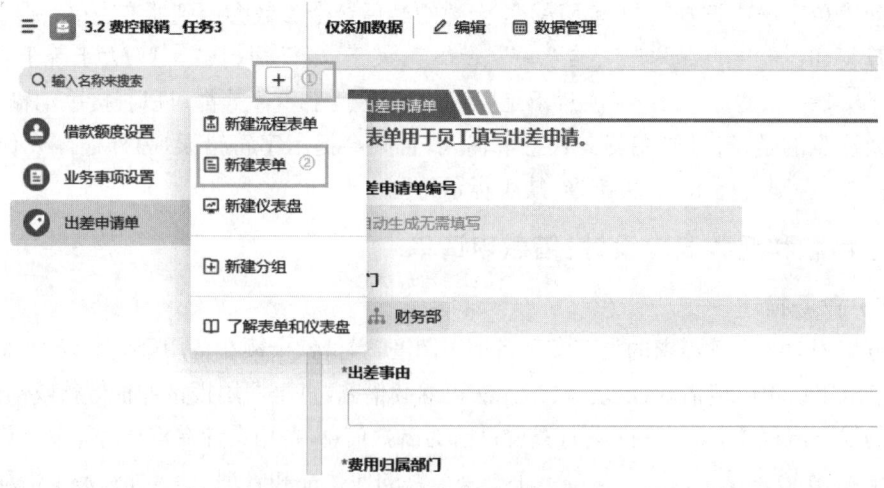

图3-37 新建普通表单"借款申请单"

2. 在表单中添加字段

新建普通表单"借款申请表",如图3-38所示。根据线下借款申请单,在表单中添加需要的字段。如借款单编号采用流水号字段、申请日期采用日期时间字段、借款人采用成员单选字段、所在部门采用部门单选字段、借款用途采用单行文本字段、借款金额采用数字字段、收款方式采用单选按钮组字段、银行账号和开户银行采用单行文本字段、备注采用多行文本字段。

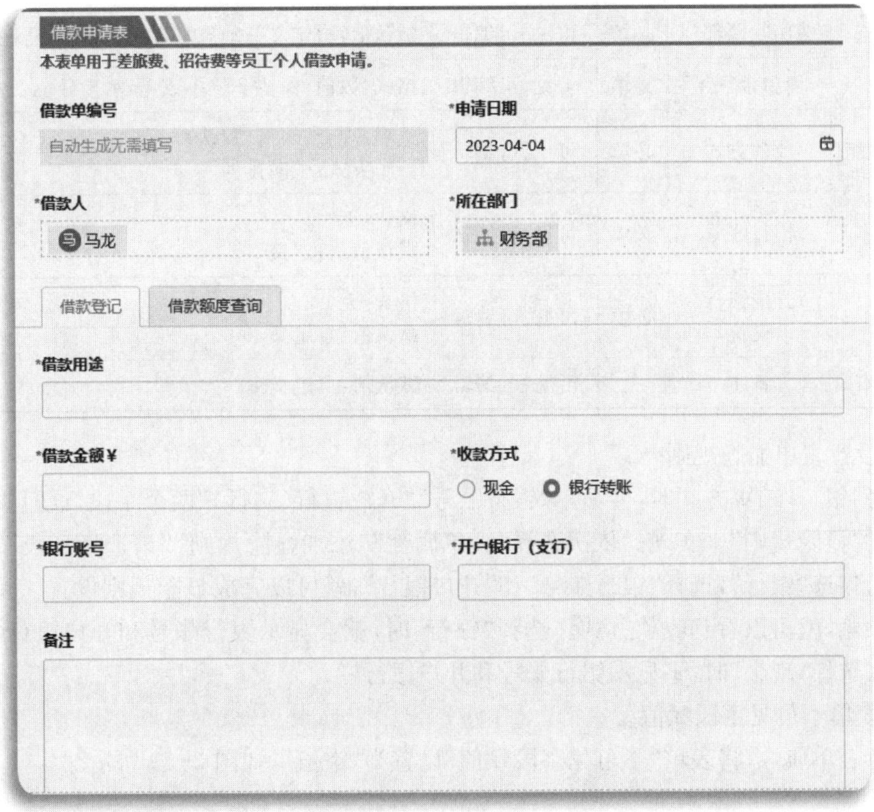

图 3-38　借款申请表

3. 设置字段和表单属性

1) 设置常见字段属性、表单布局

根据业务需要设置常见的字段属性和表单布局如表3-6所示。

表 3-6　设置常见的字段属性、表单布局

字段	标题	校验	字段权限	其他
分割线	借款申请单	—	可见	描述信息;样式;标题颜色;主题色
流水号	借款单编号	—	可见	流水号规则:固定字符+提交日期+3位数字,每日重置。如:CCSQ-日期3位流水号

(续表)

字段	标题	校验	字段权限	其他
日期时间	申请日期	必填	可见、可编辑	类型:年—月—日;默认值:填写当时
成员单选	申请人	必填	可见、可编辑	默认值:自定义—动态参数(当前用户)
部门单选	部门	必填	可见、可编辑	默认值:自定义—动态参数(当前用户所在部门)
单行文本	借款用途	必填	可见、可编辑	默认值:自定义
部门单选	费用归属部门	必填	可见、可编辑	默认值:自定义—动态参数(当前用户所在部门)
数字	借款金额¥	必填	可见、可编辑	格式:数值、保留2位小数,显示千分位
单选按钮组	收款方式	必填	可见、可编辑	选项:现金、银行(默认) 分布方式:横向排列
单行文本	银行账号	必填	可见、可编辑	格式:无 默认值:自定义
单行文本	开户银行(支行)	必填	可见、可编辑	格式:无 默认值:自定义
单行文本	备注	—	可见、可编辑	默认值:自定义

2)设置表单显隐规则

选择"银行"结算方式时,会显示"银行账号""开户银行(支行)"两个字段,通过设置表单属性中的"显隐规则"来实现。依次选择"表单属性""添加显隐规则""请选择字段""收款方式",然后勾选"银行",选择"银行账号"和"开户银行",就可以完成显隐规则设置。完成设置后进行预览,就可以看到收款方式。选择"银行"时,就会显示银行账号和开户银行栏,但是收款方式选择"现金"时,不显示银行账号和开户银行栏。

3)表单不可见字段赋值

设置表单属性,将表单"不可见字段赋值"设置为"空值",如图3-39所示。

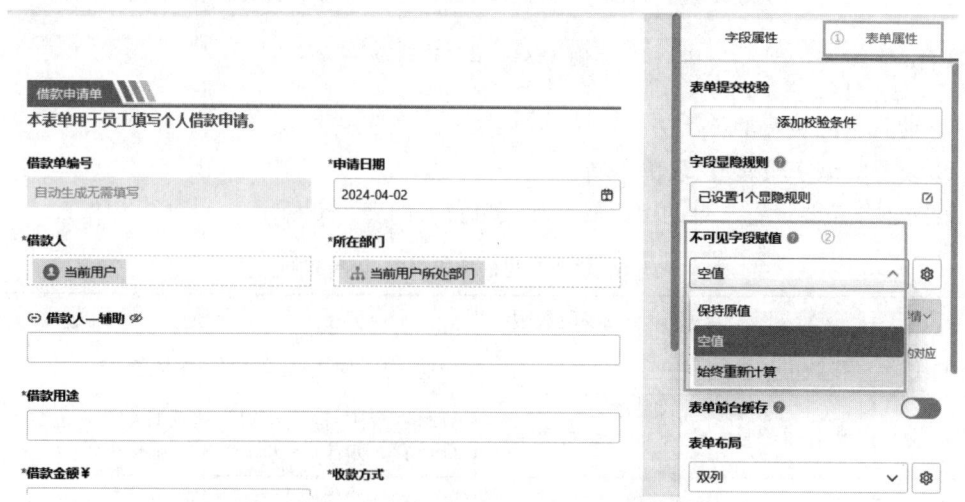

图3-39 设置表单属性—不可见字段赋值

不可见字段是指表单、流程或者权限组中,取消了可见权限的字段,或者对表单中字段设置了显隐规则。不可见字段赋值是指根据业务需要,在表单提交或编辑时,对表单中不可见的字段设置的赋值规则。

不可见字段的赋值规则有:①保持原值。进行表单提交或编辑时,表单中的不可见字段,保持原有的值不变。保持原值适用于流程中不同节点负责人负责填写不同字段、互不干扰的场景。例如,A 填写之后流转到 B,B 填写提交后,A 原来填写的内容不变。②空值。进行表单提交或编辑时,清空表单中的不可见字段原有的值,将其更新为空值。空值适用于设置了字段显隐规则的场景。在修改选项时,需要把旧选项关联显示的字段内容清空,保证后期统计汇总数据的正确性。③始终重新计算。进行表单提交或编辑时,表单中的不可见字段与没有隐藏时保持一致。始终重新计算适用于隐藏字段只是为了对业务员不可见,但是该字段对应了业务数据,需要实时计算来保证业务的准确性(通常设置公式或数据联动)。

在实际业务中,一个表单中有可能存在多个不可见字段,而不同字段可能需要不同的赋值规则,这时候就可以对部分字段设置特殊的赋值规则。特殊字段的赋值规则,不受默认赋值规则的影响。

五、借款和还款表单设计:还款单

(一) 业务描述

在东方集团现有的还款业务中,还款人通常采用直接交还现金、转账后口头通知或发送转账凭证给资金管理人员,资金管理人员需要查询收款情况并开具收据,业务人员在查询还款情况时需找财务人员核对,整个业务流程繁杂且效率不高,信息使用者无法实时查询某笔借款的全部信息。基于以上问题,东方集团决定增加还款业务流程,用于统计还款业务的相关信息。

经过与业务人员、财务人员充分讨论,需要填写和统计以下信息:①增加"还款单",由还款人员填写相关信息,最终经资金管理人员确认。②每张单据自动生成单据编号,体现还款人、部门、日期、金额、还款方式、上传还款凭证等信息。③每张还款单需要关联借款申请单,用于统计,计算每笔借款的"借、抵、余"信息。

(二) 任务清单

根据东方集团业务中还款业务的需求,需要完成的任务有:①新建普通表单。在应用"3.2 费控报销单据设计"中,新建普通表单"还款单"。②添加字段。根据需求分析的情况,在表单中添加需要的字段。③设置字段和表单属性。设置字段属性和表单属性,完成本表单的设计。

1. 新建普通表单

在应用"3.2 费控报销单据设计"中,点击"新建表单",如图 3-40 所示。

2. 添加字段

新建普通表单"还款单",如图 3-41 所示。根据需求分析的情况,在表单中添加需要的字段。其中,还款单编号采用流水号字段,申请日期采用日期时间字段,还款人采用成员单选字段,所在部门采用部门单选字段,关联借款申请单采用选择数据字段,关联借款单编号

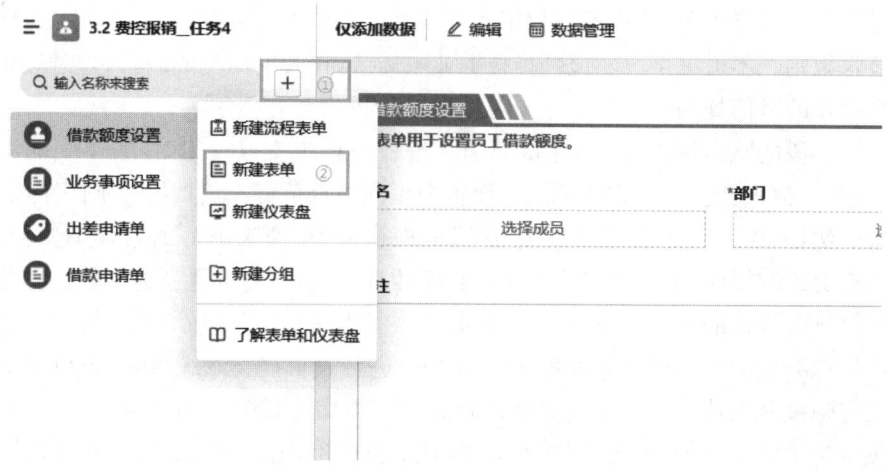

图 3-40 新建普通表单"还款单"

采用单行文本,借款金额和还款金额采用数字字段,还款方式采用单选按钮组字段,银行账户采用下拉框字段,还款凭证采用附件字段,备注采用多行文本字段。

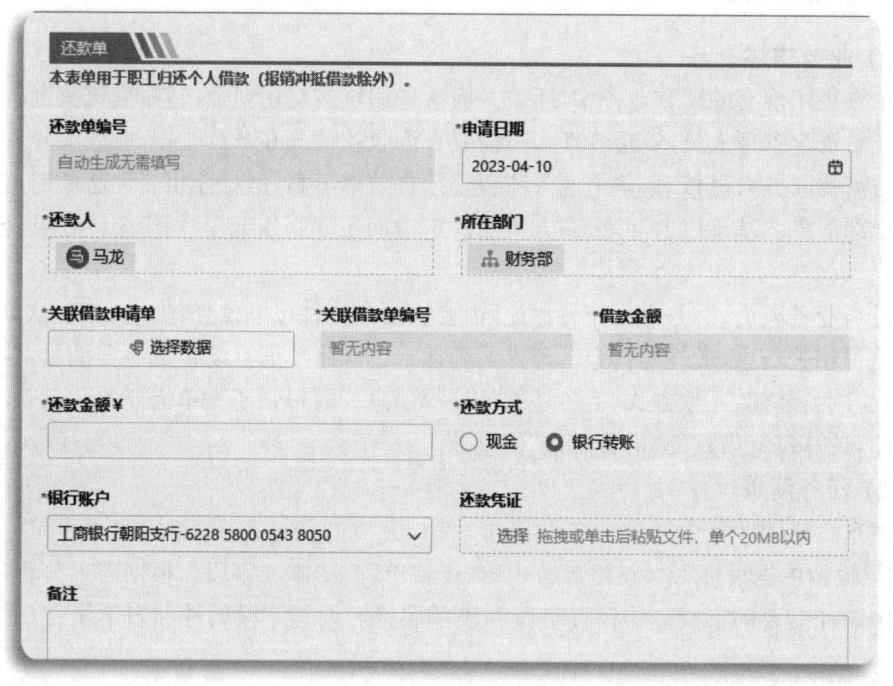

图 3-41 添加需要的字段

3. 设置字段和表单属性

设置字段属性和表单属性,完成本表单的设计。

1) 设置常见的字段属性

设置常见的字段属性,本例中用到的常见字段属性及其设置方式如表 3-7 所示。

表 3-7　常见的字段属性及其设置方式

字段	标题	校验	字段权限	其他
分割线	还款单	—	可见	描述信息；样式；标题颜色；主题色
流水号	还款单编号	—	可见	流水号规则：固定字符＋提交日期＋3位数字，每日重置。如：HK-日期3位流水号
日期时间	还款日期	必填	可见、可编辑	默认值：填写当时
成员单选	还款人	必填	可见、可编辑	默认值：自定义—动态参数（当前用户）
部门单选	所在部门	必填	可见、可编辑	默认值：自定义—动态参数（当前用户所在部门）
单行文本	借款用途	必填	可见、可编辑	默认值：自定义
部门单选	费用归属部门	必填	可见、可编辑	默认值：自定义—动态参数（当前用户所在部门）
选择数据	关联借款申请单	必填	可见、可编辑	格式：数值、保留2位小数、显示千分位
单选按钮组	还款方式	必填	可见、可编辑	选项：现金、银行转账（默认）
单行文本	借款申请单编号	必填	可见	根据数据关联字段设置的数据填充规则自动填充；
多行文本	备注	—	可见、可编辑	—
数字	借款金额	必填	可见	格式：数值、保留2位小数、显示千分位；根据数据关联字段设置的数据填充规则自动填充；
数字	还款金额¥	必填	可见、可编辑	格式：数值、保留2位小数、显示千分位
下拉框	银行账户	必填	可见、可编辑	描述信息：在列表中选择企业的收款账户；选项：工商银行朝阳支行-6228580005438050（默认）……
附件	还款凭证	必填	可见、可编辑	—

2）设置选择数据字段属性

选择数据字段用于不同表单间的多数据调用，旨在当前表单中关联出其他表单的数据（一次性可以调取多个数据，且能够直接提交入库）。例如，通过关联数据将供应商信息同步至采购订单中，通过关联数据将员工的绩效、考勤信息调取到薪资表单中等。

在本例中，在"关联表"选项中，在下拉列表中选择"借款申请单"，需要从中获取数据的目标表单，在录入数据时，当点击"选择数据"字段后，能够看到关联表单信息。表单中显示字段设置可以选择"借款单编号""借款日期""借款用途""借款金额"，本步骤中，在表单中显示的数据不提交入库，也不参与计算。选择数据字段属性设置界面如图3-42所示。

还可以进行数据过滤，添加过滤条件，如图3-43所示。做法是：依次选择"数据过滤""添加过滤条件"，当存在多个条件时，可以选择条件判断的类型，默认为"所有"，即同时满足所有条件，可以选择"任一"条件，满足其中任意一项条件即可。添加过滤条件，选择关联表中的字段"借款人"后，选择判断字段，例如"借款人"等于任意一个（或者等于、不等于、为空、

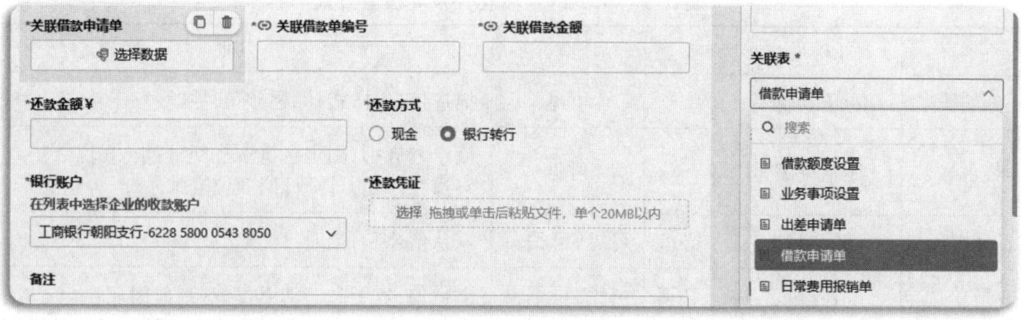

图 3-42 选择字段属性设置

不为空)"还款人"。需要注意的是,添加过滤条件时,可以添加多个过滤条件,当已经有一个"当前表单字段"条件后,可以添加自定义的值。

图 3-43 在字段属性中进行数据过滤

数据填充是指将关联表的字段值填充到当前表单字段中,并随本表数据一起提交入库。数据填充规则如图 3-44 所示。在本例中,"选择关联表字段"可以选择借款单编号、申请日期、借款人、所在部门、借款用途、借款金额、收款方式、银行账号、开户银行、备注等,然后选择填充类型"填充到新字段"或者"填充到已有字段"。填充到新字段有两种方式,一

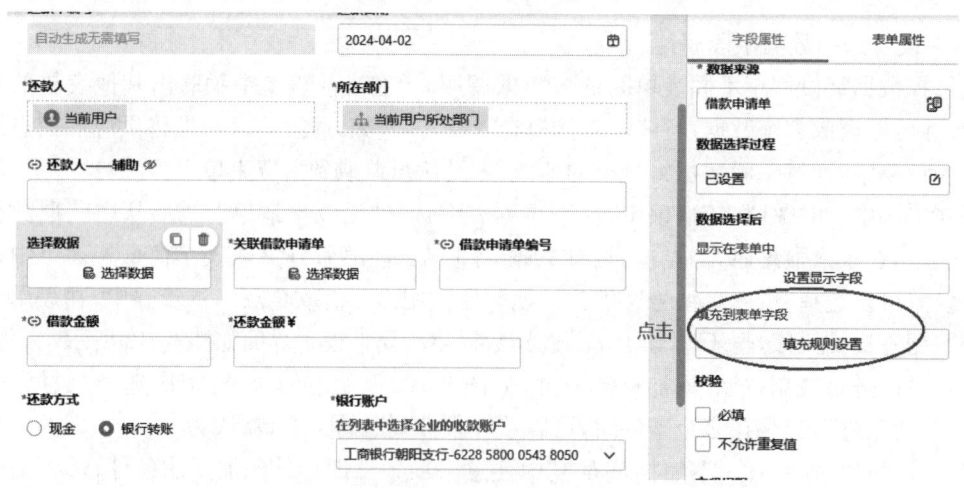

图 3-44 数据填充规则设置

是将关联表字段值填充到本表单的新字段中,自动产生相互之间的关系,例如将借款单编号和借款金额填充到本表单,生成两个新字段,自动与关联表形成关联,如图3-45所示。二是将关联表中的字段值填充到当前表单已有字段中,需要手动建立关联,如图3-46所示。

图 3-45 生成新字段并自动与关联表形成关联

图 3-46 手动建立关联

3)附件字段设置

附件字段专门用来上传文件信息,且支持多种文件类型(图片、文档、音频、视频等)。在表单的数据管理、仪表盘的数据管理表格、明细表中,可以在线预览附件中的文件。例如,还款凭证采用附件字段,拖拽或单击后粘贴文件(单个文件在 20MB 以内),校验项可以选择"必填","仅允许上传单个文件"勾选后仅能上传 1 个文件,"设置允许上传的文件格式"勾选后,可以手动输入文件格式的后缀,如 jpg、doxc 等,仅允许上传此类文件,"设置单个文件上传上限"勾选后,可以设置上传文件的大小上限。

4) 设置表单布局和显隐规则

还款时,只有当选择"银行转账"还款方式时,才需要显示"银行账户""还款凭证"两个字段,反之则不需要显示。这可以通过设置表单属性中的"显隐规则"来实现。操作方法是,点击"添加显隐规则""添加条件"后,勾选要显示的字段,即"银行账户"和"还款凭证"即可。

5) 不可见字段赋值

设置表单属性—不可见字段赋值。当字段"还款方式"选择了"银行转账"且填写了银行账户信息后,又修改为"现金",此时银行账户等信息已经没有任何价值,需要将其设置为"空值",示例如图3-47所示。

图3-47 设置表单属性—不可见字段赋值

第三节 费控报销单据设计(下)

一、费用报销单设计:日常费用报销单

(一) 业务描述

东方集团目前执行线下费用报销流程,员工报销需要按照费用报销单的要求填写相关内容并整理粘贴附件,审批流程结束后,出纳付款。在原有的线下流程中,报销人员经常出现报销项目、大写金额填写错误,内容填写不规范的现象,导致流程反复,报销周期长,员工抱怨及投诉严重。为了提高效率,东方集团决定将日常费用报销单由线下搬到线上。原有的日常费用报销单如图3-48所示。

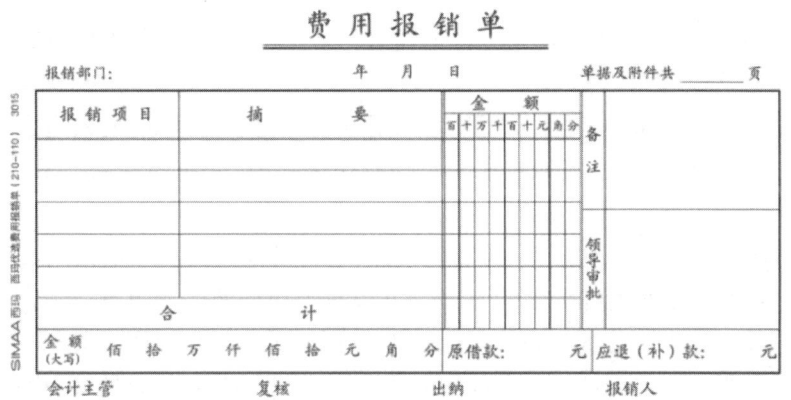

图 3-48　原日常费用报销单

经过与业务人员、财务人员充分讨论,在原有单据的基础上,需要进行以下调整,既要满足报销单据的智能化填写,也要能够对费用分类分析:①能够自动计算合计数,对业务类型(报销项目)规范设置,正确填写日常费用报销单的内容。②日常费用报销需要冲抵借款的,关联到借款申请单,以保证借款余额、剩余借款额度实时变化。③强化部门费用的责任管理,每次日常费用报销都要选择费用归属部门,方便费用的统计分析。

(二) 任务清单

根据东方集团的日常费用报销需求,需要完成的设计任务有:①新建普通表单。在应用"3.2 费控报销单据设计"中,新建普通表单"日常费用报销单"。基于学习进度,本节先设置为普通表单,在后期学习流程管理时再转换为流程表单。②添加字段。根据线下日常费用申请单、需求分析的情况,在表单中添加需要的字段。③设置字段和表单属性。设置字段属性和表单属性,完成本表单的设计。

1. 新建普通表单

在应用"3.2 费控报销单据设计"中,点击"新建表单",如图 3-49 所示。

图 3-49　新建普通表单"日常费用报销单"

2. 添加字段

新建普通表单"日常费用报销单",根据线下日常费用申请单、需求分析的情况,在表单中添加需要的字段。

报销单编号采用流水号字段,申请日期采用日期时间字段,申请人采用成员单选字段,部门采用部门单选字段,申请人职位采用单选按钮组字段,费用归属部门采用部门单选字段,如图3-50所示。

此外,总金额(小写)、借款金额、待支付金额(小写)、冲抵借款金额采用数字字段,总金额(大写)、待支付金额(大写)采用单行文本字段,是否冲抵借款采用单选按钮组字段,关联借款单编号采用下拉框字段。子表单中,业务发生时间采用日期时间字段,业务类型采用下拉框字段,摘要采用单行文本字段,金额和单据张数采用数字字段,附件采用附件字段,备注采用单行文本字段。

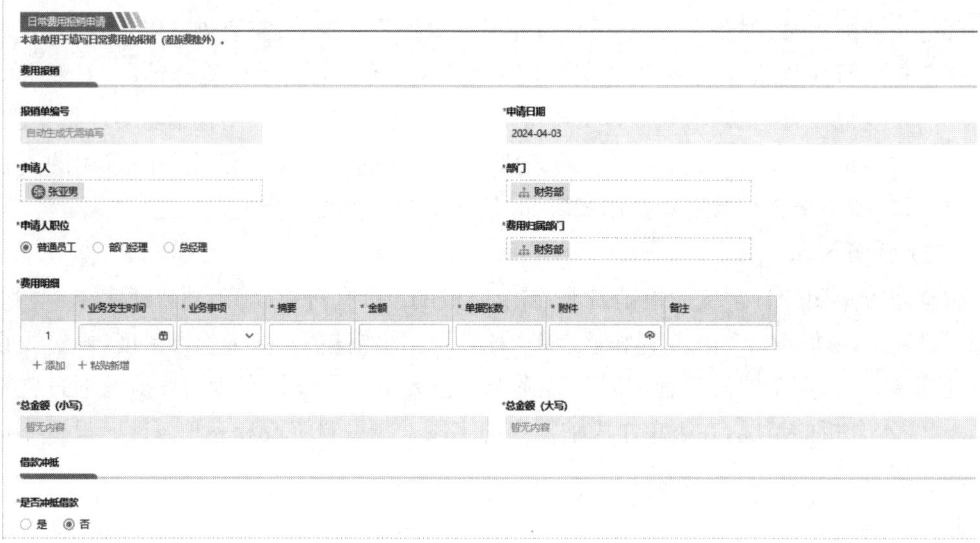

图 3-50　在表单中添加需要的字段

3. 设置字段和表单属性

1)设置字段属性和表单布局

字段属性、表单布局如表3-8所示。

表 3-8　字段属性、表单布局

字段	标题	校验	字段权限	其他
分割线	日常费用报销申请	—	可见	描述信息;样式;标题颜色;主题色
分割线	费用报销	—	可见	描述信息;样式;标题颜色;主题色
流水号	报销单编号	—	可见	流水号规则:固定字符+提交日期+3位数字,每日重置。如:RCFY-日期3位流水号

(续表)

字段	标题	校验	字段权限	其他
日期时间	申请日期	必填	可见	类型:年—月—日;默认值:填写当时
成员单选	申请人	必填	可见、可编辑	默认值:自定义—动态参数(当前用户)
部门单选	部门	必填	可见、可编辑	默认值:自定义—动态参数(当前用户所在部门)
单行文本	总金额(大写)	必填	可见	默认值:公式编辑
分割线	借款冲抵	—	可见	描述信息;样式;标题颜色;主题色
部门单选	费用归属部门	必填	可见、可编辑	默认值:自定义—动态参数(当前用户所在部门)
数字	总金额(小写)	必填	可见	格式:数值、保留2位小数、显示千分位;默认值:公式编辑
单选按钮组	申请人职位	必填	可见、可编辑	选项:普通员工(默认)、部门经理、总经理;分布方式:横向排列
子表单	费用明细	必填	可见、可编辑	详见表格:子字段属性设置
单选按钮组	是否冲抵借款	必填	可见、可编辑	选项:是、否(默认) 分布方式:横向排列
下拉框	关联借款单编号	必填	可见、可编辑	选项:数据联动
数字	借款金额	必填	可见	格式:数值、保留2位小数、显示千分位;默认值:数据联动
数字	冲抵借款金额	必填	可见	格式:数值、保留2位小数、显示千分位;默认值:公式编辑
数字	待支付金额(小写)	必填	可见	格式:数值、保留2位小数、显示千分位;默认值:公式编辑,公式为 总金额(小写)—冲抵借款金额(小写)
单行文本	待支付金额(大写)	必填	可见	默认值:公式编辑 RMBCAP(待支付金额(小写))

子字段属性设置如表3-9所示。

表3-9 子字段属性设置

日期时间	业务发生时间	必填	可见	类型:年—月—日;默认值:自定义
下拉框	业务事项	必填	可见、可编辑	选项:关联其他表单数据
单行文本	摘要	必填	可见、可编辑	—
数字	金额	必填	可见、可编辑	格式:数值、保留2位小数、显示千分位
数字	单据张数	必填	可见、可编辑	格式:数值
附件	附件	必填	可见、可编辑	
单行文本	备注	—	可见、可编辑	—

2）字段属性设置（总金额（小写））—默认值（公式编辑）

根据业务可知，总金额是子表单中各条数据金额的合计，默认为公式编辑，可以通过函数 SUM 来实现。编辑方式为：SUM(number1，number2，……)。在子表单中，每一个子字段是一个数组（一组数据），可以直接对其求和。

3）字段属性设置（总金额（大写））—默认值（公式编辑）

在财务结算、报销管理、对公付款等场景中，可以利用 RMBCAP 函数将金额转换为大写，避免被篡改产生的负面影响。注意：人民币大写只到分位（小数点后两位），从第三位开始舍弃，舍弃部分不进行四舍五入。

4）字段属性设置（关联借款单编号）—选项（数据联动）

关联借款单编号时，"选项"处选择数据联动。数据联动是指在一个表单中调用另一个表单或聚合表中满足一定条件的字段数据。当某一个字段的内容需要跟着其他字段的变化而自动填写或自动改变选项的时候，就可以使用数据联动功能。例如，在选择了某个商品名称或编号后，会自动填入该商品的价格。

数据联动的使用范围包括单行文本、多行文本、数字、日期时间、下拉框、下拉复选框、地址、定位、子表单、成员字段、部门字段。通常情况下，数据联动的字段类型需要完全相同，即数字字段只能对应数字字段。但是也有特殊情况，例如单行文本、多行文本、单选按钮组、下拉框可以互相对应，复选框组、下拉复选框可以相互对应。当数据联动调取出来的值有多个时，需要用下拉框进行选择，否则会默认只显示第一个提交的数据。

对下拉框、下拉复选框字段设置数据联动时，需要设置字段可编辑，联动时即可手动选择；如设置为不可编辑，则数据联动后会显示暂无内容。关联借款单编号的操作步骤如图 3-51 所示。

图 3-51 设置选项"数据联动"

5）字段属性设置（借款金额）—默认值（数据联动）

借款金额设置字段属性时，"默认值"选择数据联动，选择联动的目标表单，设置好条件，并设置需要联动的字段值。

6）字段属性设置（冲抵借款金额）—默认值（公式编辑）

冲抵借款金额的字段属性设置时，默认值为公式编辑。依据业务逻辑可知，当"报销总金额≤＝借款金额"时，应当全部冲抵；否则，应当冲抵借款金额，剩余部分再支付给报销人；此类判断业务可以通过函数 IF 来实现。

IF 函数可用于判断一个条件能否满足；如果满足返回一个值，如果不满足则返回另外一个值。此函数与 Excel 中的 IF 函数使用方法完全一致。IF 函数也可以多层嵌套，应用于更复杂的判断。例如：成绩在 60 分以下，为不及格；60—79 分，为中等；80—89 分，为良好；90 分以上，为优秀。编辑方式为：IF(成绩＜60,"不及格",IF(成绩＜80,"中等",IF(成绩＜90,"良好","优秀")))。

7) 子字段属性设置（业务事项）—选项（关联其他表单数据）

业务事项的字段属性设置时，选择关联其他表单数据。为了保证报销事项的规范和统一，在基础表单设置中已经完成了"业务事项设置"表单。当业务人员填写报销单时，可以从下拉框中选择。此时，下拉框的选项直接调用"业务事项设置"表单中的数据即可，且无需条件过滤，可以通过关联其他表单数据来实现。

关联其他表单数据是指在一张表单的下拉框或者下拉复选框中，调用其他表单中某个字段录入的所有数据作为选项。关联其他表单数据的使用范围包括字段下拉框、下拉复选框。可调用字段包括单行文本、数字、日期时间、单选按钮组、复选框组、下拉框、下拉复选框、流水号。当选项设置为关联其他表单数据时，不支持设置选项默认值。

8) 设置表单属性—显隐规则

当字段"冲抵借款"为"是"时，才需显示"关联借款单编号""借款金额""冲抵借款金额""待支付金额（小写）""待支付金额（大写）"五个字段，反之则不需要显示，所以需要通过设置表单属性中的"显隐规则"。依次选择"字段显隐规则""添加显隐规则""添加条件"，添加条件选择是否冲抵借款，勾选要显示的字段，如关联借款单编号、借款余额、冲抵借款金额、待支付金额（小写）、待支付金额（大写）等，如图 3-52 所示。

图 3-52 设置表单属性—显隐规则

9) 设置表单属性—不可见字段赋值

当字段"冲抵借款"为"是"且填写了冲抵借款等信息后，又修改为"否"，此时冲抵借款等信息已经没有任何价值，需要将其设置为"空值"，如图 3-53 所示。

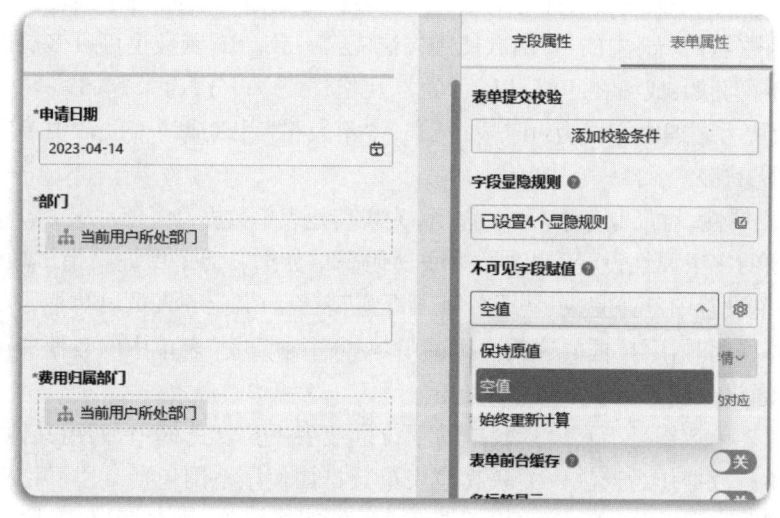

图 3-53 设置表单属性—不可见字段赋值

二、费用报销单设计：差旅费用报销单

（一）业务描述

根据东方集团财务报销制度规定，出差人员应在出差归来 5 个工作日内办理报销事宜。根据差旅费用标准填写《差旅费报销单》并整理粘贴相关原始凭证附件等，审批流程结束后，出纳付款。

在原有的线下流程中，报销人员经常出现填写错误、内容填写不规范、不完整的现象，且每一单都需要财务人员查询是否有借款记录，导致流程反复，报销周期长，员工抱怨及投诉严重。为了规范差旅费报销流程，提高效率，东方集团决定将差旅费用报销单由线下搬到线上。原有的差旅费用报销单如图 3-54 所示。

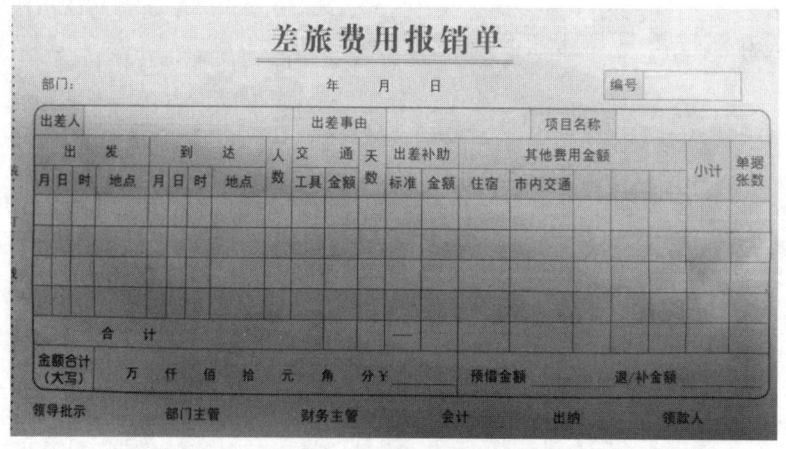

图 3-54 原差旅费用报销

经过与业务人员、财务人员充分讨论,在原有单据的基础上,需要进行以下调整:①能够自动计算出差天数、金额合计数、自动填写大写金额。②差旅费用报销涉及冲抵借款的,关联到借款申请单,以保证借款余额、剩余借款额度实时变化。③强化部门费用的责任管理,每次差旅费用报销都要选择费用归属部门,用以费用的统计分析。④为强化内控管理,要求出差前必须提交出差申请,故差旅费用报销单必须关联出差申请单。

(二)任务清单

根据东方集团的差旅费用报销需求,需要完成的设计任务有:①新建普通表单。在应用"3.2 费控报销单据设计"中,新建普通表单"差旅费用报销单"。基于学习进度,本节先设置为普通表单,在后期学习流程管理时再转换为流程表单。②添加字段。根据线下差旅费用报销单、需求分析的情况,在表单中添加需要的字段。③设置字段和表单属性。设置字段属性和表单属性,完成本表单的设计。

1. 新建普通表单

在应用"3.2 费控报销单据设计"中,点击"新建表单",如图 3-55 所示。

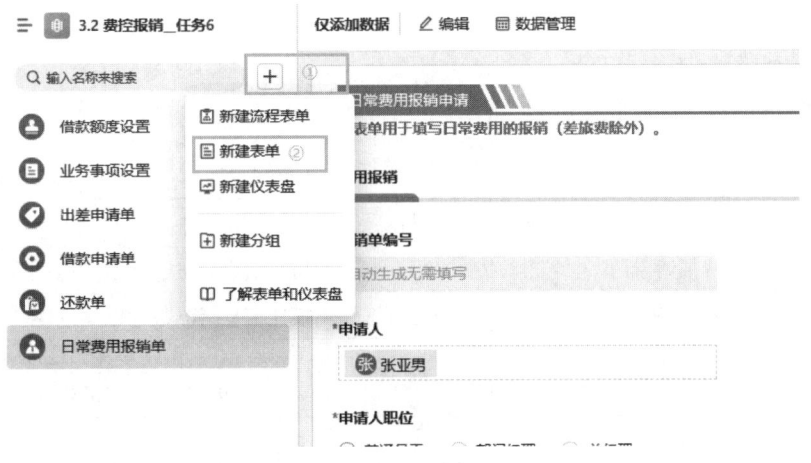

图 3-55 新建普通表单"差旅费用报销单"

2. 添加字段

新建"差旅费报销申请单"如图 3-56 所示。根据线下差旅费用报销单、需求分析的情况,在表单中添加需要的字段。

例如,报销单编号采用流水号字段,申请日期采用日期时间字段,申请人采用成员单选字段,部门选择部门单选字段,关联出差申请单采用选择数据字段,出差申请单编号、申请人职位、出差事由采用单行文本字段,费用归属部门采用部门单选字段。

此外,出差行程子表单中,开始时间和结束时间采用日期时间字段,出发地、目的地采用地址字段,交通工具采用下拉框字段,出差天数、交通金额、住宿金额、午餐补助、其他费用、小计、单据数量等采用数字字段,附件上传采用附件字段。借款冲抵栏中,是否冲抵借款采用单选按钮组字段,关联借款单编号采用下拉框字段,借款金额、冲借款金额、待支付金额(小写)采用数字字段,待支付金额(大写)采用单行文本字段。

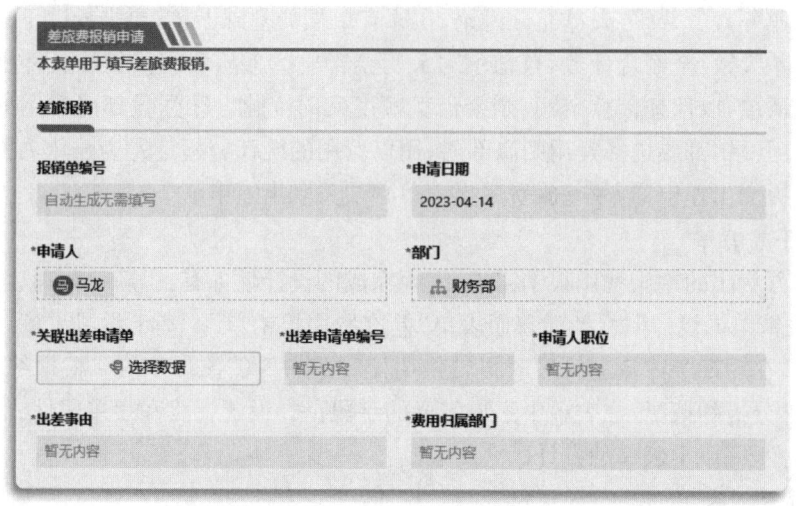

图 3-56 差旅费报销申请单

3. 设置字段和表单属性

1) 设置字段属性、表单布局

字段属性和表单布局如表 3-10 所示。

表 3-10 字段属性、表单布局

字段	标题	校验	字段权限	其他
分割线	差旅费报销申请	—	可见	描述信息;样式;标题颜色;主题色
分割线	差旅报销	—	可见	描述信息;样式;标题颜色;主题色
流水号	报销单编号	—	可见	流水号规则:固定字符+提交日期+3位数字,每日重置。如:CLFY-日期3位流水号
日期时间	申请日期	必填	可见	类型:年—月—日;默认值:填写当时
成员单选	申请人	必填	可见、可编辑	默认值:自定义—动态参数(当前用户)
部门单选	部门	必填	可见、可编辑	默认值:自定义—动态参数(当前用户所在部门)
选择数据	关联出差申请单	必填、不允许重复值	可见、可编辑	—
单行文本	出差申请编号	必填、不允许重复值	可见	设置字段"关联出差申请单"数据填充规则后自动填充该字段值
单行文本	申请人职位	必填	可见	
单行文本	出差事由	必填	可见	
部门单选	费用归属部门	必填	可见	
子表单	出差行程	必填	可见、可编辑	详见表格:子字段属性设置

(续表)

字段	标题	校验	字段权限	其他
数字	总金额(小写)	必填	可见	格式:数值、保留2位小数,显示千分位;默认值:公式编辑(SUM(出差行程.小计(元)))
单行文本	总金额(大写)	必填	可见	默认值:公式编辑(RMBCAP(总金额(小写)))
分割线	借款冲抵	—	可见	描述信息;样式;标题颜色;主题色
单选按钮组	是否冲抵借款	必填	可见、可编辑	选项:是、否(默认) 分布方式:横向排列
下拉框	关联借款单编号	必填	可见、可编辑	选项:数据联动
数字	借款金额	必填	可见	格式:数值、保留2位小数,显示千分位;默认值:数据联动
数字	冲抵借款金额	必填	可见	格式:数值、保留2位小数,显示千分位;默认值:公式编辑(IF(总金额(小写)<=借款金额,总金额(小写),借款金额))
数字	待支付金额(小写)	必填	可见	格式:数值、保留2位小数,显示千分位;默认值:公式编辑(总金额(小写)-冲抵借款金额(小写))
单行文本	待支付金额(大写)	必填	可见	默认值:公式编辑(RMBCAP(待支付金额(小写)))

子字段属性设置

字段	标题	校验	字段权限	其他
日期时间	开始时间	必填	可见、可编辑	类型:年—月—日;设置字段"关联出差申请单"数据填充规则后自动填充该字段值
日期时间	结束时间	必填	可见、可编辑	
地址	出发地	必填	可见、可编辑	类型:省—市—区;设置字段"关联出差申请单"数据填充规则后自动填充该字段值
地址	目的地	必填	可见、可编辑	
下拉框	交通工具	必填	可见、可编辑	选项:火车(默认)、飞机、客车、其他
数字	出差天数	必填	可见	默认值:公式编辑(DAYS(出差行程.结束时间,出差行程.开始时间)+1)
数字	出差天数	必填	可见、可编辑	格式:数值、保留2位小数,显示千分位
数字	住宿金额	必填	可见、可编辑	格式:数值、保留2位小数,显示千分位
数字	误餐补助	必填	可见、可编辑	格式:数值、保留2位小数,显示千分位;默认值:公式编辑(出差行程.出差天数*100)
数字	其他	必填	可见、可编辑	格式:数值、保留2位小数,显示千分位
数字	小计(元)	必填	可见、可编辑	格式:数值、保留2位小数,显示千分位;默认值:公式编辑(交通金额+住宿金额+误餐补助金额+其他)
数字	单据数量	必填	可见、可编辑	格式:数值

(续表)

字段	标题	校验	字段权限	其他
附件	附件上传	必填	可见、可编辑	—
单行文本	备注	—	可见、可编辑	—

2) 字段属性设置(关联出差申请单)

关联出差申请单,设置关联表以及选择数据时显示字段、数据过滤、数据填充规则等。选择"关联出差申请单",选择表单"出差申请单"。接下来选择"选择数据时的显示字段",然后选择要显示的字段,如出差申请单编号、出差事由等。然后选择"数据过滤",设置过滤条件,例如设置"申请人"等于"申请人"。最后选择"数据填充规则",设置好字段填充。填充规则设置示例如图3-57所示。

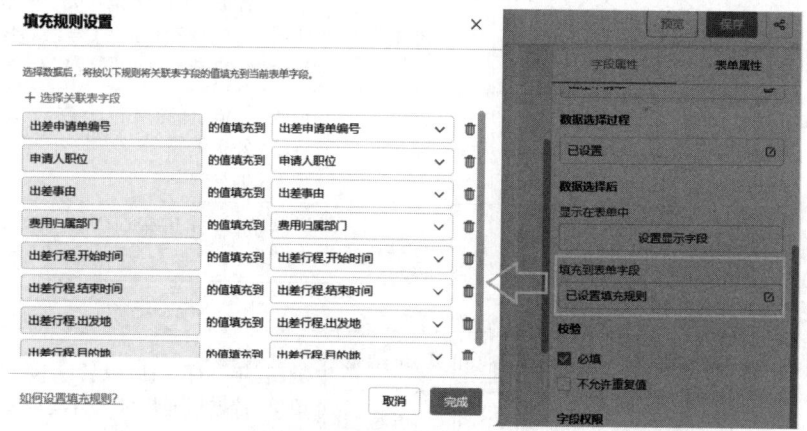

图3-57　字段属性设置(关联出差申请单)—填充规则设置

3) 字段属性设置(关联借款单编号)—选项(数据联动)

选择选项"数据联动",选择要联动的目标表单"借款单编号",设置条件"借款人"等于"申请人",设置需要联动的字段值,如"借款单编号",如图3-58所示。

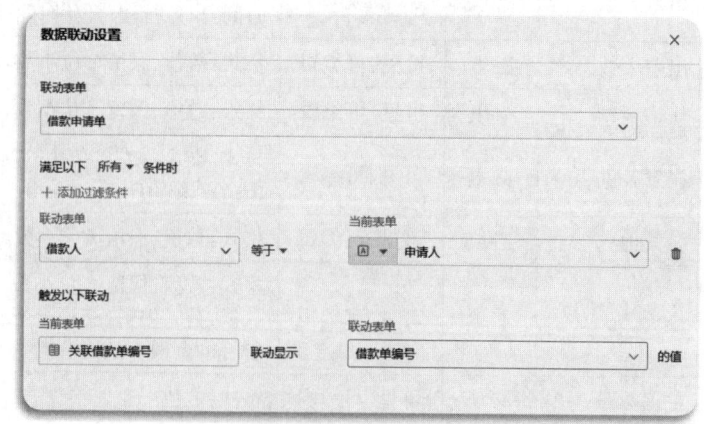

图3-58　字段属性设置(关联借款单编号)—选项(数据联动)

4）字段属性设置（借款金额）—默认值（数据联动）

在"默认值"栏选择数据联动，选择要联动的目标表单"借款申请单"，设置条件"借款人"等于"申请人"，再设置需要联动的字段值，如借款金额￥，如图3-59所示。

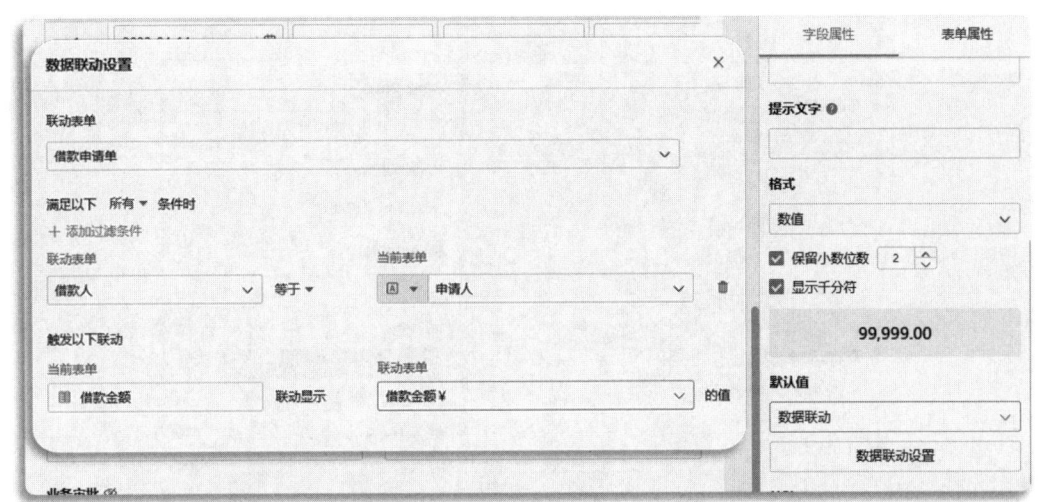

图3-59　字段属性设置（借款金额）—默认值（数据联动）

5）设置表单属性—显隐规则

当字段"冲抵借款"为"是"时，才需显示"关联借款单编号""借款金额""冲抵借款金额""待支付金额（小写）""待支付金额（大写）"5个字段，反之则不需要显示。因此，添加显隐规则，设置显隐规则为"是否冲抵借款"等于任意一个，勾选"是"，同时勾选"关联借款单编号""借款余额""冲抵借款金额""待支付金额（小写）""待支付金额（大写）"，如图3-60所示。

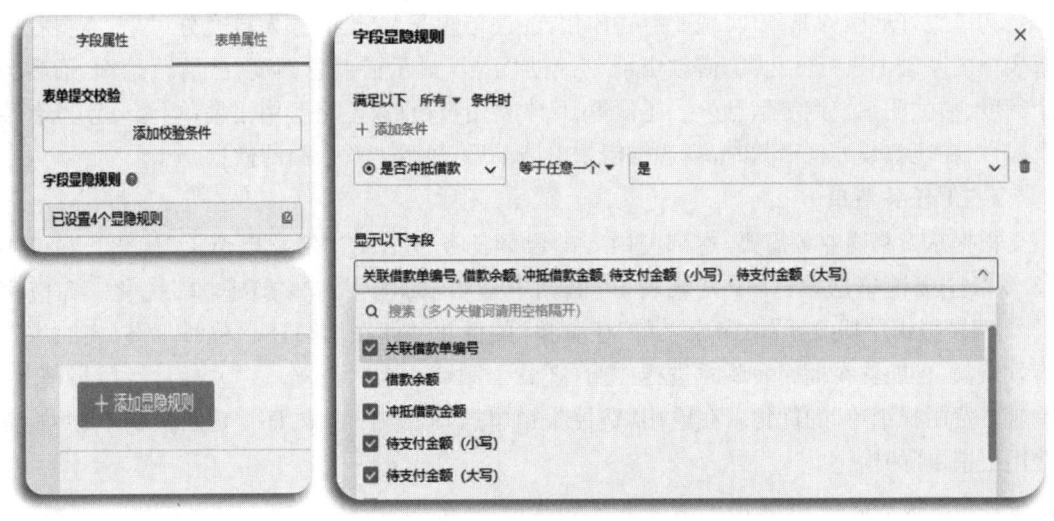

图3-60　设置表单属性—显隐规则

6）设置表单属性—不可见字段赋值

当字段"冲抵借款"为"是"且填写了冲抵借款等信息后，又修改为"否"，此时冲抵借款等信息已经没有任何价值，需要将其设置为"空值"，如图 3-61 所示。

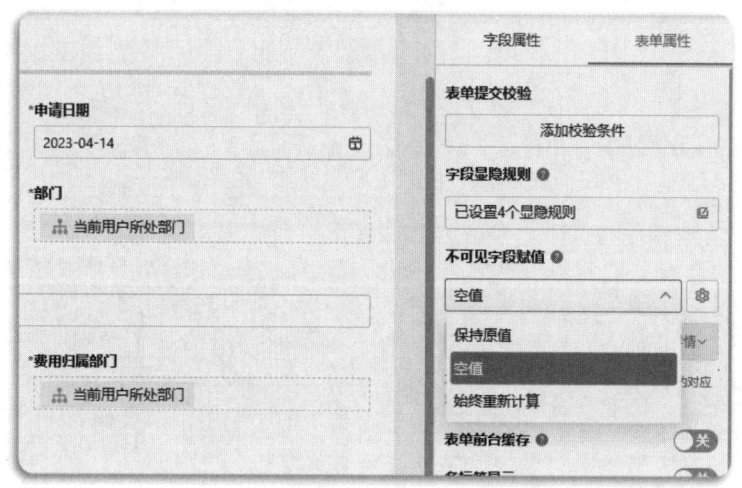

图 3-61　设置表单属性—不可见字段赋值

三、表单的智能化设计

（一）业务描述

在前述内容中，东方集团完成了基础表单、借款和还款表单、报销业务表单的基本设计，能够初步满足业务需求。但在某些方面仍然不够智能化，可能还需要额外账务查询，例如：①在填写借款申请单时，无法即时查询本人的总借款额度、剩余借款额度、历史借款明细、还款明细等信息；②在还款、报销冲抵借款时，只能看到已借款的金额，无法查看借款余额。

为了更好地服务业务，实现业财一体化，经过与业务人员、财务人员充分讨论，需要在原有表单的基础上进行优化：①借款申请单：增加字段，显示借款总额度、已借款总额、借款剩余额度、借款明细查询等信息。②还款单、日常费用报销单、差旅费用报销单：修改字段名称及属性，在还款或冲抵借款时，当选择借款申请单后，显示借款余额的信息。

（二）任务清单

根据东方集团业务需要，本部门内容的设计任务包括：①"借款申请单"优化。在应用"3.2 费控报销单据设计"中完成表单"借款申请单"的优化。②"还款单"优化。在应用"3.2 费控报销单据设计"中完成表单"还款单"的优化。即在填写还款单时，可以实时查看借款余额，且能够在提交表单时进行校验（还款金额≤＝借款余额）。③"日常费用报销单、差旅费费用报销单"的优化。在应用"费控报销单据设计"中完成"日常费用报销单、差旅费费用报销单"的优化。

1．"借款申请单"的优化

在应用"费控报销单据设计"中完成表单"借款申请单"的优化。

1）设置常见的字段属性

常见的字段属性如表 3-11 所示。

表 3-11　常见的字段属性

字段	标题	校验	字段权限	其他
数字	借款总额度	—	可见	格式：数值、保留 2 位小数，显示千分位；默认值：数据联动
数字	借款余额	—	可见	格式：数值、保留 2 位小数，显示千分位；默认值：公式编辑（借款余额＝累计借款金额－累计还款金额－累计日常报销冲抵－累计差旅报销冲抵）
数字	剩余额度	—	可见	格式：数值、保留 2 位小数，显示千分位；默认值：公式编辑（剩余额度＝借款总额度－借款余额）
数字	已借款总额	—	可见	格式：数值、保留 2 位小数，显示千分位 默认值：公式编辑
数字	已借款总额	—	可见	
数字	日常报销冲抵总额	—	可见	
数字	差旅报销冲抵总额	—	可见	
关联查询	员工借款明细表	—	可见	—

2）设置字段属性（借款总额度）—默认值（数据联动）

选择默认值"数据联动"，选择联动表单"借款额度设置"，选择过滤条件，"姓名"等于"借款人"，选择联动字段"借款额度"，如图 3-62 所示。

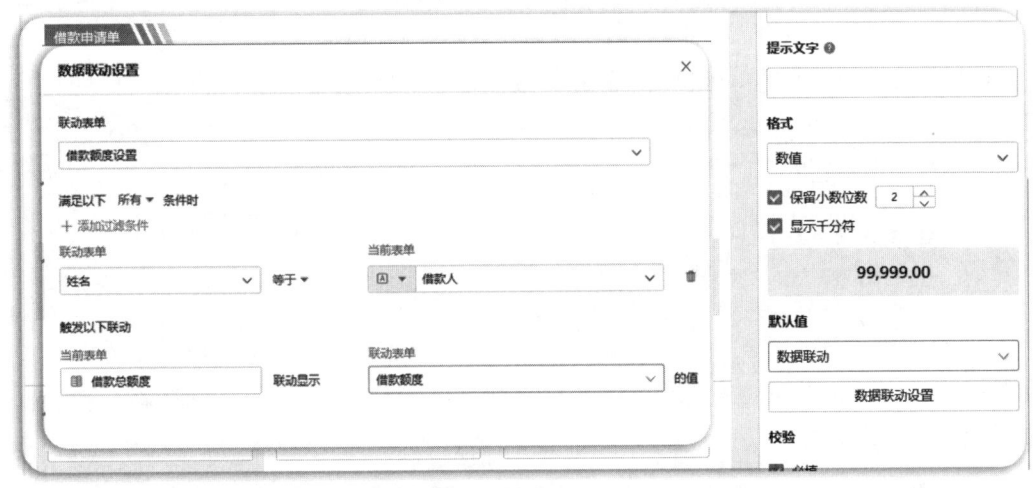

图 3-62　字段属性设置（借款总额度）—默认值（数据联动）

3）设置字段属性（已借款总额等）—默认值（编辑公式）

根据业务逻辑可知，已借款总额等于每笔历史借款金额的合计，属于本表单已提交的数据，而还款金额、报销冲抵金额等属于其他表单数据。如果想对该类数据进行计算等操作，需要使用 MAPX 函数来实现。

MAPX 函数可以在检索范围中，找到检索值对应的返回值，并对返回值进行聚合操作。MAPX 函数是一个"跨表单"的高级函数，可以调用当前表单中已经提交的或其他表单中的数据，而其他所有函数都是在当前表单运算的函数，无法跨表单使用。

MAPX 函数的注意事项有：①检索值、检索范围不能为成员字段、部门字段，当需要以该类字段计算时，可以先将其转成文本字段保存（设置辅助字段），然后以文本字段来计算。②当检索值为日期时间字段时，需要设置为 DATE（检索值），才能检索成功，检索范围直接使用日期时间字段即可，如：MAPX("COUNT"，DATE（日期时间），日期时间，单行文本）。③检索范围和返回值中的字段不能选择子表单字段。

根据 MAPX 函数的使用注意事项（不能直接用于成员字段），需要分别在目标表单（借款申请单、还款单、日常费用报销单、差旅费报销单）中增加辅助字段，然后设置字段属性中的默认值，取消可见与可编辑。在增加辅助字段之后，已经设置该辅助字段为不可见。而且，在表单中已经设置了字段显隐规则和不可见字段赋值规则（空值）。因此，针对该辅助字段，应当设置特殊字段赋值规则，即需要根据公式始终重新计算。

在简道云中，成员字段、部门字段在后台数据库中是由一系列字符组成的，要想获取其中的文本，必须使用 TEXTUSER 函数。TEXTUSER 函数（成员单选字段，"name"）可以获取通讯录中成员的昵称，TEXTUSER 函数（成员单选字段，"username"）可以获取通讯录中成员的编号。

操作以上步骤后，在借款申请单、还款单、差旅费用报销单、日常费用报销单中分别录入 2～3 条数据，并在数据管理中查看录入数据是否成功，用于测试公式的运行结果。需要注意的是，如果先录入数据，后设置辅助字段，应当在数据管理页面查看辅助字段值是否有缺失，如有缺失，请先修改补充完整，否则会影响公式的计算结果。

设置各个字段的默认值（公式编辑），以字段"已借款总额"为例，如图 3-63 所示。

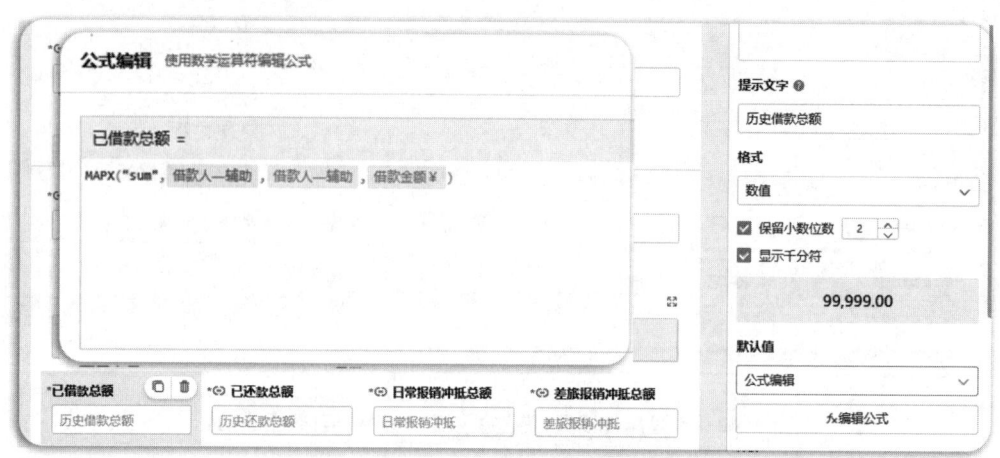

图 3-63　编辑公式设置各个字段的默认值

4）关联查询字段

关联查询字段，可以自动查询出其他表单中（包含本表单）的一条或多条数据，且不做入库处理。例如，在订单管理中，将客户名称作为过滤条件，查询出该客户下的全部订单记录等。

根据东方集团业务需求可知，在关联查询字段中需要能够查阅以往的借款、还款、报销冲抵信息，而这些信息存储于不同的表单中。因此，可以使用"聚合表"形成一个新的表格。聚合表可以对已有的表单数据进行预计算（预处理），以备进一步调用。需要说明的是，在聚合表中可以设置过滤条件，可以将无效的数据剔除后再进行计算，保障了预处理数据计算的准确性和有效性。

聚合表的设置方式是，在管理后台的高级功能中选择"聚合表"，点击"新建聚合表"，重命名为"员工借款明细"，在"数据来源"处设置数据源，选择"多表关联"，关联"借款申请单""日常费用报销单""还款单""差旅费报销单"，接着选择关联字段，即各表单中共同的字段值，字段名称可以不同。可以添加行表头（"行表头"是聚合表中每行的开头。一般纵向排列的在最左侧，对应表单的值是横向排列的），可以对行表头排序、修改、删除。可以添加"指标"（"指标"是聚合表中需要计算的字段，只支持数字，在计算指标时，运算符只支持字段之间的加减），可以修改指标名称，还可以对指标进行修改、拖动排序和删除。添加的聚合表可以进行修改或者删除。需要注意的是，简道云免费版本中，一个应用只能添加一个聚合表。

在字段属性模块中，还可以设置数据过滤。方法是，选择"数据过滤""添加过滤条件"，当存在多个条件时，可以选择条件判断的类型，系统默认为"所有"，即同时满足所有条件，也可以选择"任一"，满足任一条件即可。本例中，选择关联表中的字段，如借款单编号、申请日期、借款人、所在部门、借款用途、借款金额、收款方式等，然后选择判断逻辑，添加过滤条件，例如"借款人"等于任意一个"还款人"。设置完成后会先显示"已设置过滤条件"。

2."还款单"的优化

在应用"3.2 费控报销单据设计"中完成表单"还款单"的优化。即在填写还款单时，可以实时查看借款余额，且能够在提交表单时进行校验（还款金额＜＝借款余额）。

1）设置常见的字段属性

常见的字段属性如表 3-12 所示。

表 3-12 常见的字段属性

字段	标题	校验	字段权限	其他
选择数据	关联员工借款明细表	必填	可见、可编辑	关联表：员工借款明细表；选择数据时显示字段：借款单编号、借款人、借款余额；数据过滤：借款人（关联表）＝还款人（当前表单）；数据填充规则：借款单编号→借款申请单编号；借款余额→借款余额
单行文本	借款申请单编号	必填	可见	—
数字	借款余额	必填	可见	格式：数值，保留 2 位小数，显示千分位

2）表单提交校验设置

表单提交校验设置即进行表单填写时，只有满足校验条件的情况下，才可以提交数据，适用于需要对填写的表单内容进行校验的场景。例如，表单提交校验条件设为"还款金额＜＝借款余额"，并且设置不满足条件时的提示文字，如"还款金额大于借款余额，请修改！"

普通表单可以在表单属性中设置表单校验条件，对数据进行校验；流程表单开启流程后，表单属性中的校验条件设置将不再生效，需要在"流程设定""节点属性""更多属性""节点校验条件"中设置该节点的校验条件。

3."日常费用报销单"和"差旅费费用报销单"的优化

在应用"费控报销单据设计"中完成"日常费用报销单""差旅费费用报销单"的优化。以"日常费用报销单"为例，当选择"冲抵借款"时（图3-64），可以在下拉列表中选择有借款余额的借款单编号，修改字段的选项，数据联动"员工借款明细"中属于本人且金额大于0的借款单编号，可以查看当前选择借款申请单的借款余额，用于确定本次报销冲抵的金额上限。修改字段的默认值，数据联动"员工借款明细"中与关联借款单编号相同的借款余额。

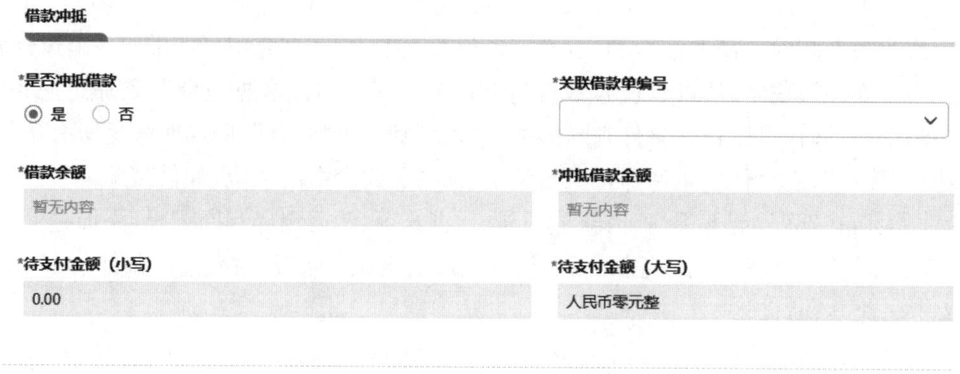

图3-64　日常费用报销单"冲抵借款"设置

本章小结

财务数字化转型应当以"业财融合＋数据驱动"为方向。财务工作涉及了数据的采集、清洗、存储、挖掘、应用和赋能的完整生命链，贯穿了从业务属性到财务属性再到业财融合的全过程，而数据采集是整个过程的起点。数据的填报采集可以通过表单来完成。表单是简道云中最基础的工具，是数据的来源之一，可以将其想象为一个表格。简道云中的表单工具可以分为普通表单和流程表单。普通表单可以收集业务进程中的所有数据，可以进行分权协作，将数据权限发布给需要管理数据的成员，也可以进行外部数据收集。流程表单除了拥有普通表单的所有功能，还可以让数据层层流转，逐级审批，同时能够分配权限，管理流程数据。

新建表单可以采用直接创建空白表单或者导入Excel创建表单(将Excel中的标题作为字段),新建时可以任选普通表单与流程表单,两者可以根据使用需求相互切换。创建表单后,需要进行表单设置。表单设置具体分为四步骤:表单设计、流程设定、扩展功能、表单发布。表单设计过程主要分为三个步骤:添加字段、设置字段属性、设置表单属性。流程设置是流程表单的一个组成部分,需要先在"表单设计"页面设计好流程表单,然后再进入"流程设定"页面设置流程。完成表单设计后,可以进行扩展功能设置,以便对数据进行更加科学合理的管理,实现数据业务流的自动化和智能化。扩展功能包含数据协作、推送提醒、提交提示、打印模板、智能助手、自定义按钮、数据推送等。表单发布是指将做好的表单发布给成员,成员才能通过发布的表单进行数据填写。表单发布包含对成员发布和公开发布两类。

在财务数字化转型过程中,需要构建各类业财流程,费控管理流程便是其中一个。在构建费控管理流程时,核心点就是用数字化的思维把线下执行的业务流程搬到线上,最终实现业务流程审批的无纸化、控制审核的智能化、业财结果的可视化。在利用低代码平台实施时,首要步骤就是根据业务需求来设计表单,替代线下的纸质化单据和流程。

 **思考与练习**

1. 什么是普通表单?什么是流程表单?如何新建普通表单和流程表单?
2. 先从差旅报销入手,采用低代码平台搭建一套符合企业管理需求的费用报销管理系统。
3. 根据本章学习内容,完成借款额度设置的表单设计任务。
4. 根据本章学习内容,完成业务类型设置的表单设计任务。
5. 根据本章学习内容,完成出差申请单的表单设计任务。
6. 根据本章学习内容,完成借款申请单的表单设计任务。
7. 根据本章学习内容,完成还款单的表单设计任务。
8. 根据本章学习内容,完成日常费用报销单的设计任务。
9. 根据本章学习内容,完成差旅费用报销单的设计任务。
10. 根据本章学习内容,完成设计聚合表及借款申请单的优化任务。
11. 根据本章学习内容,完成还款单的优化任务。
12. 根据本章学习内容,完成日常费用及差旅费报销单的优化任务。

拓展思考

1. 用在线表单的方式设计一个问卷,用于统计学生的职业规划情况。
2. 用在线表单的方式设计一项请假审批单。

 **思政园地**

费用报销流程中容易出现的问题及防范

第四章

业财流程管理——流程引擎

学习目标

1. 了解低代码流程引擎的含义及特点。
2. 理解流程设定的步骤和内容,理解流程错误或缺陷的解决方法;理解并熟练运用字段属性和表单属性、节点属性和流程属性、数据流转条件等设置。
3. 掌握流程设定的方法,能够快速设计、构建和部署业务流程,根据业务流程绘制合适的业务流程图;掌握普通表单转换为流程表单的方法,节点属性和流程属性的设置方法以及聚合表过滤条件的使用方法,学会主要业务流程设计(出差申请审批流程设计、借款申请审批流程设计、还款流程设计、差旅费用报销审批流程设计);能够依据业务需求设计表单并绘制流程图。

第一节 流程引擎基础认知

一、低代码流程引擎的含义和特点

(一) 低代码流程引擎的含义

低代码流程引擎是一种基于低代码平台(如简道云)的流程自动化工具,可以通过拖拽、添加节点和连接线的方式来设计企业业务流程。它允许用户通过图形可视化界面、预设模块和拖拽式操作,快速地设计、构建和部署业务流程,从而降低开发和维护成本,提高工作效率。

(二) 低代码流程引擎的特点

1. 可视化流程设计

低代码流程引擎提供了图形化界面和预设组件,使得应用开发过程更加直观、简洁,降低了技术门槛,同时也提高了开发效率。

2. 自动化流程执行

低代码流程引擎可以自动化执行业务流程,在每个节点提交后都可以自动流转到下一个流程节点,减少了人工干预的时间和错误率,提高了流程的稳定性和可靠性。

3. 任务分配和协作

低代码流程引擎支持任务的分配和协作,使得团队成员可以更好地协同工作,提高了团

队的效率和协作能力。

4. 生成报告和分析

低代码流程引擎可以生成各种报告和分析数据，帮助企业更好地了解业务流程的运行情况和问题瓶颈，从而优化业务流程，提高生产效率。同时，还可以生成流程日志，在流程日志中可以看到在某一审批节点的审批时间，从而评估企业审批流程的效率情况。通过分析比对流程日志生成的一些有关数据，可以更好了解业务整个流程运转的情况，从而进一步优化企业的业务流程。

5. 可扩展性和灵活性

低代码流程引擎可以根据企业的不同需求进行定制和扩展，满足不同的业务需求。

6. 集成性和安全性

低代码流程引擎可以集成多种企业应用和系统，例如可以和钉钉、微信等多种企业应用来进行集成，实现数据共享和信息流通，同时也具有很高的安全性，保护企业的敏感数据和隐私信息。

二、流程设计的概念、原则和方法

（一）业务流程的基本概念

业务流程是指一系列有序的任务、活动或事件，以完成特定业务目标为导向，包括输入、加工和输出等过程。一个业务流程通常包含以下事项：

（1）活动/节点。指业务流程中的一个步骤或任务，如填写申请表、审批申请等。

（2）流程路由。指业务流程中各个节点之间的连接，表示流程执行的先后顺序和条件，如条件分支、并行流程等。

（3）流程条件。指业务流程执行中的各种限制和规则，如流程中的数据状态、字段值等。

（4）流程图。指将业务流程用图形化的方式表达出来，包括流程节点、流程路由、流程条件等内容。

（二）流程设计的原则

流程设计的原则主要有以下五个原则：

（1）明确业务目标。流程设计需要明确业务目标，以确保流程设计符合业务需求。

（2）简化流程。流程设计需要尽可能简化流程，减少不必要的节点和路由，提高流程效率。

（3）考虑流程变化。流程设计需要考虑流程变化，如流程节点和路由的添加、修改和删除等。

（4）强调流程质量。如流程规范、流程标准化等，提高流程执行的准确性和效率。

（5）考虑用户体验。如流程节点和路由的命名、描述、图标等，使用户可以轻松明了地提交，以提高用户的使用体验。

（三）流程设计的具体方法

在简道云低代码平台上设定流程的方法主要分为以下六个步骤：

（1）创建流程表单。在平台上新建或者选择已有应用，新建流程表单并为其命名。

(2)设计表单。使用表单设计器,根据业务需求添加表单字段,设置字段属性及表单属性。
(3)配置流程节点。添加流程节点、设置连接线并调整流程布局。
(4)配置节点属性。设置基础属性及更多属性,包括负责人、节点权限、流程操作等。
(5)配置流程属性。设置流程提醒、催办、撤回、自动提交规则等。
(6)启用流程。完成流程设计后,发布流程,使其生效。

三、流程设计的步骤

(一)创建流程表单

新建流程表单有两种方式,创建空白表单或从 Excel 创建表单,如图 4-1 所示。

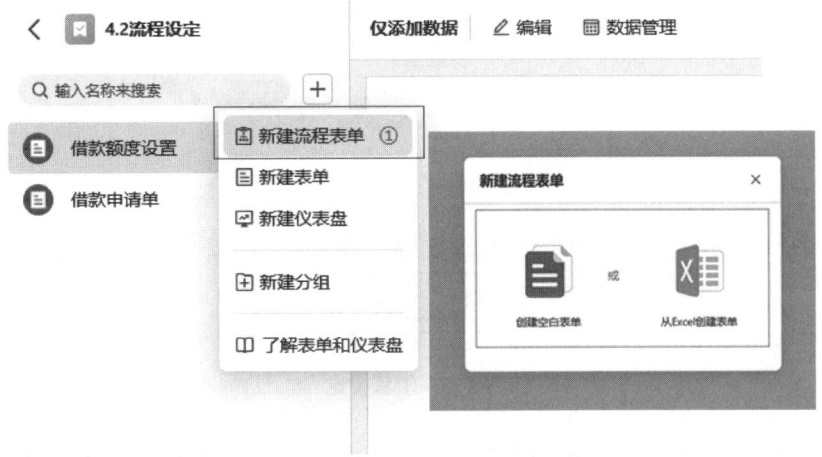

图 4-1　创建流程表单

普通表单可以和流程表单相互切换,此处也可以选择由普通表单切换为流程表单。例如,借款申请单原为普通表单,点击后面设置按钮后出现下拉信息列表,点击切换为流程表单就可以完成表单的切换,如图 4-2 所示。

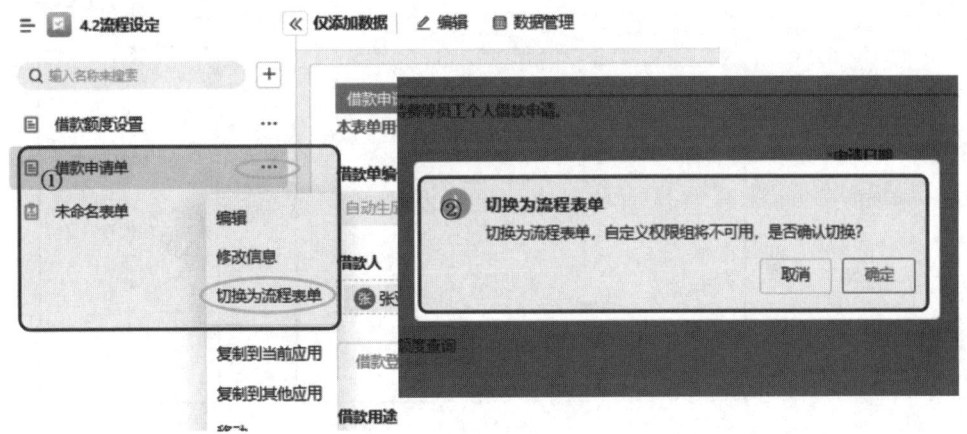

图 4-2　表单切换

（二）表单设计

表单设计是指通过可视化的方式设计和构建表单，使用户可以快速创建各种类型的表单，根据具体需求自定义表单的外观、行为和数据验证等，主要包括添加字段、设置字段属性、设置表单属性等步骤。具体内容已在本书第三章讲解，此处不再赘述。

（三）配置流程节点

设计好流程表单后，点击"流程设定"，进入流程的开启页。点击"开始使用"按钮，进入流程的设计界面，如图4-3所示。

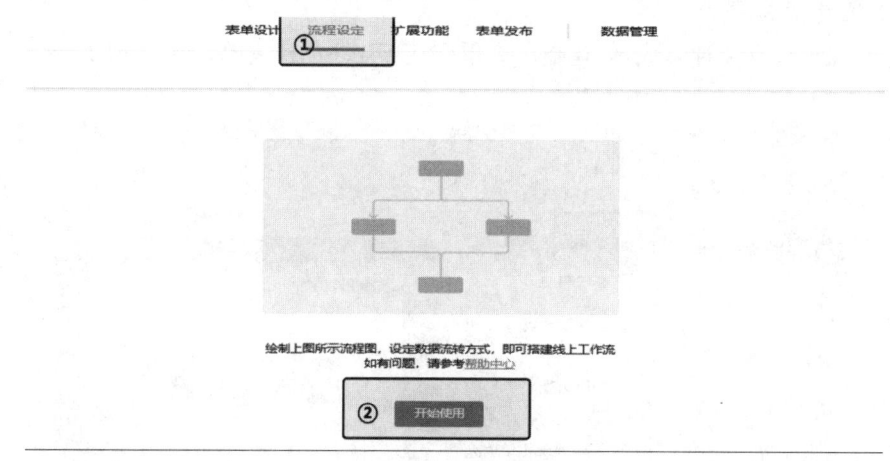

图4-3 流程设定

流程设计页面分为三部分：第一部分为上方工具栏，第二部分为中间的流程设置区，第三部分是右侧的属性设置区（包括节点属性的设置和流程属性的设置）。初次进入流程设计界面时，会默认自动建立好一个简单的流程，包括流程发起节点、审批节点、流程结束，操作如图4-4所示。

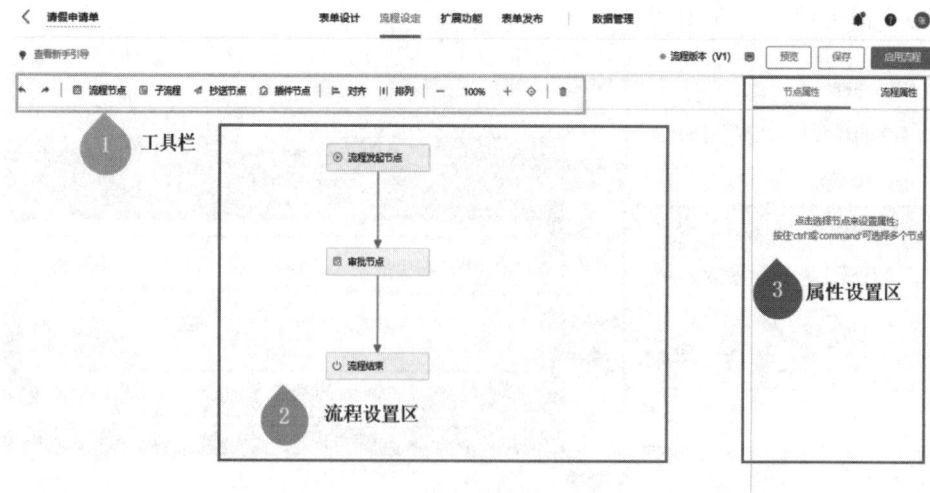

图4-4 流程设定具体页面

配置流程节点步骤需要添加节点和连接线,节点和连接线是流程的基本元素。

1. 节点

节点是指流程流转过程中某个需要审批人处理的环节,比如发起人填写请假申请,就是一个发起节点;请假申请需要主管审批,那么直接主管审批就是审批节点,所有的节点串联起来就是该流程的审批路径。

流程中有五种不同类型的节点及适用场景,如图4-5所示。

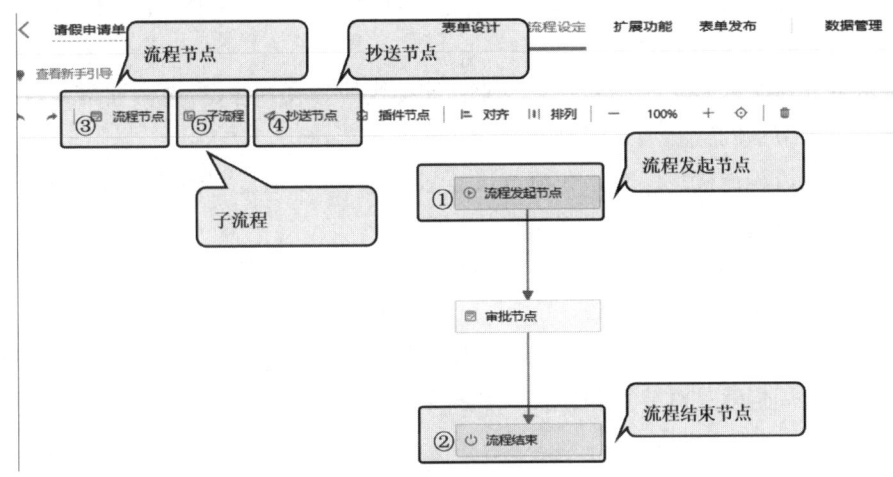

图4-5　流程中的不同类型节点

(1) 流程发起节点。代表流程的开始,是整个流程的入口。

(2) 流程结束节点。代表流程的结束,是整个流程的出口。

(3) 流程节点。需要审批的中间节点,可添加多个,节点间通过流程连接线连接。

(4) 抄送节点。即流程提醒,审批结束的流程节点,可以通过抄送通知到关注流程进度的人员。

(5) 子流程节点。另外一张流程表单的流程,作为整个流程的子流程去流转,子流程流转完成后返回到本流程继续流转。

需要注意的是,流程发起节点和流程结束节点为系统默认的两个节点,必须设置,不可删除。

节点有两种添加方法,分别是:①在工具栏中选择所需节点,直接拖拽至流程设置区,并可以自由定位到指定位置;按下左键选中多个节点,可以同时拖动。②通过添加连接线的方式,引出流程节点的添加。

删除节点时,可以删除单个节点,也可以批量删除节点。删除单个节点时,选中单个节点,点击右侧的设置按钮,点击"删除节点"即可;也可以选中节点,按Delete删除。批量删除节点时,按下左键选中需要删除的节点,在菜单栏中点击"删除"图标,即可删除全部节点。

节点的复制方法也比较简单。选中单个节点,点击右侧的设置按钮,点击"复制节点"即可。复制节点时,将复制节点名称及所有节点属性。

2. 流程连接线

"流程连接线"是指两个流程节点之间的连线,它控制流程流向,代表流程关系的建立。通过流程连接线将零散的流程节点按审批流程依次连接好,并调整流程布局。

流程连接线的添加方法是:将鼠标放到节点上,节点四周会出现空心圆,可以从中拖拽出线条,与其他节点建立连接线,表示流程的进行方向。

删除流程连接线即删除流程关系,流程连接线的删除方法主要有两种,分别是:①选中流程连接线,按 Delete 即可删除。②选中流程连接线,在菜单栏中点击"删除"图标即可删除。

修改流程连接线就是修改流程关系。流程连接线的修改方法是:选中连接线,拖动流程连接线到另一个节点的空心圆处即可。

还可以添加流程连接线注释。在流程设置过程中,可以通过双击连接线添加流程连接线注释来诠释流程的设计原则或流转规则。

流程连接线注释的修改和删除方法简单便捷。双击流程连接线,待出现输入光标的时候即可删除或修改注释内容。

3. 调整流程布局

调整流程布局也就是对节点和连接线的排列及对齐方式的设置。在工具栏中点击"排列"选项或者"对齐"选项进行选择。

排列方式的设置。选中三个或三个以上需要排列的节点,选择工具栏的"排列"选项,即可对节点进行排列设置。排列方式分为水平等距分布和垂直等距分布。需要注意的是,水平与垂直等距是指横向或纵向之间的距离相等,不是将所有节点水平或者垂直对齐。

对齐方式的设置。选中两个或两个以上需要对齐的节点,选择工具栏的"对齐"选项,即可对节点进行对齐设置。节点对齐的方式主要有六种,如表 4-1 所示。

表 4-1 节点对齐的方式

对齐方式	对齐类型	对齐规则
水平方向上的对齐	左对齐	以选中的所有节点中的最左侧节点为原点向左对齐
	水平居中对齐	以选中的所有节点中的最左和最右节点的中间位置为原点水平居中对齐
	右对齐	以选中的所有节点中的最右侧节点为原点向右对齐
垂直方向上的对齐	顶部对齐	以选中的所有节点中的最顶端节点为原点向上对齐
	垂直居中对齐	以选中的所有节点中的最上和最下节点的中间位置为原点垂直居中对齐
	底部对齐	以选中的所有节点中的最底端节点为原点向下对齐

工具栏中的"撤销 & 重做"。"撤销"是指撤回到流程的上一步,"重做"是指对撤回的步骤进行恢复。

工具栏中的"画布缩放 & 导航器"。画布是设计流程的面板。画布缩放的范围最小为

50%,最大为150%。导航器则是拖动显示框以移动视图。

四、节点属性的配置方法

设计好审批路径并调整流程布局后,在属性配置区配置节点属性。选中需要设置的流程节点,然后在右侧属性配置区中选择节点属性,即可进行节点相关的属性设置。

(一) 设置节点名称

依次选中"节点属性""节点名称"选项,即可进行设置。

(二) 设置节点基础属性

1. 负责人

负责人是指流程节点中接受数据并进行审批处理的人,一个流程节点可以设置多个节点负责人。依次选中节点中的"节点属性""基础属性""负责人",然后点击"设置负责人"选项,负责人可选范围为:组织架构、角色、成员、动态负责人。

(1) 组织架构。组织架构可以分为内部组织和外部组织。选择内部组织时,可以选择某部门,则该部门的所有成员都会成为节点负责人。选择外部组织时,外部组织中的所有对接人都将作为流程节点负责人。选择部门时,默认只包括该部门的直属成员,若需要包含其中的子部门,需要勾选"动态包含下级部门"选项。

(2) 角色。选择某角色,则该角色会成为节点负责人。

(3) 成员。成员可以分为内部成员、外部成员。选择某成员,则选中的成员就成为节点负责人。

(4) 动态负责人。动态负责人指负责人不固定,可以动态变化。动态负责人支持:①流程发起人:在需要流程发起人确认结果的节点,使用流程发起人作为负责人。②成员字段:是指表单中的成员字段,在提交流程时,成员选了谁,谁就是负责人。成员字段支持主、子表单的成员单选、多选字段。③部门字段:是指表单中的部门字段,需要在表单中录入部门字段,否则流程将无法正常流转。当需要整个部门进行评审时,可以选择动态负责人—部门字段。部门字段支持主、子表单的部门单选、多选字段。④主管:主管可以是表单设计中的成员、部门字段的主管,也可以是流程发起人的主管。大部分情况下,节点的负责人就是流程发起人的部门主管。然而部门主管不是固定不变的,员工调入、离职、组织架构异动等都会导致部门主管发生变化。为减少部门主管变动而带来的节点负责人的频繁调整,可以直接设置动态负责人为"部门主管"。部门主管最多可以设置五级。

在通讯录中设置各级部门负责人。先点击首页通讯录,进入通讯录界面,找到"部门"选项,选择某个部门,再点击"设置部门主管"选项,设置各级部门负责人。

2. 抄送人

"抄送"是指将流程结果发送给关注流程的对应成员。可以是流转结束后抄送,也可以是流转过程中抄送,目的是告知成员流程的进度。抄送人设置涉及以下两种情形:①抄送节点"抄送人"是在流程流转结束以后,抄送给关注该流程的相关人员。②若在流程节点中启用"抄送人",意味着当数据流转到该节点时,无论审批是否通过,都会抄送给设置的抄送人。"抄送人"属性设置方法同"负责人"属性设置,不再赘述。

3. 子流程发起人

由于子流程是自动发起的,选择完作为子流程流转的表单后,需要设置子流程的流程发起人。流程发起人可以是上一级流程的流程发起人、固定的某个成员、动态的成员字段等。

4. 字段权限

字段权限是对节点负责人在处理待办数据时的字段权限的设定。设置步骤:依次选中并进行设置"节点""基础属性""字段权限"。字段权限包括可见、可编辑、简报三种字段权限:①字段可见权限是指处理流程时,可以看见的字段。②字段可编辑权限是指处理流程时,除了可见,还可以编辑的字段。可编辑的前提是可见,勾选可编辑权限会自动勾选可见权限。③流程简报字段,即未点进流程处理详情时的可见字段,与上述两种权限的设置无关。需要注意的是:分割线、流水号字段默认不可编辑,流程简报最多可勾选六个字段,除流程结束节点外,其他节点均支持设置流程简报,子表单字段暂不支持流程简报。

1) 批量设置字段权限

一次选中多个节点,可以为选中的节点批量设置字段权限,提升流程设置效率。对于需要特殊调整的节点,可以在批量设置结束后单独设置部分字段权限。具体操作如图 4-6 所示。

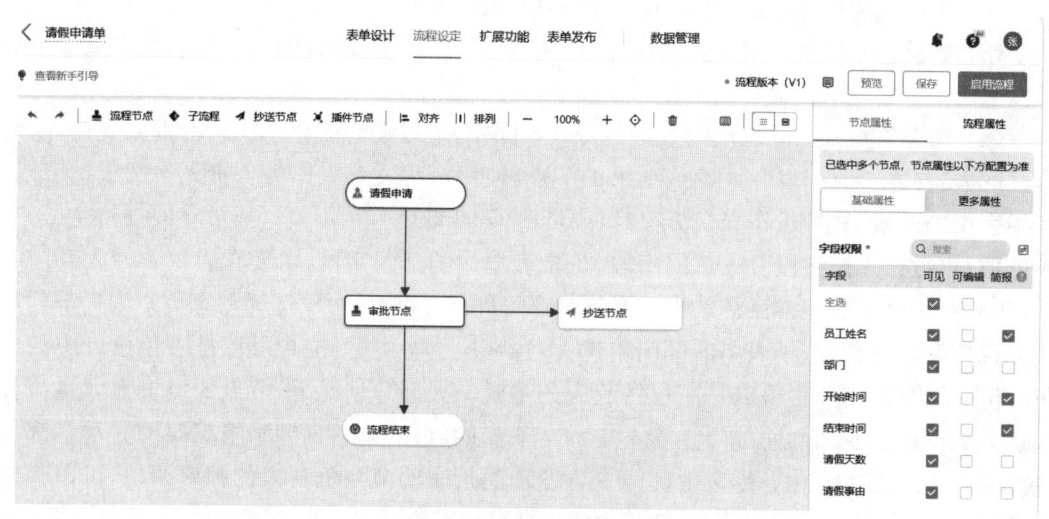

图 4-6　批量字段权限设置

2) 流程简报效果展示

点击进入"我的待办"后,就可以看到还未审批的待办工作事项中的简报,如图 4-7 所示。

5. 子表单字段权限

1) 子表单字段权限类型

如果表单中有子表单,点击子表单后面的设置框,就会出现子表单字段权限:①可新增记录:可在子表单最后一行添加子记录;②可插入记录:在任意一行上方或者下方插入子记录;③可编辑已有记录:对已经添加的子表单记录进行编辑修改,同主表字段可编辑权限;

图 4-7 流程简报效果展示

④可删除已有记录：可删除子表单行。

2）子表单的字段权限设置

点击"我的待办"选项，事先已经在基础属性中字段权限对子表单的属性进行了相关设置，点击子表单进入详情页，就可以对子表单进行字段权限设置，如进行批量删除、复制等操作。

（三）设置节点更多属性

1. 审批意见

审批意见是节点负责人对审批过程进行的批注，可以填写详细的审批意见，也可以直接点击是否同意，支持文本意见和手写签名。文本意见是简单的审批意见的批注，手写签名是更加正式的意见签署，需要注意本平台手写签名暂不具备法律效力。

1）文本意见的相关属性设置

点击开启文本意见，就可以点击"编辑"选项进行文本意见的设置。勾选"校验"选项意味着文本意见必须填写后方可提交流程。在显示内容下可以选择"输入框"或者"快捷选项"两种审批方式。节点负责人可以在输入框内填写具体的审批意见。若勾选"快捷选项"，则可以设置"同意"或者"不同意"等审批意见。

2）手写签名的相关属性设置

手写签名可以让节点负责人上传电子版的手写签名。若禁用手写签名，则节点负责人不可见手写签名控件；若必填手写签名，则节点负责人可见手写签名控件且必须上传手写签名才能提交流程。若之前填写过签名，可点击"保存"选项来留存签名，该签名支持后续重复使用，无需再次书写。只要支持扫描二维码及书写功能的手机端 App 均可扫码上传手写签名，包括企业微信客户端、钉钉客户端、个人微信及支付宝等移动端。

2. 节点操作

1）节点操作

节点操作是指节点负责人在处理该节点时可以进行的操作，操作按钮主要有以下九种：

（1）提交：保存在此节点中的操作，将数据流转到下一节点，默认开启。

（2）暂存：保存在此节点中的操作，并且流程数据保留在"我的待办"中。

（3）提交并打印：保存在此节点中的操作，将数据流转到下一节点中，同时进入打印的界面进行相关数据打印。

（4）暂存并打印：暂存该节点所编辑的数据，同时打印数据，但不提交流程。

（5）回退：保存在此节点中的操作，并且将流程数据退回到某个节点重新再流转，即可以回退到上一个节点，也可回退到流程的发起节点。

（6）加签：支持前加签、后加签以及新增审批人。

（7）转交：将该条待办数据转交给其他成员进行处理。

（8）结束流程：保存在此节点中的操作，并且将流程直接结束，不再往下流转。

（9）批量提交：批量提交待处理的流程，进入"我的待办"后批量提交。

2) 按钮文字

按钮文字可以自定义设置，根据需求修改，例如"暂存"按钮可以自定义修改按钮文字。但需注意按钮自定义的文字不能超过15个字，且按钮文字必须设置，不能为空。

3) 节点操作设置效果展示

当节点操作属性设置完成后，在审批节点时就可以看到效果展示，例如出现提交按钮、暂存并打印按钮、结束流程按钮、加签按钮等。

3. 节点提交条件

1) 节点提交条件的两种类型

节点提交条件是指流程节点提交流程时，需要满足一定的条件方可提交。目前支持以下两种类型：①所有数据均可提交：系统默认此设置，不需要设置节点提交条件；②满足条件的数据才可提交：可设置条件，不满足条件则无法提交。

2) 节点提交条件—添加校验条件

例如，在出差申请单中添加节点提交条件，点击右下方"添加校验条件"按钮，就可以在左侧页面编辑公式。本例设置了出差天数必须大于零，意味着出差天数必须大于零的时候才可以提交申请，若不满足此条件则不能提出申请。

4. 流转规则

流转规则主要有两类：①所有负责人提交后进入下一节点：多个负责人需要全部审批结束，流程方可往下流转；②任意负责人提交后进入下一节点：多个负责人只要其中一个人审批了流程，流程即可往下流转。

5. 节点限时处理

节点限时处理包括节点处理截止时间和超时后处理规则设置。节点处理截止时间可以设置自定义时间，也可以设置表单内日期时间字段的时间。超时的处理方式有三种：自动提醒、自动提交、自动回退。

1) 截止时间设置

（1）自定义时间可以根据到达流程节点的时间设置。时间精度支持分/时/天；上限为30天，下限为1分钟。

（2）表单内日期时间字段可以取表单中的日期时间字段填写的时间，如合同到期时间。当节点处理截止时间设置的为表单内日期时间段，则流程限时自动处理的时间最长不得超过1年。如果触发时间超过1年,则不进行限时处理。

节点处理截止时间设置完成后,在"我的待办"中会出现剩余审批时间及超时时间。

2)超时处理设置

超时处理设置有三种情况:①"自动提醒"会给审批负责人发送超时提醒;②"自动提交"不需要审批负责人审批,会自动提交到下一个审批节点;③"自动回退"可以选择回退到上一流程节点或者回退到流程发起节点。

五、流程属性的配置方法

流程属性的配置是对整个流程进行相关设置与管理。在流程设定页面的右侧属性配置区中选择流程属性,即对整个流程相关属性进行设置与管理,主要包括"流程提醒""流程设置"。

(一)配置"流程提醒"

"流程提醒"是指当流程到达某一流程节点时,给流程负责人、抄送人发送消息提醒。流程提醒对象为节点负责人和抄送人,分为内部人员和外部人员。内部人员提醒模式可以有微信、邮件,外部人员提醒模式可以有集成模式(钉钉、企业飞书等)、邮件、短信等。

(二)配置"流程设置"

通过流程动态中的流程日志可以查看流程时,直观地看到每个节点的处理耗时和审批意见。打开"允许查看流程动态和流转图"按钮可以了解流程的版本、流转线路、当前所处的审批节点及审批人。打开"允许流程发起人催办"按钮,则流程发起人可以向正在审批中的节点进行流程催办。

1. 流程动态

流程动态包括审批意见和流程日志两部分内容:①审批意见是负责人在流程处理节点提交的文本意见或手写签名;②流程日志包含了各节点负责人的处理情况,如操作状态、开始处理时间及处理耗时等。

不同的人员可以从"我的待办""我发起的""我处理的""抄送我的"页面中,点进单条流程详情查看流转图,可查看到流程版本、流程进度、节点负责人等信息。

2. 流程催办

流程发起人可以向正在审批中的节点进行流程催办。仅发起人可催办流程,且可以对每个流程节点每5分钟催办一次。当节点负责人包含流程发起人本人时,不通知本人,仅通知除本人以外的未处理流程的节点负责人。而当节点负责人只有流程发起人本人时,则不会显示催办按钮。催办的流程发生转交后,被转交的流程负责人可以在待办列表里看到被催办的流程。若流程发起人为本企业外人员,不支持发起催办,仅支持接受催办提醒。

若允许流程发起人催办流程,则可在"我发起的"流程中点击下方"催办",流程审批人即可在"我的待办"中点击"催办"来查看被催办的审批。

3. 流程撤回

流程撤回是指在负责人提交或审批流程后,下一个节点负责人尚未审批的情况下,可以将该流程撤回到待办列表中重新处理。流程撤回条件为流程未经审批人处理,且流程发起人只能是内部企业成员,外部企业中的成员,不可进行撤回。

流程的撤回规则分为三种：①不允许撤回：所有节点均不支持撤回；②仅允许发起节点撤回：流程发起人可撤回流程至发起点；③允许所有节点撤回：流程发起人、审批人均可撤回流程重新处理。

流程发起人在"我发起的"中点击"撤回"，流程审批人在"我处理的"中点击"撤回"，流程撤回至"我的待办"中。

4. 自动提交规则

通过设置"自动提交规则"，可以智能启动审批，提高工作效率。当负责人与上一节点处理人相同时，可以启用"自动提交规则"；若负责人处理过该流程，即在之前的节点中参与过处理审批，也可启用"自动提交规则"。依次点击"设置流程属性""流程设置""自动提交规则"，启用自动提交规则。

需要注意的是，流程设计完成以后需要启用流程方可生效，点击右侧"启用流程"，启用后发布给成员，成员即可进行流程发起。

第二节 费控报销审批流程设计（上）

一、出差申请审批流程设计

（一）业务描述和需求分析

根据东方集团的出差管理制度，出差人员需提前2～5日办理出差申请，按要求填写《出差申请单》，注明出差时间、地点和事由并按审批权限核准后方可执行出差，并报人事部备案。原出差申请单如图4-8所示。

出差申请单

出差人		部门		职务	
申请日期		联系电话		出差人数	人
出差日期	年 月 日 至 年 月 日			合计： 天	
出差地点					
出差事由					
交通工具	□飞机 □火车 □高铁 □汽车 □其他				
预借差旅费	□需要 □不需要		预支金额	万 仟 佰 拾 元整	
审批意见	部门主管签字	行政人事签字		总经理签字	
实际出差天数		本人确认		确认时间	

图4-8 原出差申请单

在原有的线下审批流程中,存在以下问题:

(1)审批人员繁忙或不在岗导致无法及时审批或流程审批延误。

(2)审批流程可能因为规定不清、流程不规范或其他原因,导致审批流程混乱或出现漏洞,从而导致审批结果不准确或不公正。

(3)审批过程中可能会出现数据记录不完整或不准确的情况,导致后续审批流程无法进行或审批结果不准确。

(4)审批流程中可能会出现审批结果迟迟未知的情况,导致申请人无法及时获得审批结果,从而影响出差计划的实施。

经过与业务、财务等相关人员的充分讨论,结合线下审批过程中存在的问题,要实现审批流程智能化,一般有以下业务需求:

(1)需要提供实时通知功能,以确保审批人员能够及时收到审批申请并进行处理。

(2)需要提供多种审批方式,以便审批人员能够在不同的时间和地点进行审批。

(3)需要提供审批流程规范化管理功能,以确保审批流程的规范化和标准化,避免因流程混乱而导致的审批结果不准确或不公正。

(4)需要提供数据统计和分析功能,以便管理人员对审批流程进行监督和管理,及时发现审批流程中存在的问题,从而进行改进和优化。

(5)需要提供数据记录和备份功能,以确保审批流程中的数据记录完整和准确,以及审批结果的可追溯性。

(6)需要提供审批结果实时反馈功能,以便申请人能够及时获得审批结果。

(二)任务清单

针对以上业务需要,东方集团需要完成以下任务:①新建应用"费用报销流程设计",把"费控报销单据设计"应用中的"出差申请单"复制到新建应用中并转换为流程表单。②根据业务需求设计出差申请审批流程图。③根据流程图在流程设定页面添加流程节点、配置连接线及调整流程布局。④配置各节点属性。⑤配置审批流程属性。⑥启用流程。⑦测试流程。⑧发布流程。

1. 新建应用

新建应用"费用报销流程设计",把"费控报销单据设计"应用中的"出差申请单"表单复制到新建应用中并转换为流程表单。需要完成以下步骤:①新建应用"费用报销流程设计"。用户在工作台的首页,点击"新建应用",将空白应用进行命名,点击"确定"按钮。②把"费控报销单据设计"应用中的"出差申请单"复制到新建应用中。点击"出差申请单"后面的设置按钮,点击"复制到其他应用",选择复制到"费用报销流程设计"。需要注意的是,将表单复制到其他应用时,不会保留对其他表单的引用。数据联动公式中对其他表单字段的引用等都会丢失。③在新建应用中修改表单名称。将表单复制完成后,其名称后会出现"拷贝"二字,可在"修改信息"选项中将其重命名。④把"出差申请单"切换为流程表单,检查并修正表单字段中的数据联动等公式的设置。在复制后的"出差申请单"设置按钮下拉列表中,点击"切换为流程表单",就可切换为流程表单。

2. 设计流程图

根据业务需求设计出差申请审批流程图，如图 4-9 所示。

出差申请
任务操作

图 4-9 设计流程审批图

3. 流程设定

根据流程图在流程设定页面添加流程节点、配置连接线及调整流程布局。需要完成以下步骤：①找到"出差申请单"，点击"编辑"进入"出差申请单"流程设定页面，依次点击"流程设定""开始使用"，进入流程设定的页面。②根据流程图，在流程设定页面添加流程节点、配置连接线及调整流程布局。

4. 配置节点属性

1)"流程发起节点"属性配置

配置"流程发起节点"属性时，需要分别设置"节点名称""字段权限""节点操作""节点提交条件"等选项属性。具体操作方法如表 4-2 所示。需要注意的是：①字段可见权限设为全选，表示表单中的所有字段对申请人都是可见的。②字段可编辑权限设为全选。③流程简报字段选择"出差申请单编号、申请人、出差事由"字段。④本例"节点提交条件"设定条件为"出差天数合计大于0"，若不满足条件则会出现提示文字"出差行程起止日期填写有误"。

表 4-2 "流程发起节点"属性配置

选项名称	操作步骤
节点名称	"流程发起节点"→"节点属性"→"节点名称"→"保存"
字段权限	"流程发起节点"→"节点属性"→"基础属性"→"字段权限"→"保存"
节点操作	"流程发起节点"→"节点属性"→"更多属性"→"节点操作"→"保存"
节点提交条件	"流程发起节点"→"节点属性"→"更多属性"→"节点提交条件"→"保存"

2)"审批节点"属性配置

"审批节点"属性配置主要有"节点名称""设置负责人""启用抄送""字段权限""审批意见""节点操作""节点提交条件""流转规则""节点限时处理"。具体操作方法如表 4-3 所示。

表 4-3 "审批节点"属性配置(1)

选项名称	操作方法	备注
节点名称	依次选择"审批节点""节点属性""节点名称"	节点名称直接修改为需要设定的名称即可，本例修改为"直接主管审批"
设置负责人	依次选择"审批节点""节点属性""基础属性""设置负责人"	点击"设置负责人"后选择"动态负责人"，选择"流程发起人"列表中的"直接部门主管"
启用抄送	依次选择"审批节点""节点属性""基础属性""勾选启用抄送""设置抄送人"	设置抄送人为"动态抄送人"中的"流程发起人"，意味着当数据流转到审批人处时就会抄送给流程发起人，无论审批人是否审批同意，都会给流程发起人抄送该信息

(续表)

选项名称	操作方法	备注
字段权限	依次选择"审批节点""节点属性""基础属性""字段权限"	若出差申请的申请人存在费用归属部门填写错误或者出差行程的子表单填写不恰当、预计差旅费用不合理的情况,直接部门主管可对其直接进行修改,修改后即可继续完成流程的流转,可不进行回退
审批意见	依次选择"审批节点""节点属性""更多属性""审批意见""编辑文本意见"	开启"更多属性"下面的"文本意见",打开"校验"的必填按钮,显示内容勾选"快捷选项",只需选择"同意"或者"不同意"
节点操作	依次选择"审批节点""节点属性""更多属性""节点操作"	可以将"提交""暂存""加签""回退"等选项设为"开启"模式
节点提交条件	依次选择"审批节点""节点属性""更多属性""节点提交条件"	选择"所有数据均可提交"选项
流转规则	依次选择"审批节点""节点属性""更多属性""流转规则"	设置"任意负责人提交后进入下一节点",意味着当该节点中存在多个审批人时,任意一个负责人提交后都可进入下一节点
节点限时处理	依次选择"审批节点""节点属性""更多属性""节点限时处理"	点击"节点限时处理"后可以自定义处理截止时间,本例设置了当流程到达节点 4 小时后就截止处理。还可设置"超时后处理规则",本例选择的处理方式是自动提醒,在节点处理截止时间当时向流程发起人的直接部门主管进行文字提醒

3)"抄送节点"属性配置

抄送节点属性设置包括"节点名称""抄送人""打印""字段权限"等属性的设置。具体操作方法如表 4-4 所示。需要注意的是,节点上启用抄送与独立的抄送节点虽然都可以进行抄送设置,但是两者还是存在区别。首先,两者可见字段与流程简报的配置方式不同。在节点上启用抄送,可见字段与流程简报一致;而独立的抄送节点,可以根据需求单独配置可见字段与流程简报。其次,抄送时间不同。在节点上启用抄送,流程达到节点时才进行抄送;而独立的抄送节点,在对应的流程节点审批完成后进行抄送。

表 4-4 "抄送节点"属性配置

选项名称	操作方法	备注
节点名称	依次选择"抄送节点""节点属性"修改"节点名称"	
抄送人	依次选择"抄送节点""节点属性""抄送人""设置抄送人"	
打印	依次选择"抄送节点""节点属性""打印"	
字段权限	依次选择"抄送节点""节点属性""字段权限"	字段可见权限选择"全选","简报"选项选择"出差申请单编号、申请人、部门、申请人职位、同行人、出差天数合计"等字段

5. 配置审批流程属性

在流程设定页面的右侧属性设置区设置流程属性,选择"内部成员"中的"使用微信提醒节点负责人和抄送人",且允许查看流程动态和流转图,同时也允许流程发起人催办。

6. 启用和测试流程

首先,在流程属性节点属性全部配置完成后,需要在右上方点击"启用",即可启用流程。启用后,新提交的数据将按新版本的流程流转。测试流程的目的是测试出差申请审批流程是否能够按照需求进行开发,并且每个节点都能够正常工作。一般需要在个人电脑、平板电脑等硬件环境上运行,软件环境需要浏览器、"出差申请单"流程V1版本。其次,由出差申请节点发起人提交出差申请,按照流程图顺序查看审批节点及抄送节点各功能是否能够正常工作、数据是否可以正常流转,是否能够满足业务需求。

7. 发布流程

最后,发布流程,使其在实际环境中生效,具体做法是:①点击"扩展功能"进入"扩展功能"功能属性设定页面。②点击"表单发布"进入"表单发布"属性设定页面。点击"表单发布""对成员发布""添加成员",在添加成员列表中,可以选择组织架构下"内部组织",可以选择发布的部门或者整个组织,然后点击"确定"按钮即可。

二、借款申请审批流程设计

(一)业务描述和需求分析

根据东方集团的备用金制度规定,备用金借款人需要按照规定填写《借款申请单》交由直接主管、财务经理审批,审批结束后交给出纳复核无误才能出款。

在原有的线下审批流程中,存在以下问题:①低效率:线下审批流程通常涉及多个部门和人员,这可能导致审批进度缓慢。员工需要等待长时间的审批结果,可能导致工作进度受到影响。②缺乏透明度:在线下审批流程中,员工难以实时了解借款申请的审批进度和状态。这可能导致员工对审批结果产生疑虑和不满。③信息传递不畅:线下审批过程中,各部门和审批人员之间的沟通可能并不顺畅,导致信息传递出现延误、遗漏或者错误。这可能影响审批结果的准确性。④文件管理繁琐:线下审批流程涉及大量的文件和表格管理,包括员工提交的申请表格、审批人员的签字、各部门的存档等。这不仅增加了工作量,还可能导致文件损坏或丢失。⑤合规性问题:线下审批流程可能缺乏有效的监督和审计机制,从而导致潜在的合规性问题、审批结果可能不公正等。例如,员工可能滥用备用金借款,或者审批人员存在违规行为。

经过与业务、财务等相关人员的充分讨论,结合线下审批过程中存在的问题,要实现审批流程智能化,梳理出以下业务需求:①将多环节多部门的审批整合为一个流程,简化审批流程,提高审批效率。②需要提供多种审批方式及实时通知功能,以便审批人员能够在不同的时间和地点及时审批。③需要提供审批流程规范化管理功能,以确保审批流程的规范化和标准化,避免因流程混乱而导致的审批结果不准确或不公正。④需要提供数据统计和分析功能,以便管理人员对审批流程进行监督和管理,及时发现审批流程中存在的问题,从而进行改进和优化。⑤需要提供数据记录和备份功能,以确保审批流程中的数据记录完整和准确,以及审批结果的可追溯性。⑥需要提供审批结果实时反馈功能,以便申请人能够及时查看审批进度,获得审批结果。

(二) 任务清单

针对以上业务需要,东方集团需要完成以下任务:①把"费控报销单据设计"应用中的"借款申请单"和"借款额度设置"表单复制到"费用报销流程设计"应用中,并将"借款申请单"转换为流程表单。②根据业务需求设计备用金借款申请审批流程图。根据流程图在流程设定页面添加流程节点、配置连接线及调整流程布局。③配置各节点属性。④配置审批流程属性。⑤启用流程。⑥测试流程。⑦发布流程。

1. 建流程表单

把"费控报销单据设计"应用中的"借款申请单"表单和"借款额度设置"表单复制到"费用报销流程设计"应用中,并将"借款申请单"转换为流程表单。需要完成以下步骤:①复制表单。把"费控报销单据设计"应用中的"借款申请单"表单复制到"费用报销流程设计"应用中。②修改表单名称。在"费用报销流程设计"应用中修改表单名称。③切换表单。把"借款申请单"切换为流程表单,检查并修正表单字段中的数据联动等公式的设置。④检查设置。检查并修正表单字段中的数据联动等公式的设置,若设置有误则会出现错误提示。"借款额度设置"表单操作同上,不再赘述。

2. 设计流程图

根据业务需求设计备用金借款申请审批流程图,如图 4-10 所示。

3. 流程设定

根据流程图在流程设定页面添加流程节点、配置连接线及调整流程布局。借款人先发起备用金借款申请,然后由直接部门主管进行审批,审批同意后流转到财务经理审批环节,若审批完成,则会抄送给出纳,进行制单付款,直到整个流程结束。若以上两个审批节点未完成审批,则都会回到备用金借款申请的发起节点。具体步骤是:①"借款申请单"流程设定。选择"借款申请单",点击"编辑",选择"流程设定""开始使用"进入"借款申请单"流程设定页面。②添加流程节点、配置连接线及调整流程布局。根据流程图,在流程设定页面添加流程节点、配置连接线及调整流程布局。

4. 配置节点属性

1)"流程发起节点"属性配置

配置"流程发起节点"属性时,可参考表 4-2 所述步骤,分别配置"节点名称""字段权限""节点操作""节点提交条件"等选项属性。但是在"节点操作"设置时,节点操作选择了"提交""保存草稿""暂存"。此外,"节点提交条件"设置时,选择"满足条件的数据才可提交",添加的校验条件为"剩余额度大于等于借款金额",意味着满足条件即可提交申请,若不满足条件则会出现提示文字,此时修改借款金额,点击"确定"按钮即可。

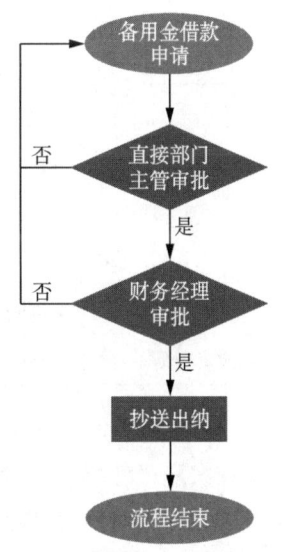

图 4-10 设计备用金借款申请审批流程图

借款申请(1)

借款申请(2)

2)"审批节点"属性配置

依次配置好"节点名称""设置负责人""启用抄送""字段权限""审批意见""节点操作""流转规则""节点限时处理"等选项属性。具体操作方法如表4-5所示。

表4-5 "审批节点"属性配置(2)

选项名称	操作方法	备注
节点名称	操作步骤同表4-3	更改"节点名称"
设置负责人	依次选中"直接主管审批节点""节点属性""基础属性""设置负责人"。选择"动态负责人""流程发起人"中的"直接部门主管"。"设置负责人"时依次选中"财务经理审批节点""节点属性""基础属性""设置负责人"	
启用抄送	依次选中"直接主管审批节点""节点属性""基础属性"不勾选"启用抄送"。"启用抄送"依次选中"财务经理审批节点""节点属性""基础属性""勾选启用抄送"	本例设置的抄送人为流程发起人
字段权限	依次选中"直接主管审批节点""节点属性""基础属性""字段权限"后,点击"保存"按钮。"字段权限"依次选中"财务经理审批节点""节点属性""基础属性""字段权限"后,点击"保存"。"字段可见权限"设为全选,"字段可编辑权限"选择"借款金额"字段,"流程简报字段权限"勾选"借款单编号、借款人、借款用途、借款金额"字段	"字段可编辑权限"全不勾选,意味着财务经理不对提交申请的相关字段进行编辑。"流程简报字段权限"勾选"借款单编号、借款人、所在部门、借款用途、借款金额"字段
审批意见	同时选中两个"审批节点""节点属性""更多属性""审批意见""编辑文本意见"	
节点操作	操作步骤同表4-3	"节点操作—回退"选中"财务经理审批节点""节点属性""更多属性""节点操作""回退"
节点提交条件	操作步骤同表4-3	
流转规则	操作步骤同表4-3	
节点限时处理	操作步骤同表4-3	

3)"抄送节点"属性配置

依次配置好"节点名称""抄送人""打印""字段权限"等选项属性。其中,"节点名称""抄送人""打印"选项属性操作步骤同表4-4,"字段权限"选项设置时依次选择"抄送出纳节点""节点属性""字段权限"。

5. 配置审批流程属性

在流程设定页面的右侧属性设置区设置流程属性,依次选择"流程属性""流程提醒"后保存。

6. 启用和测试流程

选择"启用流程"并点击"确定"按钮,即可启用流程。启用后要进行流程测试,目的是测试备用金借款申请审批流程是否能够按照需求进行开发,并且每个节点都能够正常工作。备用金借款申请节点发起人提交借款申请,按照流程图顺序查看审批节点及抄送节点各功能是否能够正常工作、数据是否可以正常流转,是否能够满足业务需求。常见错误/缺陷描述及解决方案如表4-6所示。

表4-6 错误/缺陷描述和解决方案

序号	错误/缺陷描述	解决方案
1	流程发起人提交数据后,不管审批节点是否同意支付,借款数据都会同步到借款明细表中,形成借款数据,导致借款明细数据有误	首先,在借款申请单中增加支付查询标签页,出纳需要对借款申请单支付状态进行确认并上传银行付款凭单;其次,删除"抄送出纳"节点,在财务经理审批后新增"出纳确认"节点;最后,在借款明细表中设置过滤条件,只有出纳确认支付的借款申请单数据才能同步至借款明细表中
2	流程发起人提交数据后,不管审批节点是否同意、出纳是否已确认支付,数据均汇总到"已借款总额"字段,导致已借款金额数据有误	增加"借款人+单据状态_辅助"字段,通过文本累加函数CONCATENATE将借款人和单据状态进行连接。重新编辑"已借款总额"字段默认值的公式,将已提交借款申请,但出纳未确认支付的借款金额扣减

根据缺陷记录的详细信息,对缺陷进行修复,方法是:①在表单中增加支付查询标签页,新增相关字段并进行字段属性设置。②新增辅助字段"借款人+单据状态_辅助"字段并设置字段属性(设置为不可见字段)。③对"已借款总额"字段重新进行公式编辑。④进入流程设定页面,重新设定流程。⑤设置各节点字段权限。⑥在聚合表"借款明细表"中设置过滤条件。⑦确认测试。

7. 发布流程

测试完成后就可以发布流程了,点击"扩展功能",进入"扩展功能"属性设定页面进行相关设定,再点击"表单发布",进入"表单发布"属性设定页面进行相关设定,流程就在实际环境中生效并可以使用了。

第三节 费控报销审批流程设计(下)

一、还款流程设计

(一)业务描述和需求分析

根据东方集团的备用金制度规定,预支备用金借款一般用于差旅费等其他临时性业务,一般按预计需用金额借支,支用后一次报销,多退少补。借款人还款时需要和财务确认还款额,还款成功后需要及时通知财务人员进行销账。在原有的还款流程中,主要存在以下问题:①管理繁琐:企业员工数量较多时,手工管理员工借支款明细数据非常繁琐。②容易出错:财务手工管理员工借支款明细数据,很容易出错。③体验感差:员工还款时需要找财务确认还款额,还款后还需要通知财务进行销账。④信息安全问题:还款记录可能被泄露或丢失,从而带来不必要的麻烦。

经过与业务、财务等相关人员的充分讨论,结合线下还款过程中存在的问题,要实现还款流程线上化,梳理出以下业务需求:①自动化管理借支明细数据,减少手工管理的时间和精力,同时降低出错的风险。②通过线上表单的设计,员工可以自助查询到"借款余额",即还款额数据。③员工还款成功后自动抄送给财务人员确认收款、及时销账。④加强信息安全,设置各个节点字段的可见权限,防止数据泄露。

(二)任务清单

针对以上业务需要,需要完成以下任务:①把"费控报销单据设计"应用中的"还款单"复制到"费用报销流程设计"应用中并转换为流程表单。②根据业务需求设计还款流程图。③根据流程图在流程设定页面添加流程节点、配置连接线及调整流程布局。④配置各节点属性。⑤配置审批流程属性。⑥启用流程。⑦测试流程。⑧发布流程。

1. 建流程表单

复制表单,把"费控报销单据设计"应用中的"还款单"复制到"费用报销流程设计"应用中并转换为流程表单。需要经过以下步骤:①把"费控报销单据设计"应用中的"还款单"表单复制到"费用报销流程设计"应用中。②在"费用报销流程设计"应用中修改表单名称为"还款单—拷贝"。③把"还款单"切换为流程表单,检查并修正表单字段中的数据联动等公式的设置。④检查并修正表单字段中的数据联动等公式的设置。

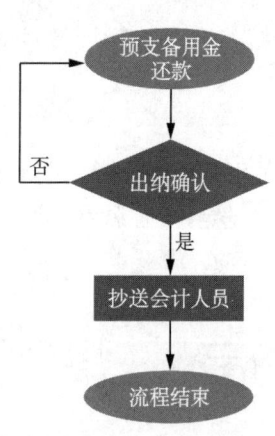

图 4-11 还款流程图

还款申请

2. 设计还款流程图

根据业务需求设计还款流程图如图 4-11 所示。

3. 流程设定

根据流程图在流程设定页面添加流程节点、配置连接线及调整流程布局。需要经过以下步骤:①点击"编辑"进入"还款单"流程设定页面。②根据流程图,在流程设定页面添加流程节点、配置连接线及调整流程布局。

4. 配置节点属性

配置节点属性时可参考表 4-2 所述步骤,分别配置"流程发起节点""审批节点""抄送节点"各节点属性。需要注意的是:①设置"节点名称"时,本例选择本流程的发起节点即"预支备用金还款"。②设置"节点属性"时,将节点名称改为"预支备用金还款"。

1)"审批节点"属性配置

依次设置"节点名称""设置负责人""启用抄送""字段权限""审批意见""节点操作""节点提交条件""流转规则""节点限时处理"等字段属性。具体操作方法如表 4-7 所示。需要注意的是:①节点名称设置时,选择需要修改名称的审批节点,点击右侧"节点属性"按钮,将节点名称改为"出纳确认",然后点击"保存"。②设置启用抄送时,不勾选启用抄送。

表 4-7 "审批节点"属性配置(3)

选项名称	操作方法
节点名称	操作步骤同表 4-3
设置负责人	依次选择"出纳确认节点""节点属性""基础属性""设置负责人""确定"
启用抄送	依次选择"出纳确认节点""节点属性""基础属性"
字段权限	依次选择"出纳确认节点""节点属性""基础属性""字段权限",然后勾选"保存"
审批意见	依次选择"出纳确认节点""节点属性""更多属性""审批意见""编辑文本意见"后,点击"完成"
节点操作	依次选择"出纳确认节点""节点属性""更多属性""节点操作"
节点提交条件	依次选择"出纳确认节点""节点属性""更多属性""节点提交条件"
流转规则	依次选择"出纳确认节点""节点属性""更多属性""流转规则"
节点限时处理	依次选择"出纳确认节点""节点属性""更多属性""节点限时处理"

2) "抄送节点"属性配置

依次设置"节点名称""抄送人""打印""字段权限"等字段属性,具体操作方法同表 4-4 中的步骤,但是注意将节点名称修改为"抄送会计人员"。

5. 配置审批流程属性

在流程设定页面的右侧属性设置区,设置流程属性,依次选择"流程属性""流程提醒""保存"。本例将勾选"使用微信提醒节点负责人、抄送人"按钮,并且允许查看流程动态和流转图、允许发起人催办流程。

6. 启用流程并测试流程

选择"启用流程"并点击"确定"按钮,即可启用流程。启用后要进行流程测试,测试还款流程是否能够按照需求进行开发,并且每个节点都能够正常工作。可以在还款单节点发起人提交还款单,按照流程图顺序查看审批节点及抄送节点各功能是否能够正常工作、数据是否可以正常流转,是否能够满足业务需求。常见错误/缺陷描述及解决方案如表 4-8 所示。

表 4-8 错误/缺陷描述和解决方案

序号	错误/缺陷描述	解决方案
1	流程发起人提交数据后,不管出纳确认节点是否已确认,还款数据都会同步到借款明细表中,形成还款数据,导致借款明细数据有误	先在还款单中增加"出纳确认"字段,出纳需要对还款进行确认;再在借款明细表中设置过滤条件,只有出纳已确认的还款单数据才能同步至借款明细表中
2	流程发起人提交还款单后,不管出纳是否已确认到款,数据均汇总到"已还款总额"字段,导致已还款金额数据有误	对"还款人—辅助"字段设置"IF"条件公式,当"出纳确认"字段为"已确认"时,返回值为"姓名",参与"已还款总额"字段数据的汇总,否则,返回值为"出纳未确认单据"不参与"已还款总额"字段数据汇总

根据缺陷记录的详细信息，对缺陷进行修复。修复任务清单如下：①在表单中增加"出纳确认"字段并进行字段属性设置。②对"还款人—辅助"字段进行公式设置。③进入流程设定页面，在各个节点对新增字段的"字段权限"属性进行设置并重新启用流程。④在聚合表"借款明细表"中设置过滤条件。⑤确认测试。

7. 发布流程

测试完成后就可以发布流程了，点击"扩展功能"，进入"扩展功能"属性设定页面进行相关设定，再点击"表单发布"，进入"表单发布"属性设定页面进行相关设定，流程就在实际环境中生效并可以使用了。

二、差旅费用报销审批流程设计

（一）业务描述和需求分析

根据东方集团财务报销制度规定，出差人员应在出差归来5个工作日内办理报销事宜。根据差旅费用标准填写《差旅费报销单》，并整理粘贴相关原始凭证附件等，需要冲借支款的，还需注明冲抵暂支款金额，经主管人员审批、财务经理审批结束后，抄送出纳付款。在原有的审批流程中，存在以下问题：①报销时间长：报销流程需要多个审批环节，等待时间长，员工体验感差。②审批不及时：审批人员繁忙或不在岗导致流程审批延误或无法及时审批。③审批信息不透明、各环节审批人员沟通不畅等延误审批。④审批流程可能因为规定不清、流程不规范或其他原因，导致审批流程混乱或出现漏洞。

经过与业务、财务等相关人员的充分讨论，结合线下差旅费用报销审批过程中存在的问题，要实现审批流程线上化，梳理出以下业务需求：①需要提供实时通知功能，以确保审批人员能够及时收到审批申请并及时进行处理。②需要提供多种审批方式，以便审批人员能够在不同的时间和地点进行审批。③需要提供审批结果实时反馈功能，以便申请人能够及时获得审批结果。④需要提供审批流程规范化管理功能，以确保审批流程的规范化和标准化，避免因流程混乱而导致的审批结果不准确或不公正。

（二）任务清单

针对以上业务需要，需要完成以下任务：①把"费控报销单据设计"应用中的"差旅费报销单"复制到"费用报销流程设计"应用中并转换为流程表单。②根据业务需求设计差旅费用报销流程图。③根据流程图在流程设定页面添加流程节点、配置连接线及调整流程布局。④配置各节点属性。⑤配置审批流程属性。⑥启用流程。⑦测试流程。⑧发布流程，使其在实际环境中生效。

1. 复制表单

把"费控报销单据设计"应用中的"差旅费报销单"复制到"费用报销流程设计"应用中并转换为流程表单。方法是：①把"费控报销单据设计"应用中的"差旅费报销单"表单复制到"费用报销流程设计"应用中；②在"费用报销流程设计"应用中修改表单名称；③把"差旅费用报销单"切换为流程表单，检查并修正表单字段中的数据联动等公式的设置；④检查并修正表单字段中的数据联动等公式的设置。

2. 设计流程图

根据业务需求设计差旅费用报销审批流程图,如图 4-12 所示。

3. 流程设定

根据流程图在流程设定页面添加流程节点、配置连接线及调整流程布局。①点击"编辑"进入"差旅费报销单"流程设定页面;②根据流程图,在流程设定页面添加流程节点、配置连接线及调整流程布局。

4. 配置节点属性

1)"流程发起节点"属性配置

参考表 4-2 所述步骤,分别配置"节点名称""字段权限""节点操作""节点提交条件"等选项属性。但是注意在"节点名称"设置时,选中"流程发起节点",将节点名称改为"差旅费报销申请"。

2)"审批节点"属性配置

依次设置"节点名称""设置负责人""启用抄送""字段权限""审批意见""节点操作""节点提交条件""流转规则""节点限时处理"等字段属性。具体操作方法如表 4-9 所示,负责人属性设置提示如表 4-10 所示。

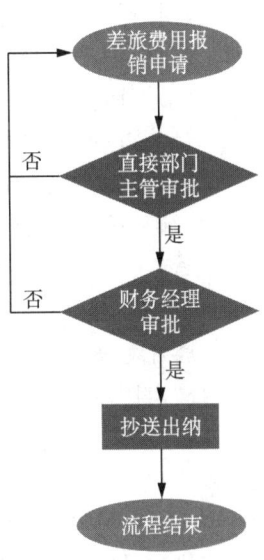

图 4-12 差旅费用报销审批流程图

差旅报销

表 4-9 "审批节点"属性配置(4)

选项名称	操作方法
节点名称	操作方法同表 4-3。本例分别选择"直接主管审批"和"财务经理审批"两个审批节点进行"节点名称"的设置
设置负责人	操作方法同表 4-3
启用抄送	依次选中"审批节点""节点属性""基础属性",不勾选启用抄送
字段权限	依次选中"审批节点""节点属性""基础属性""字段权限",勾选"保存"。"可见"列,除"关联出差申请单"字段不勾选外,其他字段全部勾选;"可编辑"列,全不勾选;"简报"列,选择"报销单编号、申请人、部门、总金额"字段
审批意见	操作方法同表 4-3
节点操作	操作方法同表 4-3
节点提交条件	操作方法同表 4-3
流转规则	操作方法同表 4-3
节点限时处理	依次选择"财务经理审批节点""节点属性""更多属性""节点限时处理"

表 4-10 负责人属性设置

节点名称	节点属性	属性设置
"直接主管审批"节点	节点负责人	点击"设置负责人""动态负责人""主管""流程发起人""直接部门主管"
"财务经理审批"节点	节点负责人	点击"设置负责人""成员""内部成员""财务部""财务经理姓名"

3)"抄送节点"属性配置

依次设置"节点名称""抄送人""打印""字段权限"等字段属性。①"节点名称"设置时,依次选择"抄送节点""节点属性""节点名称""保存"。本例选中"抄送节点"后点击"节点属性",将节点名称改为"抄送出纳"后点击"保存"即可。②"抄送人"设置时,依次选择"抄送出纳节点""节点属性""抄送人",点击"设置抄送人""确定"。③"打印"设置时,依次选择"抄送出纳节点""节点属性""打印",点击"确定"按钮。首先,选中"抄送出纳节点",打开节点属性页面,其次,勾选"允许查看时打印"按钮,最后,将系统打印模板开启,点击"确定"按钮。④"字段权限"设置时,依次选择"抄送出纳节点""节点属性""字段权限""保存"。

5. 配置审批流程属性

在流程设定页面的右侧属性设置区设置流程属性(略)。

6. 启用流程并测试流程

选择"启用流程"并点击"确定"按钮,即可启用流程。启用后要进行流程测试,目的是测试差旅费用报销审批流程是否能够按照需求进行开发,并且每个节点是否都能够正常工作。例如,差旅费用报销申请节点发起人提交差旅费报销单,按照流程图顺序查看审批节点及抄送节点各功能是否能够正常工作、数据是否可以正常流转,是否能够满足业务需求。常见错误/缺陷描述及解决方案如表 4-11 所示。

表 4-11 错误/缺陷描述和解决方案

序号	错误/缺陷描述	解决方案
1	流程发起人提交差旅报销申请时,若选择需要冲抵借款,无法出现借款余额(即尚未归还的借支款),只能出现关联借款单号对应的借款金额,无法准确实时查询到借款人的欠款余额	首先,增加"关联借款明细表"(选择数据字段);其次,"借款金额"字段修改为"借款余额"字段;最后,对聚合表"借款明细表"设置过滤条件
2	需冲抵借款的差旅报销申请单提交后,不管是否已完成审批,只要数据提交,则冲抵借款金额数据均汇总到"差旅报销冲抵总额"中,导致借款明细表数据可能有误	首先,在财务经理审批时增加"财务复核"单选按钮组字段;其次,对"申请人—辅助"字段设置"IF"条件公式,当"财务复核"字段为"已复核"时,返回值为"姓名";最后,参与"差旅报销冲抵总额"字段数据的汇总

7. 发布流程

测试完成后,发布流程。点击"扩展功能",进入"扩展功能"属性设定页面进行相关设定,再点击"表单发布",进入"表单发布"属性设定页面进行相关设定,流程就在实际环境中生效并可以使用了。

第四节 智能报修派单流程设计

一、案例背景

新翔公司是一家专注于机械设备生产的公司,总部位于广东省深圳市。该公司生产各种机械设备,包括工业自动化设备、数控机床等,随着业务规模的不断扩大,该公司的售后服务需求也越来越高,尤其是机械设备的报修和维护工作。为了提高售后服务质量和效率,经企业管理层研究决定引入低代码平台,搭建报修派单系统,优化传统维修业务流程。

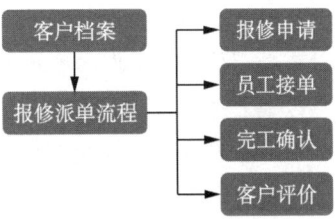

图4-13 报修派单系统流程

新翔公司维修部、客服部等内部相关部门沟通发现维修派单业务的流程、现有流程的问题及需求,搭建报修派单系统,需要完成客户档案表单以及报修派单流程的设定。搭建好的报修派单系统流程如图4-13所示。

二、客户档案表单设计

(一) 业务描述和需求分析

根据新翔公司客户管理制度的规定,当设备运抵收货地址并完成安装调试达到可使用状态后,客户对接人签字确认并填写客户档案表,需要勾选产品,手工填写客户姓名、电话、地址等信息。客服人员收到客户档案表后进行归档并录入到电子表格"客户信息统计表"中进行客户信息管理。

在原有的线下业务中,存在以下问题:①客户信息采集的方式单一,仅通过客户对接人以手工填写的方式进行,客户信息可能存在遗漏和错误的情况,导致客户档案的真实性和准确性得不到保障。客户信息管理不规范,手工录入"客户信息统计表"可能存在数据录入错误和遗漏的情况。数据的准确性和完整性得不到保障,影响客户后续的报修体验。②手工录入信息导致工作效率低下,可能导致客服工作滞后,影响客户满意度和企业的市场竞争力。③客户信息采集、归档和统计需要通过纸质和电子表格等方式进行,数据易于遭到人为破坏和泄露,客户隐私无法得到保护。

针对业务问题,客户档案业务的需求是:①规范客户信息的采集方式,保证客户档案的真实性和准确性。②实现"客户信息统计表"的自动化统计和分析,提高数据的准确性和完整性。③对客户信息的采集、归档和查询设置权限,保障客户隐私的安全性和保密性。

(二) 任务清单

针对以上业务需求,新翔需要完成:①新建应用"报修派单流程"并在应用中新建普通表单"客户档案",相关操作此前已经有详细阐述,此处不再赘述。②根据需求在表单中添加需要的字段。③设置字段属性和表单属性,完成本表单的设计。

三、报修派单流程设定

(一) 业务描述和需求分析

根据新翔公司客服及上门维修管理制度的规定,当接到客户报修电话后应及时采集客户相关的报修信息并登记电子表格——"客户报修登记表"。维修部接到"客户报修登记表"后,首先,根据报修的情况分配人员进行上门维修;其次,维修结束后,客户需要填写"维修服务确认单",客服人员根据确认单登记电子表格"客户维修记录表";最后,由公司客服人员完成满意度电话问询工作。客服人员人工登记过程可能出现错误,信息不透明导致客户无法实时查看报修进度,维修派单的过程有可能有失公平等。

以上业务的需求具体有:

(1) 客户可在线提交报修申请,自动化处理报修信息,减少人工处理。

(2) 客户可以实时了解售后维修进度和处理情况,提高客户满意度。

(3) 系统能够根据售后维修类型进行智能派工,提高维修效率和准确性。

(4) 维修完工后,系统自动向客户发送满意度评价,自动记录报修派单至完工整个过程和结果,数据可追溯,方便进行数据分析和业务优化。

(二) 任务清单

针对以上业务需要,需要完成以下任务:①在应用"报修派单流程"中新建流程表单"报修派单流程"。②根据需求在表单中添加需要的字段。③设置字段属性和表单属性,完成本表单的设计。④根据业务需求设计"报修派单"流程图。⑤根据流程图在流程设定页面添加流程节点、配置连接线及调整流程布局。⑥配置流程连接线属性。⑦配置各节点属性。⑧配置报修派单流程属性。⑨启用流程。⑩测试流程。⑪发布流程。

1. 新建表单

在应用"报修派单流程"中新建流程表单"报修派单流程"(略)。

2. 添加字段

根据需求在"报修派单流程"中添加需要的字段。需要添加的字段包括:工单号、工单状态、服务热线、报修信息、用户信息等。"上报"标签页内字段设置包括报修类型说明、报修产品、上报时间、上报情况、上报类型、地址、服务评价等,"接单"标签页内字段设置包括是否接单、接单人、接单时间、报修—接单时间的设置等,"完工"标签页内字段设置包括是否完工、完工时间、完工拍照、完工情况说明等,"辅助"标签页内字段设置包括完工—接单时间、完工—报修时间、超过 48 小时未解决等。添加字段设置方法如表 4-12 所示。

表 4-12 添加字段

任务	字段	标题	校验	字段权限	其他
"上报"标签页内字段设置	分割线	报修类型说明	—	可见	描述信息:略; 样式、标题颜色、主题色:自行设置
	单选按钮组	报修产品	必填	可见、可编辑	选项:产品1—5 分布方式:横向排列
	复选框组	报修类型	必填	可见、可编辑	选项:略; 分布方式:横向排列
	日期时间	上报时间	必填	可见、可编辑	类型:年—月—日、时、分、秒; 默认值:填写当时
	地址	上报地址	必填	可见、可编辑	类型:省—市—区—详细地址; 默认值:自定义
	图片	上报情况	必填	可见	—
	单行文本	情况说明	非必填	可见、可编辑	格式:无; 默认值:自定义

(续表)

任务	字段	标题	校验	字段权限	其他
"接单"标签页内字段设置	单选按钮组	是否接单	必填	可见、可编辑	选项:是
	成员单选	接单人	必填	可见、可编辑	可选范围:自定义—售后维修部;默认值:动态参数—当前用户
	日期时间	接单时间	必填	可见、可编辑	类型:年—月—日、时、分、秒;默认值:填写当时
	单行文本	报修—接单时间(分钟)	必填	可见	格式:无;默认值:公式编辑(公式=IF(ISEMPTY(是否接单),0,DATEDIF(上报时间,接单时间,"m"))
"完工"标签页内字段设置	单选按钮组	是否完工	必填	可见、可编辑	选项:是
	日期时间	完工时间	必填	可见、可编辑	类型:年—月—日、时、分、秒;默认值:填写当时
	图片	完工拍照	必填	可见	—
	单行文本	完工情况说明	非必填	可见、可编辑	格式:无;默认值:自定义
"辅助"标签页内字段设置	单行文本	完工—接单时间(分钟)	—	可见	格式:无;默认值:公式编辑(公式=DATEDIF(接单时间,完工时间,"m"))
	单行文本	完工—报修时间(分钟)	—	可见	格式:无;默认值:公式编辑(公式=IF(ISEMPTY(是否完工),0,DATEDIF(上报时间,完工时间,"m")))
	数字	超48小时未解决	—	可见	格式:数值;保留两位小数,显示千分符;默认值:公式编辑(公式=DATEDIF(上报时间,NOW(),"h"))

3. 表单设计

"报修派单流程"字段属性、表单布局如表4-13所示。

表4-13 "报修派单流程"字段属性、表单布局设置

字段	标题	校验	字段权限	其他
流水号	工单号	—	可见	流水号规则:固定字符+提交日期+3位数字,每日重置。例如:GD+日期+3位流水号
单行文本	服务热线	—	可见	默认值:自定义(填写服务热线电话0592-10000)
单行文本	工单状态	—	可见	默认值:公式编辑
分割线	报修信息	—	可见	描述信息;样式;标题颜色;主题色

（续表）

字段	标题	校验	字段权限	其他
流水号	工单号	—	可见	流水号规则：固定字符＋提交日期＋3位数字，每日重置。例如：GD＋日期＋3位流水号
单行文本	服务热线	—	可见	默认值：自定义（填写服务热线电话0592-10000）

4. 设计流程图

"报修派单"流程图如图4-14所示。

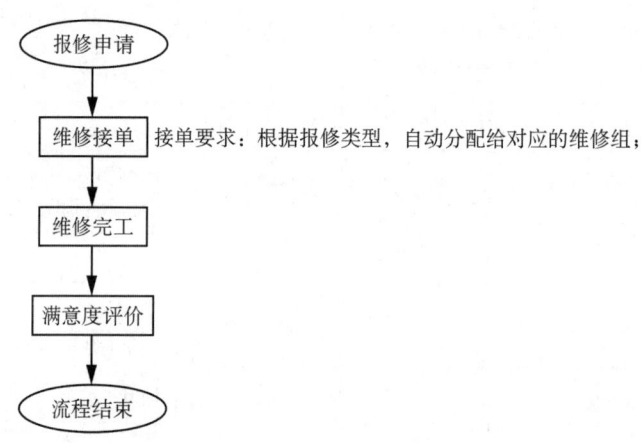

图 4-14 "报修派单"流程图

5. 流程设定

根据流程图在流程设定页面添加流程节点、配置连接线及调整流程布局。①点击"流程设定"进入"报修派单"流程设定页面，进行相关设置。②"报修派单流程"添加流程节点、连接线。根据流程图，在流程设定页面添加流程节点、配置连接线及调整流程布局。

6. 配置连接线属性

配置节点连接线属性，依次点击"节点连接线""设置数据流转条件""保存"。

7. 配置节点属性

1)"流程发起节点"属性配置

配置节点属性时可参考表4-2所述步骤，分别配置"流程发起节点""审批节点""抄送节点"各节点属性。需要注意的是："字段权限"设置时，依次选择"满意度评价""流程发起节点""节点属性""基础属性""字段权限"，然后点击"保存"按钮。

2)"流程审批节点"属性配置

"流程审批节点"属性配置需要分别设置"节点名称""节点负责人""启用抄送""字段权限""审批意见""节点操作""节点提交条件""流转规则""节点限时处理"等选项信息。"审批节点"属性配置如表4-14所示。

表 4-14 "审批节点"属性配置(5)

选项名称	操作方法
节点名称	操作方法同表 4-3
设置负责人	依次选中"接单节点""节点属性""基础属性""设置负责人""确定"
启用抄送	依次选中"接单节点""节点属性""基础属性""勾选启用抄送"
字段权限	依次选中"接单节点""节点属性""基础属性""字段权限",然后"保存"
审批意见	依次选中"接单节点""节点属性""更多属性""审批意见""不开启"
节点操作	依次选中"接单节点""节点属性""更多属性""节点操作"
节点提交条件	依次选中"接单节点""节点属性""更多属性""节点提交条件"
流转规则	依次选中"接单节点""节点属性""更多属性""流转规则"
节点限时处理	依次选中"接单节点""节点属性""更多属性""节点限时处理"

3)"完工节点"属性设置

"完工节点"属性设置需要分别设置"节点负责人""启用抄送""字段权限""审批意见""节点操作""节点提交条件""流转规则""节点限时处理"等字段。"完工节点"属性设置如表 4-15 所示。

表 4-15 "完工节点"属性设置

选项名称	操作方法
节点负责人	依次选中"完工节点""节点属性""基础属性""设置负责人""确定"
启用抄送	依次选中"完工节点""节点属性""基础属性""勾选启用抄送"
字段权限	依次选中"完工节点""节点属性""基础属性""字段权限",然后"保存"
审批意见	依次选中"完工节点""节点属性""更多属性""审批意见""不开启"
节点操作	依次选中"完工节点""节点属性""更多属性""节点操作"
节点提交条件	依次选中"完工节点""节点属性""更多属性""节点提交条件"
流转规则	依次选中"完工节点""节点属性""更多属性""流转规则"
节点限时处理	依次选中"完工节点""节点属性""更多属性""节点限时处理"

4)"满意度评价"节点属性设置

"满意度评价"节点属性设置需要分别完成"节点负责人""启用抄送""字段权限""审批意见""节点操作"等设置。"满意度评价"节点属性设置如表 4-16 所示。

表 4-16 "满意度评价"节点属性设置

选项名称	操作方法
节点负责人	依次选中"满意度评价节点""节点属性""基础属性""设置负责人""确定"
启用抄送	依次选中"满意度评价节点""节点属性""基础属性""不勾选启用抄送"

(续表)

选项名称	操作方法
字段权限	依次选中"满意度评价节点""节点属性""基础属性""字段权限",然后"保存"
审批意见	依次选中"满意度评价节点""节点属性""更多属性""审批意见""未开启"
节点操作	依次选中"满意度评价节点""节点属性""更多属性""节点操作"

8. 配置报修派单流程属性

在流程设定页面的右侧属性设置区设置流程属性(略)。

9. 启用流程并测试流程

测试目的是确认报修派单流程是否按照需求进行开发,并且每个节点都能够正常工作。例如,报修申请节点发起人提交报修申请,按照流程图顺序查看各节点的各功能是否能够正常工作、数据是否可以正常流转,是否能够满足业务需求。

10. 发布流程

测试完成后,就可以发布流程,点击"扩展功能"进入"扩展功能"功能属性设定页面,点击"表单发布"进入"表单发布"属性设定页面,根据实际需要选择相关选项后进行发布,流程就可以正式使用了。

本章小结

业务流程是指一系列有序的任务、活动或事件,以完成特定业务目标为导向,包括输入、加工和输出等业务过程。一个业务流程通常包含活动/节点、流程路由、流程条件、流程图。在进行流程设计时,要明确业务目标、简化流程、考虑流程变化、强调流程质量、考虑用户体验。流程引擎是业务过程的部分或整体在计算机应用环境下的自动化。低代码流程引擎是一种基于低代码平台(如简道云)的流程自动化工具,通过图形可视化界面、预设模块和拖拽式操作,快速地设计、构建和部署业务流程。

费用报销是财务非常重要的一项日常工作,通过低代码平台快速搭建费用报销系统,提高报销效率和正确率,进一步提升财务的管理水平。出差申请审批流程、借款申请业务流程、借款申请业务流程以及差旅费用报销审批流程设计时,首先,需要根据业务需求设计流程图;其次,根据流程图在流程设定页面添加流程节点、配置连接线及调整流程布局,配置各节点属性和审批流程属性,设置完成后启用流程并进行流程测试;最后,测试成功后发布流程,使其在实际环境中生效。

为了提高售后服务质量和效率,企业往往还需要搭建报修派单系统,优化传统维修业务流程。报修派单流程设计一般需要完成以下任务:①在应用"报修派单流程"中新建流程表单"报修派单流程"。②根据需求在表单中添加需要的字段。③设置字段属性和表单属性,完成本表单的设计。④根据业务需求设计"报修派单"流程图。⑤根据流程图在流程设定页面添加流程节点、配置连接线及调整流程布局。⑥配置流程连接线属性。⑦配置各节点属性。⑧配置报修派单流程属性。⑨启用流程。⑩测试流程。⑪发布流程。

 **思考与练习**

1. 表单设计分为哪些步骤？各步骤的主要知识点都有哪些呢？
2. 在节点上可以启用抄送功能，又存在独立的抄送节点，两者功能是一样的吗？它们的区别在哪里？
3. 尝试设计借款申请审批流程，掌握修改节点名称、字段权限等操作，保存流程，并启用该流程。
4. 请您根据本章学习内容，完成出差申请审批流程的设计任务。
5. 请您根据本章学习内容，完成借款流程的设计任务。
6. 请您根据本章学习内容，完成还款流程的设计任务。
7. 请您根据本章学习内容，完成差旅费用报销流程的设计任务。
8. 请您根据本章学习内容，完成"客户档案"的设计任务。
9. 请您根据本章学习内容，完成报修派单流程设定的任务。

 拓展思考和练习

以小组为单位组建团队，创立一家礼品生产企业，主营业务为小礼物的生产和销售，主要产品是木质画框图片挂件和摆件，以自产自销（批发＋零售）的方式开展经营。请搭建公司组织架构、理清公司各业务部门职责和工作内容，并结合本章内容设计出差申请审批流程、借款流程、还款流程、差旅费用报销流程以及报修派单流程。

 **思政园地**

智能报修流程设计如何体现对客户的责任

第五章

业财信息挖掘——数据工厂和仪表盘

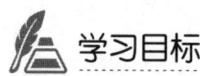

通过本章学习：
1. 了解数据工厂的作用和数据分析流程。
2. 理解仪表盘的作用、构成和制作流程。
3. 掌握图表和组件的类型、使用范围和样式设置，能够熟知仪表盘的权限并正确快速地进行仪表盘发布；能够利用数据工厂完成员工借款统计表，完成员工借款汇总分析的仪表盘以及费控报销汇总分析的仪表盘的样式设计以及发布；能够完成"客户信息看板"仪表盘以及"售后维修信息看板"仪表盘的设置。

第一节 数据工厂和仪表盘的基础认知

一、数据工厂基础认知

（一）相关概念

1. 数据工厂

数据工厂是所有数据流的合集，可以看作处理加工所有生产数据的生产工厂，得到的数据可以用于仪表盘进行数据分析。例如，在计算工人的工资时，既需要利用生产日报中的产量来计算产量工资，也需要利用考勤记录判断是否可以获得考勤奖励，数据工厂可以整合生产信息和考勤信息，并进行统计和计算，最终得出生产工人的实际工资。数据工厂也可以理解为数据仓库技术中的ETL（extract-transform-load）工具，用来描述将数据从来源端经过抽取（extract）、转换（transform）、加载（load）至目的端的过程，简单来说就是数据处理的整个流程。

2. 数据流

数据流是加工处理数据的工作流。如果将数据工厂比作生产工厂，数据流就相当于一条流水线。

3. 数据源

数据源是数据的来源，通过输入节点进入数据流，相当于生产过程中的原材料。

4. 输出表

输出表就是经过数据流运算处理后的结果表，一个数据流只能输出一张结果表。流水线最终会输出一个产物,输出表就是这个产物。

需要注意的是,一个输出流只能输出一个"输出表"。但一个数据工厂中可以存在多个输出流,因而可以输出多个"输出表"。生产工厂流水线和数据工厂流水线如图 5-1 和图 5-2 所示。

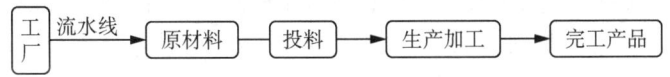

图 5-1　生产工厂流水线

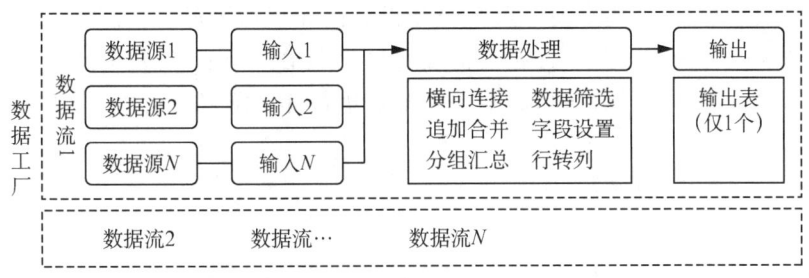

图 5-2　数据工厂数据流

(二) 数据流的基本设置

1. 数据流的创建

打开需要创建数据流的应用,点击"管理后台",再点击"数据工厂"和"新建数据流"即可创建数据流,如图 5-3 所示。

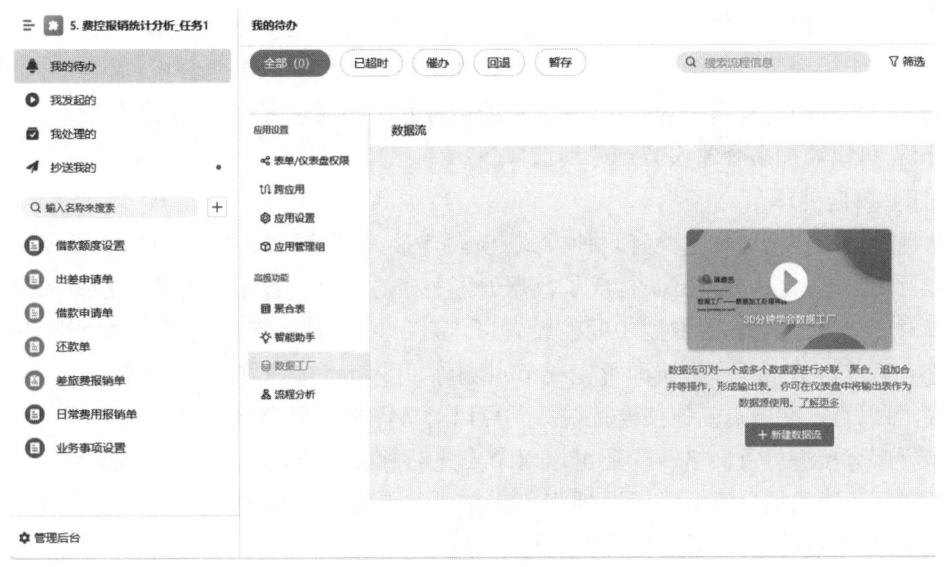

图 5-3　数据流的创建

2. 数据流的访问

创建数据流之后,访问数据工厂功能界面,界面上的小卡片均代表一个数据流。点击

"编辑"按钮,可以对数据流进行调整编辑或重新设计,也可以通过"复制"按钮和"删除"按钮对数据流进行复制和删除操作。

3. 数据流名称修改

对于数据流及数据流中的节点,为了更好地理解业务统计逻辑,可以给它们重新命名。需要注意的是,选中节点后即可进行重命名,但是"输入节点"名称不可更改,仍沿用数据源表单的名称。

4. 数据流设计界面

数据流设计界面分为节点选择区、数据流设计区和节点设置区三部分:①节点选择区。节点可以拖拽到数据流设计区。②数据流设计区。选中一个节点,就会从页面底部弹出该节点的节点设置区。③节点设置区。对单个节点进行详细配置,使得数据流按照既定规则处理加工数据。

(三)输入节点和数据源

1. 输入节点

输入节点是数据流入口,用来选择要处理的数据源。在选择数据源时,可以自行勾选所需字段,需要对某个表单的数据进行计算处理,就通过输入节点设置来选择数据源。

从左侧菜单选择"输入节点"进行拖拽,拖拽到中间区域后,点击"输入节点",即可选择需要添加的数据源。需要注意的是,在数据工厂中,数据源仅支持表单中的数据,包括当前应用及跨应用中的表单数据。

2. 数据源

简道云中,有三种类型的数据源:表单、聚合表、数据流。但在数据工厂计算数据时,仅支持当前应用或跨应用的表单数据源。需要注意的是,数据工厂的数据源只能通过输入节点选择。一个输入节点只能选择一个数据源,如果有多个数据源需要分析,需要添加多个输入节点。若数据源含有多个子表单,一次只能选择其中一项子表单,如果多个子表单均需要进行分析,可以添加多个输入节点分别选择。

(四)数据处理节点

数据工厂的数据处理主要有六种方式:横向连接、数据筛选、追加合并、字段设置、分组汇总以及行转列,这些处理方式构成了数据处理的核心工具。数据处理节点常见的操作有:①可以对节点进行拖拽,添加到中间的设置区域。②可以删除节点,选中需要删除的节点,点击上方菜单栏的"删除"按钮即可完成节点删除。③节点选择好之后,需要通过连接线进行连接,可以直接在节点上拖拽连接线。④可以对节点进行重命名,选中节点后在下方找到"节点名称"直接进行重命名。⑤还可以对节点进行相关属性的配置。选中节点后,在下方节点配置区可以添加分组字段以及列字段。完成节点配置后可进行数据预览,以检查整体配置效果,如果效果达到预期,则可以进行正常输出。

1. 横向连接

横向连接就是将两张表单的数据左右合并为一张表。横向连接时,左右两张表单需要具有共有的字段(连接字段),连接时根据该字段左右合并数据。横向连接支持四种连接方式:左连接(SQL语句中的 left join)、右连接(SQL语句中的 right join)、内连接(SQL语句中的 inner join)和全连接(SQL 语句中的 full join)。

左连接就是保持左表的数据不变,把右边的数据合并过来,如图 5-4 所示,左表有张三同学的姓名及数学成绩,而右表无该同学的姓名与英语成绩,合并数据后则显示张三同学的英语成绩。右连接是保持右表数据不变,把左表的数据连接过来。内连接就是把两张表单中有交集部分的数据合并过来。此处两张表单中的有交集的数据是李雷和马丽的数据,所以合并后的表单只保留了这两位同学的数据。全连接就是将左表、右表的全部数据进行合并,若没有相对应的数据则为空值。

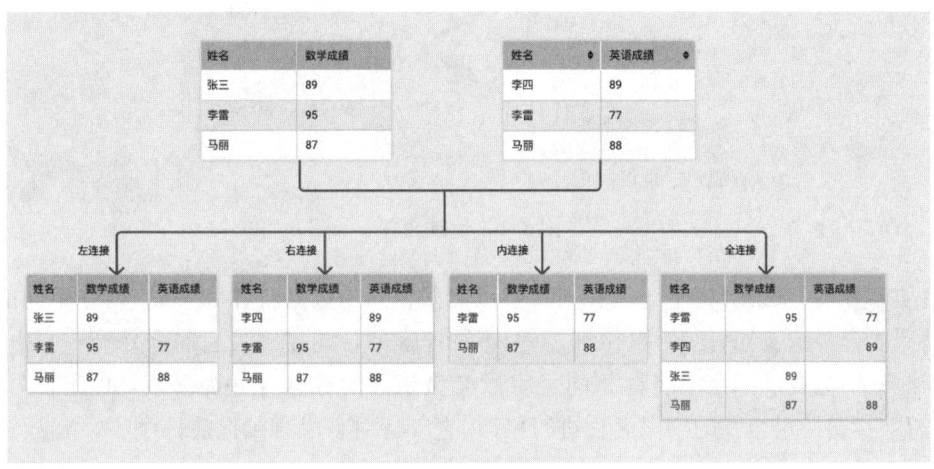

图 5-4　横向连接

数学成绩和英语成绩表单作为横向连接的数据源,连接以后,在下方节点配置处可以看到左右两侧的表单分别是哪一张。配置横向连接首先要分别选择两个输入节点,其次,分别设置成绩表下的相关字段,设置完成后,选择数据处理节点下的横向连接,通过连接线将这几个节点配置连接在一起。最后,在"节点配置"中进行横向连接方式的选择,同时还可进行合并连接字段添加,此处设置的合并连接字段为"姓名",详细设置如图 5-5 所示。

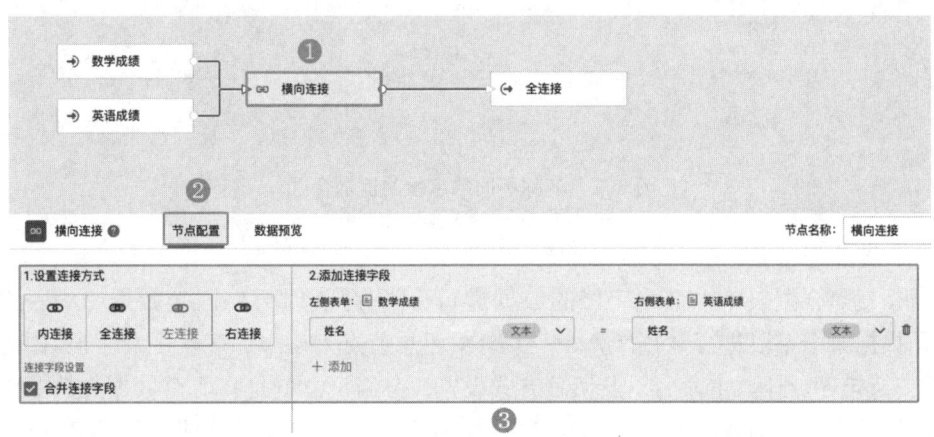

图 5-5　设置横向连接

2. 追加合并

追加合并就是将两张数据类似的数据表上下合并为一张表,主要应用在数据结构几乎相同的数据合并中。例如,学生成绩数据汇总时,每个班级录入了各自班级的学生成绩,年级组可以通过追加合并功能,将所有班级的成绩数据合并至一张表,如图5-6所示。合并后,可以进一步分析年级排名、平均分、不及格人数等。

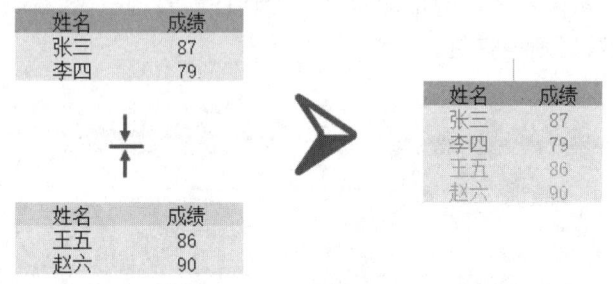

图 5-6 追加合并

追加合并后,系统会将字段名相同且字段类型相同的数据合并为一列,名称不同的字段需手动完成合并。例如,把北京、深圳、上海不同地区的合同签约表追加合并到一张表单时,在节点配置中会自动把字段名称相同且字段类型相同的数据合并为一列,如图5-7所示。追加合并后,支持对合并的字段名称进行修改,也支持对字段直接拖拽排序。

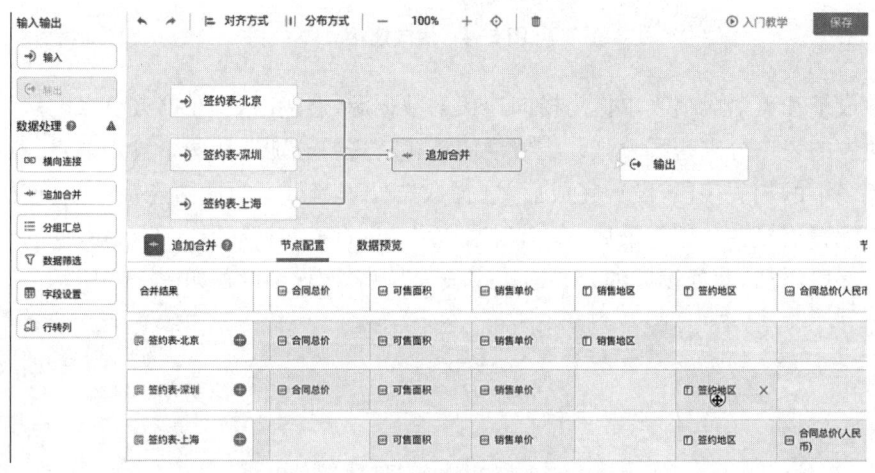

图 5-7 名称不同的字段的追加合并

3. 分组汇总

分组,就是根据表单中某个字段的数据进行分类,分类时会将同类数据归为一组。汇总,就是根据某个字段进行合并计算。一个分组汇总节点支持添加多个汇总字段,添加的汇总字段支持排序、删除、重命名以及汇总方式设置。分组汇总就是将所有数据先按照组来进行分类,然后对组内的数据进行汇总计算。例如,学生成绩统计中,根据所有学生成绩数据计算出每个班级的平均成绩。按班级进行分组时,设置汇总字段为成绩,汇总方式为平均值,这样就能汇总出每个班的平均成绩。如图 5-8 所示,此处设置了"成绩"和"姓名"两个汇总字段,可以对成绩进行汇总,还可以对姓名下的相关值进行汇总。

班级	姓名	成绩
1班	张三	87
1班	李四	79
2班	王五	96

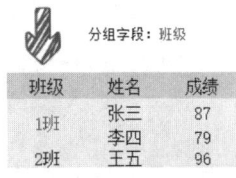

分组字段:班级

班级	姓名	成绩
1班	张三	87
	李四	79
2班	王五	96

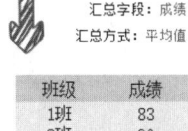

汇总字段:成绩
汇总方式:平均值

班级	成绩
1班	83
2班	96

图 5-8　分组和汇总字段设置

一个分组汇总节点支持添加多个分组字段,添加的分组字段支持排序、删除以及重命名。首先点击"添加汇总字段",可以添加一个字段,也可添加多个,视情况而定。地址和日期时间类型的字段还支持分组方式的设置。

4. 数据筛选

数据筛选用于数据过滤,可以将数据表中不需要处理的数据过滤掉,只保留需要处理的数据。例如,在学生成绩管理中,添加筛选条件"班级等于 1 班",即可筛选出 1 班的学生成绩,计算出 1 班的平均分。

5. 字段设置

字段设置即对输入进来的表单字段进行显示/隐藏、排序、重命名、添加新的计算字段等操作。计算字段主要包括公式计算、排名、累加汇总。①公式计算。目前支持加减乘除运算、数学函数、逻辑函数、文本函数、日期函数等公式。例如:在学生成绩管理中,原来只有语文成绩和数学成绩,可以通过添加计算字段计算出总成绩(图 5-10)。②排名。排名是指按照某种规则对数据进行排序,并将其分配一个排名序号的过程。数据工厂中的排名数据将以新增列的形式添加至数据列表中,新增的数据列为数值类型,如分数排名、销售员业绩排名等。如图 5-9 所示,点击计算字段的"排名",可以添加一个排名字段,此处设置的字段名

图 5-9　设置排名字段

143

称为"语文成绩排名",排名规则是将语文成绩降序,以"班级"为分组字段,就可以根据分组字段,在组内(此处为班级内)进行排名,排名结果如图5-10所示。

学成成绩排名

班级	学生姓名	语文成绩	数学成绩	英语成绩	总成绩	语文成绩排名	数学排名	英语排名	总成绩排名
一班	Alice	59	78	68	205	5	4	4	5
	Lily	65	80	82	227	4	3	3	4
	Lucy	70	78	90	238	3	4	2	3
	Jerry	78	88	96	262	1	2	1	1
	Marry	78	98	68	244	1	1	4	2
二班	Roxy	79	82	94	255	1	1	2	1
	Alex	45	66	72	183	4	4	4	4
	April	68	79	91	238	2	2	3	2
	Mark	66	75	95	236	3	3	1	3

图5-10 成绩排名

6. 行转列

行转列可以将一维表转换为二维表。一维表通常称为流水线表格。一般有固定的列名,通常输入数据只需要逐行输入。二维表是一种关系型表格,通常需要同时确定行和列才能确定值,更适合日常阅读习惯,展示数据分析的结果,如图5-11所示。

姓名	学科	分数
赵雷	数学	88
赵雷	语文	95
马丽	数学	84
马丽	语文	85
李明	数学	80
李明	语文	90

姓名	数学	语文
赵雷	88	95
马丽	84	85
李明	80	90

图5-11 行转列

行转列的方法是:依次选择"行转列数据源""添加行转列""预览""保存"。

在学生成绩统计例子中,首先,点击拖拽一个输入节点后,点击输入节点,添加数据源"行转列数据源",此处选择了"姓名""学科""分数"三个字段,如图5-12所示。

其次,"添加行转列"。点击"数据处理"下的"行转列"按钮,配置连接线,然后对行转列进行节点配置,添加分组字段为"姓名",列字段选择"学科"和"语文,数学",值字段选择"分数",并对"分数"进行求和,如图5-13所示。

第五章 业财信息挖掘——数据工厂和仪表盘

图 5-12 选择数据源

图 5-13 行转列设置

最后,点击"数据预览",就可以看见数据从一维表转换为二维表,数据预览无误后,点击右上角"保存"按钮即可完成设置,如图 5-14 所示。

(五)输出节点

输出节点是整个数据流的出口,经输出节点输出的数据表称为输出表。一个数据流可以有多个输入节点,但只能有一个输出节点。这就意味着通过数据流计算后,最多只能输出一张数据表。输出表可以同步至表单中,在表单中进行调用,在仪表盘中展示。

145

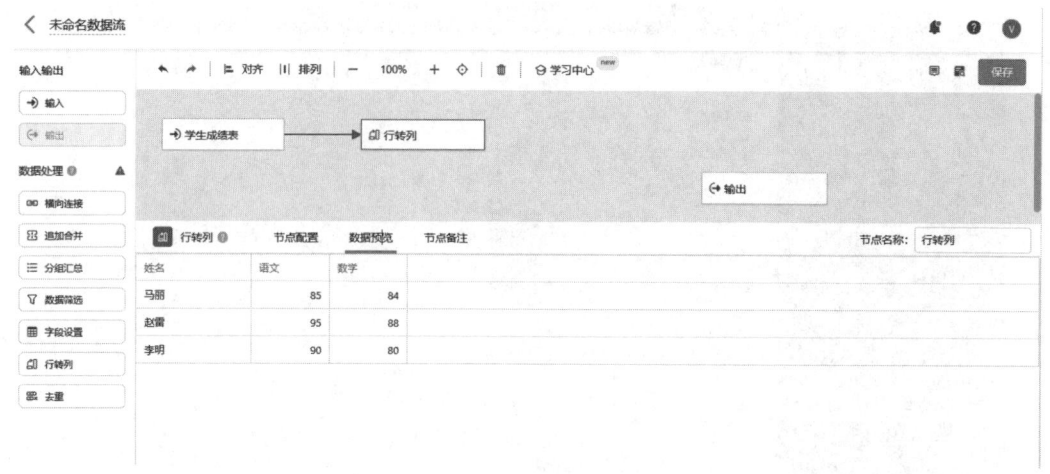

图 5-14 预览并保存

二、仪表盘基础认知

仪表盘是简道云的数据可视化工具,主要由图表、组件以及整体设置构成。在表单中收集得到的数据,可以通过仪表盘来进行查看、分析和处理。例如,通过明细表、数据透视表等可以查看表单数据的明细和汇总,通过柱形图、折线图、雷达图等可以对数据进行处理,显示出数据的发展趋势、分类对比等结果,通过饼图可以体现数据中每个部分的比例,通过甘特图可以了解项目进展等,简道云仪表盘如图 5-15 所示。

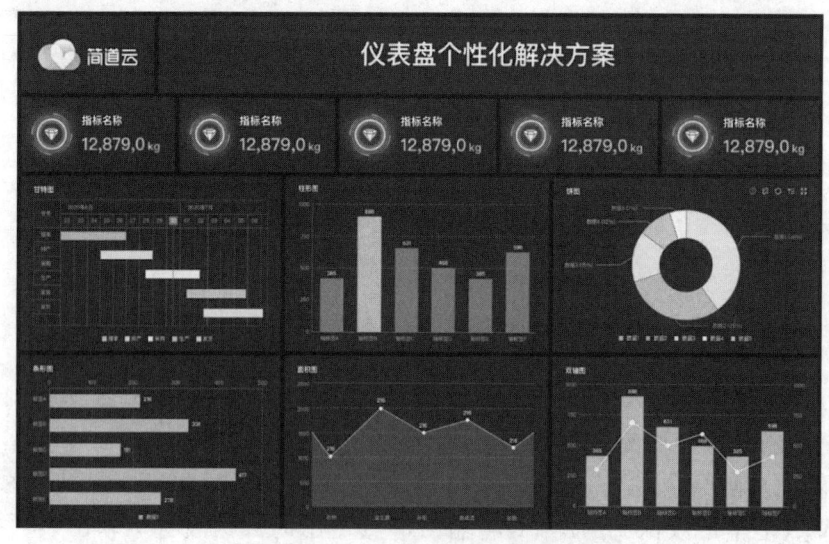

图 5-15 简道云仪表盘

仪表盘的制作流程依次是:新建一个仪表盘、选择图表组件、选择数据源(包括表单、数据工厂和聚合表)、进行数据分析、设置图表组件样式(包括整体背景颜色、标题颜色、图表配色等)、进行仪表盘的样式设置(包括设置仪表盘整体风格、图表组件大小、图表组件位置等)并发布仪表盘,仪表盘的制作流程如图5-16所示。

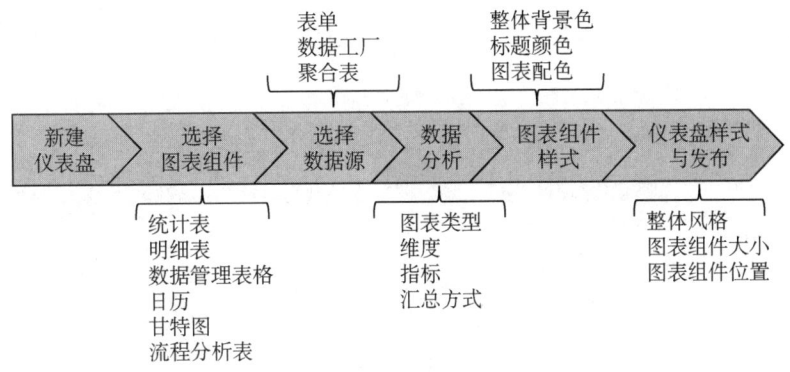

图5-16　仪表盘的制作流程

(一) 新建仪表盘

进入应用后,管理员可以在应用左上角新建仪表盘,如图5-17所示。在简道云应用中,紫色图标代表仪表盘;蓝色图标代表普通表单;黄色图标代表流程表单。

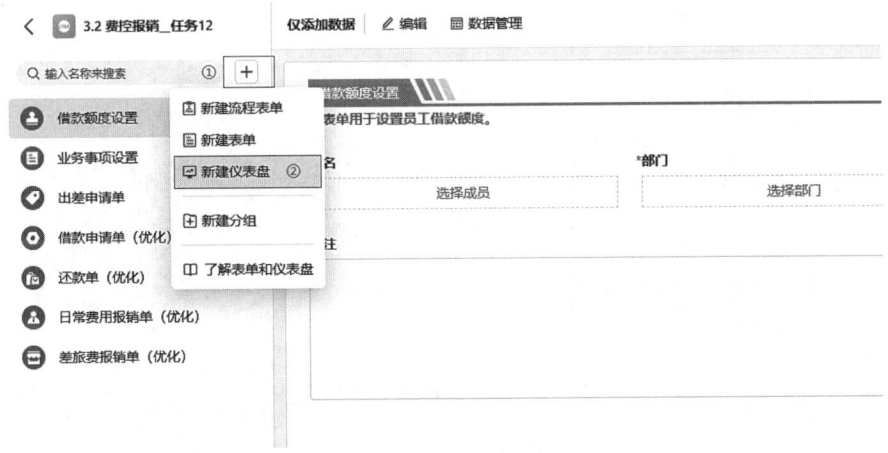

图5-17　仪表盘创建入口

进入编辑界面后,可以对仪表盘进行重命名、选择图表组件、设置样式和调整位置等一系列操作,在中间的效果预览区域可以看见设置效果,设置完成后就可以点击右上角"保存"按钮进行保存。仪表盘编辑页面如图5-18所示。

(二) 选择图表与组件

1. 图表

图表是仪表盘最核心的功能,通过图表可以将数据进行可视化展示。简道云主要有七类图表,分别是统计表、明细表、数据管理表、日历、甘特图、数据列表以及流程分析表,如图5-19所示。

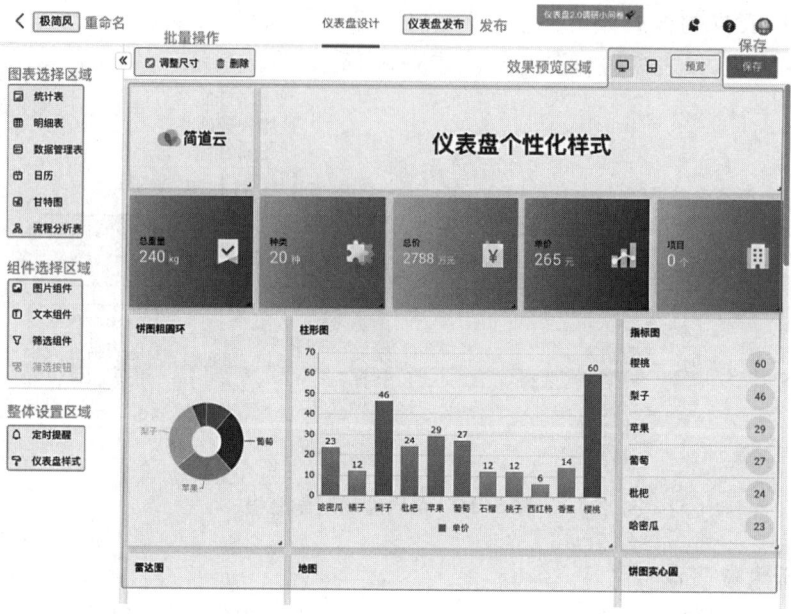

图 5-18 仪表盘编辑页面

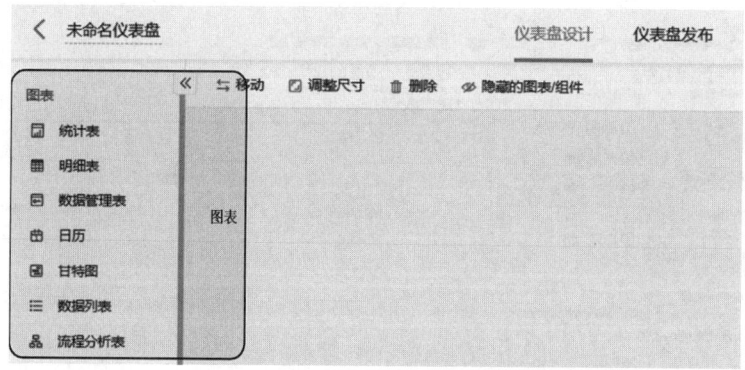

图 5-19 仪表盘的图表设计

1) 统计表

统计表可以对表单、聚合表、数据工厂输出的数据进行汇总统计分析。统计表的设置内容如表 5-1 所示。

表 5-1 统计表基本设置内容

名称	说明
字段	默认数据源表单中的字段,通常作为统计表里的维度和指标
维度	分析数据的角度。例如可以分别从时间维度、地理纬度分析销售额变化
指标	对维度的量化,就是不同维度分析出来的结果,这个结果可以是数值,也可以是比值
过滤条件	统计表的数据可以进行过滤,只显示出满足过滤条件的数据

(续表)

名称	说明
图表类型	指标图、透视表、柱形图、条形图、折线图、面积图、双轴图、饼图、雷达图、地图、漏斗图等 11 种
其他设置	包括坐标轴、数据标签等其他设置

（1）指标图。指标图只能显示一个指标数据，只需要设置指标，不需要设置维度。比如展示销售总额、销量、毛利率等指标数值等，优点是简洁、直接，适合用于展示单一字段数据。

（2）透视表。透视表的主要作用是分类汇总，所以也叫汇总表，可以将数据进行归类和汇总统计。例如，进销存中的库存统计、销售额按区域汇总、学生成绩按班级或年级汇总等。

与其他图表组件的不同之处在于，透视表可以设置多个不同的维度（行维度、列维度）和多个指标。例如，销售额可以按照区域—门店的维度进行汇总，得到每个区域每个门店的销售总额，如图 5-20 所示。

地区	门店	销售日期	销售金额（元）
华西	小计		262 416
	成都店	小计	146 208
		2023/1 季度	31 212
		2023/2 季度	21 334
		2023/3 季度	21 241
		2023/4 季度	72 421
	重庆店	小计	116 208
		2023/1 季度	31 212

图 5-20　透视表示例

（3）柱形图。柱形图是用宽度相同的柱子的高度或长短来表示数据多少、程度的图形。利用柱形统计图，可以直观地表示数据量的大小并进行比较，可以比较明显地显示出各数据之间的比例差异。柱形图分为普通柱形图、堆积柱形图和百分比堆积柱形图三种类型，如图 5-21 所示。

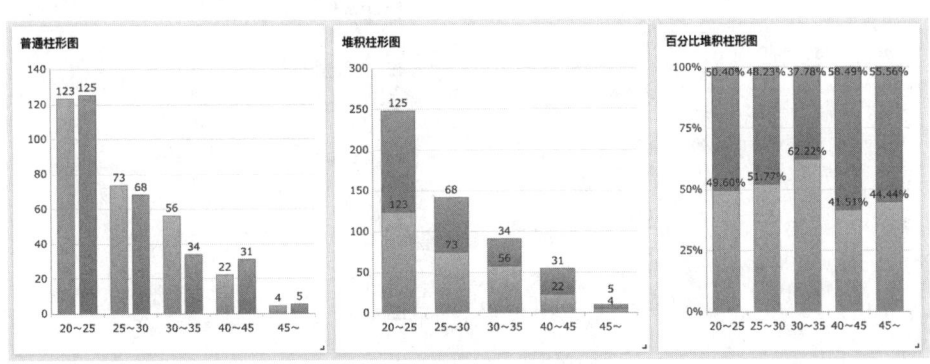

图 5-21　柱形图

（4）条形图。条形图是柱形图的横向展示方式，是用若干个细长的横条长度展示各类数量大小的图形。利用条形图可显示各个数据之间的比较情况，例如展示某个项目组不同人员的工作进度，不同产品每个季度的销售额等。条形图分为普通条形图、堆积条形图、百分比堆积条形图三种类型，如图5-22所示。

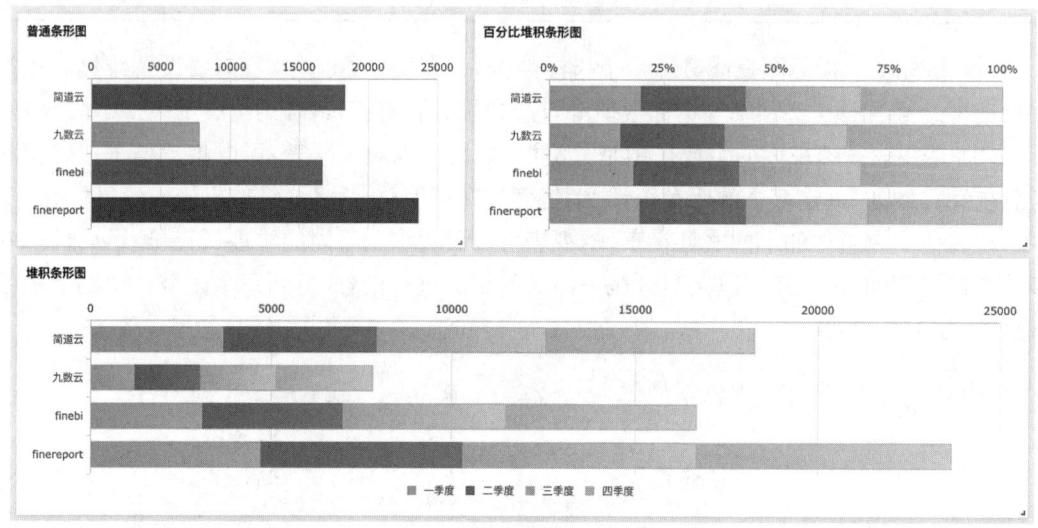

图5-22 条形图

（5）折线图。折线图用于显示数据在一个连续的时间间隔或者时间跨度上的变化，它的特点是反映事物随时间或有序类别而变化的趋势。在折线图中，水平轴（X轴）通常用来表示时间的推移，并且间隔相同，而垂直轴（Y轴）通常代表不同时刻的数据的大小。例如，图5-23可以清楚展示2021年上半年销售总额变化趋势。

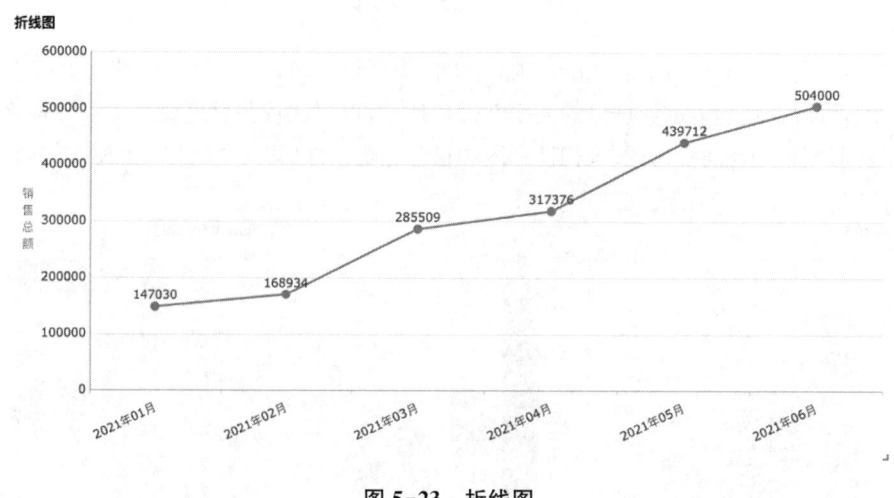

图5-23 折线图

（6）面积图。面积图是强调数量随时间而变化的程度，用于引起人们对总值趋势注意的图形。面积图用来展示持续性数据,可很好地表示趋势以及变化等。例如,销售额随日期的变化的展示,如图 5-24 所示。

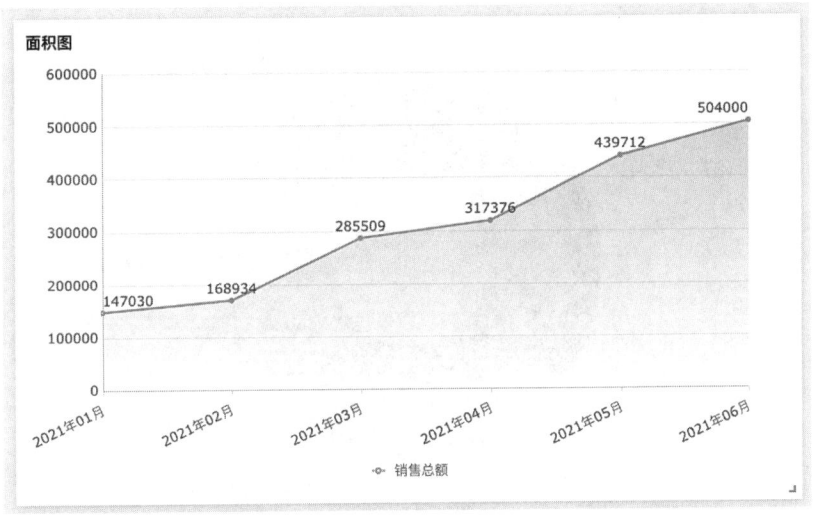

图 5-24 面积图

(7) 双轴图。双轴图是指有两个 Y 轴的数据图表。双轴图的指标分为左侧指标和右侧指标,对应左 Y 轴和右 Y 轴,如图 5-25 所示。目前双轴图支持的展示类型有柱形图、折线图、堆积柱形图、面积图四种类型。

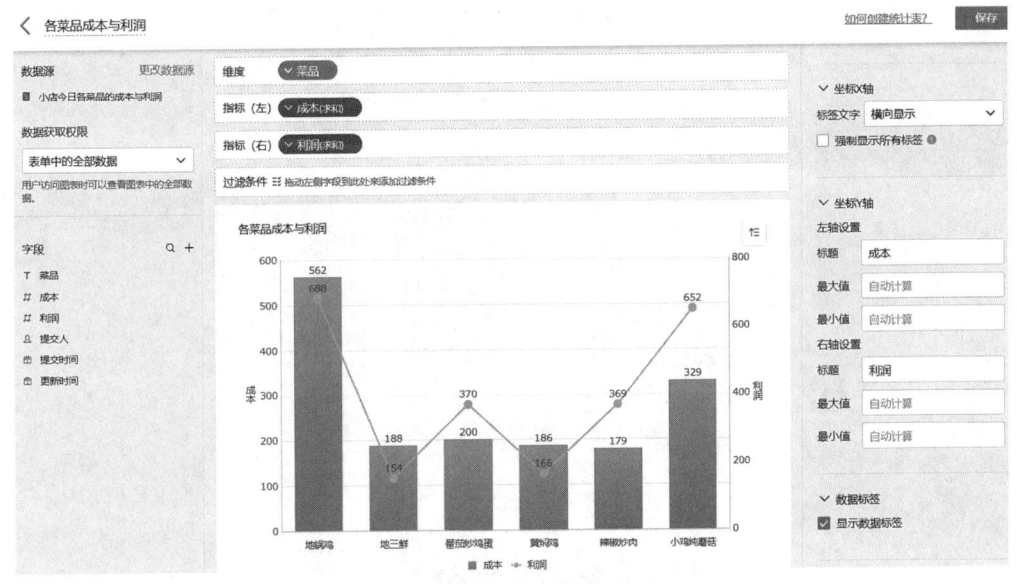

图 5-25 双轴图

(8) 饼图。饼图是以扇形区域大小表示某几项数值相对于总数值的占比。例如,从图 5-26 中可以看到,喜欢吃樱桃的人占调研总人数的百分比为 17.22%,喜欢吃苹果的人占调研总人数的11.98%。

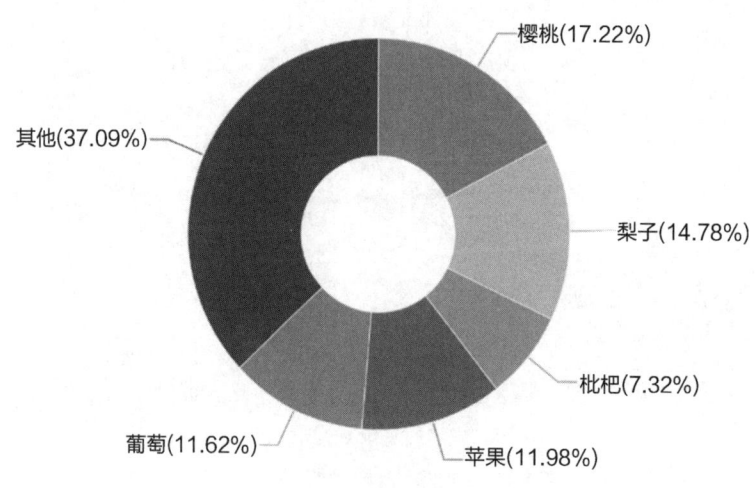

图5-26 饼图

（9）雷达图。雷达图又称蜘蛛网图，它将多个维度的数据量映射到起始于同一个圆心的坐标轴上，结束于圆周边缘，然后将同一组的点使用线连接起来。利用雷达图，可以直观地展现多维数据集，查看哪些变量具有相似的值、变量之间是否有异常值等，雷达图如图5-27所示。

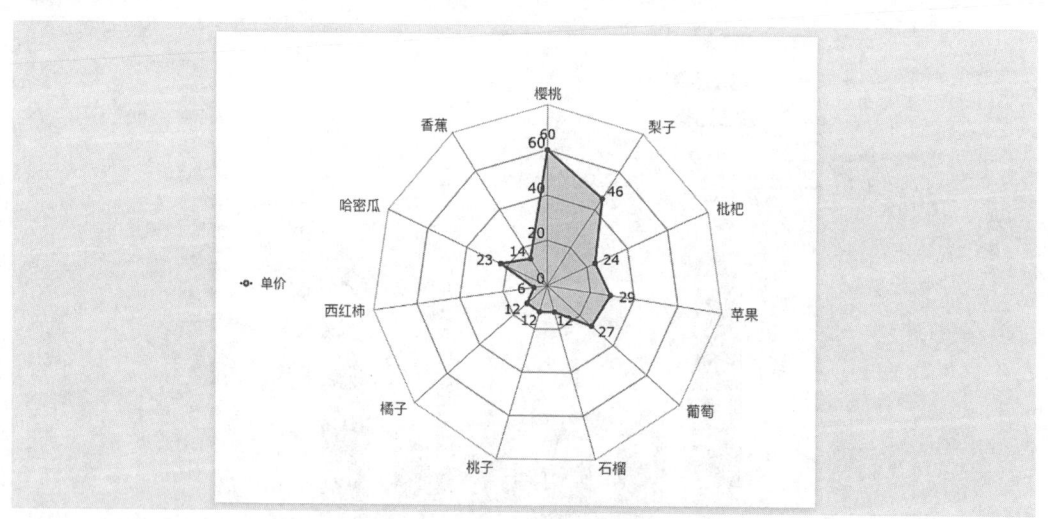

图5-27 雷达图

（10）地图。地图能直观展示数据在不同地理区域上的分布情况。例如，不同区域的客户数或新增客户数、不同区域的销售额、不同区域的门店数量等。

（11）漏斗图。漏斗图是由多个梯形从上而下叠加而成，从上到下的项有逻辑上的顺序关系,梯形面积表示某个业务量与上一个环节之间的差异。漏斗图通常开始于一个100%的数量,结束于一个较小的数量,如图5-28所示。

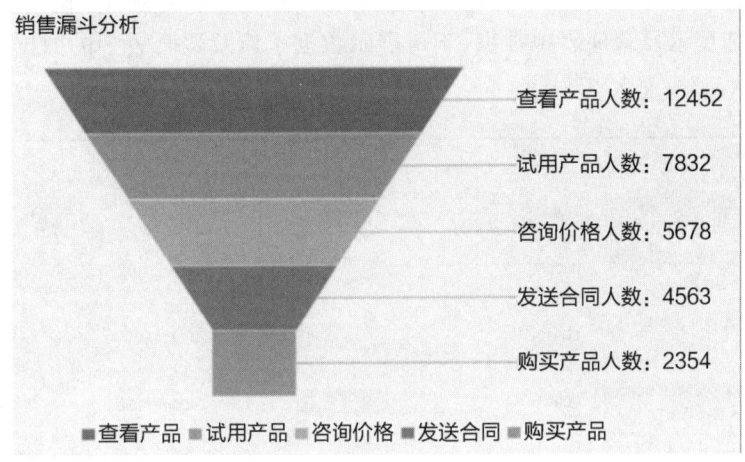

图 5-28　漏斗图

2)明细表

明细表是以表格的形式呈现和管理数据的一种方式。明细表可以用于展示表单、聚合表、数据工厂中的明细数据,还可以通过设置权限,允许成员对单条数据进行编辑、删除等管理操作,明细表如图5-29所示。

学生成绩表

	年级	班级	学生姓名	语文成绩	数学成绩	英语成绩	总成绩
1	1年级	4班	安静	89	77	70	236
2	1年级	3班	周也	99	55	70	224
3	2年级	3班	彭明	45	69	70	184
4	2年级	4班	刘鹏	99	69	79	247
5	6年级	4班	陈数	69	44	45	158
6	5年级	4班	周舟	99	84	79	262
7	5年级	3班	张结	77	84	79	240
8	6年级	4班	田一	91	84	77	252
9	6年级	3班	杨子	91	84	49	224
10	4年级	4班	张山	56	89	66	211
11	4年级	3班	刘华	89	89	33	211
12	4年级	2班	李霞	56	84	33	173

20条/页　共39条　　　　　　　　　　　　　1 / 2

图 5-29　明细表

3）数据管理表

数据管理表是以表格的样式展示数据，可以对有权限的数据进行批量编辑、新增、删除等操作，便于成员在一张仪表盘中管理及查看多张表单的汇总或明细数据。需要注意的是，数据管理表只能展示及管理表单数据，不可展示数据工厂及聚合表中的数据。数据管理表如图5-30所示。

产品管理				
产品名称	产品编号	产品分类	型号规格	单位
娃哈哈蓝色瓶苏打水 350ml*12瓶	00005	包装饮用水	350ml*12瓶	箱
娃哈哈 纯净水饮用水 4.5L*4桶 整箱水	00010	包装饮用水	4.5L*4桶	箱
脉动椰子菠萝口味 600ml*15瓶 整箱装	00011	功能饮料	600ml *15瓶	箱
汇源苹果汁 200ml*24盒 整箱	00008	果蔬汁饮料	200ml*24盒	箱
脉动青柠口味 600ml *15瓶 整箱装	00012	功能饮料	600ml *20瓶	箱

图5-30 数据管理表

明细表和数据管理表都可以展示明细数据，但两者又存在一些区别。明细表与数据管理表的区别如表5-2所示。

表5-2 明细表与数据管理表的区别

项目	明细表	数据管理表
数据源	表单（可跨应用）、数据工厂、聚合表	表单（本应用）
数据获取权限	获取的是成员对数据的查看权限，可以选择继承成员对表单的权限也可以设置获取全部数据的权限	获取的是查看权限以及操作权限，默认继承成员对表单的权限，不可修改
数据操作权限	可以设置导出数据权限，可以设置单条数据的操作权限	无需设置。取决于成员在数据源表单中的操作权限（导入、导出、添加数据、删除数据）

4）日历

日历是以日历图的形式呈现数据的一种方式。使用日历需要表单中必须含有日期时间的数据。例如，用于拜访计划、指派任务、查看签到和签退时间、查看每天的成员日报等。在日历上点击有数据的日期，即可出现该日期下的所有数据。点击数据标题可以进一步查看与管理数据详情，还可以直接在日历上添加数据，日历如图5-31所示。

5）甘特图

甘特图又称为横道图、条状图，通过条状图来显示项目、进度等随着时间进展的情况，直观表明计划何时进行、进展与要求的对比等情况。

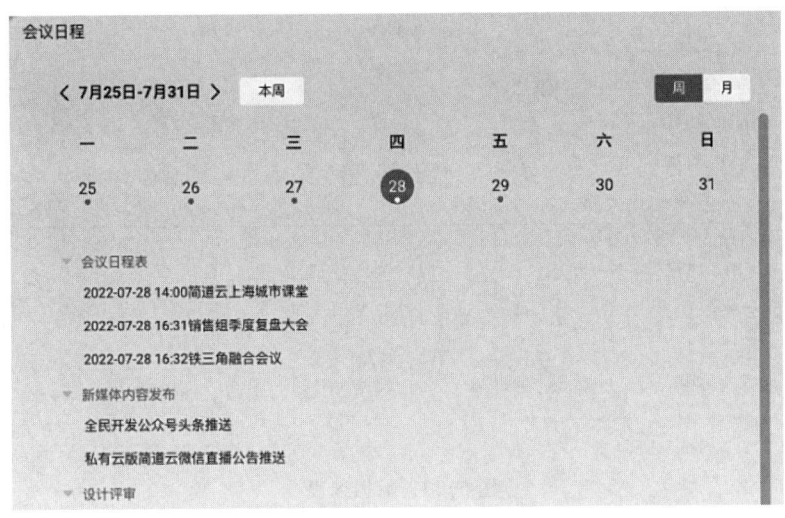

图 5-31　日历

甘特图可以帮助管理者弄清项目的剩余任务，评估工作进度，还可以应用于各类预约场景的数据展示，如会议室预约情况、课程预约情况等。甘特图如图 5-32 所示。

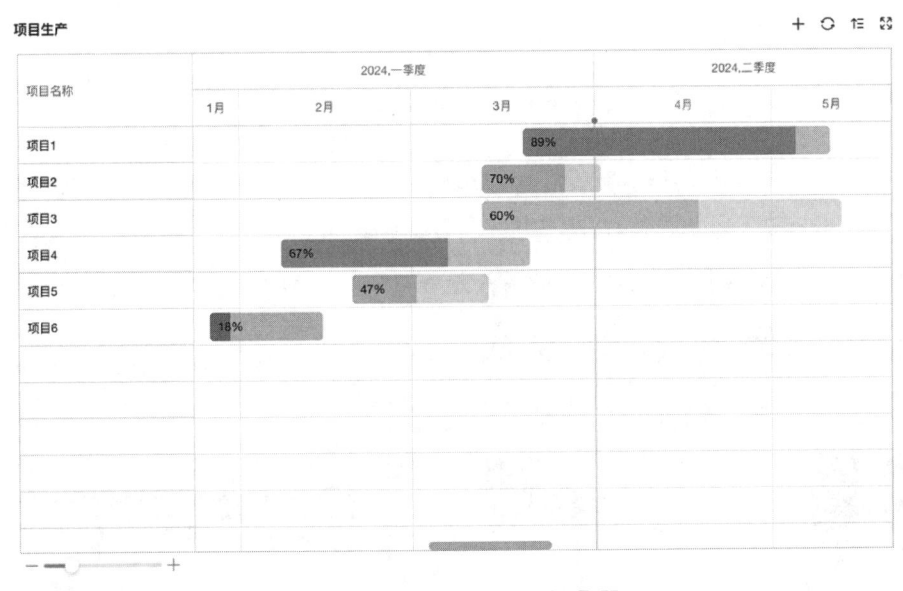

图 5-32　甘特图

6）数据列表

数据列表可以将数据以列表的形式展示并给出数据统计情况的图表，可以用于待办数据展示，如待跟进客户、待开会议等数据的展示。一个数据列表最多可以展示三张表单中的数据。数据列表如图 5-33 所示。

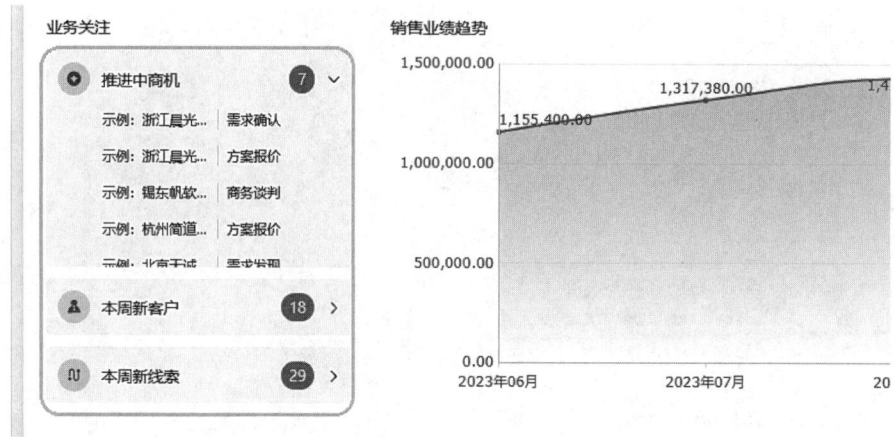

图 5-33 数据列表

7) 流程分析表

流程分析表是专门用来分析流程过程数据的表,即对过程数据进行统计分析,对于企业管理中流程优化至关重要。流程分析表可以统计流程表单整体流转情况概览、流程整体平均处理时间、单个流程下每个成员有多少项待办、每个节点内不同成员有多少项待办、单个流程下每个节点的平均处理时间多久等,流程分析表如图 5-34 所示。

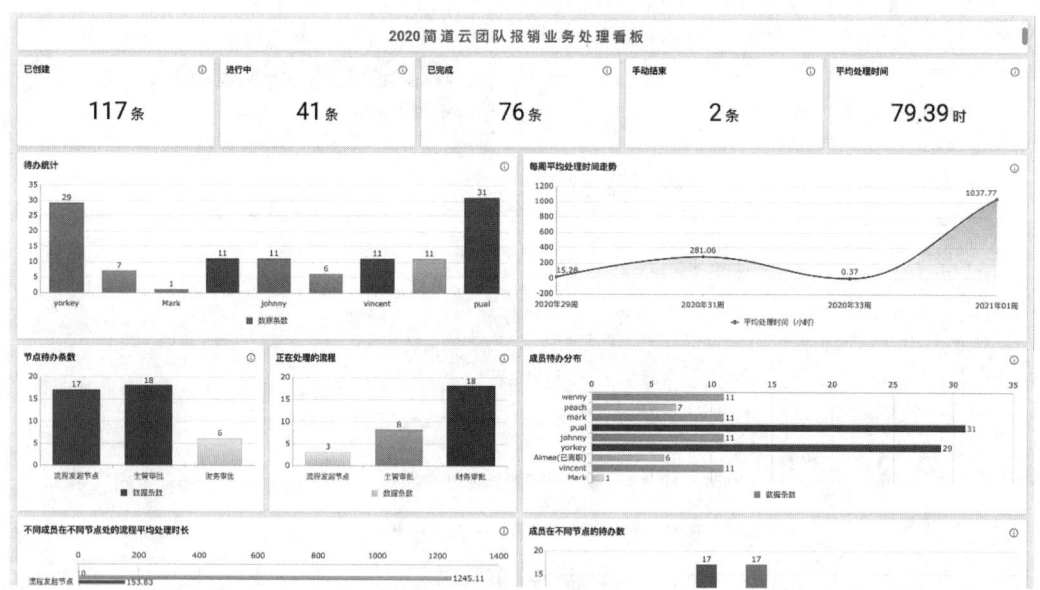

图 5-34 流程分析表

以上几种主要图表类型各具特色,如何正确选择图表展示数据内容或者结果显得尤为重要。几种主要图表类型的区别及适用场景如表 5-3 所示。

表 5-3　图表类型选择

用途	释义	可选图表类型
比较	可以展示事物的排列顺序——是差不多,还是一个比另一个更多或更少	柱形图、双轴图、条形图、雷达图
占比	主要关注每个部分所占整体的百分比	饼图
趋势	最常见的一种时间序列关系,关注数据如何随着时间变化而变化	折线图、面积图
汇总	对数据的指标进行汇总统计	指标图、透视表
分布	关注各数值范围内各包含了多少项目,典型的信息会包含：“集中”"频率""分布"等	地图、漏斗图、甘特图
明细	展示数据的明细,查看单条数据的详细数据情况	明细表、数据管理表、日历

2. 组件

组件是除图表以外的仪表盘的组成部分。组件可以直接添加和制作,不需要对数据进行处理,而图表是对数据的分析与处理。组件包括图片组件、文本组件、快捷入口、布局容器、筛选组件、快捷筛选、筛选按钮六类组件,简道云中的组件类型界面如图5-35所示。

图 5-35　组件设置

1）图片组件

图片组件是仪表盘中常用的一种组件,主要用于展示图片内容。图片组件可以用来呈现设计图、产品图片、流程图、地图等。此外,图片组件还可以通过设置多个图片轮播显示,以满足不同的展示需求。

2）文本组件

文本组件是仪表盘中的文字内容编辑与展示工具,用于对数据分析结果进行文字性说明或者自定义标题等。例如,将仪表盘命名为销售部门数据看板,如图5-36所示。

3）快捷入口

在快捷入口组件中可以添加应用、表单、仪表盘、知识库以及外部链接。当成员在查看数据仪表盘分析结果的时候,可以通过快捷入口,快速跳转至表单中查看或者提交数据,还可以查看其他仪表盘中的数据,如图5-37所示。

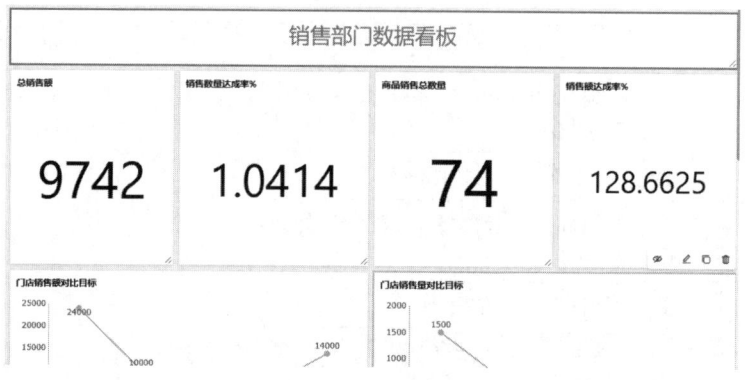

图 5-36 文本组件

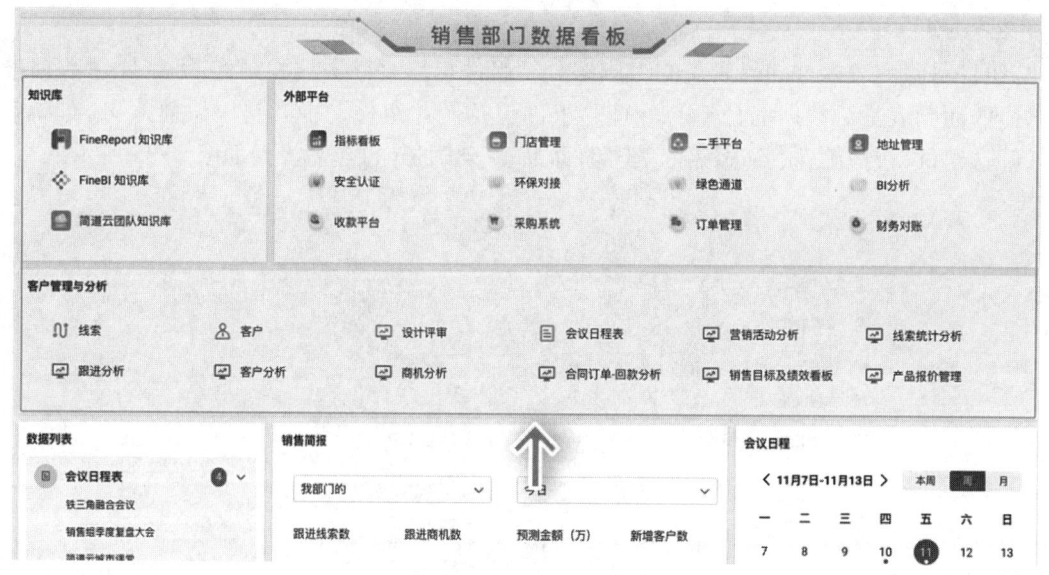

图 5-37 快捷入口

4）布局容器

布局容器相当于画布，可以将多个图表组件放在同一个画布里作为一个整体进行图表布局。其常用于同类型数据分析时，需要从整体查看以及布局的情况。例如，销售相关指标需要放在一个画布中查看与管理，如图 5-38 所示。

5）筛选组件

筛选组件可以对图表组件中的数据筛选后查看，可以对文本、时间、数值、成员字段、部门字段进行筛选。例如，在查看学生成绩时，根据年级筛选出与年级有关的人数统计、性别占比、平均成绩等数据结果，如图 5-39 所示。

6）筛选按钮

添加筛选按钮后，仪表盘中所有筛选组件、快捷筛选的筛选结果，需要点击筛选按钮以

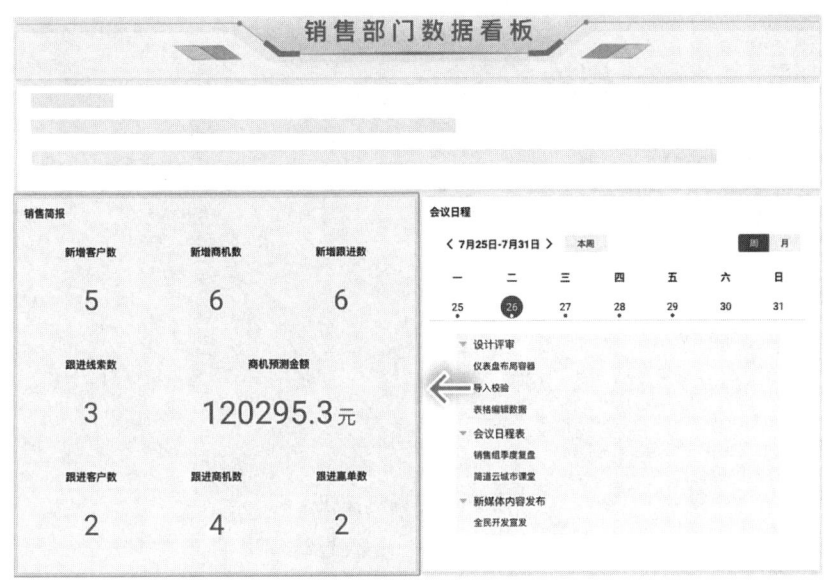

图 5-38 布局容器

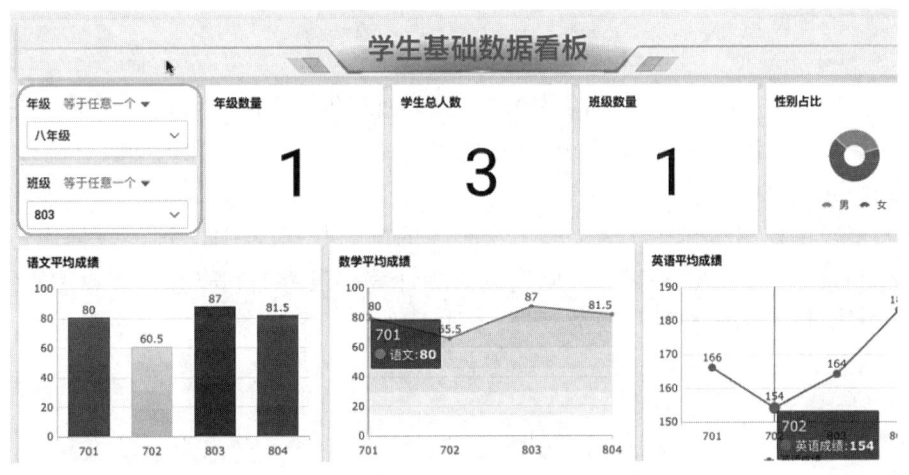

图 5-39 筛选组件

后再计算。筛选按钮用于解决数据量过大导致的筛选缓慢问题,需要先筛选过滤条件,选择好过滤条件后,点击"筛选"按钮,就可以对数据进行筛选,如图 5-40 所示。

(三) 选择数据源

在添加图表后,需要选择对应的数据源。简道云目前有三种数据源可在仪表盘中进行统计分析,分别是表单数据源、数据流数据源、聚合表数据源。①表单数据源,是通过表单直接收集的数据,适用于所有图表(流程分析表仅支持流程表单)。②数据流数据源,是通过数据工厂计算处理后的数据,支持统计表、明细表、甘特图。③聚合表数据源,是通过聚合表汇总计算的数据,支持统计表、明细表。

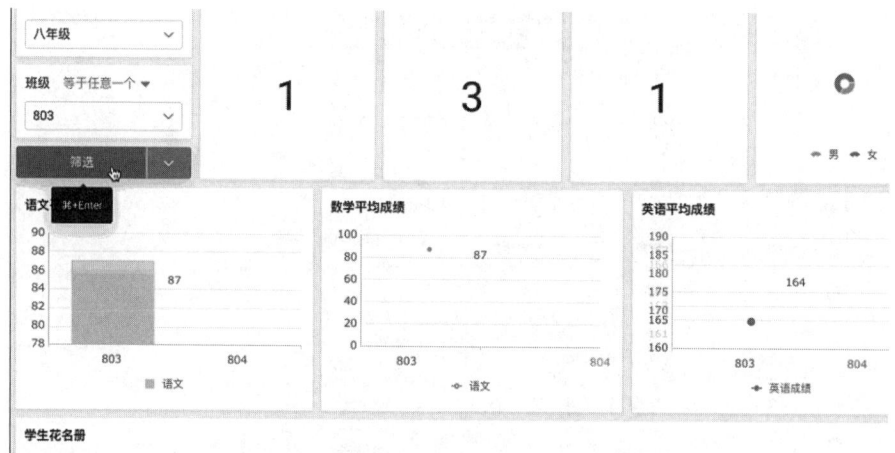

图 5-40 筛选按钮

（四）数据分析

图表可以对数据的展示样式进行基础设置，而数据分析可以进一步对结果进行计算分析。以统计表为例，添加数据源后，可选择需要分析的图表类型，然后添加需要统计的维度及指标进行统计分析。

1. 添加计算字段

数据分析过程中也可以添加计算的字段，仪表盘提供了添加"计算字段"的功能，可以对已存在的字段二次计算，从而可以得到新的字段。支持添加计算字段的图表有统计表、明细表，计算后的结果为数值。

计算字段主要用于弥补表单字段中未录入的统计数据。例如，销售数据中记录了销售额和毛利，但是未录入毛利率，可以通过添加计算字段将毛利率在仪表盘中展示出来。再如，成绩统计中，为了获得总成绩，可以添加字段计算语文、数学、英语三科的总成绩，如图 5-41 所示。

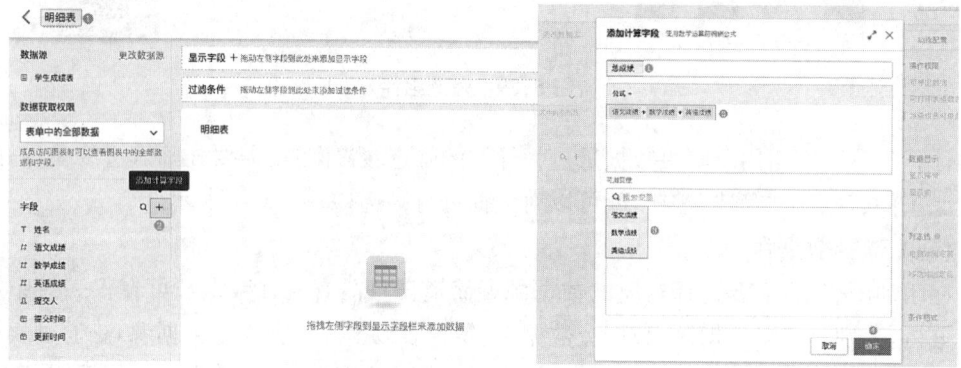

图 5-41 添加计算字段

2. 维度/指标字段上的操作

选中"维度"字段后,可以修改显示名、排序、显示序号(仅透视表)、删除字段,如图 5-42 所示。其中,排序支持升序、降序、自定义排序。

图 5-42 设置维度字段

"指标"字段除了修改显示名、排序、删除字段等设置,还可以对指标的汇总方式、数据格式等进行设置,如图 5-43 所示。①汇总方式:当数据为数值类型时,支持的汇总方式有求和、平均、最大值、最小值、计数、去重计数(不支持计算子表单数据)。当数据为非数值类型时,支持计数、去重计数(不支持计算子表单数据)。②高级计算:支持同比/环比、占比计算。③数据格式:可以设置指标结果的展示形式,如数值、百分比、自定义、日期类、地址类等。

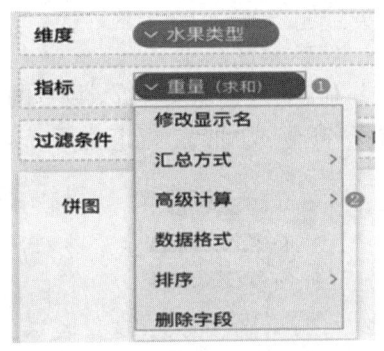

图 5-43 设置指标字段

(五)图表与组件的样式

在完成图表的基本设置后,可以对图表进一步设置及美化优化,如功能配置、组件样式等。

1. 功能配置

功能配置是指对图表组件的操作权限、数据显示、图例、表头冻结、坐标轴、数据预警、图表联动等设置。图 5-44 为双轴图的功能配置项。

1)图形类型

不同图表支持配置的功能不一样。对于双轴图、地图、雷达图以及饼图等图形,可以有多个图形类型设置。双轴图包括柱形图、折线图、堆积图和面积图等类型,饼图包括实心圆、

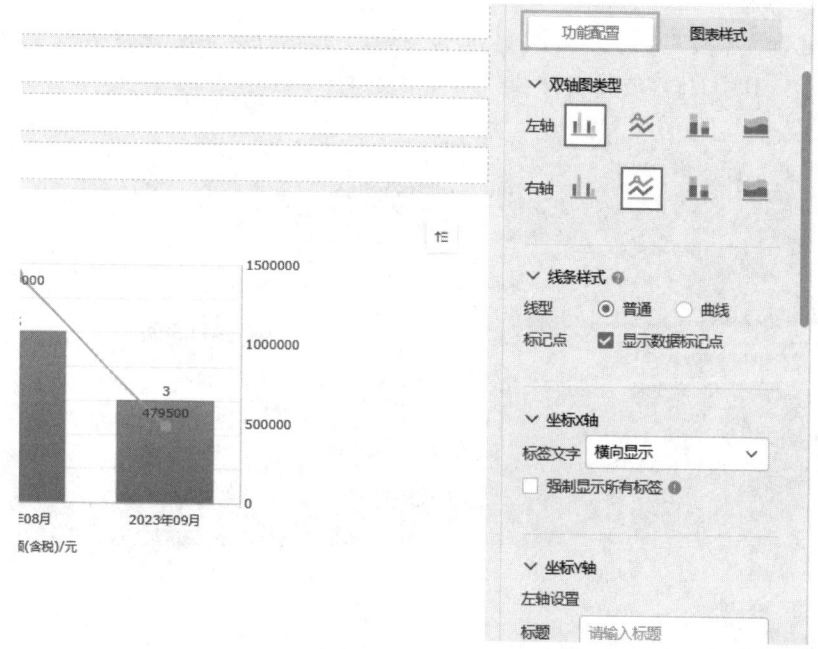

图 5-44　功能配置(以双轴图为例)

粗圆环、细圆环等类型,地图包括区域地图、气泡地图等类型,可以根据自身具体要求选择合适的图形类型。

2) 线条样式

对于折线图以及有折线设置的双轴图,可以对折线的线型和标记点进行设置。线型可以选择"普通"或"曲线",标记点可以勾选"显示数据标记点"。线条样式设置如图 5-45 所示。

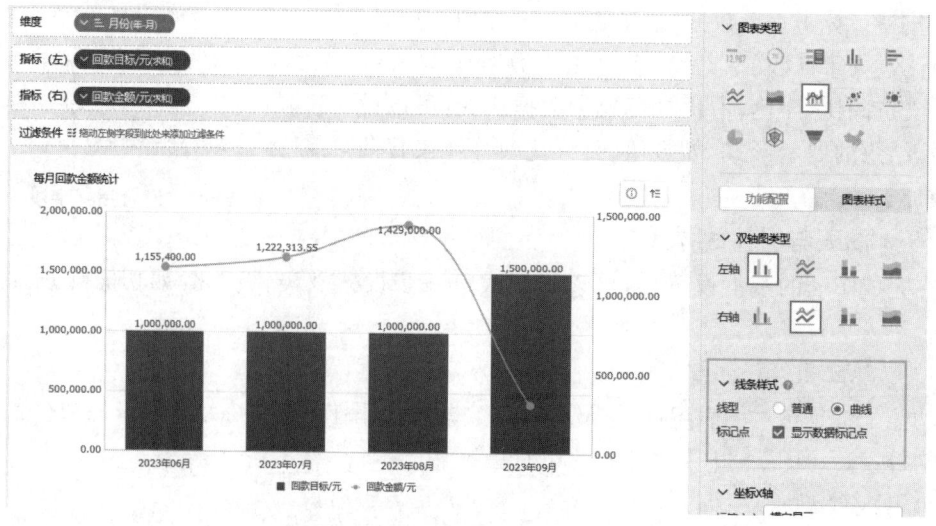

图 5-45　线条样式设置

3）坐标轴

X轴可以设置标签文字方向（横向、竖向、左倾斜、右倾斜），也可以强制显示所有标签。Y轴可以设置标题、最大值、最小值。坐标轴设置如图5-46所示。

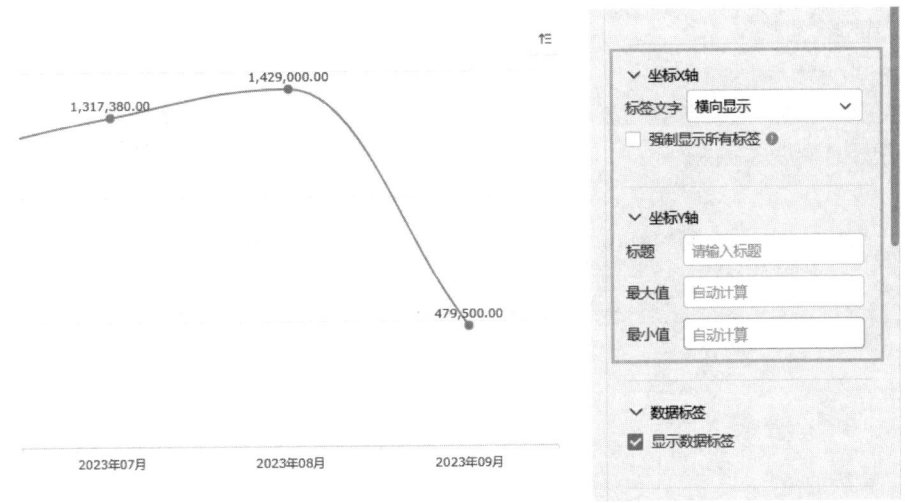

图 5-46　坐标轴设置

4）数据显示

数据显示可以设置显示前N条数据。支持设置的图表组件有：柱形图、透视表、指标图（1个维度、1个指标）以及明细表。数据显示设置如图5-47所示。

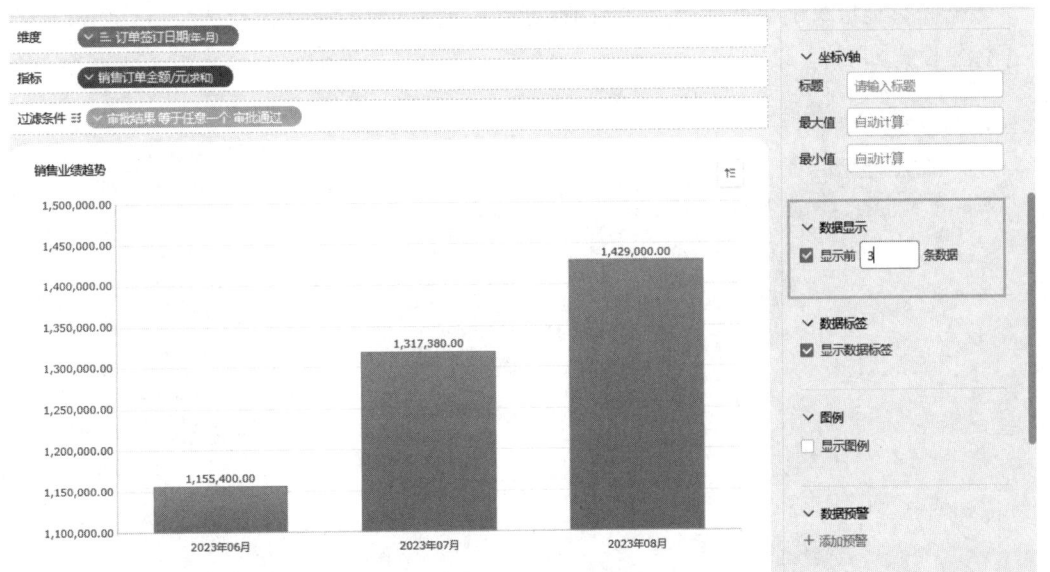

图 5-47　数据显示设置

5）表头冻结

表头冻结就是将表头维度冻结起来，当在仪表盘中滑动查看数据时，表头不随数据移动。此处可以选择电脑端和移动端的"冻结行维度"以及"冻结列维度"。表头冻结设置如图5-48。

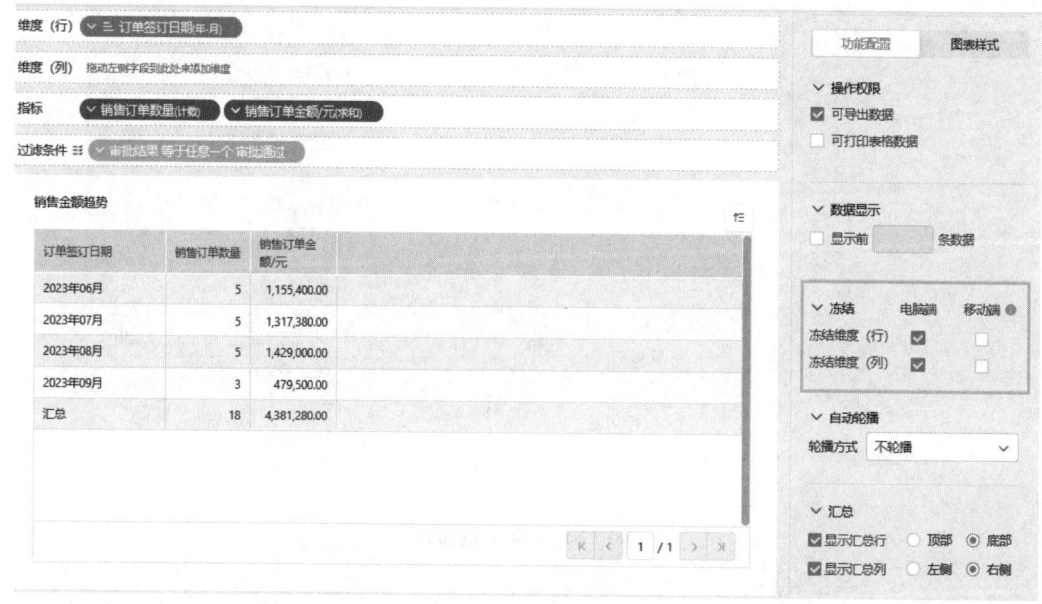

图5-48　表头冻结设置

6）数据标签

数据标签是指每个数据标点上的数值，可以根据需求，选择是否勾选"显示数据标签"。数据标签设置如图5-49。

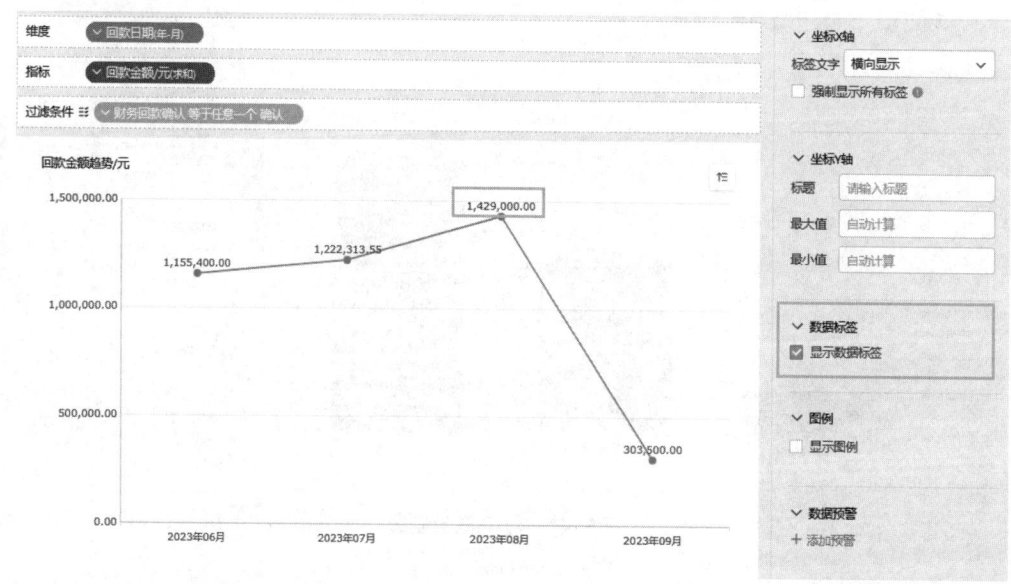

图5-49　数据标签设置

7) 图例

图例是集中于图表一角或一侧的图表上各种符号和颜色所代表内容与指标的说明，有助于更好地认识图表，可以设置在底部、顶部、左侧、右侧，如图 5-50 所示。

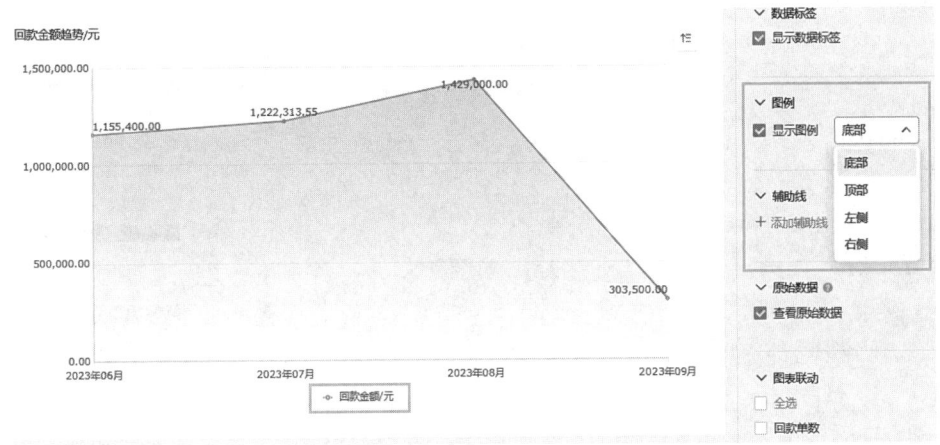

图 5-50　图例设置

2. 组件样式

图表组件可设置组件整体风格样式、图表样式。图形类组件可以设置图形颜色风格，表格类组件可设置表格的主题色、表头文字、内容文字及对齐方式等。

（六）仪表盘样式与发布

1. 仪表盘样式设置

通过仪表盘样式设置，可以快速完成仪表盘视觉风格的转换。对"仪表盘样式"进行仪表盘风格、配色方案以及组件整体的设置，如图 5-51 和图 5-52 所示。

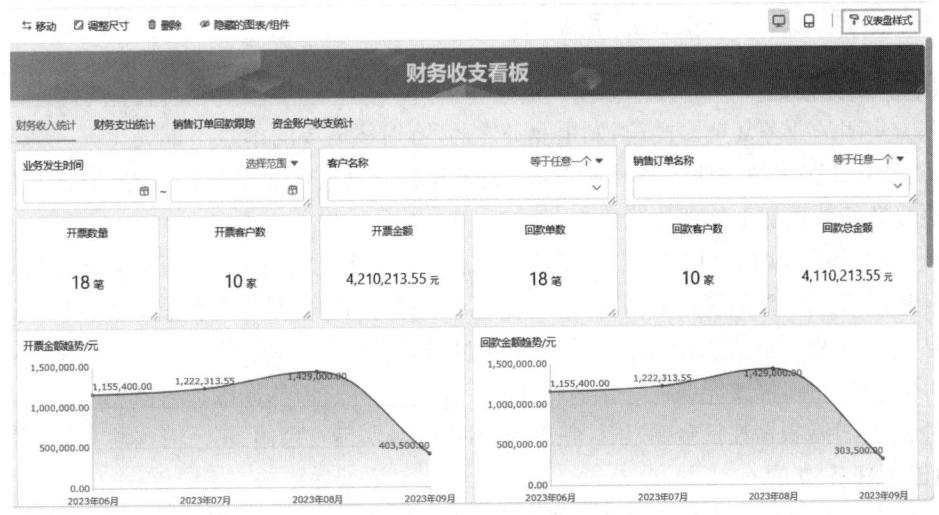

图 5-51　仪表盘样式设置(1)

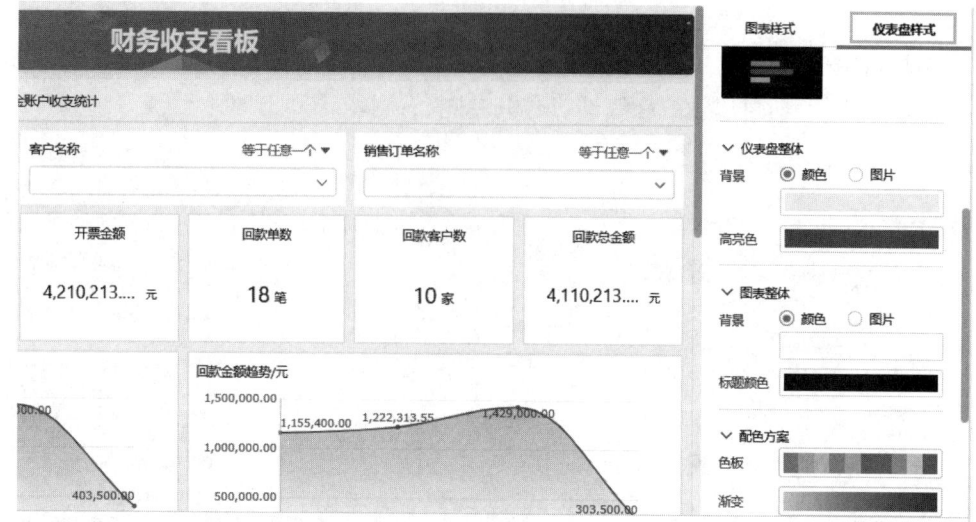

图 5-52 仪表盘样式设置(2)

2. 仪表盘发布

数据通过仪表盘统计和分析后,可以发布给企业成员查看和管理,因此需要设置查看与管理权限。例如,将业绩分析仪表盘发布给业务员,并设置业务员只能查看与自己有关的数据权限。仪表盘访问权限即访问整张仪表盘的权限,是其他权限的基础。数据查看权限就是仪表盘中单个图表数据的查看权限,数据操作权限就是对数据进行编辑、删除等操作的权限。

第二节　费控报销统计与分析

一、数据工厂——员工借款统计

(一)业务描述

东方集团的业务复杂多样,当发生业务之后,有时候需要的信息不能完全在一张表单中获得,需要从几张表单中获取并再加工,除了聚合表可以提供简单的计算外,数据工厂可以提供更复杂的数据加工处理功能。

例如,根据集团财务制度规定,员工借款实行备用金管理方法,当员工借款余额超过备用金额度时,员工将无法取得新的借款。在日常经营活动中,每位员工的借款额度、借款信息、还款信息、报销冲抵借款信息分别存储于"借款额度设置""借款申请单""还款单"等多个表单中。在员工借款统计中,需要能够在一张表格中看到姓名、部门、借款额度、累计借款金额、累计还款金额、累计日常报销冲抵金额、累计差旅报销冲抵金额、借款余额、剩余借款额度等信息。

(二)任务清单

根据以上借款业务需求,东方集团需要完成以下任务:①复制应用并重命名。复制第四章中已完成的应用,重命名为"5.费控报销统计分析",在新应用的各个表单中录入多条业务数据

(借款额度、借款申请单、还款单、报销单等),并完成业务审批。②新建数据工厂,完成数据流设计。新建数据工厂,命名为"员工借款统计",添加需要的数据节点并设置,完成数据流的设计。

1. 复制应用并重命名

复制第四章中已完成的应用,并重命名为"5.费控报销统计分析",录入多条业务数据,并完成业务审批。根据简道云通讯录中的成员,录入各成员在左侧表单中的各项业务信息。其中,业务事项设置可以从其他应用中导出,然后再导入本应用当中。其他流程表单需要重新提交数据,经过流程的审批才能在此处提前输入数据。

2. 新建数据工厂,完成数据流设计

数据加工方法如表5-4所示。其中,借款额度可以由公式"借款额度=累计借款金额－累计还款金额－累计报销冲抵金额"计算,剩余额度可以用公式"剩余额度=借款额度－借款余额"计算。

表5-4 数据加工方法

数据	数据源表单	数据处理节点	其他
借款额度、部门	借款额度设置	横向连接	姓名
累计借款金额	借款申请单	横向连接、分组汇总	借款单编号、姓名
累计还款金额	还款单	横向连接、分组汇总	关联借款单编号、姓名
累计日常报销冲抵	日常费用报销单	横向连接、分组汇总	关联借款单编号、姓名
累计差旅报销冲抵	差旅费用报销单	横向连接、分组汇总	关联借款单编号、姓名
借款余额	—	字段设置	公式计算
剩余额度	—	字段设置	公式计算

1) 新建数据工厂

进入管理后台,选择"数据工厂",然后点击"新建数据流"按钮,并将新建的数据工厂命名为"员工借款统计表"。

2) 添加输入节点

设置输入源为"借款申请单"和"还款单",再添加横向连接节点,连接两个输入节点,并将该节点命名为"连接还款单"。

具体步骤是:①添加输入节点1:"借款申请单"。选择数据源"借款申请单",并且选择"借款单编号""借款人""借款金额"(可以修改节点名称并进行数据的预览)。②添加输入节点2:"还款单"。选择输入源"还款单",并且选择"借款申请单编号""还款人""还款金额"(可以修改节点名称并进行数据的预览)。此处有两个共有字段"还款人"和"借款人","还款人"可以同时是"借款人"。③横向连接节点。添加连接节点将"借款申请单"和"还款单"进行横向连接。可以选择"全连接"的连接方式,然后添加连接字段。本例选择的两个连接字段为"借款人=还款人"和"借款申请单"中的"借款单编号"=还款单中的"借款申请单编号",节点配置完成后,可以将节点名称修改为"连接还款单"并预览数据。

3) 添加输入节点"连接差旅报销"

设置数据源为"差旅费报销单",再添加横向连接节点,连接上一步结果和该输入节点,并将该节点命名为"连接差旅报销"。

具体步骤是：①添加输入节点3："差旅费报销单"。选择输入源为"差旅费报销单"，选择字段为"申请人"和"借款单编号"以及"冲抵借款金额"。可以修改节点名称为"差旅费报销单"并进行数据的预览。②添加横向连接点2："连接差旅报销"。选择"全连接"的连接方式，然后添加连接字段"借款人＝申请人"和"连接还款单"中的"借款单编号"＝差旅费报销单中的"借款单编号"。

4）添加输入节点"连接日常报销"

设置数据源为"日常费用报销单"，再添加横向连接节点，连接上一步结果和该输入节点，并将该节点命名为"连接日常报销"。

具体步骤是：①添加输入节点4："日常费用报销单"。选择输入源为"日常费用报销单"，选择字段为"申请人"和"关联借款单编号"以及"冲抵借款金额"。修改节点名称为"日常费用报销单"并进行数据的预览。②添加横向连接点3："连接日常报销"。选择全连接的连接方式，添加连接字段"借款人＝申请人"和"连接差旅报销"中的"借款单编号"＝日常费用报销单中的"关联借款单编号"。

5）添加字段并设置节点"计算借款余额"

连接上一步结果，修改列名称，添加计算字段"借款余额"，并将该节点命名为"计算借款余额"。

具体步骤是：①将节点名称修改为"计算借款余额"。由于上一步的数据预览中"冲抵借款金额"有两列，容易导致数据信息混淆，所以此处可以分别修改字段名称为"冲抵借款金额（差旅）"及"冲抵借款金额（日常）"，将两者进行区分。②添加计算字段。设置"公式计算"，输入的字段名称为"借款余额"，计算公式为"借款余额＝借款金额－还款金额－冲抵借款金额（差旅）－冲抵借款金额（日常）"。③预览数据。进行数据预览后，发现新增一个字段，系统将根据公式内容自动计算出新的字段"借款余额"。

6）添加分组汇总节点"按姓名汇总"

具体步骤是：①选中节点并修改节点名称为"按姓名汇总"。②在"分组字段"中添加分组字段"借款人"。③设置汇总字段。对"借款金额""还款金额""冲抵借款金额（差旅）""冲抵借款金额（日常）""借款余额"等字段按借款人姓名进行汇总。④数据预览，查看结果。

7）添加输入节点"连接借款额度"

选择源数据"借款额度设置"，再添加横向连接节点，连接上一步结果与输入节点，并修改节点名称为"连接借款额度"。

具体步骤是：①添加输入节点5："借款额度设置"。选择输入源为"借款额度设置"，选择字段为"姓名""部门"以及"借款额度"，此时只有"姓名"可作为共有字段进行连接。修改节点名称为"借款额度设置"并进行数据的预览。②添加横向连接点4："连接借款额度"。选择"内连接"的连接方式，添加连接字段借款额度设置中的"姓名"＝按姓名汇总中的"借款人"，节点配置完成后，可以将节点名称修改为"连接借款额度"并预览数据。

8）添加计算字段并设置节点"计算剩余额度"

添加字段设置节点，连接上一步结果，修改列名称，添加计算字段"剩余额度"，并将该节点命名为"计算剩余额度"，再将该节点连接到输出节点中。

具体步骤为：①修改节点名称。将节点名称修改为"计算剩余额度"。②添加计算字段。设置"公式计算"，输入的字段名称为"剩余额度"，计算公式为"剩余额度＝借款额度－借款余额"。③数据预览。进行数据预览，此时，剩余额度的值就经过公式计算显示出来了。④设置输出表。整个数据流设置保存完成后，会输出一张"员工借款统计表"，可以在管理后台界面对数据流进行编辑，包括修改、复制以及删除等操作。可以查看输出表并设置更新规则，此处可以选择"自动更新"或"定时更新"，同时也可以在下方查看更新日志。

二、仪表盘——员工借款汇总分析

（一）业务描述

东方集团员工借款的业务涉及员工借款额度、借款明细、还款明细、报销冲抵明细、借款余额、剩余借款额度等重要数据信息。这些信息散落于不同的表单，并且由于在数据工厂中，不同员工有不同的数据权限，不利于员工的查询和管理相关信息，而仪表盘可以很好解决这些问题，在仪表盘中不仅可以动态展示，还可以进行数据筛选，可以设置快捷入口从而快速进入单据填写页面，极大提高了信息查询和管理效率。

（二）任务清单

根据以上业务需求，东方集团需要完成以下任务：①新建仪表盘。在应用"5.费控报销统计分析"中新建仪表盘。添加文本组件，命名为"员工借款汇总分析"。②添加指标图。分别显示借款额度、累计借款、累计还款、累计日常报销冲抵、累计差旅报销冲抵、借款余额等信息。③添加明细表。显示员工的借款明细、还款明细、日常报销冲抵明细、差旅报销冲抵明细等信息。④添加统计表。添加柱形图，显示各员工的借款余额、剩余借款额度信息；添加饼形图，显示各部门的借款余额信息。⑤添加筛选组件。可以根据部门、员工姓名、借款单编号筛选，且各图形联动显示。

1. 新建仪表盘

在应用"5.费控报销统计分析"中新建仪表盘，命名为"员工借款汇总分析"。具体做法是：①新建仪表盘并命名为"员工借款统计分析"。②添加文本组件。将组件设置区域的"文本组件"拖拽到设置区，并输入内容"员工借款统计分析"。可以对输入的文本进行字体、字号、颜色等设置，还可以根据需要调整文本组件的位置和尺寸。

2. 添加指标图

添加指标图，分别显示借款额度、累计借款、累计还款、累计日常报销冲抵、累计差旅报销冲抵、借款余额等信息。具体做法是：①选择图表。选择图表中的"统计表"。选择数据来源时，由于借款额度、累计借款、累计还款、累计日常报销冲抵、累计差旅报销冲抵、借款余额等信息可以通过数据流输出表获取，选择数据流中的"员工借款统计"。②"借款额度"指标图设置。修改指标图名称为"借款额度"并进行图表设置，包括指标、维度、过滤条件等，过滤条件选择"当姓名等于当前用户"。以同样的方式可以再增加另外五个指标图，根据需要设置尺寸并调整位置。

3. 添加明细表

具体做法是：①添加"图表"中的"明细表"，选择数据源为"表单"中的"借款申请单"。

②修改表单名称为"借款明细"。③添加明细表内所要显示的字段,此处不设置过滤条件。④排序设置,设置排序规则为"对借款单编号进行升序"。⑤进行列冻结设置,选择"电脑端固定前2列"。以同样的方式,可以再增加另外三个明细表,根据需要设置尺寸并调整位置。

4. 添加统计表

具体做法是:①选择数据来源。在图表选择区选择"统计表",选择数据来源为数据流中的"员工借款统计"。②添加柱形图。将图表名称修改为"借款余额—剩余额度(个人)",选择图形类型为"柱形图",并设置维度为"姓名",指标为"借款余额"和"剩余额度",然后设置图形类型为普通柱形图,可以根据需求对X轴、Y轴进行设置。③添加饼形图。将图表名称修改为"借款余额(部门)",选择图形类型为"饼形图",并设置维度为"部门",指标为"借款余额",然后设置图形类型为粗环形,并根据需要进行图例、标签设置。

5. 添加筛选组件

1) 按"部门"进行筛选

首先,在组件筛选区添加筛选组件,其次,选择需要筛选的图表"借款明细""还款明细""日常报销冲抵"以及"差旅报销冲抵"。最后,选择按"部门"筛选字段,并设置名称和可选范围("按部门筛选")。

2) 按"姓名""借款单编号"进行筛选

类似的,按照"姓名"和"借款单编号"进行筛选。在组件筛选区添加筛选组件,选择需要筛选的图表,并选择筛选字段,设置名称和可选范围。此处设置名称为"姓名"和"借款单编号",随后根据需求设置尺寸并调整位置。

3) 图表联动

为了能够实现四张明细表联动显示,需要设置图表联动。例如,当"按部门筛选"选择财务部时,"按姓名筛选"的可选列表中只有财务部员工的姓名,当"按姓名筛选"选择了某个员工时,"按借款单编号筛选"的可选列表中只有该员工的单据。

员工借款统计分析仪表盘展示如图5-53和图5-54所示。

图5-53 员工借款统计分析仪表盘展示(1)

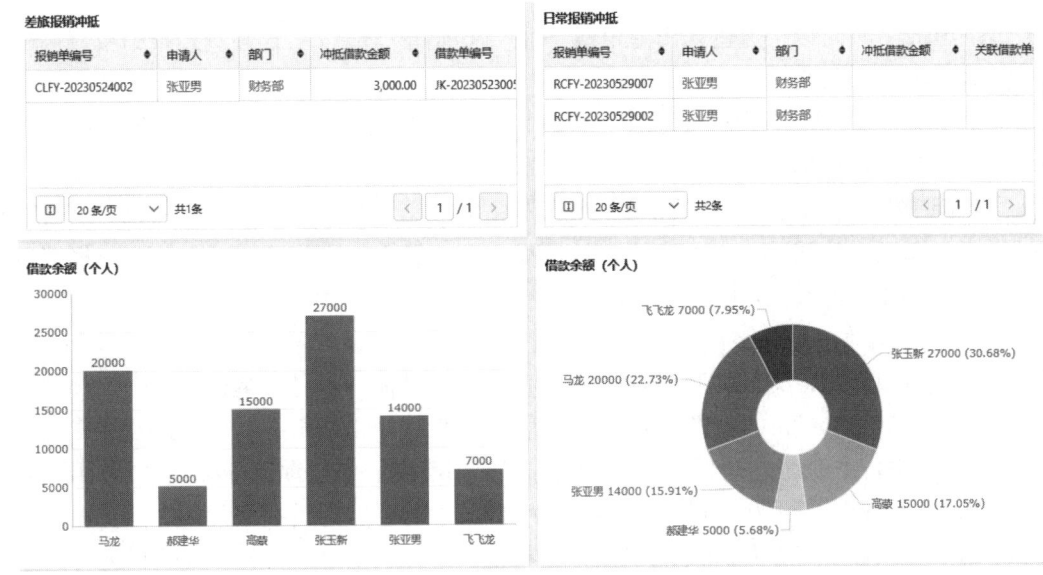

图 5-54　员工借款统计分析仪表盘展示（2）

三、仪表盘——费控报销汇总分析

（一）业务描述

员工报销业务涉及员工报销金额、报销类别、单据审批状态等信息。这些信息散落于不同的表单中，不利于员工的查询和管理。通过仪表盘可以快速看出各类费用的结构比、各部分的费用总额、费用报销单据的审批状态等，而且可以设置快捷入口，从而快速进入单据填写页面，极大地提高了信息的查询和管理效率。

（二）任务清单

根据以上业务，东方集团需要完成的任务有：①新建仪表盘。在应用"5.费控报销统计分析"中新建仪表盘。添加文本组件，命名为"费用报销汇总分析"。②添加快捷入口。可以快速进入出差申请单、借款申请单、还款单、日常费用报销单、差旅费用报销单的数据填写页面。③添加统计表——饼形图。显示各类日常费用的报销占比，并添加筛选组件，能够按照日期筛选。④添加统计表——透视表。按日期和员工汇总差旅费用的金额，并添加筛选组件，能够按照日期筛选。⑤添加统计表——柱形图。显示每月各部门日常费用报销总额。⑥添加明细表。以差旅费用报销单为例，显示差旅费用历史报销明细，并添加筛选组件，能够根据部门、姓名、日期、流程状态进行筛选。

1. 新建仪表盘

在应用"5.费控报销统计分析"中新建仪表盘，命名为"费用报销汇总分析"。具体做法是：①选择"新建仪表盘"，修改仪表盘名称为"费用报销汇总分析"。②添加文本组件，在组件框中输入"费用报销汇总分析"。可以对输入的文本内容进行字体、字号、颜色的设置，还可以根据需求调整位置以及尺寸。

2. 添加快捷入口

添加快捷入口可以快速进入出差申请单、借款申请单、还款单、日常费用报销单、差旅费用报销单的数据填写页面。

具体做法是：①在组件区选择"快捷入口"并修改组件名称为"费用报销快捷入口"。②添加入口，选择"应用"，入口样式选为"卡片"。③进入"添加应用"界面，选择"出差申请单、借款申请单、还款单、差旅费报销单、日常费用报销单"为快捷入口。操作完成后点击"出差申请单"，就可以快速进入出差申请单的填写页面。借款申请单、还款单、差旅费报销单、日常费用报销单情况类似，此处不再赘述。

3. 添加统计表——饼形图

饼形图可以显示各类日常费用的占比，清晰直观。具体做法是：①选择数据来源为表单中的"日常费用报销单"。②将图表名称修改为"日常费用报销结构图"。③选择图形类型为"饼形图"，并进行维度和指标的设置，维度选择"费用明细业务事项"，指标选择"费用明细.金额"，然后对指标进行求和。设置图形类型为"粗圆环"类型，并对数据的标签、图例进行设置，如"显示数据标签""显示维度值""显示指标值""显示百分比"。④按"日期"进行筛选。添加筛选组件，并选择已经在仪表盘中设置好的"日常费用报销结构图"。选择按"申请日期"进行筛选，并设置名称为"按日期筛选"，默认值选择"动态筛选"下的"本月"。可以根据需要设置尺寸以及调整位置。

4. 添加统计表——透视表

添加统计表——透视表，按日期和员工汇总差旅费用的金额，并添加筛选组件，能够按照日期筛选。具体做法是：①选择数据源为表单中的"差旅费报销单"。②将图表修改名称为"差旅费用汇总表"，然后选择图形类型为"统计表"，设置维度（行）为"申请日期"和"申请人"，设置指标为"出差行程.交通金额""出差行程.住宿金额"等字段，然后对指标进行求和。还可以修改指标显示名称，例如点击"出差行程.交通金额"，将名称修改为"交通"。③按"日期"筛选差旅费用。添加筛选组件，选择需要筛选的图表"差旅费用汇总表"。选择按"申请日期"进行筛选，并设置名称为"按日期筛选（差旅费用）"，默认值选择"动态筛选"下的"本月"。根据需要设置尺寸以及调整位置。

5. 添加统计表——柱形图

添加统计表——柱形图，显示每月各部门日常费用报销总额。具体做法是：①选择数据来源为表单中的"日常费用报销单"。②把图表名称修改为"部门费用统计"，并选择图形类型为"柱形图"，设置"申请日期""费用归属部门"维度，再设置"总金额（小写）"指标。

6. 添加明细表

以差旅费用报销单为例添加明细表，可以显示差旅费用历史报销明细，并且能够根据部门、姓名、日期、流程状态进行筛选。具体做法是：①选择数据来源为表单中的"差旅费用报销单"。②修改表单名称为"差旅费用报销明细"，并添加在这个明细表内所要显示的字段，此处不设置过滤条件，根据具体需求对其他功能配置进行设置。③按"部门"进行筛选。选择已经在仪表盘中设置好的"差旅费用报销明细"，并选择按"部门"进行筛选，设置好名称和可选范围。此处设置名称为"按部门筛选"，可选范围设置为"网中网科技"。④按其他字段筛选。同样的操作可以按照"申请人""申请日期"和"流程状态"进行筛选。在左侧组件筛选区点击添加筛选组件，然后选择需要筛选的图表，并选择筛选字段，此外还需要设置名称和可选范围，此处设置名称为"按姓名筛选"和"申请日期"以及"按流程状态筛选"，随后根据需求设置尺寸并调整位置即可。

费用报销汇总分析仪表盘如图5-55所示。

图5-55　费用报销汇总分析仪表盘

第三节　智能报销派单统计与分析

一、仪表盘——客户信息统计分析

（一）业务描述

在传统的制造业企业，企业管理客户档案及售后维修派单流程通常采用手工或电话等方式进行沟通和记录,或者采用 Excel 等电子表格进行记录和管理,数据分散、重复、不规范,不易进行统计与分析,再加上传统的管理方式容易出现数据错误、遗漏、不一致等问题,导致数据质量不高,影响企业决策的准确性和高效性。

简道云的仪表盘可以将企业的数据可视化展示,实时更新数据,并且可以自定义设置数据源、图标类型、颜色、字体等,通过丰富的图表进行多维度的分析,帮助企业更全面地了解业务状况和趋势。同时,简道云仪表盘可以跨平台使用,如 PC 端、移动端、微信公众号等,方便企业随时随地了解业务状况,优化决策效果,提高企业运营效率和竞争力。本部分内容学习利用仪表盘进行客户信息统计分析,完成"客户信息看板"仪表盘设计,以替代传统的手工作业或者利用 Excel 进行数据统计和处理的方式。

(二)任务清单

根据以上业务需求,新翔公司需要完成的任务有:①复制"报修派单流程_任务1"应用并命名为"5.报修派单统计分析_任务1"。②在新建应用中录入或导入客户档案业务数据。③在应用"5.报修与派单统计分析_任务1"中新建仪表盘,并命名为"客户信息看板"。④根据业务需求,设计仪表盘。⑤发布仪表盘。

1. 复制应用并重命名

首先,选择"4.保修派单流程_任务1"并进行复制。需要注意的是,复制应用会复制该应用的表单、仪表盘等,但不会复制应用内的数据。其次,在工作台中选择"4.保修派单流程_任务1"。最后,将应用名称修改为"5.报修与派单统计分析_任务1"。

2. 在新建应用中录入或导入客户档案业务数据

在"客户档案"中,选中"编辑"或者"数据管理"按钮进行客户业务数据的录入或导入。需要注意的是,客户档案初始化有两种方式,一种是编辑填写"客户档案"表单信息,完成后提交,第二种则是从"数据管理"填写标准导入模板进行批量导入。

3. 新建仪表盘,并命名为"客户信息看板"

新建仪表盘,修改仪表盘名称为"客户信息看板",如图5-56所示。

图 5-56　新建仪表盘

4. 根据业务需求,设计仪表盘

1) 添加文本组件并命名为"客户信息看板"

选择"文本组件",在组件框中输入"客户信息看板",接下来对输入的文本进行字体、字号、颜色等设置,可以根据需要调整文本组件的位置和尺寸。

2) 添加指标图

尝试添加指标图,分别显示"客户总数""本年新增客户数""本季新增客户数""本月新增客户数""本周新增客户数"。具体做法是:①选择数据来源为表单中的"客户档案"。②"客户总数"指标图设置。先修改指标图名称为"客户总数",选择图表类型为指标图。再进行图表的相关设置,包括指标、维度、过滤条件等,将"电话号码"字段拖拽到指标行。③"本年新增客户数"指标图设置。先修改指标图名称为"本年新增客户数",选择图表类型为指标图。再进行图表的相关设置,包括指标、维度、过滤条件等,将"电话号码"字段拖拽到指标行,接下来设置过滤条件为"录入时间等于今年"。④指标图中会显示指标的名称和对应的数据,以同样的方式,再增加另外三个指标图,然后根据需要设置尺寸并调整位置。

指标图设置如图 5-57 所示。

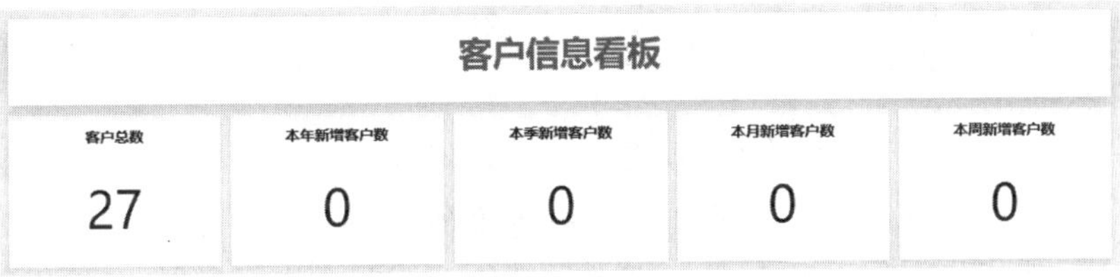

图 5-57　指标图设置

3) 添加统计表——面积图

添加统计表——面积图,显示客户数量增加的趋势。具体做法是:①选择数据来源为表单中的"客户档案"。②"客户数量趋势图"面积图设置。先修改图表名称为"客户数量趋势图",选择图表类型为面积图。再进行图表的相关设置,包括指标、维度、过滤条件等,将"录入时间"字段拖拽到维度行,将"电话号码"字段拖拽到指标行。接下来可以进行功能配置以及图表样式的设置。③"客户数量趋势图"会显示对应时间的客户数量,通过折线的变化趋势来表示客户数量的变化。

选择单个图表宽度为"1/2",单个图表高度为"30 格","客户数量趋势图"如图 5-58 所示。

4) 添加统计表——地图

添加统计表——地图,例如显示江苏省无锡市的客户区域分布情况。具体做法是:①选择数据来源为表单中的"客户档案"。②"江苏省客户分布图"地图设置。需要修改图表名称为"江苏省客户分布图",选择图表类型为地图并进行图表的相关设置,包括指标、维度、过滤条件等,如维度设置为"详细地址",指标设置为"电话号码"。接下来可以进行功能配置以及图表样式的设置,地图显示的范围设置为"江苏省无锡市"。③"指标显示名"修改设置。④"江苏省客户分布图"效果展示。"江苏省客户分布图"会显示对应时间的客户数量,通过折线的变化趋势来表示客户数量的变化。然后根据需要设置尺寸并调整位置。例如,此处

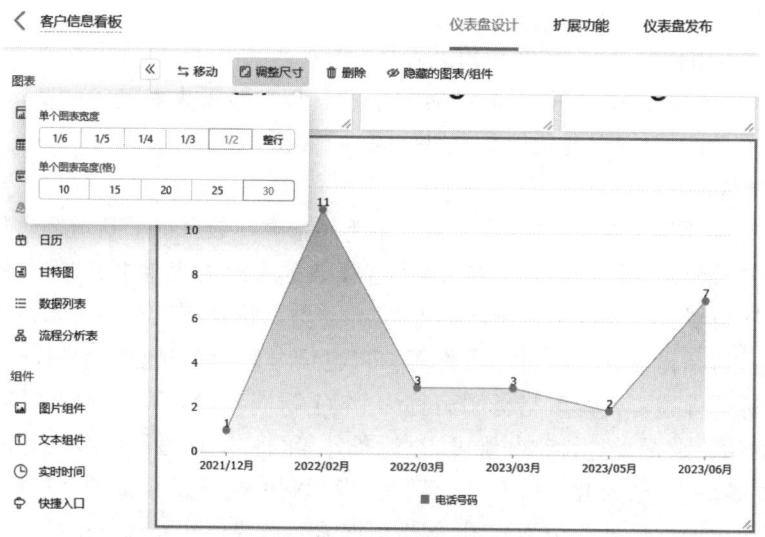

图 5-58 "客户数量趋势图"

选择单个图表宽度为"1/2",单个图表高度为"30 格"。

5)添加明细表

添加明细表,显示客户档案明细,方便查询。具体做法是:①选择数据来源为表单中的"客户档案"。②"客户档案明细表"设置。修改表单名称为"客户档案明细表",并添加在这个明细表内所要显示的字段。根据具体需求对其他功能配置进行设置,也可以默认系统设置。③在"调整尺寸"选项下根据需要调整单个图表宽度和高度,例如此处选择单个图表宽度为"1 整行",单个图表高度为"30 格"。

"客户档案明细表"设置如图 5-59 所示。

图 5-59 "客户档案明细表"设置

6）添加筛选组件

对"客户档案明细表"进行筛选查询，详细做法是：①"姓名"筛选字段设置。首先在组件筛选区点击添加"筛选组件"，其次，选择需要筛选的图表，如此处选择已经在仪表盘中设置好的"客户档案明细表"。最后，选择按"姓名"进行筛选并设置名称为"姓名"。②"电话号码"筛选字段设置。先添加筛选组件，再选择需要筛选的图表"客户档案明细表"。接下来选择按"电话号码"进行筛选并设置名称为"电话号码"，筛选方式为"选择选项"，筛选联动选择"姓名"。③"身份证号"筛选字段设置。首先，添加筛选组件，其次选择需要筛选的图表"客户档案明细表"。最后，选择按"身份证号"进行筛选并设置名称为"身份证号"，筛选方式为"选择选项"，筛选联动选择"姓名"和"电话号码"。④"区"筛选字段设置。首先，添加筛选组件，其次，选择需要筛选的图表"客户档案明细表"。最后，选择按"区"进行筛选并设置名称为"区"，筛选方式为"选择选项"，筛选联动选择"姓名"和"电话号码"以及"身份证号"。⑤在"调整尺寸"选项下根据需要调整单个图表宽度和高度，如此处选择单个图表宽度为"1/4"。⑥"客户信息看板"设置效果。"客户信息看板"设置如图5-60所示，图中上半部分显示的是客户总数以及一定时间段内客户增加数，下半部分主要显示了客户数量趋势图和客户分布图，更加直观快捷地显示了客户数量的变化趋势以及分布情况。

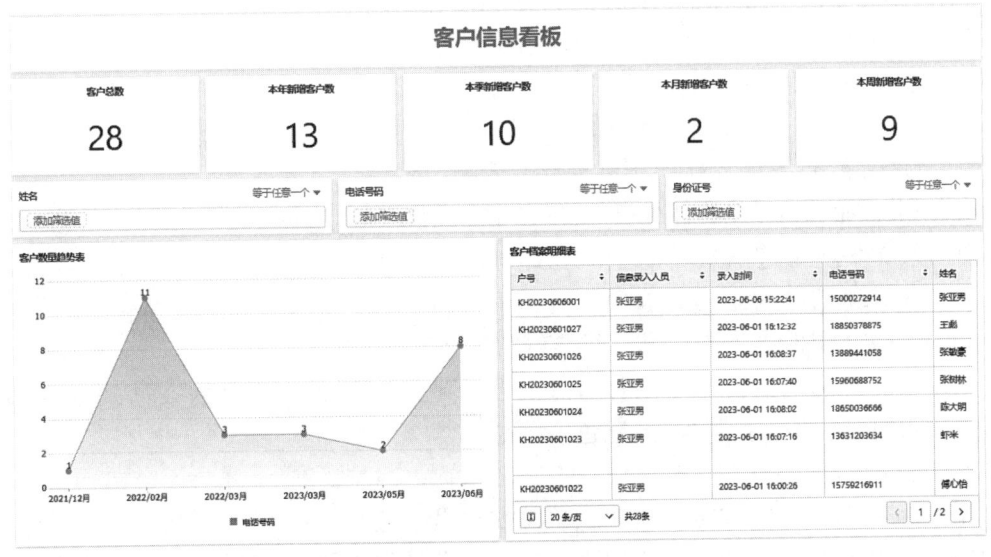

图5-60　客户信息看板设置

5. 仪表盘发布

点击页面上方"仪表盘发布"，将"查看仪表盘"按钮打开，然后选择"售后维修部"，这样，"售后维修部"的成员就可以查看该仪表盘了。

二、仪表盘——报修派单统计分析

（一）业务描述

在传统的制造业企业，对售后维修派单的管理业务主要包括售后服务流程的设计、维修人员派遣、维修记录管理、客户满意度评估以及数据分析及流程优化等。然而,现实工作中,由于人工干预过多,往往出现维修派遣不及时、维修记录管理不完善、客户满意度评估不客观、数据分析不准确等问题,影响企业售后的质量和效率,导致企业的客户流失。为了解决这一问题,可以通过简道云的仪表盘功能,实现对报修派单各个环节的管控,及时发现问题并处理问题。通过简道云的仪表盘功能,可以实现:①高效记录每个工单的维修记录并得到客观的售后服务满意度评价;②通过仪表盘的图表展示,直观地分析报修派单的流程数据;③及时发现问题并处理,从而提高客户满意度,增强企业的市场竞争力。本部分内容学习利用仪表盘跟踪报修派单,实现保修派单统计分析。

(二)任务清单

根据以上业务需求,新翔公司需要完成的任务有:①复制"报修派单流程_任务2"应用并命名为"5.报修派单统计与分析_任务2"。②在新建应用中录入多条报修派单流程数据,并完成业务审批。③在应用"5.报修与派单统计分析_任务2"中新建仪表盘,并命名为"售后维修信息看板"。④根据业务需求,设计仪表盘。⑤仪表盘发布。

1. 复制应用并重命名

复制"报修派单流程_任务2"应用并命名为"5.报修派单统计分析_任务2"。相应任务操作"客户信息看板"的设计中已详述,此处不再赘述。

2. 在新建应用中录入数据并完成业务审批。

在新建应用中录入多条报修派单流程数据,并完成业务审批。相应任务操作"客户信息看板"的设计中已详述,此处不再赘述。

3. 新建仪表盘,并命名为"售后维修信息看板"

在应用"5.报修与派单统计分析_任务2"中新建仪表盘,并命名为"售后维修信息看板"。相应任务操作"客户信息看板"的设计中已详述,此处不再赘述。

4. 根据业务需求,设计仪表盘

1)添加文本组件并命名为"售后维修信息看板"

在组件设置区域选择"文本组件",点击拖拽到设置区,添加名称为"售后维修信息看板",对输入的文本进行字体、字号、颜色等设置。

2)添加指标图

添加指标图,分别显示"累计上报工单总数""累计完工工单总数""本年完工工单总数""本月完工工单总数""超48小时未解决工单数"。具体做法是:①"累计上报工单总数"指标图设置。先修改指标图名称为"累计上报工单总数",选择图表类型为指标图。再进行图表的相关设置,将指标设置为"工单号"。②"累计完工工单总数"指标图设置。先修改指标图名称为"累计完工工单总数",选择图表类型为指标图。再进行图表的相关设置,将指标设置为"工单号",添加过滤条件为"完工时间小于等于当前1天"。③"本年完工工单总数"指标图设置。先修改指标图名称为"本年完工工单总数",选择图表类型为指标图。再进行图表的相关设置,将指标设置为"工单号",添加过滤条件为"完工时间等于今年"。④"超48小时未解决工单数"指标图设置。先修改指标图名称为"超48小时未解决工单数",选择图表类型为指标图。再进行图表的相关设置,将指标设置为"超过48小时未解决",添加过滤条件为"超过48小时未解决不等于0"。⑤指标图中会显示指标的名称和对应的数据,以同样的方式,再增加另外"本月完工工单总数"指标图,然后根据需要设置尺寸并调整位置,例如此处选择单个图表宽度为"1/5",单个图表高度为"10格"。

指标图设置如图5-61所示。

客户信息看板				
客户总数	本年新增客户数	本季新增客户数	本月新增客户数	本周新增客户数
27	0	0	0	0

图5-61 指标图设置

3) 添加统计表——折线图

添加统计表——折线图,显示报修数量的变动趋势。具体做法是:①选择数据来源为表单中的"保修派单流程"。②"报修数量趋势图"折线图设置。先修改图表名称为"报修数量趋势图",选择图表类型为折线图。再进行图表的相关设置,包括指标、维度、过滤条件等,将维度设置为"上报时间",指标设置为"工单号"。③"报修数量趋势图"会显示累计上报工单总数以及累计完成工单总数以及报修数量的变化趋势,然后根据需要设置尺寸并调整位置,例如此处选择单个图表宽度为"1/2",单个图表高度为"25格"。

"报修数量趋势图"如图5-62所示。

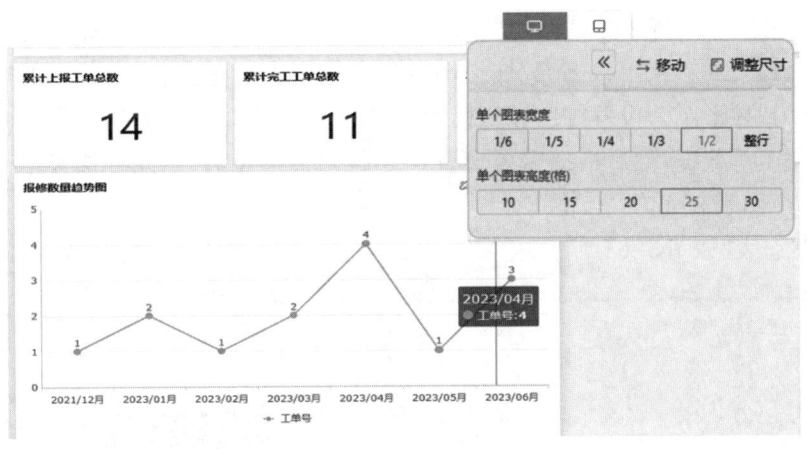

图5-62 "报修数量趋势图"

4) 添加统计表——地图

添加统计表——地图,显示江苏省无锡市的报修客户分布情况。具体做法是:①选择数据来源为表单中的"报修派单流程"。②"江苏无锡报修客户分布图"地图设置。先修改图表名称为"江苏无锡报修客户分布图",选择图表类型为地图。再进行图表的相关设置,包括指标、维度、过滤条件等,将维度设置为"上报地址",将指标设置为"工单号"。③"江苏无锡报修客户分布图"会显示累计上报工单总数以及超48小时未解决工单数等数据以及报修数量的变化趋势,然后根据需要设置尺寸并调整位置,例如此处选择单个图表宽度为"1/2",单个图表高度为"25格"。

"江苏无锡报修客户分布图"效果如图5-63。

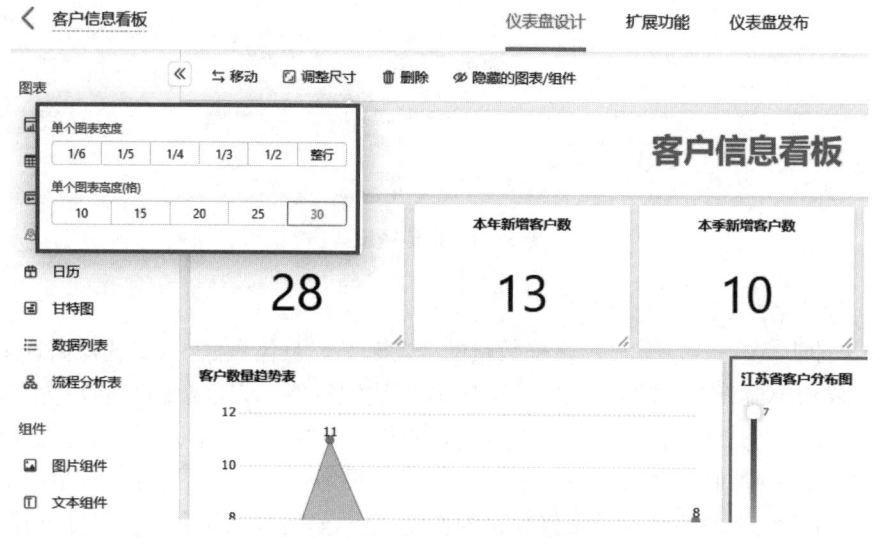

图5-63 "江苏无锡报修客户分布图"

5) 添加柱形图

添加柱形图,显示各工单状态的实时数量。具体做法是:①选择数据来源为表单中的"保修派单流程"。②"工单状态表"柱形图设置。把图表名称修改为"工单状态表",并选择图形类型为"柱形图",设置维度和指标为"工单状态"。③"工单状态表"会显示已报工、已接单、已完工等数据,然后根据需要设置尺寸并调整位置,例如此处选择单个图表宽度为"1/3",单个图表高度为"20格"。

"工单状态表"如图5-64所示。

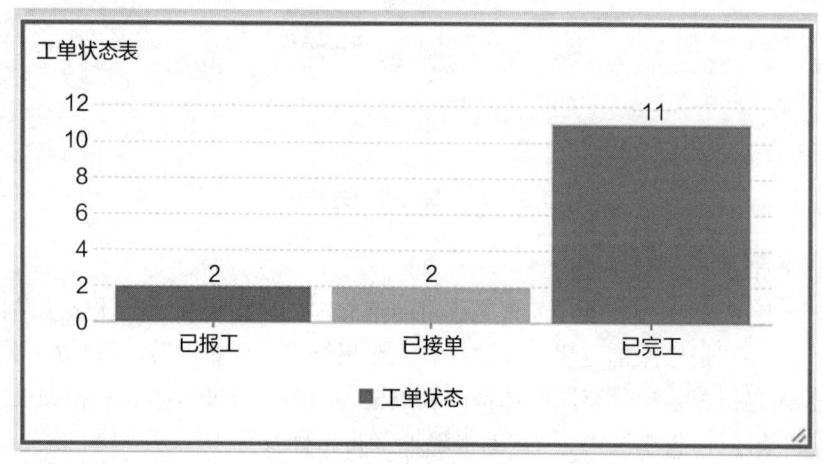

图5-64 "工单状态表"

6）添加雷达图

添加雷达图，对故障类型进行统计分析。具体做法是：①选择数据来源为表单中的"报修派单流程"。②"故障类型统计表"雷达图设置。修改图表名称为"故障类型统计表"，并选择图表类型为雷达图，维度和指标分别设置为"报修类型""工单号"。③"故障类型统计表"会显示电气、机械故障；液压、气动故障以及其他故障这三种类型下的工单号。根据需要设置尺寸并调整位置，此处选择单个图表宽度为"1/3"，单个图表高度为"20 格"。

"故障类型统计表"如图 5-65 所示。

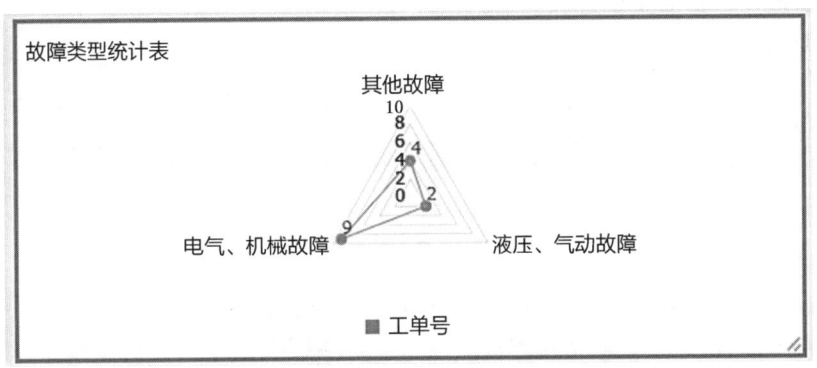

图 5-65 "故障类型统计表"

7）添加饼形图

添加饼形图，对客户满意度评价统计分析。具体做法是：①选择数据来源为表单中的"保修派单流程"。②"满意度评价"饼形图设置。先将图表名称修改为"满意度评价"，并选择图形类型为"饼形图"，维度选择"单选按钮组"，指标选择"工单号"，对指标进行计数。再进行功能配置和图表样式的选择，设置图形类型为"粗圆环"类型。③"满意度评价"会显示不满意和满意数据所占的百分比。根据需要设置尺寸并调整位置，例如此处选择单个图表宽度为"1/3"，单个图表高度为"20 格"。"满意度评价"如图 5-66 所示。

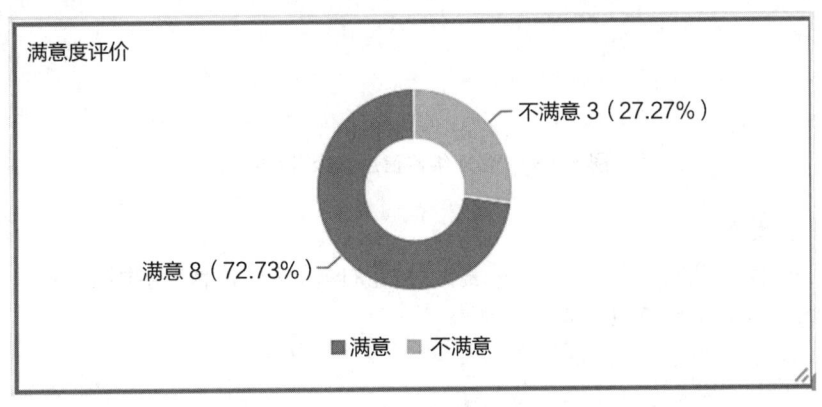

图 5-66 "满意度评价"

8）添加明细表

添加明细表，展示客户报修工单明细情况。具体做法是：①选择数据来源为表单中的"报修派单流程"。②"报修明细表"设置。修改表单名称为"报修明细表"，并添加在这个明细表内所要显示的字段，通过左侧字段选择区把相关字段进行拖拽（过滤条件此处不进行设置）。③"报修明细表"效果展示。"报修明细表"会显示不满意和满意数据所占的百分比。根据需要设置尺寸并调整位置，例如此处选择单个图表宽度为"整行"，单个图表高度为"25格"。④"售后维修信息看板"会显示工单号、电话、姓名、详细地址以及报修的产品类型等数据信息，可以根据需要设置尺寸并调整位置。

"报修明细表"如图 5-67 所示。

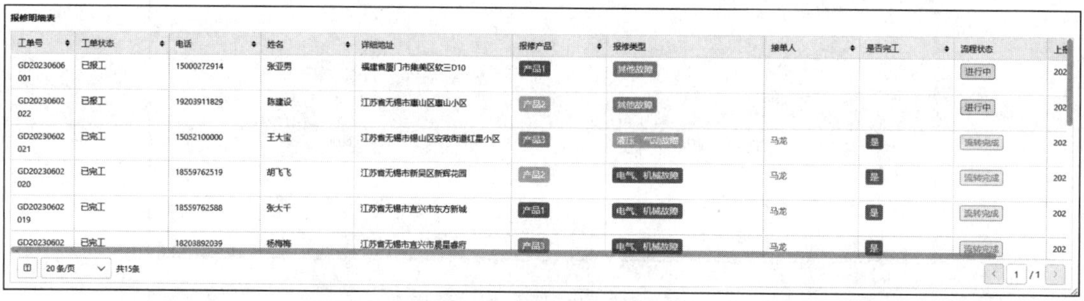

图 5-67 "报修明细表"设置

"售后维修信息看板"设置如图 5-68 和图 5-69 所示。

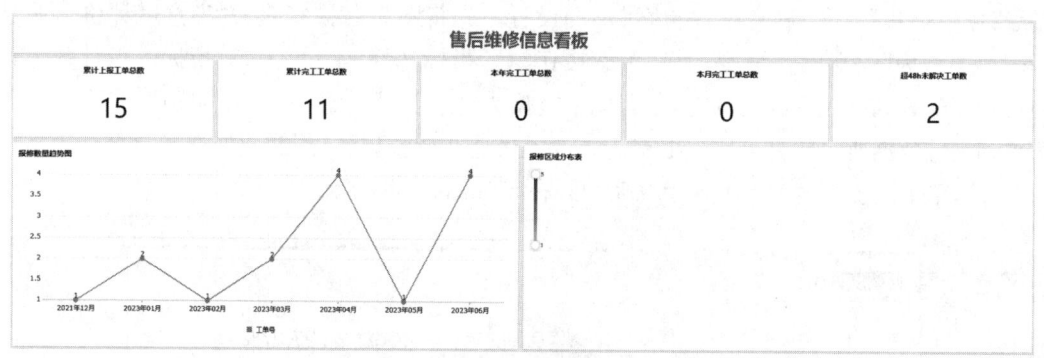

图 5-68 "售后维修信息看板"设置(1)

5. 仪表盘发布

点击上方"仪表盘发布"，将"查看仪表盘"按钮打开，然后选择"网中网科技"，这表示"网中网科技"的所有成员均可以查看该仪表盘。

第五章 业财信息挖掘——数据工厂和仪表盘

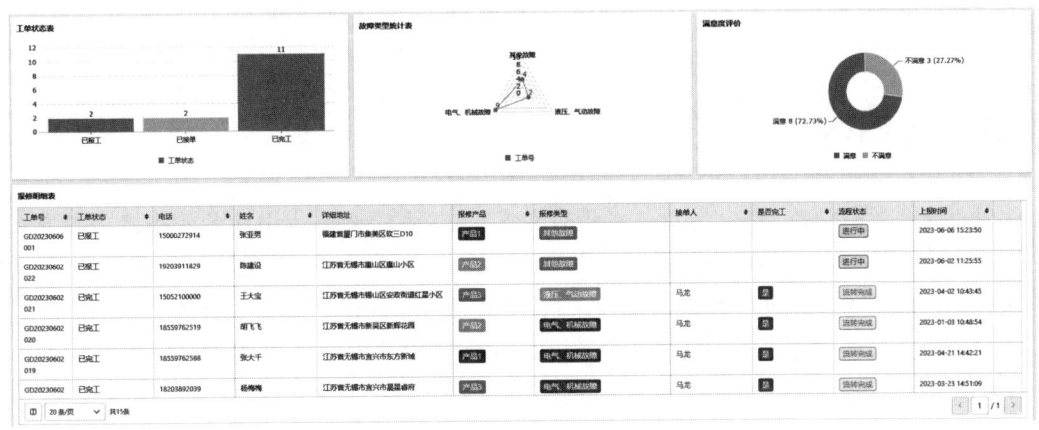

图 5-69 "售后维修信息看板"设置(2)

本章小结

数据工厂是所有数据流的合集,可以看作处理加工所有生产数据的生产工厂。数据流是加工处理数据的工作流,包含输入节点、数据处理节点、输出节点。在数据工厂中,每一个数据源都需要一个输入节点,经过数据处理节点的加工,最终通过输出节点产生输出表。

仪表盘是数据可视化工具,主要由图表、组件以及整体设置构成。在表单中收集得到的数据,可以通过仪表盘来进行查看、分析和处理。在设计仪表盘时,首先是选择合适的图表组件类型,设置好数据分析的维度和指标,再设置图表组件的样式,最后设计仪表盘的整体布局样式,发布仪表盘并设置成员权限。

低代码简道云平台提供了一种快速搭建业务应用的解决方案,通过可视化的界面和低代码的编程方式,使得普通用户也能够快速构建自己的应用系统。在仪表盘设计方面,平台提供了多种图表和组件,让用户可以根据自己的需求进行自定义设计。同时,平台也支持多种数据源的接入,能够方便地展示各种数据指标和趋势。在使用过程中,用户可以根据实际需要对仪表盘进行调整和优化,以达到更好的展示效果。

思考与练习

1. 什么是数据工厂?数据工厂的数据处理有哪些方式?
2. 什么是数据流?数据流的基本设置有哪些?
3. 什么是仪表盘?仪表盘的作用是什么?
4. 请您根据本章学习内容,利用数据工厂完成员工借款统计表设计任务。
5. 请您根据本章学习内容,完成员工借款汇总分析的仪表盘设计任务。
6. 请您根据本章学习内容,完成费控报销汇总分析的仪表盘设计任务。

7. 请您根据本章学习内容,完成"客户信息看板"仪表盘设计任务。
8. 请您根据本章学习内容,完成"售后维修信息看板"仪表盘设计任务。

 拓展思考和练习

以小组为单位组建团队,创立一家礼品生产企业,主营业务为小礼物的生产和销售,主要产品是木质画框图片挂件和摆件,以自产自销(批发+零售)的方式开展经营。请结合本章内容利用数据工厂设计员工借款统计表,并完成员工借款汇总分析仪表盘、费控报销汇总分析仪表盘、"客户信息看板"仪表盘以及"售后维修信息看板"仪表盘设计。

中国石油如何做到数据安全与隐私保护

第六章 薪酬管理体系建设

学习目标

1. 了解薪酬管理的概念、目标和作用,内容和目前面临的困境;了解设置各功能模块的作用。
2. 理解薪酬管理的核心需求;理解需求分析的主要内容和薪酬管理系统设计的内容。
3. 掌握功能设计、数据表设计、流程设计、权限设计、界面设计的思路和方法;掌握模块中表单的设计开发;掌握模块中仪表盘的设计开发;掌握表单及仪表盘的开发步骤。

第一节 薪酬管理概述

一、薪酬管理的概念

薪酬管理是一种组织策略,它涉及如何决定员工的报酬结构,包括工资、奖金、津贴,以及企业提供的各种福利。薪酬管理不仅包括直接的现金报酬,还包括间接的报酬,如健康保险、退休金计划等。

一个具有公平性的薪酬体系可以帮助企业吸引和留住高素质的员工,激励员工提高绩效,建立一个公平、透明的工作环境;通过不断调整和改进薪酬体系,可实现战略目标,提高员工满意度,帮助企业取得长期的外部竞争优势。因此,薪酬管理是企业管理的重要组成部分,建立内部公平和兼具外部竞争力的薪酬体系是薪酬管理的基本目标(图6-1)。

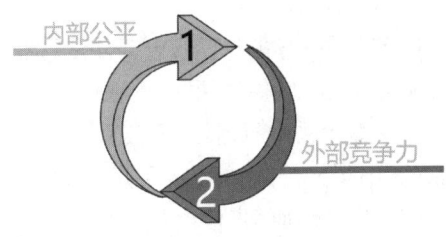

图6-1 薪酬管理的基本目标

二、薪酬管理的目标和作用

优质的薪资管理体系在促进人力资源水平提高的同时,能够实现对人力资源的监督、管理和优化配置。薪酬管理的核心目标和作用是多方面的,主要包括以下五个方面。

(一)竞争力
通过提供具有竞争力的薪资水平,吸引人才进入企业,并留住有价值的员工。

(二)激励员工
薪资管理旨在激励员工发挥出最佳水平。

(三)公平合理
确保薪资的公平性和公正性,维护企业内的和谐和提高员工满意度。

(四)成本控制
有效管理薪资成本,确保薪资支出与组织财务状况相匹配,避免支出过高导致财务压力。

(五)法律合规性
遵守劳动法律法规,确保薪酬管理过程合法合规,避免潜在的法律风险。

三、薪酬管理的内容及目前面临的困境

(一)薪酬管理主要内容

1. 薪酬结构设计

薪酬结构设计主要用来确定不同职位和级别的薪酬水平,包括基本工资、津贴、奖金、福利等组成部分。设计薪酬结构一般应遵循以下原则:

(1)公平公正:确保工资水平与员工所贡献的价值相匹配,不同岗位之间工资差异基于职责、技能、经验和绩效等因素合理划分,避免歧视。

(2)动态调整:随着市场变化和企业发展,薪酬结构应适时调整,以保持竞争力和激励效果。

(3)激励导向:通过设置绩效奖金、晋升机会等措施激励员工提升工作效率、发挥潜力。

(4)可持续性:薪酬结构应适应企业长期发展战略,避免过度依赖单一激励手段,综合考虑财务状况和行业发展。

2. 薪酬政策制定

制定公司的薪酬政策,包括薪酬调整机制、福利待遇、奖励制度等,以确保薪资体系的公平性和竞争力。制定薪酬政策一般须遵守下列原则:

(1)遵守法律原则:薪酬政策必须符合国家和当地政府制定的有关法律、法规。如我国颁布的《中华人民共和国劳动法》《最低工资保障法》。

(2)公平性原则:根据员工的劳动量、学历、技术贡献、行业水平等制定不同档次的薪酬,一般是取得业绩与所获得报酬对等。

(3)效率优先原则:效率高的,薪资高。

(4)激励限度原则:制定奖励薪资,吸引和留住优秀人才,获得较强的人力资源竞争优势。

3. 薪酬计算和发放

根据员工的工作表现、绩效评估等因素,计算并发放相应的薪资和福利。薪资计算和发放通常应注意以下事项:

(1) 合法合规：根据国家相关法律法规的规定，企业应保证工资计算和发放的合法性和合规性，避免出现违法行为。

(2) 公平公正：工资发放应公平公正，遵循按劳分配的原则，根据员工的付出和贡献进行合理的计算。

(3) 透明公开：企业应建立健全的工资发放制度，并向员工公开相关规定，确保工资发放过程的透明度。

(4) 及时准确：工资发放应及时，确保员工能够按时收到工资，同时要保证工资计算的准确性，避免出现错误或漏算。

4. 税务合规

薪酬管理应符合当地的税务法规和劳动法规定，税务合规工作内容主要包括以下十个方面。

(1) 遵守税法规定：企业必须遵守国家的税收法律规定，如增值税法和企业所得税法，合法纳税，避免违法违规行为带来的风险和损失。

(2) 履行纳税义务：企业需履行纳税义务，按时足额缴纳各项税款，并进行规范的纳税申报，以维护良好的纳税记录。

(3) 配合税务机关进行税务管理和监督：企业应积极配合税务机关的管理和监督，主动接受检查，并在发现税务违法行为时及时整改，提升企业的税务合规水平。

(4) 建立和完善内部税务管理制度：企业应建立和完善内部税务管理制度，规范纳税申报行为，保证纳税记录的准确性，防止违规操作。

(5) 加强内部控制和风险管理：企业应加强内部控制和风险管理，建立健全的风险控制机制，预防和化解税务风险。

(6) 重视税务培训和宣传：企业应重视税务培训和宣传工作，提高员工对税收法律的认识和理解，加强税务合规意识。

(7) 积极配合税务机关的检查：企业应积极配合税务机关的检查工作，及时提供相关资料，并按要求整改税务违法行为。

(8) 建立稳健的税务合规风险管理机制：企业应建立稳健的税务合规风险管理机制，对税务合规风险进行评估和控制。

(9) 加强内外部沟通与协作：企业应加强内外部沟通与协作，与税务机关、会计师事务所、律师事务所等专业机构建立良好的合作关系，共同探讨解决税务合规问题的办法。

(10) 建立健全的税务合规档案管理制度：企业应建立健全的税务合规档案管理制度，确保税务合规档案的真实性、完整性和保密性，为企业提供税务合规方面的有效支持。

(二) 薪酬管理过程中面临的困境及解决办法

薪酬管理过程中常见的困境有薪酬结构和政策复杂、人工计算处理低效、数据管理和调整困难、数据安全性差、薪资与绩效匹配度低、合规和控本要求等。低代码平台可以在一定程度上帮助企业解决这些问题。

1. 薪酬结构和政策复杂问题

借助低代码平台，使用者可以构建完善薪酬体系场景，基于组织、人事、考勤、绩效、学习等全生命周期的人事信息,为组织薪酬结构的设计和政策的制定提供了数据依据。依托平台,企业可以制定更为灵活的薪酬制度与标准,从而更好地支撑业务开展。

2. 人工计算处理低效

借助低代码平台,使用者可以突破传统手工计算方式中存在的数据录入和计算过程易错、操作繁琐等问题。因此,引入薪酬计算软件是提升效率的首要步骤。这些软件通常具备自动计算功能,能够根据事先设定的规则和公式快速、准确地完成薪酬计算,同时还能够自动生成报表和各种薪酬分析指标,极大地简化了计算流程。

3. 数据管理和调整困难

低代码平台可视化的界面和快速开发能力能够简化薪酬管理的流程和操作。低代码平台可以提供灵活的配置和定制功能,使薪资结构和管理体系更易于调整以便适应变化的需求。此外,利用低代码平台开发的人力资源管理系统,可以用于招聘、培训和员工管理,系统可以集成招聘渠道,简化招聘流程,提供在线培训资源,帮助员工学习和发展。

4. 数据安全性差

低代码平台可以集成数据分析和报告工具,提供实时的薪资数据分析和监控功能,提高薪资管理的效率、准确性和可靠性,帮助企业作出更明智的决策。

5. 薪酬与绩效匹配度低

利用低代码平台可以开发人力资源管理系统,用于员工绩效管理。例如,流程表单可以实现不同层级的考核事项录入流程搭建,接着采用数据工厂对不同层级的考核数据进行汇总,最终实现每名员工的综合月度考核金额以及积分。此外,仪表盘可以实现不同部门、各人员的考核信息统计分析展示,如考核明细、考核金额统计、积分排名等,为实现员工考勤和绩效评估提供数据支持和决策依据。

6. 合规和控本要求

利用低代码平台可以在保证薪酬管理合规性的同时降低管理成本,并为企业打造出一个更优质高效的薪酬管理系统。

四、薪酬管理的核心需求

(一) 薪酬计算与发放

薪酬计算与发放是薪资管理的核心需求之一。它涉及根据员工的工作时间、职位级别、绩效表现等因素,准确计算出员工应得的薪资金额。薪酬发放则是将计算后的薪资按照约定的时间和方式支付给员工。

1. 薪酬计算的关键要素

薪酬计算涉及多个要素,其中关键要素主要有基本工资、绩效工资、奖金和津贴、加班费、其他补贴和扣除项等。

1) 基本工资

劳动者的基本工资是根据劳动合同约定或国家及企业规章制度规定的工资标准计算的工资,也称为标准工资或固定工资,通常作为薪酬计算的基础。在一般情况下,基本工资是员工劳动报酬的主要部分,即劳动者所得工资额的基本组成部分。它由用人单位按照规定的工资标准支付,较之工资额的其他组成部分具有相对稳定性。具体来说,在企业中,基本工资是根据员工所在职位、能力、价值核定的薪资,这是员工工作稳定性的基础,是员工安全感的保证。同一职位,可以根据其能力将工资分为不同等级。

2）绩效工资

绩效工资是以对员工绩效的有效考核为基础,实现将工资与考核结果相挂钩的工资制度,它是以员工工作表现的评估结果确定绩效奖金,即"以绩取酬"。企业利用绩效工资对员工进行调控,以刺激员工的行为,通过对绩优者和绩劣者收入的调节,鼓励员工追求符合企业要求的行为,激发每个员工的积极性,努力实现企业目标。

3）奖金和津贴

奖金和津贴为额外的报酬。

奖金作为一种工资形式,其作用是对与生产或工作直接相关的超额劳动给予报酬。奖金是对劳动者在创造超过正常劳动定额以外的社会所需要的劳动成果时,所给予的物质补偿,如年终奖金。

津贴是对劳动者在特殊条件下的额外劳动消耗或额外费用支出给予补偿的一种工资形式,如冬季取暖津贴。

4）加班费

加班费是指工作超出正常工作时间的部分,企业需按照规定支付加班加点工资。它是针对劳动者加班加点后,对其在标准上班时间外的工作进行支付劳动报酬的一种工资形式。实行标准工时制的,加班是指除休息日和法定节假日以外的上班时间,加点是指每天超过8小时之外的上班时间。

5）其他补贴

其他补贴通常包括特殊津贴、福利待遇、补贴等额外的薪酬组成部分。

6）扣除项

劳动中的工资扣除项目包括个人所得税、社会保险费、住房公积金以及其他可能存在的法定或约定的扣除项。这些扣除项目是根据法律法规和雇佣关系约定而确定的,旨在确保劳动者享受相应的权益和福利。对于劳动者来说,了解工资中的扣除项目是维护自身权益的重要一环,雇主应在合法和公正的前提下进行扣除,确保劳动者的权益不受损害。

2. 薪资发放的一般流程

在一个企业或组织中,发放工资是一项重要的任务,涉及多个部门之间的配合和执行。发放工资的操作流程通常包括数据准备、精准核算、工资审核、工资发放、个人所得税申报缴款、沟通反馈等,如图6-2所示。

1）数据准备

这一阶段的内容主要包括:①收集员工相关信息:包括员工名单、工资标准、职位信息等。②确定工资发放周期:通常为一个月,也可根据公司政策进行调整。③准备工资表:根据员工的考勤、绩效等数据,计算每个员工应获得的实际工资。

2）精准核算

这一阶段的内容主要包括:①核对考勤记录:确认员工的出勤情况,并记录加班、请假等相关信息。②计算应发工资：根据薪资标准和考勤记录，计算每个员工应获得的基本工资、津贴、加班费等项目。③扣除相关费用：根据员工的个人所得税、社保、公积金等扣除项目，扣除相应的费用。④核准薪资数据：由薪资核算部门领导核准薪资数据，确保数据准确无误。

3）工资发放

这一阶段的内容主要包括：①编制工资单：将核算好的工资数据整理成工资单。②银行转账：通过企业与银行建立的工资代发系统，在规定的发薪日将员工工资直接转账到员工指定的银行账户。③打印工资条：将工资单打印出来，并附上员工的个人信息和纳税信息，以便员工核对。④发放工资条：由薪酬管理部门进行工资条的分发或寄送。如采用分发方式，可以安排员工到指定地点领取工资条；如采用寄送方式需提早安排快递公司进行投递。⑤员工确认：员工收到工资条后，应核对其中的金额和个人信息，如有问题及时向薪酬管理部门进行反馈。

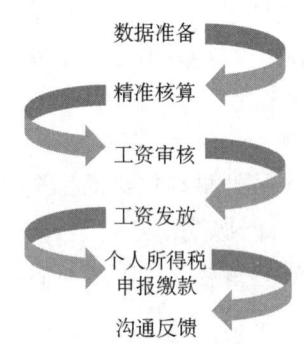

图6-2　薪资发放的一般流程

4）个人所得税申报缴款

企业按照国家相关税收政策，将员工个人所得税及相关信息报备给税务机关。

5）沟通反馈

这一阶段的内容主要包括：①沟通政策与制度：确保员工了解工资发放的相关政策、规定和流程。②解答疑问：及时回答员工对于工资发放的疑问和问题。③收集反馈：定期收集员工对于工资发放流程的反馈和建议，进行改进和优化。④薪资调整：如有薪酬调整的情况，需及时调整系统数据，确保薪酬的准确发放。

通过以上流程的执行，企业可以确保工资的准确发放和员工的满意度。现实中，不同企业可能会根据自身情况和政策制定适合自己的工资发放流程，并根据实际情况进行相应的调整和优化。

3. 薪酬发放的方式

通常来讲，薪酬的支付方式通常包括现金发放、银行转账、预付卡发放和电子支付等。

1）现金发放

根据中国的劳动法和相关规定，现金发放工资的方式并不被鼓励，国家推荐使用银行转账或其他电子支付方式进行工资发放。

2）银行转账

银行转账是指将员工的薪酬直接汇入其银行账户。这是最常见和推荐的薪资发放方式，也是符合中国法律和规定的标准做法。

3）预付卡发放

预付卡发放是指将员工的薪酬存入预付卡，员工可以通过刷卡或取款来获得薪酬。这种方式对于临时工、无银行账户的员工等，是一种可行的选择。

4）电子支付

电子支付是指通过支付宝、微信支付等第三方支付平台将薪资直接转入员工的电子支付账户。

实务中,工资支付方式的选择可能还受到地方性规定和政策的影响,通常企业会根据当地的法律法规和政策要求进行具体操作。企业应与当地的劳动部门、银行或其他相关机构进行咨询,以确保工资发放方式的合规性。无论选择哪种方式,企业在薪酬发放时需要注意以下几点:

(1) 确保员工的薪酬信息安全并对其保密。
(2) 遵守相关法律法规,包括劳动法、银行法、支付机构法等。
(3) 准确记录和保存薪资发放的凭证和记录,以备查验和审计需要。
(4) 提供合规的薪酬发放明细和个人所得税信息,便于员工核对和个人所得税申报。

(二) 绩效管理和奖励

绩效管理是指企业对员工工作表现进行评估、提升的过程。其主要目的是激励员工提高工作绩效、实现组织目标,并为员工提供发展和成长的机会。

1. 绩效评估方法

常见的绩效评估方法包括直接主管评估法、360 度评估法、OKR 目标与关键结果、KPI 关键绩效指标、行为评估。

1) 直接主管评估法

直接主管评估法是常见的员工绩效考核方法之一。直接主管通过观察员工的工作表现,评估其完成工作任务的质量和效率,以及工作态度和团队合作能力。直接主管评估法的优点是评估结果直接、及时,能够提供具体的建议和改进方向。但也存在主管主观性较大的问题,因此需要结合其他评估方法来综合考量员工的绩效。

2) 360 度评估法

360 度评估法是一种多方位的绩效考核方法,包括员工的直接主管、同事、下属和客户等多个评估者对员工进行评估。这种方法能够提供更全面、客观的评估结果,减少主管主观性的影响。同时,它也能够促进员工之间的互动和合作,增强团队的凝聚力。然而,360 度评估法也存在评估者之间评分不一致的问题。

3) OKR 目标与关键结果

OKR 目标与关键结果是以员工的工作成果为评估依据的方法。通过对员工的工作目标和绩效指标进行设定和追踪,评估员工的工作成果和贡献。这种方法能够更直接地反映员工的实际工作表现和业绩,对于业绩导向的岗位特别适用。然而,OKR 目标与关键结果也需要考虑员工在工作过程中的努力和能力,避免只关注结果而忽视过程。

4) KPI 关键绩效指标

关键绩效指标(key performance indicator,KPI)是通过对企业内部流程的输入端、输出端的关键参数进行设置、取样、计算、分析,衡量流程绩效的一种目标式量化管理指标,是把企业的战略目标分解为可操作的工作目标的工具,是企业绩效管理的基础。KPI 是部门主管明确部门的主要责任,并以此为基础,明确部门人员的业绩衡量指标。建立明确的、切实可行的 KPI 体系,是做好绩效管理的关键。KPI 是用于衡量工作人员工作绩效表现的量化指标,是绩效计划的重要组成部分。然而在实践中,KPI 指标比较难界定,也会使考核者过分地依赖考核指标,而较少考虑人为因素和弹性因素,因此KPI并不是针对所有岗位都适用。

5)行为评估

行为评估是企业用于评估员工行为和工作表现的标准和指导原则。这些指标可以帮助企业了解员工在工作中的表现,并为员工提供明确的目标和反馈,以帮助他们改善自己的工作表现。常见的行为绩效评估指标包括工作质量、工作效率、创新能力、领导能力、沟通能力、团队合作、专业知识技能、主动性等。

2. 绩效与薪资挂钩的方式

常用的绩效与薪资挂钩的方式包括绩效工资增长、绩效奖金、薪资激励计划、股权(期权)激励。

1)绩效工资增长

根据员工的绩效表现,提供适当的薪资增长,如加薪或提升岗位等。

2)绩效奖金

绩效奖金是根据员工的绩效考核结果,发放的额外奖金给予,也称一次性奖金。即企业在人岗不完全匹配的情况下,将员工对应的岗位薪资水平分拆成两部分,一部分固定发放,一部分则根据绩效调整发放。绩效奖金是对优秀员工的认可和回报,对于绩效不良者不会进行罚款。

3)薪资激励计划

设立薪资激励计划,根据员工的绩效水平,提供不同级别和幅度的薪资调整。薪资激励计划是根据某些事先确定好的客观的绩效指标来支付薪资的,所有的奖励计划有一个共同的特点,即找到一个可用来与之比较从而确定奖励金额的既定绩效标准。

4)股权(期权)激励

股权激励,也称为期权激励。通常企业为了激励和留住核心人才,会给予高级管理人员或优秀员工部分股东权益,激励员工为企业的长期稳定发展作出贡献。一般情况下都是附带条件的激励,如员工需在企业干满多少年,或完成特定的目标才予以激励,当被激励的人员满足激励条件时,即可成为公司的股东,从而享有股东权利。股权(期权)激励会使员工具有主人翁意识,与企业形成利益共同体,促进企业与员工共同成长。

(三)薪资结构和政策管理

薪资结构和政策管理包括确定薪资等级、职位工资范围、晋升加薪规则等。核心需求是确保薪资结构和政策的合理性、透明性和公平性。这意味着需要建立明确的薪资等级和职位体系,并确保薪资的分配公平,避免因主观因素导致的薪资差异。

(四)数据管理和报告

薪资管理需要对大量的薪资数据进行管理、存储和分析。核心需求包括数据的准确性、安全性及时性。薪资数据的管理涉及员工的个人信息、薪资记录、扣除项、报税信息等。此外,薪资管理还需要生成各种薪资报告和分析,以支持决策和监控薪资情况,如薪资总额、平均薪资、薪资差异等。

(五)合规要求

核心需求是确保薪资管理的合法合规,避免法律风险和纠纷。这包括正确计算和申报个人所得税、社会保险和其他相关税费,遵循劳动法规定的最低工资标准、工时限制等。同时,薪资管理还需要确保员工的劳动合同和薪资支付符合法规要求,以维护员工权益和企业声誉。

1. 劳动法规涉及薪资管理的内容

劳动法规是指规范劳动关系和保护劳动者权益的法律法规,薪资管理涉及企业对员工薪资的制定、分配、支付和管理,两者之间存在密切的关系。劳动法规涉及薪资管理的内容主要包括以下五个方面:

(1)最低工资保障制度。国家实行最低工资保障制度,最低工资的具体标准由省、自治区、直辖市人民政府规定,报国务院备案。用人单位支付劳动者的工资不得低于当地最低工资标准。

(2)工资结构。工资一般包括计时工资、计件工资、奖金、津贴和补贴、延长工作时间的工资报酬以及特殊情况下支付的工资等。

(3)工资水平。企业根据自身的生产经营特点和经济效益,依法自主确定本单位的工资水平。工资水平应在经济发展的基础上逐步提高。

(4)工资支付方式。工资应当以货币形式按月支付给劳动者本人,不得克扣或者无故拖欠劳动者的工资。劳动者在法定休假日和婚丧假期间以及依法参加社会活动期间,用人单位应当依法支付工资。

(5)工资分配原则。企业根据自身的生产经营特点和经济效益,依法自主确定本单位的工资分配方式。工资分配应当遵循按劳分配原则,实行同工同酬。

劳动法规和薪资管理的关系如图6-3所示。

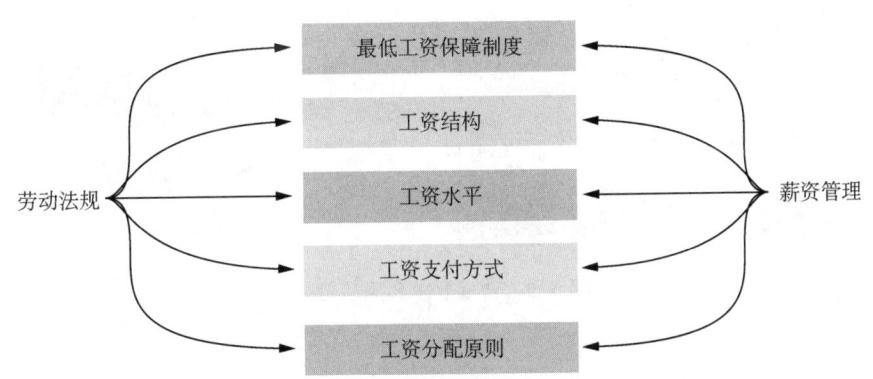

图6-3 劳动法规和薪资管理的关系

2. 税务法规涉及薪资管理的内容

税务法规是影响薪资管理的重要因素之一,它涉及个人所得税、社会保险费、住房公积金等方面的法律法规和政策规定。了解税务规定对于员工和企业来说都至关重要,帮助企业合理规划税前工资的构成,避免税务风险,同时确保合规缴纳相关税费。

企业的薪资管理必须符合最新的税收法规要求。否则将会导致税务纠纷和罚款等风险。此外,不规范的薪酬管理体系还可能引发员工的不满和投诉,影响企业的稳定和发展。此外，薪资管理还需涵盖社保、公积金和其他相关税费申报的关键点。税务法规的存在要求组织在进行薪资管理时，要基于对国家税法价值的认同或自身利益的权衡而表现出的主动遵守服从，即税收遵从（tax compliance），同时薪资核算与发放涉及的税款计算、扣缴义务及个税申报也均要符合税务法规的要求。税务法规和薪资管理的关系如图 6-4 所示。

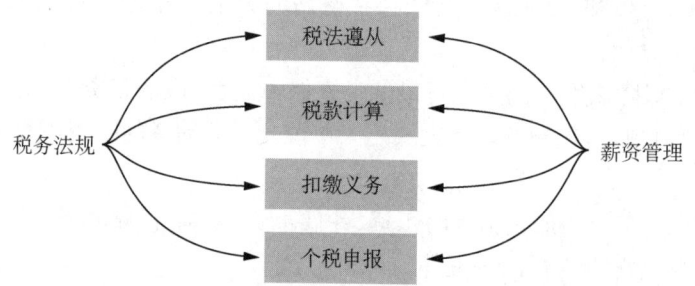

图 6-4　税务法规和薪资管理的关系

3. 合规要求和风险管理

合规要求是指企业在运营过程中需要遵守的法律、行业标准、规章制度和道德规范等规定。风险管理是指组织识别、评估和应对可能影响其目标实现的各种风险。合规要求和风险管理的内容包括法律合规、内部控制、道德规范、风险识别、风险应对及监管合规和报告，具体如图 6-5 所示。

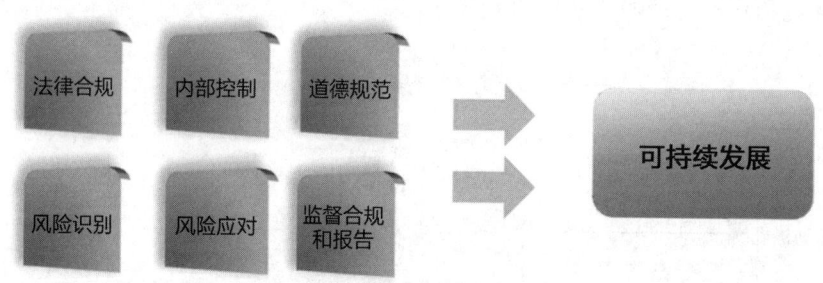

图 6-5　合规要求和风险管理

第二节　薪资管理系统方案设计

一、场景发现和需求分析

（一）场景发现

东方集团经过需求调研分析，以内部的薪资管理制度为基础，决定使用低代码平台搭建一套薪资管理系统。灵活使用低代码平台在线表单、流程引擎及仪表盘功能，通过详细的业务分析将企业的管理制度相关内容转换为系统的合规性规则,设计出满足业务需求的薪资管理系统。

在这个阶段,系统设计师需要与利益相关者及其团队成员进行讨论,了解他们对薪资管理系统的期望和需求。分析当前的薪资管理流程和系统,识别存在的瓶颈、问题和改进点。了解现有系统的局限性和不足之处,以便为新系统的搭建提供更好的解决方案。

搭建薪资管理系统可能涉及多个利益相关者,常见利益相关者(图6-6)及其需求如下:

图6-6　薪资管理系统利益相关者

(1)企业管理层:①可以及时获得薪资相关数据,以支持决策制定;②能够通过可视化的图表展示,以了解组织的薪资结构和趋势;③系统能够提供灵活的薪资调整和激励机制,以吸引和留住优秀人才。

(2)人力资源部:①薪资管理系统能够集中管理员工的薪资信息和历史记录;②便捷的员工信息管理功能,包括员工薪资档案、职位变动、晋升和离职等;③系统能够支持薪资计算和调整的自动化,减少手动工作和错误。

(3)财务部:①薪资管理系统能够提供准确的薪资计算和发放功能,确保薪资的准时和正确发放;②与财务系统的集成,以便实现工资支付和相关会计处理的自动化;③系统能够生成准确的薪资报表和统计数据,以支持财务分析和报告。

(4)员工:①能够方便地查看自己的薪资信息,包括基本工资、津贴、奖金和扣款等;②能够提交薪资调整申请和查询薪资调整的进展;③系统能够提供薪资历史记录和个人报表,以帮助他们了解自己的薪资变化。

(5)审批人员:①能够方便地审批和处理薪资调整申请,包括晋升、加薪和奖金等;②能够查看员工的绩效评估和薪资调整建议,以做出明智的决策;③系统能够提供审批流程的跟踪和通知功能,确保流程的顺利进行。

(二)业务现状及分析

经过讨论和分析,现有薪资管理存在以下问题。

1. 手工处理繁琐的数据

如果薪资管理流程主要依赖手工输入和处理数据，可能存在数据输入错误、重复劳动和效率低下的问题。

2. 缺乏集中和一体化的系统

如果薪资管理过程涉及多个独立的系统、电子表格或文件，就会导致数据分散、信息不一致和沟通困难。这就会提高错误的风险，也使数据的可分析能力受限。

3. 缺乏自动化和标准化

如果薪资计算、调整和发放的过程没有自动化或标准化的规则和流程，可能会出现不公平、不公正的问题，同时降低工作效率。

4. 数据安全和隐私风险

薪资数据通常包含敏感的员工个人信息和财务数据，如果当前系统的安全措施不完善，可能存在数据泄露、滥用和违规访问的风险。

5. 缺乏灵活性和可扩展性

如果现有的薪资管理系统无法灵活适应组织的变化和不同的薪资结构，可能导致难以应对新的薪资政策、奖励机制或组织结构的调整。这可能限制了组织的发展和创新能力。

6. 缺乏员工自助功能

如果员工无法方便地访问和管理自己的薪资信息，可能导致人力资源部门的咨询和查询工作负担过重。员工需要能够自主查询薪资明细、历史记录和相关政策，以便更好地了解和管理自己的薪资情况。

（三）需求分析

基于场景发现的结果及项目情况概述，系统设计师与利益相关者及其团队成员通过会议和讨论，了解到他们对薪资管理平台的期望和需求。

1. 项目概述

（1）项目名称：薪资管理系统。

（2）项目目标：利用低代码平台开发一个薪资管理系统，用于管理公司员工的工资项目、工资计算、费用分配和发放，并自动生成相关的记账凭证。

（3）项目范围：系统将包括员工信息管理、工资项目设置、工资计算和费用分配、工资发放和记账凭证生成等功能。

2. 功能需求

1) 员工信息管理

（1）添加、修改和删除员工信息，包括姓名、员工编号、职位等。

（2）提供员工信息的查询功能。

2) 工资项目设置

（1）允许管理员设置各种工资项目，如基本工资、津贴、奖金等。

（2）支持不同类型的工资项目字段设置，包括固定金额、比例、计算公式等。

3）工资计算和费用分配
（1）根据设置的工资项目和计算公式，自动计算员工的工资。
（2）支持根据考勤数据和其他影响因素实现工资自动计算。
（3）能够进行工资费用的合理分配，确保相关数据准确。
4）工资发放
（1）根据设定的发薪周期，自动生成工资发放记录。
（2）支持多种发薪方式，如银行转账、电子支付等。
（3）发放工资时，员工能够查看工资明细。
5）记账凭证生成
记账凭证生成功能是体现业财一体化的核心功能。
（1）根据工资发放记录自动生成记账凭证，确保财务数据的准确性。
（2）能够导出记账凭证数据供财务部门使用。
6）人员信息和工资数据统计
（1）根据人事档案表，查询统计员工信息。
（2）根据工资数据表，按月查询统计各类工资数据。

3．非功能需求
1）用户界面
界面简洁、直观，易于使用和导航。
支持响应式设计，适配不同终端设备。
2）安全性
用户认证和授权机制，确保数据安全。
敏感信息的加密存储和传输。
3）性能
系统应具备良好的性能，能够处理大量的员工数据和复杂的工资计算。
4）可靠性
系统应保持稳定，避免频繁的故障发生。
5）可扩展性
系统需要支持不断增长的数据量和用户量，能够进行水平或垂直扩展。
6）可维护性
要求系统易维护及可测试。容易进行单元测试和集成测试，以保证代码的质量和稳定性。

二、薪资管理系统的设计

（一）功能设计

薪资管理系统的功能设计需要根据实际需求来制定具体的功能模块，根据需求分析，系统主要包括员工信息管理、工资项目设置、工资计算和费用分配、工资发放、记账凭证生成以及员工信息和工资数据查询统计等功能。

基于现实需求的薪资管理系统功能模块划分如图 6-7 所示。

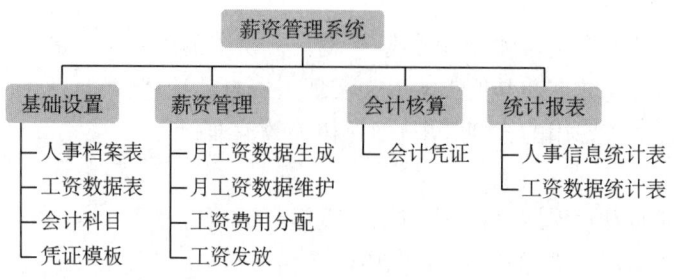

图 6-7 薪资管理系统功能模块

(二) 数据表设计

1. 业务类

在薪资管理系统下的业务类数据表主要包括人事档案表、工资数据表、会计科目表、凭证模板表、月工资数据生成表、工资费用分配表、工资发放表。其中,工资费用分配表、工资发放表为流程表单,其他表单为普通表单。企业可根据自身需求选择字段,数据表之间依据设置的字段可呈现一定的对应关系,包括一对一,比如人事档案表与基础工资数据表,员工入职后,就会生成一个人事档案表,基础工资数据与之相对应。而基础工资数据表和月份工资数据表中的数据则存在一对多的关系,例如以姓名为关键字段,可对应多个月份多条信息,如图 6-8 所示。

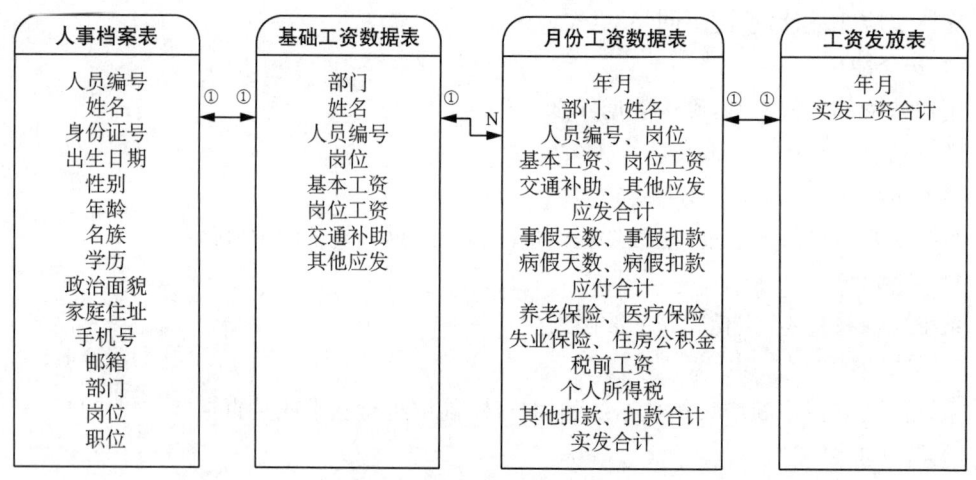

图 6-8 数据表设计——业务类

2. 财务类

在薪资管理系统下的财务类数据表主要包括会计科目表单、凭证模板表单、会计凭证表单。企业可根据自身会计核算需求设置会计科目。凭证模板主要用来定义会计凭证的生成规则,数据表之间依据设置的字段及内容属性可呈现一定的对应关系,例如会计凭证中的摘要是由凭证模板中的业务类型确定的,一个业务类型可对应多个会计凭证,凭证模板和会计凭证存在一对多的关系。同一个会计科目可能对应多个凭证模板,同时一个凭证模板也会有多个会计凭证与之相对应,如图 6-9 所示。

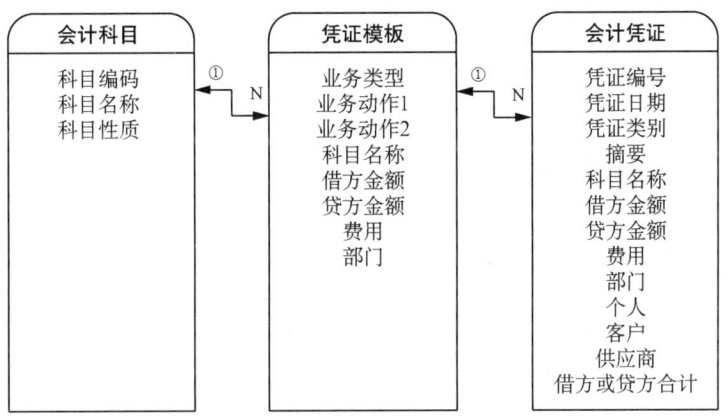

图 6-9 数据表设计——财务类

(三) 流程设计

薪资管理系统下的数据表流程设计主要包括凭证的生成流程设计、工资费用的分配流程设计,以及工资的发放流程设计。

生成凭证流程的参与主体只有财务部,会计人员依据相关业务填制会计凭证,形成记账凭证后,由财务主管审核,审核通过后形成正式的记账凭证,自此一个完整的生成凭证流程就完成了,如图 6-10 所示。

工资费用分配流程的参与主体包括人事部和财务部,始于人事部,结束于财务部。首先,人事部依据工资费用分配规定,结合组织实践制定工资费用分配表;其次,由财务部的会计人员审核,并自动生成记账凭证;最后,经财务主管审核形成正式的记账凭证,自此一个完整的工资费用分配流程就完成了,如图 6-11 所示。

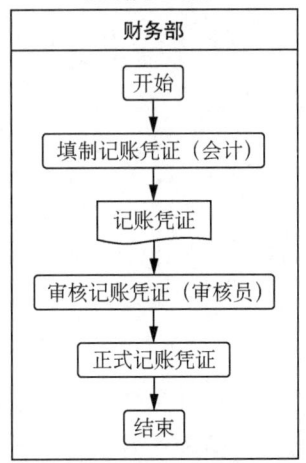

图 6-10 生成凭证流程设计

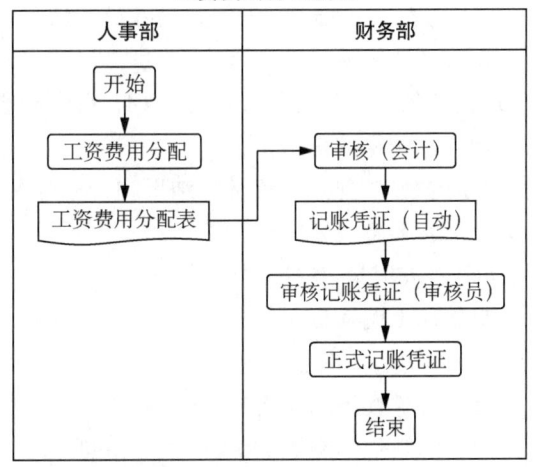

图 6-11 工资费用分配流程设计

工资发放流程的参与主体包括人事部和财务部,始于人事部,结束于财务部。首先,人事部依据薪资管理规定和员工表现,制定工资发放表;其次,由财务部的出纳审核,并自动生成记账凭证;最后,经财务主管审核形成正式的记账凭证,自此一个完整的工资发放流程就完成了,如图6-12所示。

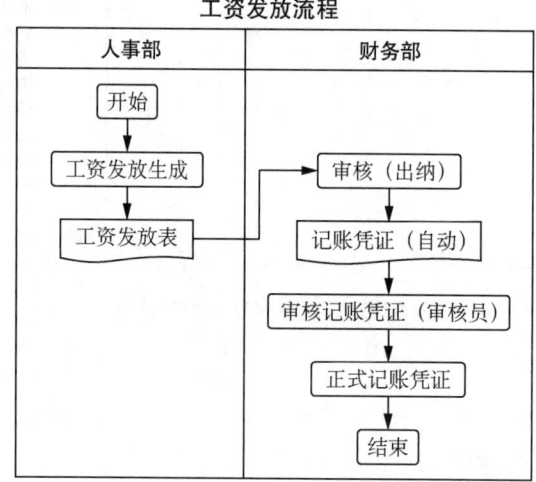

图6-12 工资发放流程设计

(四)界面设计(UI设计)

薪资管理系统的用户界面应该简洁、直观,易于使用和导航。界面设计要考虑到不同角色的用户需求,提供相应权限下可见的功能。

1. 登录页面

用户登录系统的入口,要求输入用户名和密码。

2. 员工信息管理页面

显示员工列表,支持添加、编辑和删除员工信息。

3. 工资项目设置页面

显示已设置的工资项目列表,支持添加、编辑和删除工资项目。

4. 工资计算和费用分配页面

根据设定的规则,显示工资计算结果和费用分配情况。

5. 工资发放页面

显示工资发放记录,支持发放工资。

6. 记账凭证生成页面

显示生成的记账凭证数据。

7. 人员与工资数据统计页面

显示不同人员的人事信息和工资数据信息。

总之,低代码平台简化了界面设置流程,人事档案的设计示例,界面如图6-13所示。组织可根据需求进行表头设置及字段信息的选取。当表单涉及的字段信息较多时,可采用页签将其分类,如基本信息、联系信息和工作信息等。此外,每个字段输入框大小、字体大小与颜色,系统也会自动选择并生成。

图 6-13 人事档案设计界面

需要说明的是,低代码平台下的用户界面设计已经组件化,界面元素的摆放也提供了方便快捷的方式。一般情况下可以边开发边设计。

(五) 权限设计

在权限设计中,需要定义不同角色的权限,以限制用户在系统中的操作。可能的角色包括系统管理员、人事管理员、财务管理员、普通员工等。

1. 系统管理员

具有完全的系统管理权限,可以实现系统的全部操作。

2. 人事管理员

负责员工信息的管理和工资项目的设置。

3. 财务管理员

可以查看工资记录和生成记账凭证。

4. 普通员工

可以查看个人工资明细和历史记录。

第三节　薪资管理系统开发

一、"基础数据"模块开发

"基础数据"模块开发包括"人事档案"表单开发、"工资数据表"表单开发、"会计科目"表单开发、"凭证模板"表单开发。

(一)"人事档案"表单开发

1. 开发效果

"人事档案"主要为"薪资管理系统"提供人员相关基础数据信息,该表一般由人力资源部门提供,是"人员管理系统"的主表,为体现"薪资管理系统"的完整性,将此表作为"薪资管理系统"基础表,具体示例如图 6-14 所示。

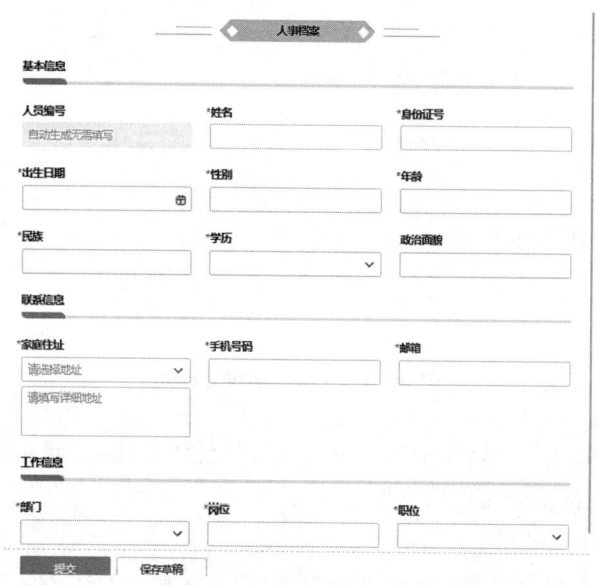

图 6-14 "人事档案"表单开发效果图

2. 开发步骤

步骤1:新建应用并命名为"薪资管理系统",并根据功能模块设计在应用下新建分组"基础设置",如图 6-15 所示。

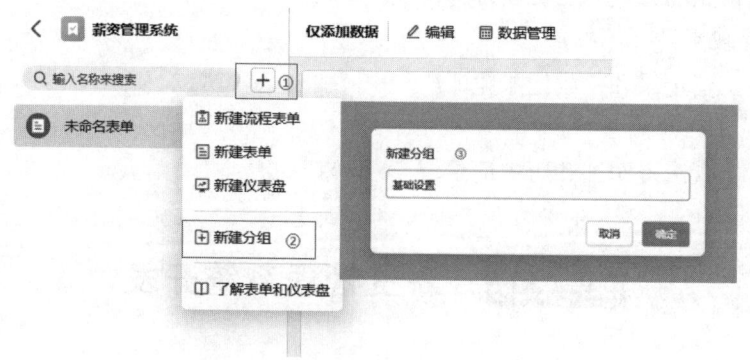

图 6-15 应用下新建分组操作界面

步骤2:在"基础设置"组别下新建普通空白表单"人事档案"。

步骤3：根据业务需求，在"基础设置"组下新建普通表单并拖拽添加表单所需字段。

步骤4：设置字段属性和表单属性，完成表单的创建。

步骤5：进行表单测试与发布。

3. 表单设计

在低代码平台中，发挥数据收集作用的就是表单。表单设计分为三部分内容，包括"添加字段""设置字段属性"以及"设置表单属性"。组织可根据自身管理需要添加相应字段，并进一步"设置字段属性"以及"设置表单属性"。

1）添加字段

字段是制作表单的必要内容，也是收集数据的核心工具。薪资管理系统中的"人事档案"包括基础字段和高级字段，基础字段包括单行文本、多行文本、数字、日期时间等，高级字段包括图片、附件、地址、定位等。在"人事档案"表单中合理使用不同类型的字段，可以让数据收集过程事半功倍。例如：

在员工的"人事档案"中，人员编号是用于唯一标识每一位员工的标识符。通过人员编号可以确保在系统中对员工进行准确的识别和区分，还可以建立员工"人事档案"与其他相关系统或表格之间的关联，实现数据的关联和共享。同时，还可以作为保护员工隐私的一种方式。

员工的人事档案表通常需要采集员工的基本信息，如姓名、身份证号、性别、年龄等。为保证采集信息的准确性，系统可设置根据录入的身份证号码自动生成出生日期、性别、年龄这三项信息。

员工家庭住址是企业与员工进行联络和通信的重要联系信息，也是企业应急管理和紧急联系的关键信息之一。另外，通过了解员工的住址，企业可以更好地规划工作地点和交通策略，提高员工的工作效率和满意度。

从字段选择区点击或拖动所需要的字段到表单设计区，就可以实现添加字段，用来收集数据和信息，如图6-16所示。

图6-16　字段选择操作界面

2) 字段关键属性设置

选中某一个字段,就可以设置字段属性。如修改字段的标题名称、添加描述信息、提示文字、设置字段校验、设置字段权限(流程表单需要在流程节点中设置)等,让数据收集更加方便。人事档案涉及的不同字段属性设置如表 6-1 所示。

表 6-1 不同字段属性设置

字段	标题	校验	字段权限	其他
分割线	人事档案	—	可见	描述信息;样式;标题颜色;主题色
分割线	基本信息	—	可见	描述信息;样式;标题颜色;主题色
流水号	人员编号	—	可见	流水号规则:提交日期+3位数字,不自动重置
单行文本	姓名	必填	可见、可编辑	默认值:自定义
单行文本	身份证号	必填	可见、可编辑	默认值:自定义;格式:身份证号码
日期时间	出生日期	必填	可见、可编辑	类型:年—月—日 默认值:公式编辑 公式:DATE(MID(身份证号,7,4),MID(身份证号,11,2),MID(身份证号,13,2))
单行文本	性别	必填	可见、可编辑	默认值:公式编辑 公式:IF(MOD(VALUE(MID(身份证号,17,1)),2)==1,"男","女")
数字	年龄	必填	可见、可编辑	格式:数值;默认值:公式编辑 公式:YEAR(DATE())−YEAR(出生日期)
单行文本	民族	必填	可见、可编辑	默认值:自定义;格式:无
下拉框	学历	必填	可见、可编辑	选项:高中、本科、硕士、博士
单行文本	政治面貌	必填	可见、可编辑	默认值:自定义;格式:无
分割线	联系信息	—	可见	描述信息;样式;标题颜色;主题色
地址	家庭住址	必填	可见、可编辑	类型:省—市—区—详细地址 默认值:自定义
单行文本	手机号码	必填	可见、可编辑	默认值:自定义;格式:手机号码
单行文本	邮箱	必填	可见、可编辑	默认值:自定义;格式:邮箱
分割线	工作信息	—	可见	描述信息;样式;标题颜色;主题色
下拉框	部门	必填	可见、可编辑	选项:行政部、财务部、采购部、销售部、仓储部
单行文本	岗位	必填	可见、可编辑	默认值:自定义;格式:无
下拉框	职位	必填	可见、可编辑	选项:经理、员工

3) 表单属性设置

进行字段属性设置后,可以进行表单属性设置。此处不可见字段赋值可以设置为"保持原值",表单布局设置为"三列",如图 6-17 所示。

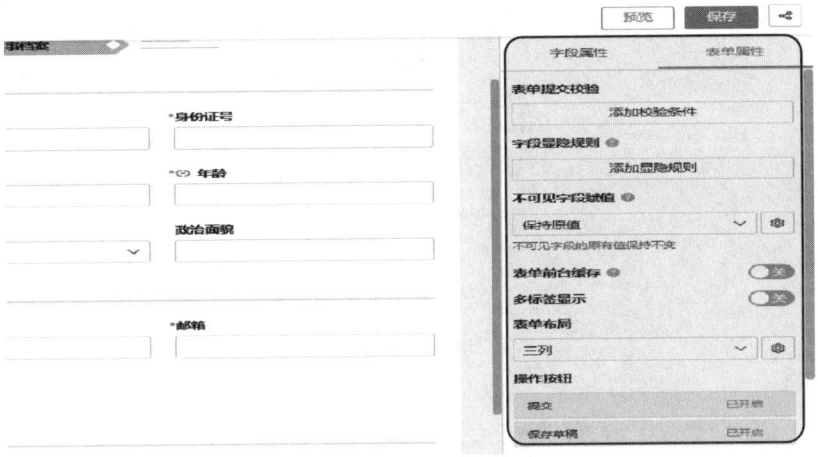

图 6-17　表单属性设置界面

4) 表单设计效果预览

表单设计完成后,可以点击"预览"查看表单的设计效果,可以边开发边设计以提高效率,减少后期改动,表单设计效果预览操作界面如图 6-18 和图 6-19 所示。

图 6-18　表单设计效果预览界面——PC 端

图 6-19　表单设计效果预览界面——手机端

4. 系统测试

系统测试板块包括单元测试、导入数据两部分内容。

1）单元测试

在表单中录入数据,点击"提交"按钮,数据保存到"数据管理"中,如图 6-20 所示。

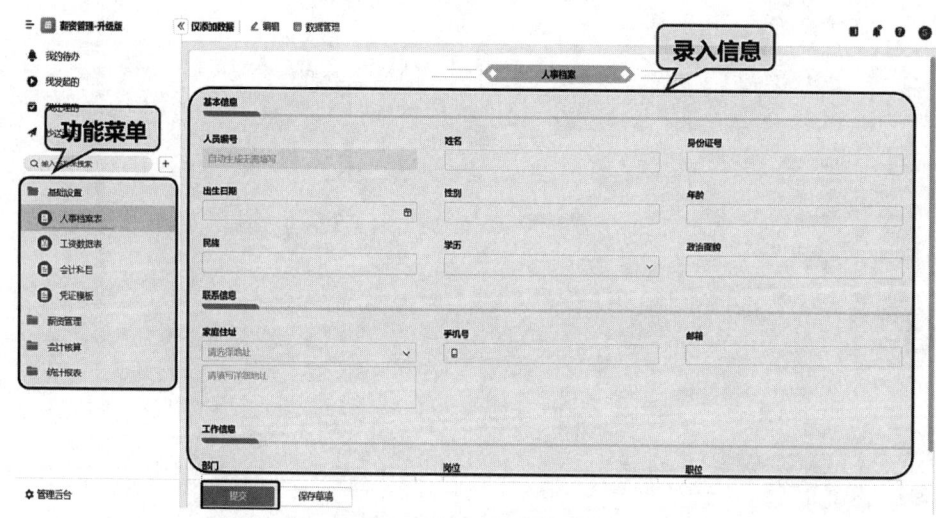

图 6-20　单元测试操作界面

2）导入数据

进入“数据管理”，将下列“人事档案”根据业务需要进行导入，如图 6-21 和图 6-22 所示。

人员编号	姓名	身份证号	出生日期	性别	年龄	民族
20230804009	张三	110234197002157020	1970-02-15	女	53	汉族
20230726008	王海	110112198012082070	1980-12-08	男	43	汉族
20230726007	张琳	220110197801022040	1978-01-02	女	45	回族
20230726006	赵宇	210228198208123050	1982-08-12	男	41	汉族
20230726005	何辉	330661198507258020	1985-07-25	女	38	汉族
20230726004	田苗	478091199012022650	1990-12-02	男	33	蒙古族
20230726003	于淼	130782198801305290	1988-01-30	男	35	汉族
20230726002	刘明	110112199301158030	1993-01-15	男	30	满族
20230726001	马洋	509781199502277260	1995-02-27	女	28	汉族

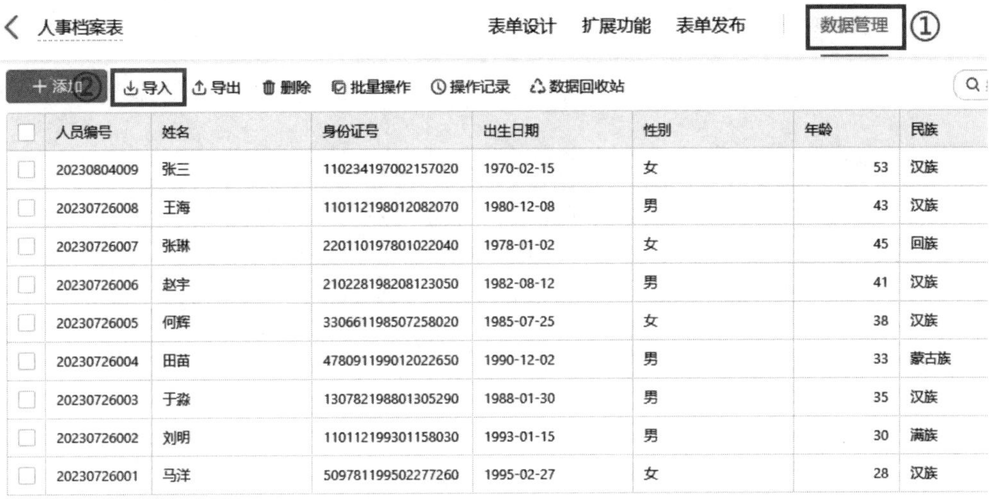

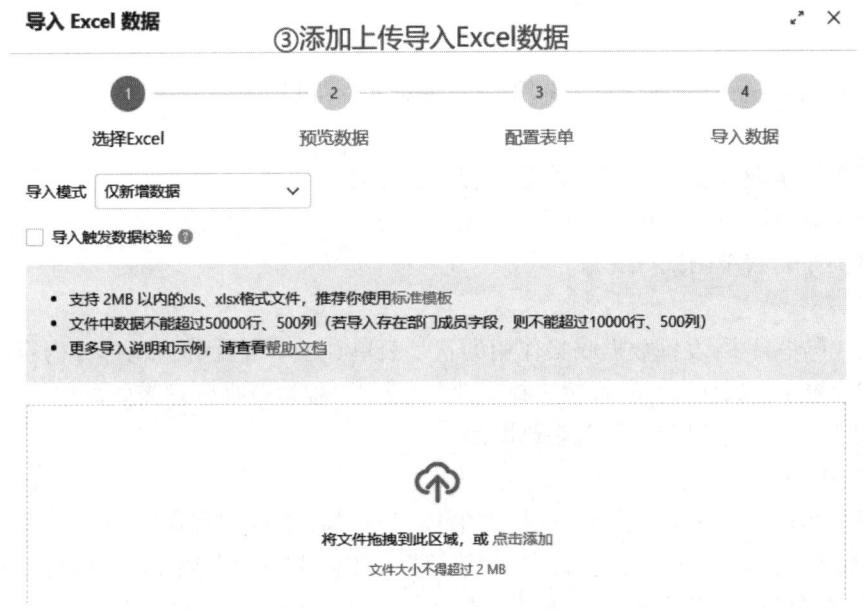

图 6-21　导入数据操作界面(1)

图 6-22　导入数据操作界面(2)

（二）“工资数据表”表单开发

1. 开发效果

“工资数据表”主要为“薪资管理系统”提供人员基础工资数据，如基本工资、岗位工资等相对固定不变的工资数据，是生成月工资数据的基础，如图 6-23 所示。

"工资数据表"与"人事档案表"为一一对应关系。

图 6-23 "工资数据表"表单开发效果

2. 开发步骤

步骤1：打开"薪资管理系统"应用，在"基础设置"组别下新建普通空白表单"工资数据表"。

步骤2：根据业务需求，在表单中添加合适的字段。

步骤3：设置字段属性和表单属性，完成表单的创建。

步骤4：进行表单测试与发布。

3. 表单设计

在低代码平台中，发挥数据收集作用的就是表单。表单设计分为三部分内容，包括"添加字段""设置字段属性"以及"设置表单属性"。公司可根据自身管理需要添加相应字段，并进一步"设置字段属性"以及"设置表单属性"。

1）添加字段

字段是制作表单的必要内容，也是收集数据的核心工具。薪资管理系统中的工资表单中，基础字段包括单行文本、多行文本、下拉框、数字、单选按钮组、日期时间、复选框组、分割线、下拉复选框、成员单选、成员多选等字段，高级字段包括图片、附件、地址、定位、子单表、查询、选择数据、按钮、文字识别、手写签名单等字段。在工资表单中合理使用不同类型的字段，可以让数据收集过程事半功倍。例如，"工资数据表"主要为"薪资管理系统"提供人员基础工资数据，如基本工资、岗位工资等相对固定不变的工资数据，是生成月工资数据的基础。其中，人员基本信息可以通过关联"人事档案"获取。组织根据业务需求，从字段选择区点击或拖动所需要的字段到表单设计区，就可以实现添加字段，用来收集数据和信息，如图 6-24 所示。

图 6-24　字段选择操作界面

2）字段关键属性设置

选中某一个字段，就可以设置字段属性。如修改字段的标题名称、添加描述信息、提示文字、设置字段校验、设置字段权限（流程表单需要在流程节点中设置）等，让数据收集更加方便。工资数据表涉及的不同字段属性设置如表 6-2 所示。

表 6-2　不同字段属性设置

字段	标题	校验	字段权限	其　　他
分割线	工资数据表	—	可见	描述信息；样式；标题颜色；主题色
分割线	人员基本信息	—	可见	描述信息；样式；标题颜色；主题色
下拉框	部门	必填	可见、可编辑	选项：关联其他表单数据 人事档案表—部门
下拉框	姓名	必填	可见、可编辑	选项：关联其他表单数据 人事档案表—姓名 过滤条件：部门=部门
单行文本	人员编号	必填	可见、可编辑	默认值：数据联动 联动设置：条件 部门=部门时触发联动 人员编号=人员编号
单行文本	岗位	必填	可见、可编辑	默认值：数据联动； 联动设置：条件 姓名=姓名时触发联动 岗位=岗位

(续表)

字段	标题	校验	字段权限	其他
分割线	基础工资数据	—	可见	描述信息；样式；标题颜色；主题色
数字	基本工资	必填	可见、可编辑	默认值：自定义 格式：数值，保留两位小数，显示千分符
数字	岗位工资	必填	可见、可编辑	
数字	交通补助	必填	可见、可编辑	
数字	其他应发	必填	可见、可编辑	

3）表单属性设置

进行字段属性设置后，可以进行表单属性设置。此处不可见字段赋值可以设置为"保持原值"，表单布局设置为"四列"，如图6-25所示。

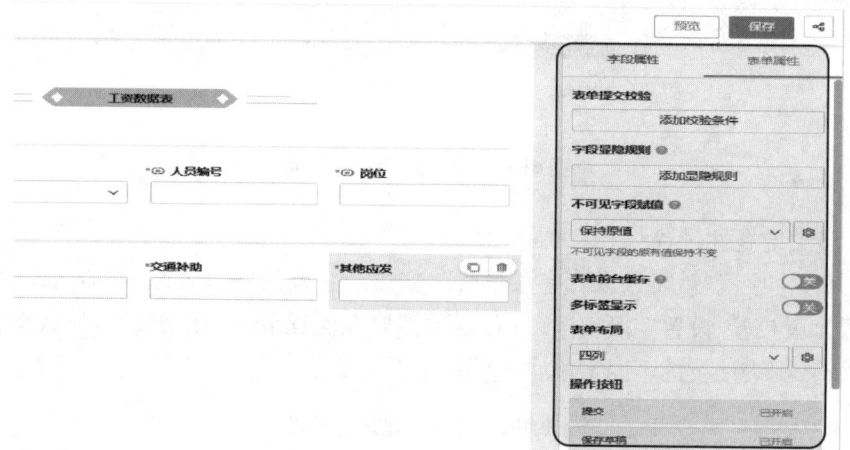

图 6-25 表单属性设置界面

4．系统测试

系统测试板块包括单元测试、导入数据两部分内容。首先，边开发边测试；其次，进行单元测试；最后，导入数据。（备注：进入"数据管理"，将 Excel "工资数据表"导入）

（三）"会计科目"表单开发

1．开发效果

设计"会计科目"数据表的主要目的是为"薪资管理系统"提供生成记账凭证所需的会计科目。此数据表设计相对简单，只涉及一级会计科目，如图6-26所示。

2．开发步骤

步骤1：打开"薪资管理系统"应用，在"基础设置"组别下新建普通空白表单"会计科目"。

步骤2：根据业务需求，在表单中添加合适的字段并进行字段属性设置。

步骤3：设置字段属性和表单属性，完成表单的创建。

步骤4：进行表单测试与发布。

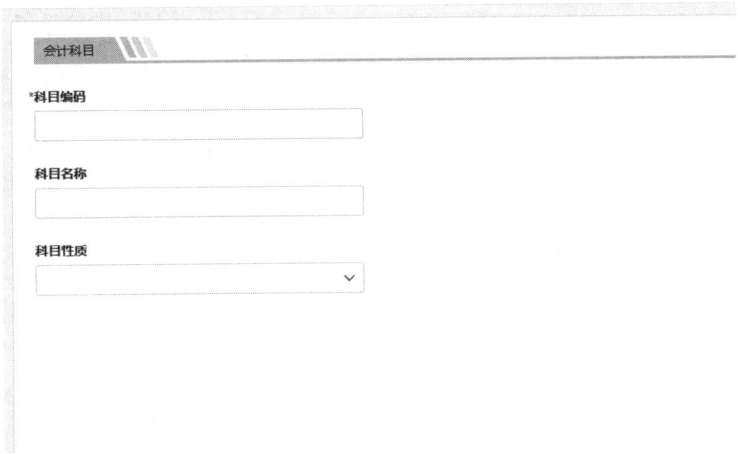

图 6-26 "会计科目"表单开发效果

3. 表单设计

1) 添加字段

当工资费用分配、工资发放等薪资业务处理完毕后,应能自动生成相应的记账凭证,这就需要设计所需的会计科目。

2) 字段关键属性设置

选中某一个字段,就可以设置字段属性。如修改字段的标题名称、添加描述信息、提示文字、设置字段校验、设置字段权限(流程表单需要在流程节点中设置)等,让数据收集更加方便。"会计科目"表单涉及的不同字段属性设置如表 6-3 所示。

表 6-3 不同字段属性设置

字段	标题	校验	字段权限	其他
分割线	会计科目	—	可见	描述信息;样式;标题颜色;主题色
单行文本	科目编码	必填、不允许重复值	可见、可编辑	默认值:自定义;格式:无
单行文本	科目名称	必填、不允许重复值	可见、可编辑	默认值:自定义;格式:无
下拉框	姓名	必填	可见、可编辑	选项:资产类、负债类、成本类、权益类、损益类

3) 表单属性设置

进行字段属性设置后,可以进行表单属性设置。此处不可见字段赋值可以设置为"保持原值",表单布局设置为"单列",表单属性设置操作界面如图 6-27 所示。

4. 系统测试

系统测试板块包括单元测试、导入数据两部分内容。首先,边开发边测试;其次,进行单元测试;最后,点击进入"数据管理",将 Excel"附件 4_会计科目"导入。

图 6-27　表单属性设置界面

(四)"凭证模板"表单开发

1. 开发效果

"凭证模板"表单针对薪资管理系统中两个主要业务(工资费用分配、工资发放)来设置对应的凭证模板。业财一体化(业财融合)信息系统的最大特点是业务驱动财务(即业务发生完毕自动生成相应的记账凭证)。目前这种自动化操作主要是基于规则的自动化,即把每个业务对应的记账凭证模板设计出来,当业务发生完毕,通过模板自动驱动生成相应的记账凭证。

举例:工资发放业务经会计主管审核后,自动生成会计分录。

借:银行存款

　　贷:主营业务收入(XX门店)

"凭证模板"表单开发效果如图 6-28 所示。

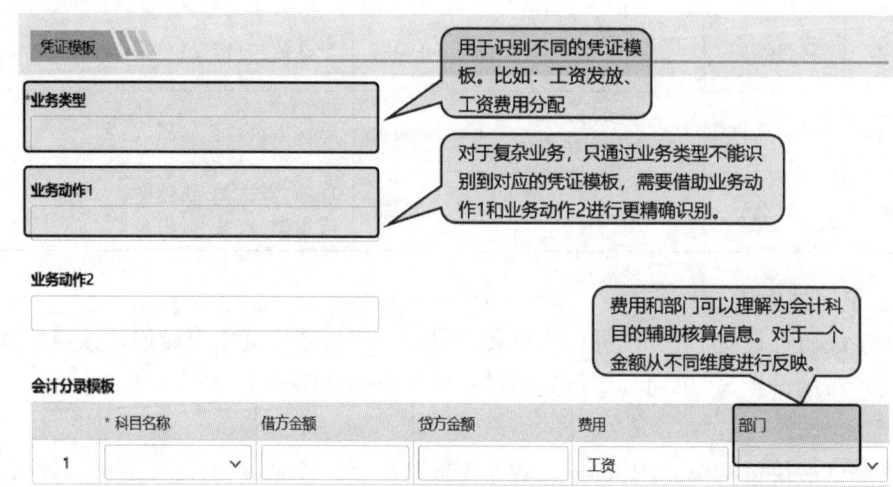

图 6-28　"凭证模板"表单开发效果

2. 开发步骤

步骤1：在"薪资管理系统"应用中的"基础设置"组下新增空白普通表单"凭证模板"。

步骤2：拖拽添加表单所需字段。

步骤3：设置字段属性和表单属性，完成表单的创建。

步骤4：进行表单测试与发布。

3. 表单设计

1）添加字段

此表单下的字段通常包括业务类型、凭证模板、科目名称、金额及部门等。

在企业的日常经营活动中，不同的业务类型会涉及不同的会计凭证模板。对于复杂业务，只通过业务类型不能识别到对应的凭证模板，还需要借助业务动作进行更精确的识别。一个完整的会计分录通常包括借贷方、科目名称、金额。企业为了进行成本控制分析、预算管控等，凭证模板中通常设置费用归属部门这一辅助核算项。

2）字段关键属性设置

"凭证模板"表单开发涉及的不同字段属性设置如表6-4所示。

表6-4 不同字段属性设置

字段	标题	校验	字段权限	其他
分割线	凭证模板	—	可见	描述信息；样式；标题颜色；主题色
单行文本	业务类型	必填	可见、可编辑	默认值：自定义；格式：无
单行文本	业务动作1	—	可见、可编辑	默认值：自定义；格式：无
单行文本	业务动作2	—	可见、可编辑	默认值：自定义；格式：无
子表单	会计分录模板	必填	可见、可编辑	默认值：自定义 可编辑：可新增、可编辑已有记录
下拉框	科目名称	必填	可见、可编辑	选项：关联其他表单数据 会计科目—科目名称
数字	借方金额	必填	可见、可编辑	默认值：自定义 格式：数值，保留两位小数，显示千分符
数字	贷方金额	必填	可见、可编辑	
单行文本	费用	必填	可见、可编辑	默认值：自定义—工资 格式：无
下拉框	部门	必填	可见、可编辑	选项：关联其他表单数据 人事档案表—部门

3）表单属性设置

进行字段属性设置后，可以进行表单属性设置。此处不可见字段赋值可以设置为"保持原值"，表单布局设置为"单列"，如图6-29所示。

4. 系统测试

首先，边开发边测试；其次，进行单元测试；最后，点击进入"数据管理"，将Excel"附件

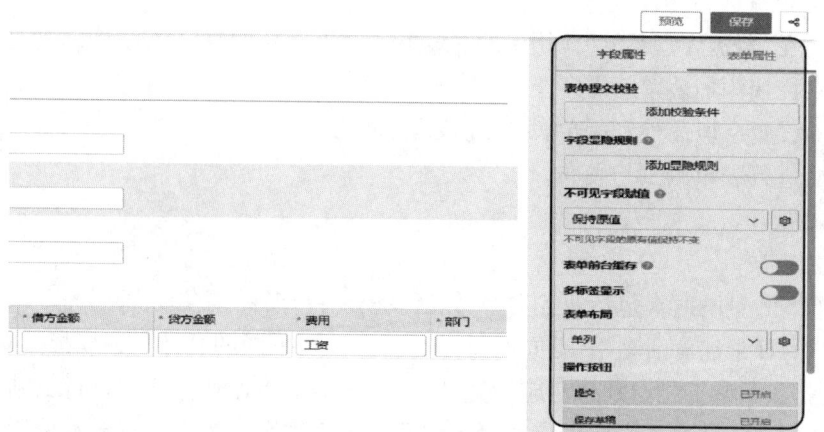

图 6-29 "凭证模板"表单开发效果

5_凭证模板"导入。

二、"薪资管理"模块开发

"薪资管理"模块开发包括"月工资数据生成"表单开发、"月工资数据维护"仪表盘开发、"工资费用分配"流程开发、"工资发放"流程开发。

(一)"月工资数据生成"表单开发

1. 开发效果

"月工资数据生成"表单的作用是快速生成当月工资表。其实现过程是:选择年月后,从基础工资数据表中选取全部员工的基础数据(员工基本信息+基础工资数据),然后补充病事假天数等数据,设置相应的计算公式,快速生成完整的工资表,开发效果如图 6-30 所示。

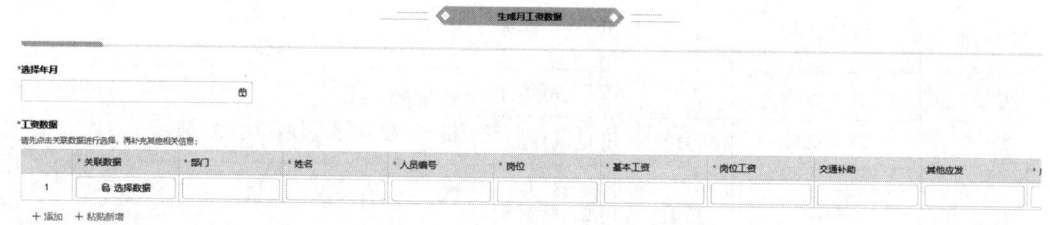

图 6-30 "月工资数据生成"表单开发效果

2. 开发步骤

步骤 1:在"薪资管理系统"应用下新建分组"薪资管理",并在该组别下新建普通空白表单"月工资数据生成"。

步骤 2:拖拽添加表单所需字段。

步骤 3:设置字段属性和表单属性,完成表单的创建。

步骤 4:进行表单测试与发布。

3. 表单设计

1）选择字段

为满足管理需要，符合法律法规的要求，需标识工资表所属的月份。一份完整的工资表通常包括员工的基本信息、工资项目、工资汇总、扣款和补贴明细等。其中，员工的基本信息及固定的工资项目数据可以关联"工资数据表"填充到月工资表中。在系统中生成月工资数据表时，先点击关联数据进行选择，再补充其他相关信息即可。工资表中的应发合计、扣款明细等字段均可根据设置的公式快速计算出结果，保证了工资表的准确性。

2）字段关键属性设置

"月工资数据生成"表单开发涉及的不同字段属性设置，如表6-5所示。

表6-5　不同字段属性设置

字段	标题	校验	字段权限	其他
分割线	生成月工资数据	—	可见	描述信息；样式；标题颜色；主题色
分割线	不显示标题	—	可见	描述信息；样式；标题颜色；主题色
日期时间	选择年月	必填	可见、可编辑	默认值：自定义；类型：年—月
子表单	工资数据	必填	可见、可编辑	默认值：自定义 描述信息：请先点击"关联数据"进行选择，再补充其他相关信息
关联数据	关联数据	必填	可见、可编辑	关联表单：工资数据表 选择数据时的显示字段：部门、姓名、人员编号、岗位、基本工资…… 数据填充规则：详见图6-31
单行文本	部门/姓名	必填	可见、可编辑	默认值：自定义 格式：无 根据"关联数据"字段设置的填充规则自动填充
单行文本	人员编号	必填	可见、可编辑	
单行文本	岗位	必填	可见、可编辑	
数字	基本工资	必填	可见、可编辑	默认值：自定义 格式：数值，保留两位小数，显示千分符 根据"关联数据"字段设置的填充规则自动填充
数字	岗位工资	必填	可见、可编辑	
数字	交通补助	—	可见、可编辑	
数字	其他应发		可见、可编辑	
数字	应发合计	必填	可见、可编辑	默认值：公式编辑 公式=基本工资+岗位工资+交通补助+其他应发
数字	事假天数		可见、可编辑	默认值：自定义；格式：数值
数字	事假扣款	—	可见、可编辑	格式：数值，保留两位小数，显示千分符 默认值：公式编辑 公式：事假天数*100

(续表)

字段	标题	校验	字段权限	其他
数字	病假天数	—	可见、可编辑	默认值:自定义;格式:数值
数字	病假扣款	—	可见、可编辑	格式:数值,保留两位小数,显示千分符 默认值:公式编辑 公式:事假天数*50
数字	应付合计	必填	可见、可编辑	格式:数值,保留两位小数,显示千分符 默认值:公式编辑 公式＝应发合计－事假扣款－病假扣款
数字	养老保险	必填	可见、可编辑	格式:数值,保留两位小数,显示千分符 默认值:公式编辑 公式＝(基本工资＋岗位工资)*8%
数字	医疗保险	必填	可见、可编辑	格式:数值,保留两位小数,显示千分符 默认值:公式编辑 公式＝(基本工资＋岗位工资)*2%
数字	失业保险	必填	可见、可编辑	格式:数值,保留两位小数,显示千分符 默认值:公式编辑 公式＝(基本工资＋岗位工资)*0.002
数字	住房公积金	必填	可见、可编辑	格式:数值,保留两位小数,显示千分符 默认值:公式编辑 公式＝(基本工资＋岗位工资)*12%
数字	税前工资	必填	可见、可编辑	格式:数值,保留两位小数,显示千分符 默认值:公式编辑 公式＝应付合计－养老保险－医疗保险－失业保险－住房公积金
数字	个人所得税	必填	可见、可编辑	格式:数值,保留两位小数,显示千分符 默认值:公式编辑 公式设置详见图6-30
数字	其他扣款	—	可见、可编辑	格式:数值,保留两位小数,显示千分符 默认值:公式编辑 默认值:自定义
数字	扣款合计	必填	可见、可编辑	格式:数值,保留两位小数,显示千分符 默认值:公式编辑 公式＝养老保险＋医疗保险＋失业保险＋住房公积金＋个人所得税＋其他扣款
数字	实发合计	必填	可见、可编辑	格式:数值,保留两位小数,显示千分符 默认值:公式编辑 公式＝应付合计－扣款合计

表 6-5 中"关联数据"字段的填充规则设置如图 6-31 所示。

图 6-31 "关联数据"字段填充规则

表 6-5 中"关联数据"字段的填充规则设置如图 6-32 所示。

图 6-32 个人所得税公式

3) 表单属性设置

进行字段属性设置后,可以进行表单属性设置。此处不可见字段赋值可以设置为"保持原值",表单布局设置为"双列",如图 6-33 所示。

4. 系统测试

先边开发边测试,再进行单元测试。

图 6-33 表单属性设置界面

(二)"月工资数据维护"仪表盘开发

1. 开发效果

"月工资数据维护"功能是对当月生成的工资数据进行增加、修改、删除等操作。例如，补充录入考勤信息，个别工资数据修改，临时性工资数据变动等，如图 6-34 所示。

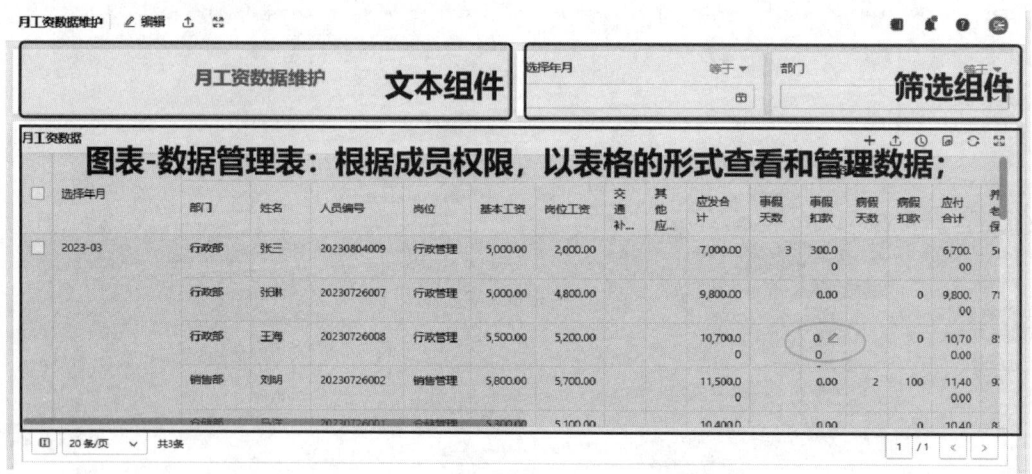

图 6-34 "月工资数据维护"仪表盘开发效果

对于工资数据维护有两种方式可以实现：

（1）由管理员在数据管理表的数据源所对应的"数据管理"后台维护后端，如图 6-35 所示。

（2）由相应权限的操作员人员在前端，通过仪表盘中的图表—数据管理表的功能来实现,如图 6-36 所示。

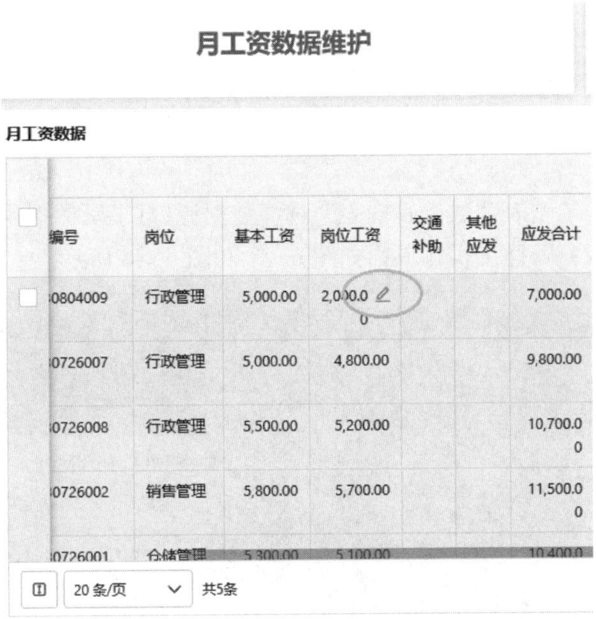

图 6-35 工资数据维护实现方式(1)

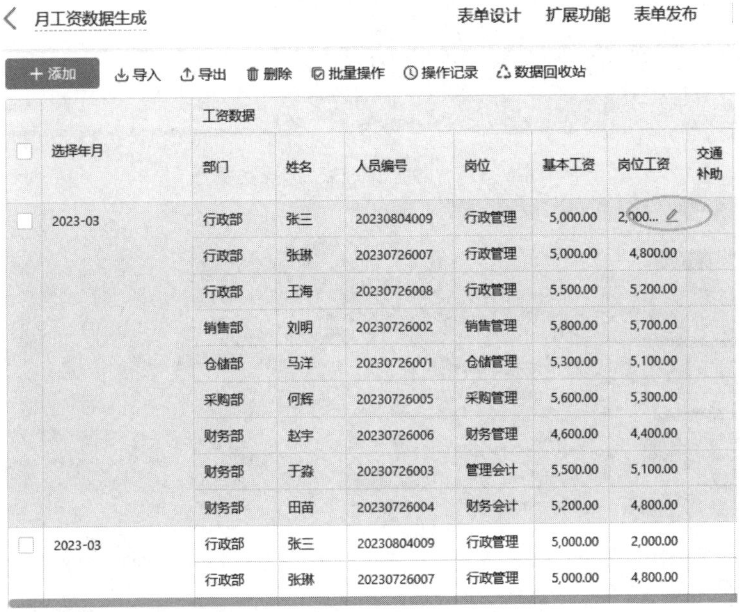

图 6-36 工资数据维护实现方式(2)

2. 开发步骤

步骤 1:打开"薪资管理系统"应用,在"薪资管理"组别下新建仪表盘。

步骤2:根据业务需求设计开发仪表盘。

步骤3:仪表盘发布。

3. 关键步骤操作详解

第一步,选择"文本组件",编辑内容"与工资数据维护",并进行相关文本内容及组件布局设置。为方便"月工资数据维护"仪表盘对生成的工资数据进行管理,通常设置按时间或部门来查询信息。

第二步,依次选择"图表""数据管理表""选择数据源(月工资数据生成)""权限配置""选择过滤条件(无)""保存",详细操作界面如图6-37和图6-38所示。

图6-37 "数据管理表"选择数据源

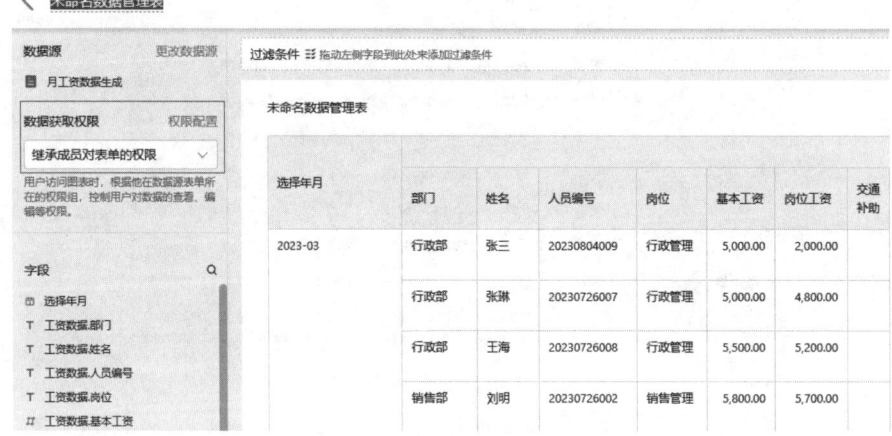

图6-38 "数据管理表"权限配置

第三,选择"筛选组件"并进行设置。首先选择需要筛选的图表,如月工资数据管理表,再选择筛选字段,如年月,最后进行相应的设置,如图6-39所示。

图6-39 设计筛选组件操作界面

4. 仪表盘发布

点击"仪表盘发布",选择"对成员发布"后根据实际业务需求设置扩展功能以及添加成员即可,如图6-40所示。

图6-40 仪表盘发布界面

(三)"工资费用分配"流程开发

1. 开发效果

"工资费用分配"数据经过审核审批后,生成记账凭证,记账凭证经过审核后就可以记入凭证库了。"月工资数据生成"表单开发效果如图6-41所示。

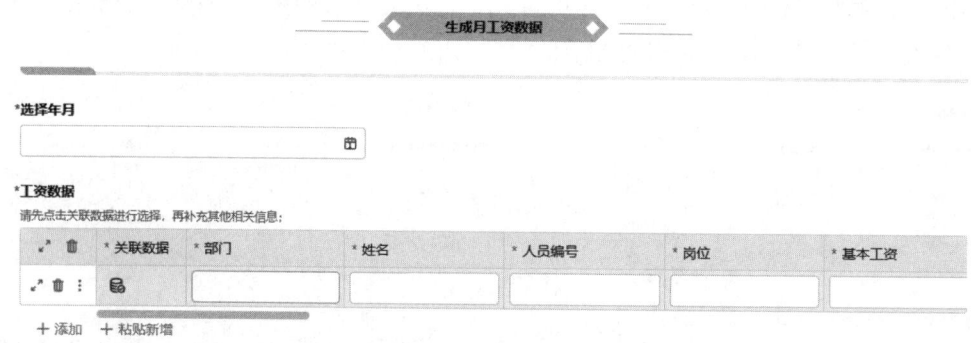

图 6-41 "月工资数据生成"表单开发效果

本流程表单设计要点：

(1) 工资费用分配需要将应付工资按部门进行汇总,简道云平台中,有三种方法实现分类汇总：①聚合表；②数据工厂；③子表单中设置复杂公式。

(2) 设计流程时,需要调用会计凭证子流程。因此在开发时,应先实现功能模块三：会计核算—会计凭证。

2. 开发步骤

步骤1：在"薪资管理系统"应用中的"薪资管理"组下新增流程表单"工资费用分配"表。

步骤2：在"管理后台"完成"工资数据聚合表"的设计开发。

步骤2.1：进入"薪资管理系统"应用中的"管理后台",点击高级功能—聚合表。

步骤2.2：新建聚合表,命名为"工资数据聚合表"。

步骤2.3：选择数据源。

步骤2.4：添加行表头—部门。

步骤2.5：指标设置。

指标1：应付合计＝【工资数据.应付合计】

指标2：实发合计＝【工资数据.实发合计】

(指标目前仅支持汇总指标,即可得到借款、还款、报销冲抵的汇总数据)

步骤2.6：保存设置。

步骤3：拖拽添加表单所需字段；设置字段属性和表单属性,完成"工资费用分配"表单的设计开发。

步骤4：完成"会计核算"模块三的"会计凭证"流程表单的开发。

步骤5：根据业务需求,设置工资费用分配审批流程图。

步骤6：根据流程图在流程设定页面添加流程节点、配置连接线及调整流程布局；配置各节点属性。

步骤7：设置流程属性。

步骤8：启用并测试流程。

步骤9：发布流程,使其在实际环境中生效。

3. 聚合表设计开发

工资费用分配需要将应付工资按部门进行汇总,本案例使用聚合表实现对数据的分类汇总,在"管理后台"完成"工资数据聚合表"的设计开发,详细操作步骤如图 6-42 所示。

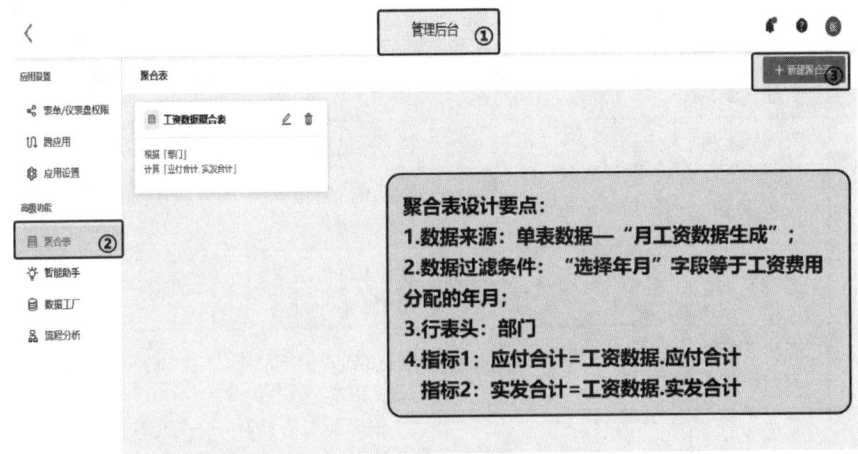

图 6-42　聚合表设计开发步骤

"工资数据"聚合表效果展示如图 6-43 所示。

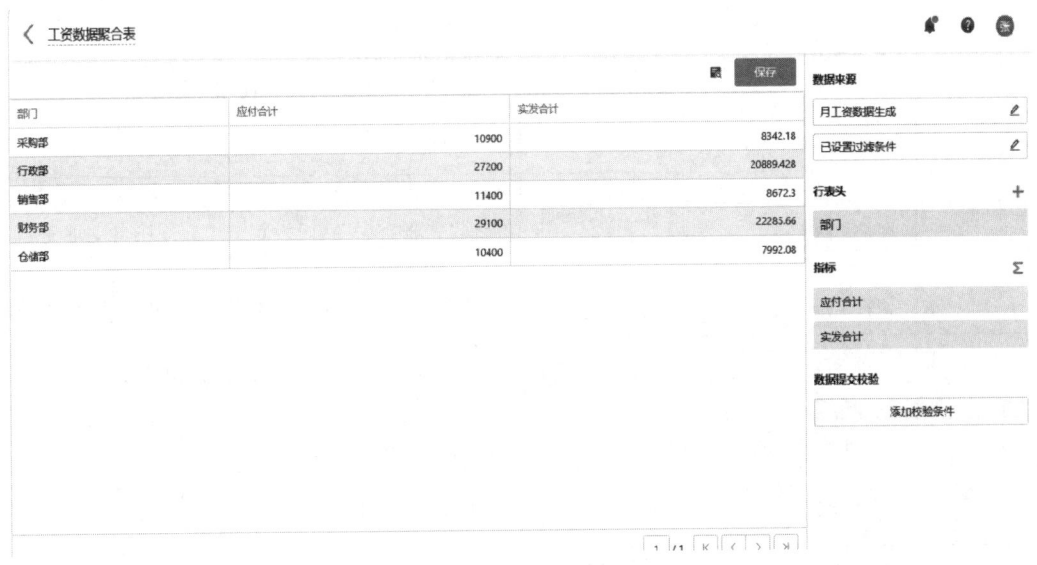

图 6-43　聚合表效果展示

4. 表单设计—字段关键属性设置

在做工资费用分配表关联数据前,需要将工资数据聚合表的过滤条件设置为和所选月份工资费用分配所属期一致。这一操作至关重要,需要在操作前着重提醒。工资费用分配表通常包括每个部门的应付工资合计及实发工资合计。应付工资和实发工资合计数可以通过关联"工资数据聚合表"获取。工资费用分配流程开发涉及的不同字段属性设置如表 6-6 所示。

表 6-6 不同字段属性设置

字段	标题	校验	字段权限	其他
分割线	工资费用分配	—	可见	描述信息;样式;标题颜色;主题色
分割线	不显示标题	—	可见	描述信息;样式;标题颜色;主题色
单行文本	业务类型	必填	可见、可编辑	默认值:自定义—工资费用分配 格式:无
日期时间	选择年月	必填	可见、可编辑	默认值:自定义 类型:年—月
数字	应付工资合计①	必填	可见、可编辑	默认值:公式编辑;格式:数值,保留两位小数,显示千分符
数字	实发工资合计②	必填	可见、可编辑	① SUM(工资费用分配表.应付工资) ② SUM(工资费用分配表.实发工资)
子表单	工资费用分配表	必填	可见、可编辑	默认值:自定义
关联数据	关联数据(子字段)	必填	可见、可编辑	关联表:工资数据聚合表 选择时的显示字段:部门、应付合计、实发合计 数据填充规则: ① 部门=工资费用分配表.部门 ② 应付合计=工资费用分配表.应付合计 ③ 实发合计=工资费用分配表.实发合计
单行文本	部门(子字段)	必填	可见、可编辑	默认值:自定义;格式:无 根据"关联数据"字段设置的填充规则自动填充
数字	应付合计(子字段)	必填	可见、可编辑	默认值:自定义;格式:数值,保留两位小数、显示千分符
数字	实发合计(子字段)	必填	可见、可编辑	根据"关联数据"字段设置的填充规则自动填充
分割线	不显示标题	—	可见	描述信息;样式;标题颜色;主题色
单选按钮组	财务审批	—	可见、可编辑	选项:同意、不同意
单行文本	审批意见	—	可见、可编辑	默认值:自定义;格式:无
分割线	不显示标题	—	可见	描述信息;样式;标题颜色;主题色
子表单	关联凭证	必填	可见、可编辑	默认值:数据联动 数据联动规则设置如图 6-38 所示
单行文本	摘要(子字段)	必填	可见、可编辑	默认值:公式编辑;格式:无 公式:=业务类型

(续表)

字段	标题	校验	字段权限	其他
单行文本	科目名称	必填	可见、可编辑	格式:无 根据"关联凭证"子表单数据联动规则设置联动显示
数字	借方金额	必填	可见、可编辑	默认值:数据联动 联动表单:工资数据聚合表 过滤条件:部门＝关联凭证.部门 触发联动:(当前表单)关联凭证.借方金额＝(联动表单)应付合计
数字	贷方金额	必填	可见、可编辑	默认值:公式编辑 公式:IF(关联凭证.科目名称=="应付职工薪酬",应付工资合计,"")
单行文本	费用、部门	必填	可见、可编辑	格式:无 根据"关联凭证"子表单数据联动规则设置联动显示

选择工资费用分配的所属期后,系统将自动获取相关数据并根据凭证模板联动显示对应的会计凭证。数据联动规则设置如图 6-44 所示。

图 6-44　子表单"关联凭证"数据联动规则设置

5."工资费用分配"流程设定

设置"工资费用分配"为流程发起节点,"财务审批"为流程节点,"生成工资费用分配"为子流程节点,"流程结束"为"流程结束节点,如图 6-45 所示。

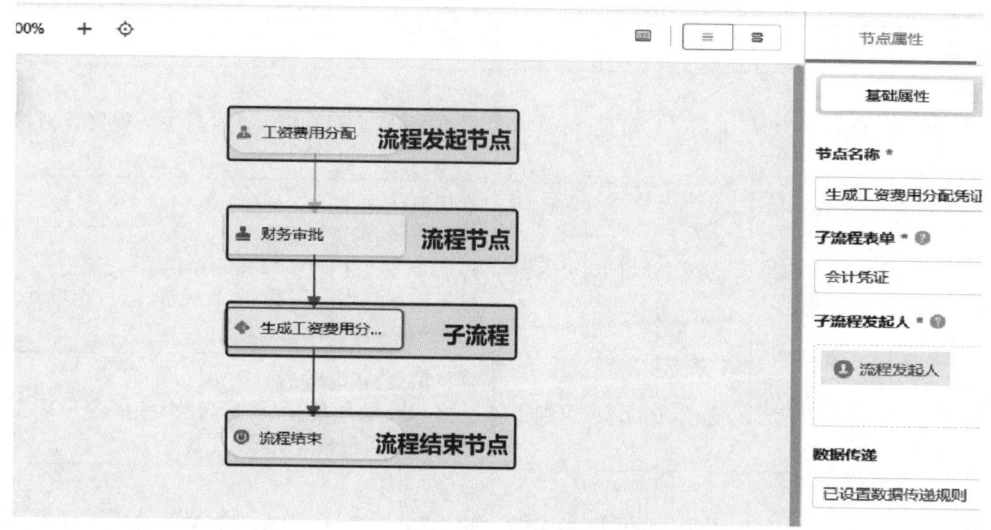

图6-45 "工资费用分配"流程设定

6. "工资费用分配"流程节点属性设置

1) "工资费用分配"发起节点属性设置

字段权限设置：除"财务审批""审批意见"字段外，全选字段设置为"可见"，可编辑"业务类型、选择年月、工资费用分配表"字段设置为"可编辑"；自选字段设置为"简报"。

节点操作：开启"提交"与"保存草稿"操作权限。

节点提交条件：设置为"所有数据均可提交"。

2) "财务审批"节点属性设置

节点负责人：选择会计人员。

字段权限：全选字段设置为"可见"；"财务审批、审批意见"节点设置为"可编辑"；自选字段设置为"简报"。

审批意见：均选择未开启。

节点操作：开启"提交"与"暂存"操作权限。

节点提交条件：设置为"所有数据均可提交"。

流转规则：设置为"任意负责人提交后进入下一节点"。

节点限时处理：设置"限时处理"，流程到达节点4小时截止，超时当时自动提醒节点负责人。

3) "生成工资费用分配凭证"子流程节点属性设置

为初步实现企业的业财一体化，工资费用分配流程完成审批后可自动发起生成会计凭证的流程，流程发起人同工资费用分配流程发起人。

子流程表单：选择"会计凭证"表单。

子流程发起人：流程发起人。

数据传递规则：父流程 ⟶ 子流程，如图6-46所示。

图 6-46　子流程数据传递规则设置

流转规则：设置为"子流程结束后进入下一节点"。

子流程发起后自动提交：设置为"开启"。

注意：

（1）若子流程的发起人为多个，则创建多个子流程，每个子流程对应一个发起人。所有子流程都流转结束后，即父流程的子流程节点处理完成。

（2）开启子流程自动提交后，流转至子流程节点时，将自动为发起人创建流程并提交，直接进入后续节点；关闭时，仅为发起人创建待办，停留在发起节点。

7. "工资费用分配"启用流程及表单发布

对"工资费用分配"表进行流程设定，启用流程并测试流程。点击"表单发布"，选择"对成员发布"然后添加成员即可，表单启用流程及发布界面如图 6-47 所示。

8. 流程测试

首先，边开发边测试；其次，进行单元测试，按照"工资费用分配"流程表单设定好的流程提交数据，依次完成审批；最后，在模块三——会计核算"会计凭证"的"数据管理"中查看已生成的凭证信息。（备注："会计凭证"流程表单的开发见模块三内容的介绍）

（四）"工资发放"流程开发

1. 开发效果

"工资发放"流程表单功能也是薪资管理系统体现业财融合的重要内容。工资发放数据经过审核审批后，生成记账凭证，记账凭证经过审核后就可以记入凭证库了，开发效果如图 6-48 所示。

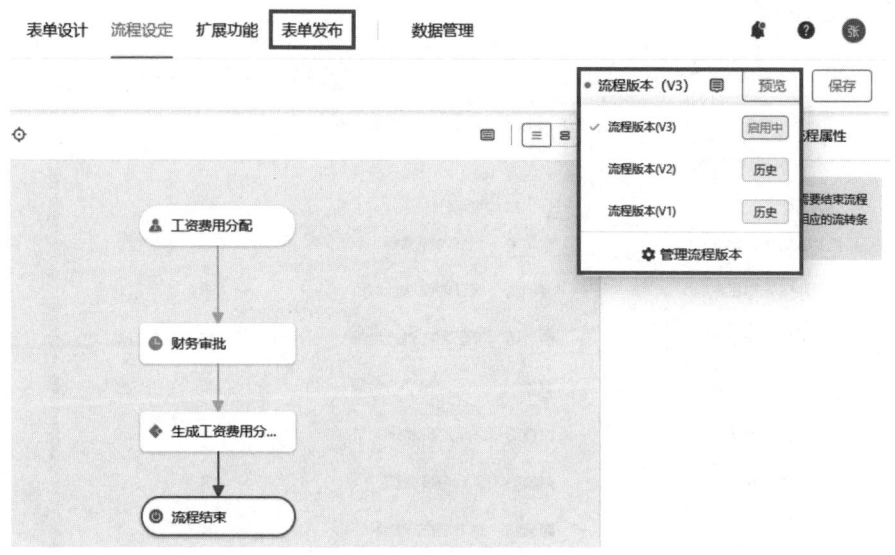

图 6-47 表单发布界面

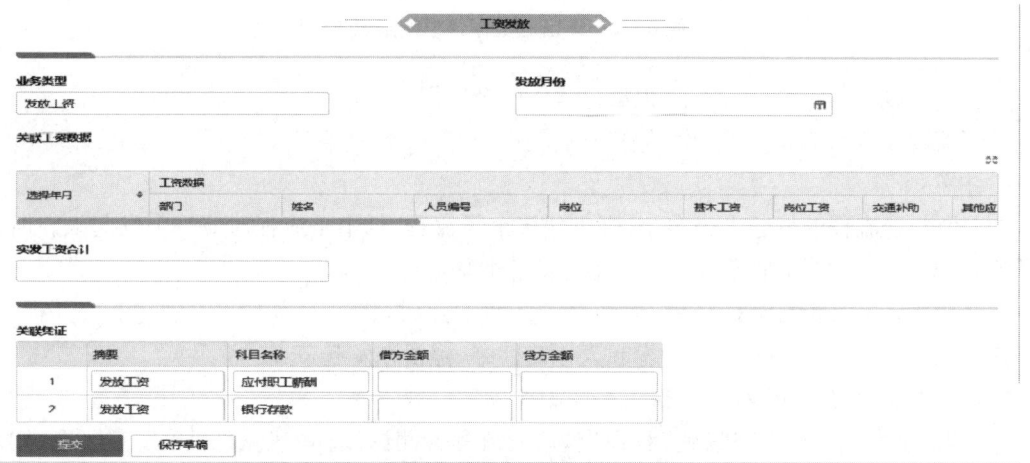

图 6-48 "工资发放"流程开发效果

本流程表单设计要点：

(1) 根据选择的月份,可以关联查询个人工资明细数据。

(2) 设计流程时,需要调用会计凭证子流程。因此,在开发时,应先实现功能模块三：会计核算—会计凭证。

备注:在"工资费用分配"流程设计阶段已经完成了模块三中"会计凭证"流程的设计。

2. 开发步骤

步骤1:在"薪资管理系统"应用中的"薪资管理"组下新增流程表单"工资发放"表。

步骤2:拖拽添加表单所需字段。

步骤3:设置字段属性和表单属性,完成"工资发放"表单的设计开发。

步骤4:对"工资发放"表进行流程设定。
步骤5:启用流程并测试流程。

3. 表单设计

1) 字段关键属性设置

"工资发放"流程开发涉及的不同字段属性设置如表6-7所示。

表6-7 不同字段属性设置

字段	标题	校验	字段权限	其他
分割线	工资发放	—	可见	描述信息;样式;标题颜色;主题色
分割线	不显示标题	—	可见	描述信息;样式;标题颜色;主题色
单行文本	业务类型	必填	可见、可编辑	默认值:自定义—发放工资 格式:无
日期时间	发放月份	必填	可见、可编辑	默认值:自定义;类型:年—月
关联查询	关联工资数据	必填	可见、可编辑	关联表:月工资数据生成 显示字段:全选(根据需要选择即可) 过滤条件:选择年月=发放月份 显示数据条数:多条 关联表操作:不允许新增关联表数据
数字	实发工资合计	必填	可见、可编辑	格式:数值,保留两位小数,显示千分符 默认值:数据联动 联动表单:工资费用分配 过滤条件:选择年月=发放月份 触发联动:(当前表单)实发工资合计=(联动表单)实发工资合计
分割线	不显示标题	—	可见	描述信息;样式;标题颜色;主题色
子表单	关联凭证	—	可见、可编辑	默认值:数据联动;联动表单:凭证模板 过滤条件:业务类型=业务类型 触发联动:(当前表单)关联凭证=(联动表单)会计分录模板 子字段"科目名称"显示为"科目名称"的值
单行文本	摘要	必填	可见、可编辑	默认值:公式编辑;格式:无 公式:=业务类型
单行文本	科目名称	必填	可见	默认值:以子表单联动为准,不支持设置默认值;格式:无
数字	借方金额	—	可见、可编辑	默认值:公式编辑 公式:IF(关联凭证.科目名称=="应付职工薪酬",实发工资合计,"")
数字	贷方金额	—	可见、可编辑	默认值:公式编辑 公式:IF(关联凭证.科目名称=="银行存款",实发工资合计,"")

2) 表单属性设置

进行字段属性设置后,可以进行表单属性设置。此处不可见字段赋值可以设置为"保持原值",表单布局设置为"双列",如图6-49所示。

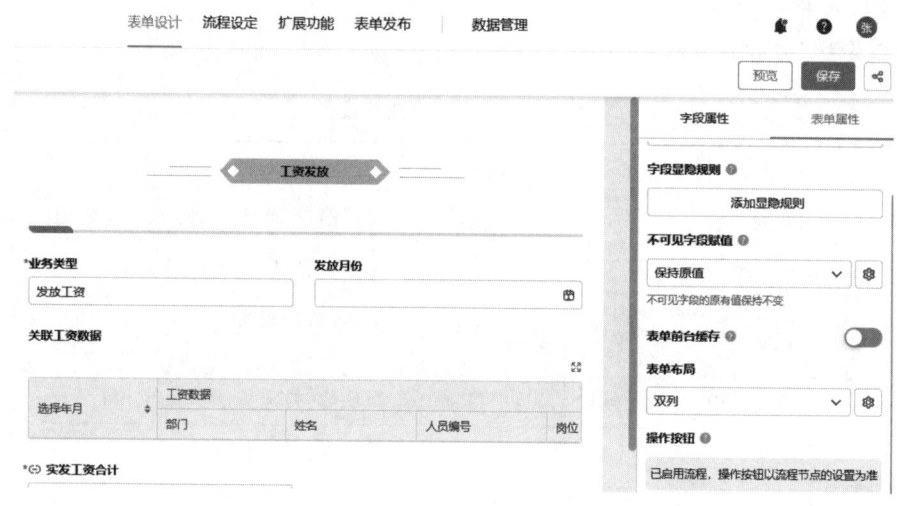

图6-49 表单属性设置

4. "工资发放"流程设定

设置"工资发放"为流程发起节点,"发放审批"为流程节点,"生成工资发放凭证"为子流程,"流程结束"为流程结束节点,具体如图6-50所示。

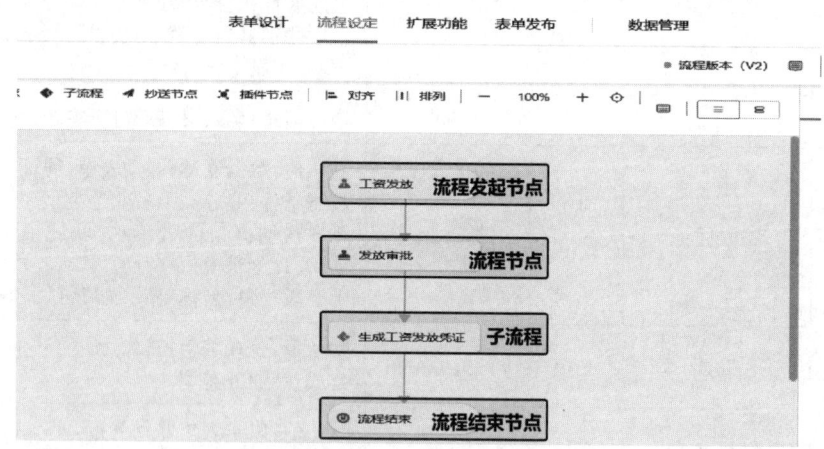

图6-50 流程设定界面

5. 流程节点属性设置

1) "工资发放"发起节点属性设置

字段权限设置:全选字段设置为"可见"与"可编辑";自选字段设置为"简报"。

节点操作:开启"提交"与"保存草稿"操作权限。

节点提交条件:设置为"所有数据均可提交"。

2)"发放审批"节点属性设置

节点负责人:根据业务需求,选择审批人员。

字段权限:全选字段设置为"可见";全未选字段设置为"可编辑";自选字段设置为"简报"。

审批意见:"文本意见"选择"开启","校验"选择"必填","显示内容"选择"输入框及快捷选项"。

节点操作:开启"提交"与"暂存"操作权限。

节点提交条件:设置为"所有数据均可提交"。

流转规则:设置为"任意负责人提交后进入下一节点"。

节点限时处理:设置"限时处理",流程到达节点 4 小时截止,超时当时自动提醒节点负责人。

3)"生成工资发放凭证"子流程节点属性设置

子流程表单:选择"会计凭证"表单。

子流程发起人:选择流程发起人。

数据传递规则:设置数据传递规则为"父流程 ⟶ 子流程",如图 6-51 所示。

图 6-51 数据传递规则

6. 启用流程及表单发布

对"工资发放"表进行流程设定,启用流程并测试流程。流程设计好后,点击"表单发布",选择"对成员发布",然后添加成员即可,如图 6-52 所示。

7. 流程测试

首先,边开发边测试;其次,进行单元测试,按照"工资发放"流程表单设定好的流程提交数据,依次完成审批;最后,在模块三——会计核算"会计凭证"的"数据管理"中查看已生成的凭证信息。

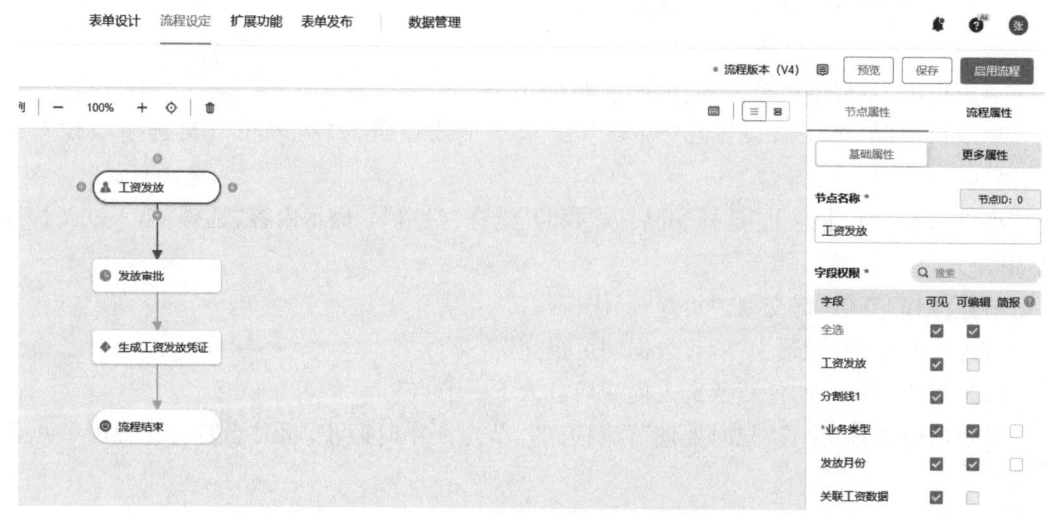

图 6-52　启用流程及表单发布

三、"会计核算"模块开发——"会计凭证"流程表单开发

（一）开发效果

"会计凭证"流程表单主要用于接收"薪资管理"模块工资费用分配和工资发放业务完成后自动生成的记账凭证。当然，此功能也可以手动添加凭证。

"会计凭证"流程表单样式与普通记账凭证相似。凭证头部分包括凭证编号、凭证日期和凭证类别三部分。凭证体部分包括摘要、科目名称、借方金额、贷方金额等主要内容。同时，设计了费用、部门、个人、客户、供应商五个维度的辅助核算项。"会计凭证"流程表单开发效果如图 6-53 所示。

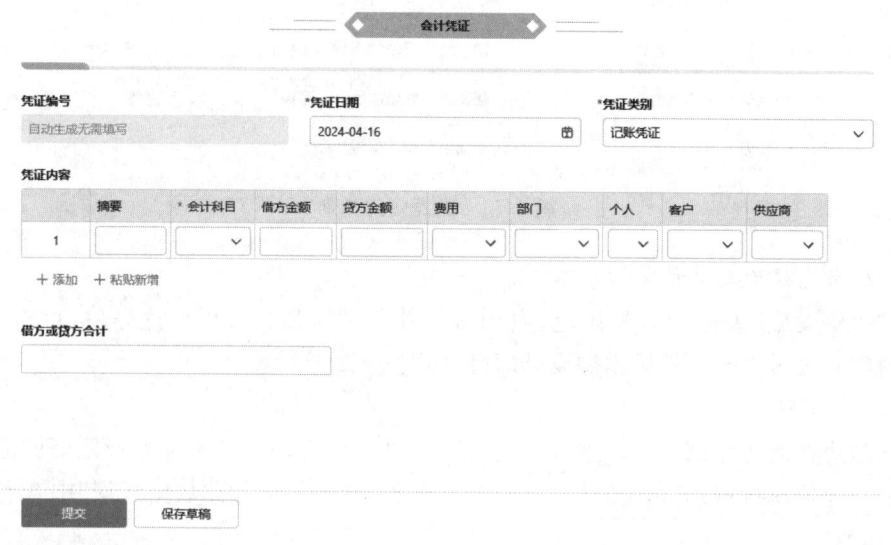

图 6-53　"会计凭证"流程表单开发效果

(二)开发步骤

步骤1:打开"薪资管理系统"应用,在"会计核算"组别下新建流程表单"会计凭证"。
步骤2:根据业务需求,在表单中添加合适的字段并进行字段属性设置。
步骤3:根据业务需求,设置生成会计凭证流程图。
步骤4:根据流程图在流程设定页面添加流程节点、配置连接线及调整流程布局。
步骤5:配置各节点属性。
步骤6:设置流程属性。
步骤7:启用并测试流程。
步骤8:发布流程,使其在实际环境中生效。

(三)表单设计

1. 字段及关键属性设置

会计凭证编号是为了对会计凭证进行唯一标识和区分而设立的。每个会计凭证都应该有一个独特的编号,以确保凭证的唯一性和跟踪能力。这对于日后的查询、审计和档案管理非常重要。通过凭证编号,可以方便地找到特定的会计凭证,进行准确的核对和分析。"会计凭证"流程表单主要用于接收"薪资管理"模块工资费用分配和工资发放业务完成后自动生成的记账凭证。此外,此功能也支持手动添加凭证。开发涉及的不同字段属性设置如表6-8所示。

表6-8 不同字段属性设置

字段	标题	校验	字段权限	其他
分割线	会计凭证	—	可见	描述信息;样式;标题颜色;主题色
分割线	不显示标题	—	可见	描述信息;样式;标题颜色;主题色
流水号	凭证编号	—	—	流水号规则:提交日期+自动计数 提交日期:自定义格式 yyyyMM 自动计数:三位数字、每月重置
日期时间	凭证日期	必填	可见、可编辑	默认值:填写当时;类型:年—月—日
下拉框	凭证类别	必填	可见、可编辑	选项:记账凭证(默认)
子表单	凭证内容	—	可见、可编辑	默认值:自定义
单行文本	摘要	必填	可见、可编辑	默认值:自定义;格式:无
下拉框	会计科目	必填	可见、可编辑	选项:关联其他表单数据(会计科目表中的"科目名称"字段)
数字	借方金额	必填	可见、可编辑	默认值:自定义
数字	贷方金额	必填	可见、可编辑	格式:数值,保留两位小数,显示千分符
下拉框	费用、部门、个人、客户、供应商	—	可见、可编辑	选项:根据业务情况自行设定
数字	借方或贷方合计	—	可见、可编辑	默认值:公式编辑 公式:SUM(凭证内容.贷方金额)

2. 表单关键属性设置

进行字段属性设置后,可以进行表单属性设置。此处不可见字段赋值可以设置为"保持原值",表单布局设置为"三列",如图 6-54 所示。

图 6-54　表单关键属性设置

(四)"会计凭证"流程设定与属性设定

1. 流程"会计凭证"流程设定

设置"凭证填制"为流程发起节点,"凭证审核修改"为流程节点,然后设置"流程结束"为流程结束节点,如图 6-55 所示。

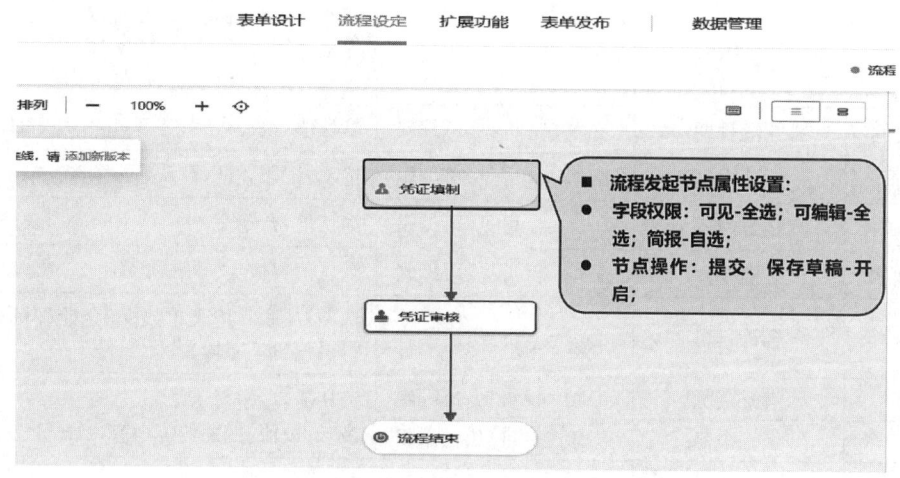

图 6-55　流程设置界面

2. 会计凭证流程节点属性设定

在会计凭证审核的流程中,遵循"只审核不修改"的原则,要求审核人员不对凭证进行修

改,而是将需要修改的凭证交由凭证制单人进行修改。"凭证审核"节点属性设置如下:

节点负责人:选择财务部主管。

字段权限设置:全选字段设置为"可见";全不选字段设置为"可编辑";自选字段设置为"简报"。

审批意见:"文本意见"选择"开启","校验"选择"必填","显示内容"选择"输入框及快捷选项"。

节点操作:开启"提交"与"回退"操作权限。

节点提交条件:设置为"所有数据均可提交"。

流转规则:设置为"任意负责人提交后进入下一节点"。

节点限时处理:设置"限时处理",流程到达节点4小时截止,超时当时自动提醒节点负责人。

3. 会计凭证流程属性设定

会计凭证流程属性设定界面如图6-56所示。

图6-56　会计凭证流程属性设定界面

4. 会计凭证流程测试

先边开发边测试,再进行单元测试。

四、"统计报表"模块开发

(一) 仪表盘—人事信息统计

1. 开发效果

"人事信息统计表"实现对职工人事档案表的相关信息进行统计、可视化展示和实时监测,开发效果如图6-57和图6-58所示。

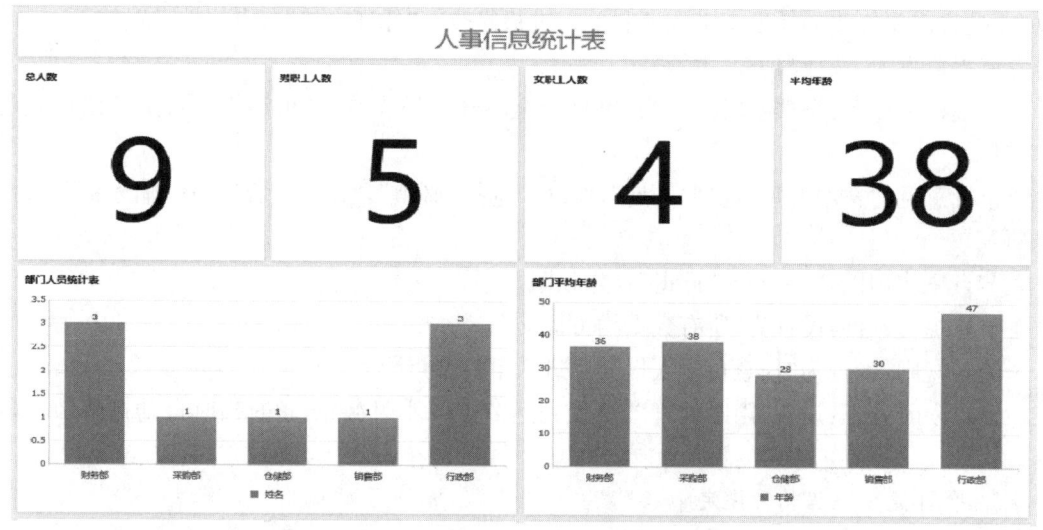

图 6-57 "仪表盘—人事信息统计"开发效果(1)

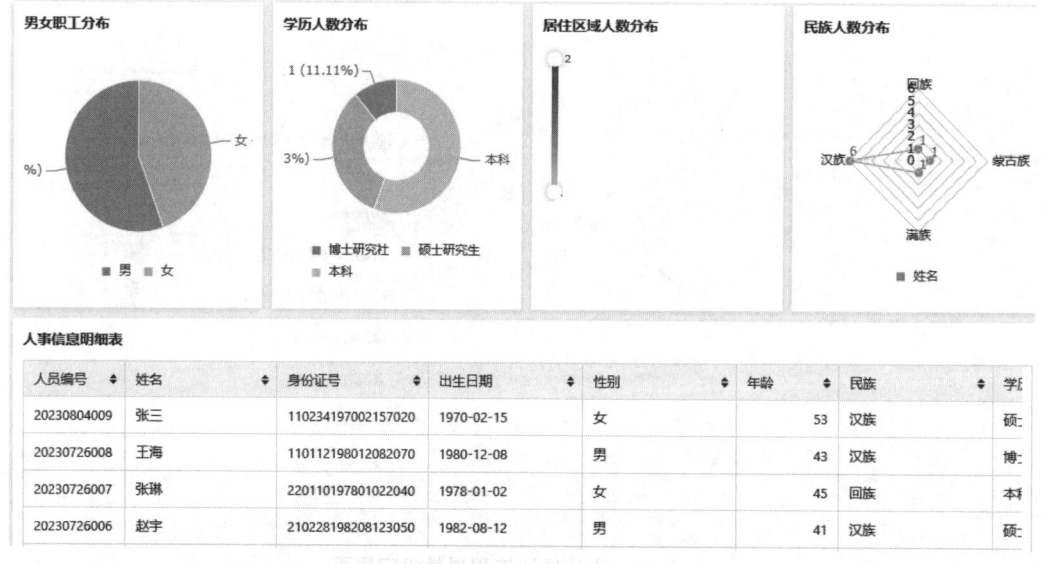

图 6-58 "仪表盘—人事信息统计"开发效果(2)

本流程表单设计要点：

(1) 通过指标图展示总人数、男女职工人数、职工平均年龄几个关键指标。

(2) 使用柱形图对比各部门人数和各部门的平均年龄。

(3) 使用饼图、圆环图、地图、雷达图展示职工性别占比、学历占比、居住区域分布、民族人数分布情况。

(4) 使用数据明细表展示人事档案信息。

2. 开发步骤

步骤1：在应用下新建分组"统计报表"，并在该组别下新建仪表盘"人事信息统计表"。

步骤2：在仪表盘中添加相关组件、图表和工具。
步骤3：对各组件、图表和工具进行相关设置。
步骤4：设置扩展功能并发布仪表盘。

3．组件、图表及工具设计

1）设计文本组件

先点击左侧"文本组件"，修改文本内容为"人事信息统计表"，再根据需要调整文本组件尺寸、进行布局设置。

2）设计指标图

首先，选择左侧指标图，将"人事信息统计表"数据源更改为"人事档案表"。设计总人数指标图时，将维度设置为"无"，指标设置为"人员编号"或"姓名"计数；过滤条件设置为"无"；其次，在男（女）职工人数指标图中，将维度设置为"无"，指标设置为"人员编号"或"姓名"计数，过滤条件设置为"性别＝男（女）"；最后，根据需求配置图表样式并点击"保存"按钮，如图6-59所示。

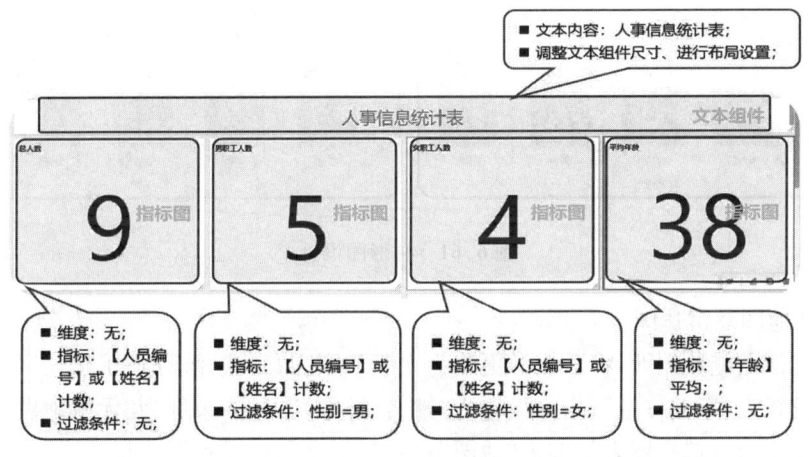

图6-59 文本组件及指标图说明

3）设计饼形图

首先，选择左侧数据源，将数据源更改为人事档案表；其次，统计男女职工分布时，将维度设置为"性别"，指标设置为"姓名（计数）"，过滤条件为"无"，选择图表类型为"饼形图"；再次，根据需求配置图表样式；统计员工学历分布时，将维度设置为"学历"，指标设置为"姓名（计数）"，过滤条件为"无"，选择图表类型为"饼形图"；最后，根据需求配置图表样式。饼形图设计如图6-60所示。

4）设计柱形图

首先，选择左侧数据源，将数据源更改为人事档案表；其次，统计部门人员数量时，将维度设置为"部门"，指标设置为"姓名（计数）"，过滤条件为"无"，选择图表类型为"柱形图"；再次，根据需求配置图表样式；统计部门人员平均年龄时，将维度设置为"部门"，指标设置为"年龄（平均）"，过滤条件为"无"，选择图表类型为"柱形图"；最后，根据需求配置图表样式。柱形图设计如图6-61所示。

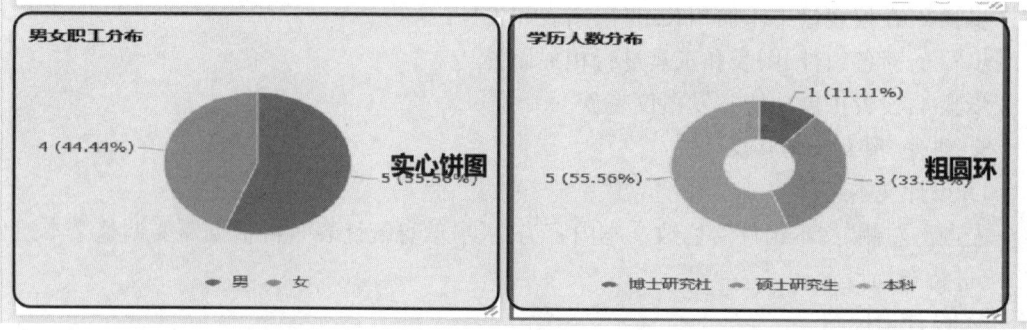

图 6-60　饼形图设计

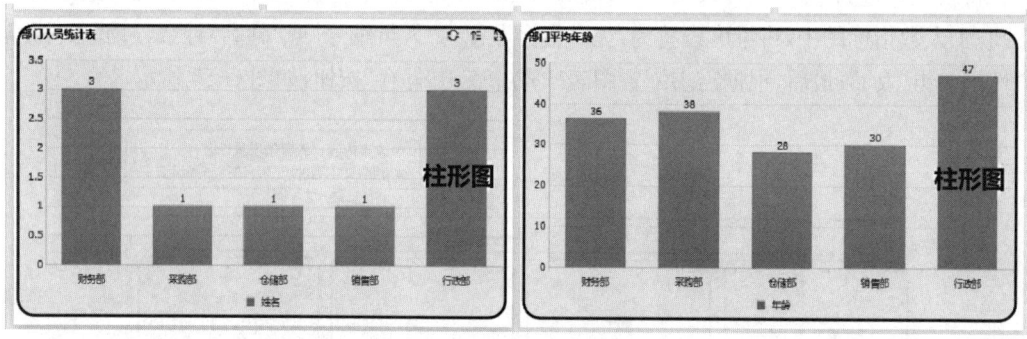

图 6-61　柱形图设计

5）设计地图及雷达图

首先，选择左侧数据源，将数据源更改为人事档案表；其次，统计员工居住区域人数分布时，将维度设置为"家庭住址"，指标设置为"姓名（计数）"，过滤条件为"无"，地图显示范围为"北京市—北京市"，选择图表类型为"地图"；再次，根据需求配置图表样式；统计员工民族人数分布时，将维度设置为"民族"，指标设置为"姓名（计数）"，过滤条件为"无"，选择图表类型为"雷达图"；最后，根据需求配置图表样式。地图及雷达图设计如图 6-62 所示。

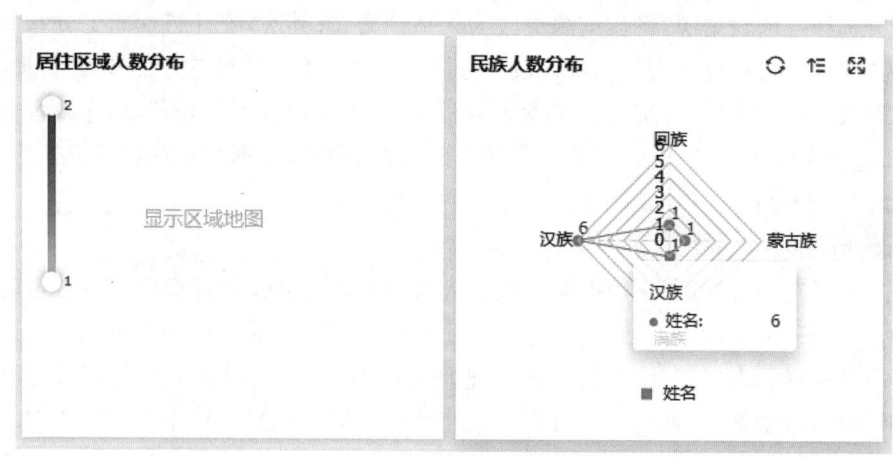

图 6-62　地图及雷达图设计

6）设计明细表

先选择左侧数据源，将数据源更改为人事档案表。显示字段可根据需求拖拽添加，过滤条件为"无"，再根据需求配置图表样式。明细表设计如图6-63所示。

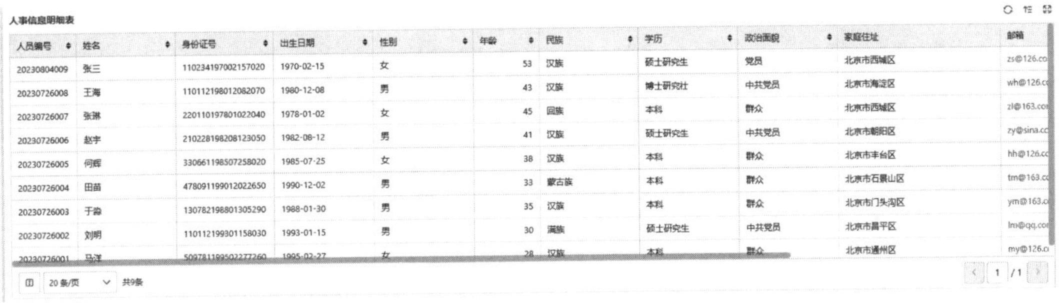

图6-63 明细表设计

4. 设置仪表盘扩展功能及仪表盘发布

点击"仪表盘发布"，选择"对成员发布"，根据实际业务需求设置扩展功能以及添加成员即可。

（二）仪表盘—工资数据统计

1. 开发效果

工资数据统计表实现对月工资数据的相关信息进行实时查询、统计、可视化展示。开发效果如图6-64和图6-65所示。

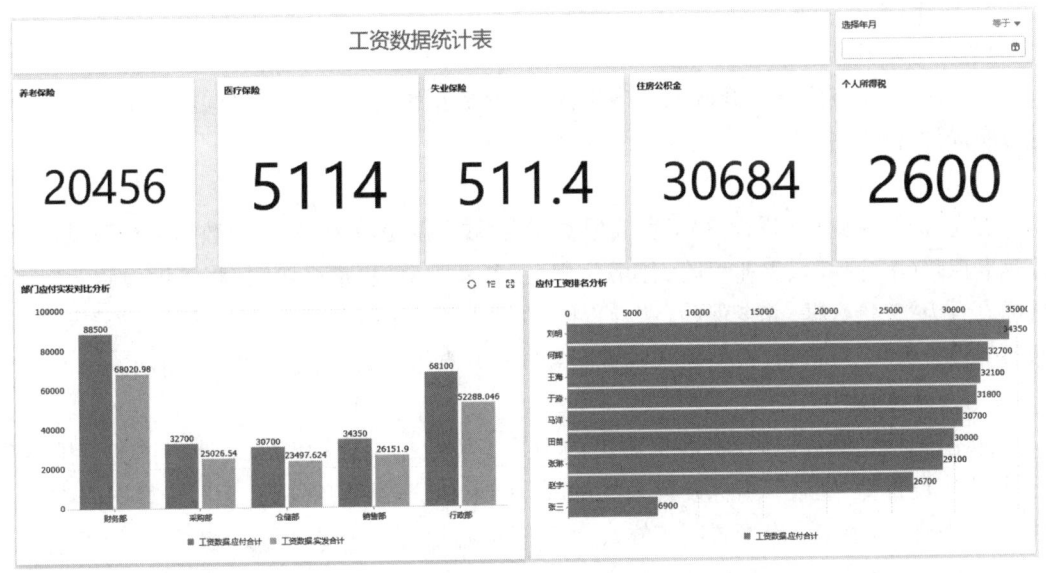

图6-64 "仪表盘—工资数据统计"开发效果(1)

本流程表单设计要点：

（1）通过指标图展示总养老保险、医疗保险、失业保险、住房公积金、个人所得税几个关

选择年月	部门	姓名	人员编号	岗位	基本工资	岗位工资	交通补助	其他补发	应发合计	事假天数	事假扣款	病假天数
2023-03	行政部	张三	20230804009	行政管理	5,000.00	2,000.00			7,000.00	1	100.00	
	行政部	张琳	20230726007	行政管理	5,000.00	4,800.00			9,800.00		0.00	2
	行政部	王海	20230726008	行政管理	5,500.00	5,200.00			10,700.00		0.00	
	销售部	刘明	20230726002	销售管理	5,800.00	5,700.00			11,500.00		0.00	
	仓储部	马军	20230726001	仓储管理	5,300.00	5,100.00			10,400.00		0.00	
	采购部	何辉	20230726005	采购管理	5,600.00	5,300.00			10,900.00		0.00	
	财务部	赵宇	20230726006	财务管理	4,600.00	4,400.00			9,000.00		0.00	
	财务部	于鑫	20230726003	管理会计	5,500.00	5,100.00			10,600.00		0.00	

图 6-65 "仪表盘—工资数据统计"开发效果(2)

键指标。

(2) 使用柱形图对比展示各部门应付工资和实发工资数。

(3) 使用条形图展示员工的应付工资数排名情况。

(4) 使用数据明细表展示月份工资的明细数据。

(5) 使用筛选器组件可以快速查询不同月份的工资数据展示。

2. 开发步骤

步骤1:在应用下新建分组"统计报表",在该组别下新建仪表盘"工资数据统计"。

步骤2:在仪表盘中添加相关组件、图表和工具。

步骤3:对各组件、图表和工具进行相关设置。

步骤4:设置扩展功能并发布仪表盘。

3. 组件、图表及工具设计

1) 设计文本组件

点击左侧"文本组件",修改文本内容为"工资数据统计",根据需要调整文本组件尺寸、进行布局设置。

2) 设计指标图

首先,选择左侧指标图,将"工资数据统计表"数据源更改为"月工资数据生成";其次,设计养老保险(医疗保险、失业保险、住房公积金、个人所得税)指标图时,将维度设置为"无",指标设置为"工资数据.养老保险(医疗保险、失业保险、住房公积金、个人所得税)"求和;过滤条件设置为"无";最后,根据需求配置图表样式并点击"保存",如图 6-66 所示。

3) 设计条形图

首先,选择左侧数据源,将数据源更改为月工资数据生成;其次,统计应付工资排名分析,将维度设置为"姓名",指标设置为"应付合计(求和)",过滤条件为"无",选择图表类型为"柱形图";最后,根据需求配置图表样式。条形图设计如图 6-67 所示。

4) 设计柱形图

首先,选择左侧数据源,将数据源更改为工资数据生成;其次,统计部门应付实发对比分析图时,将维度设置为"部门",指标设置为"应付合计(求和)、实发合计(求和)",过滤条件为"无",选择图表类型为"柱形图";最后,根据需求配置图表样式。柱形图设计如图 6-68 所示。

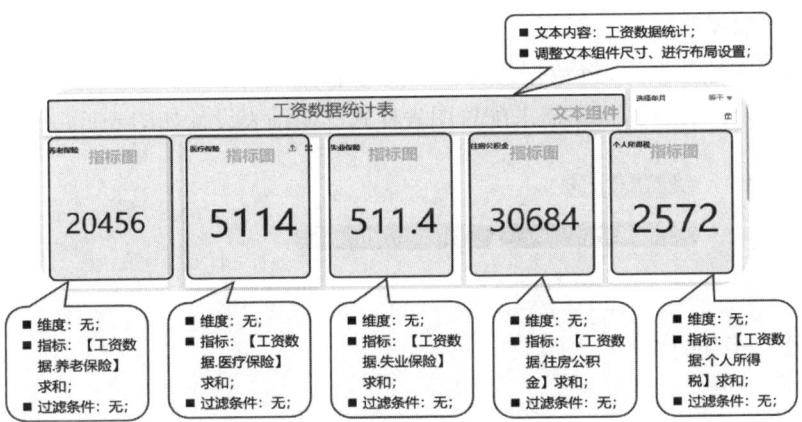

图 6-66 文本组件及指标图说明

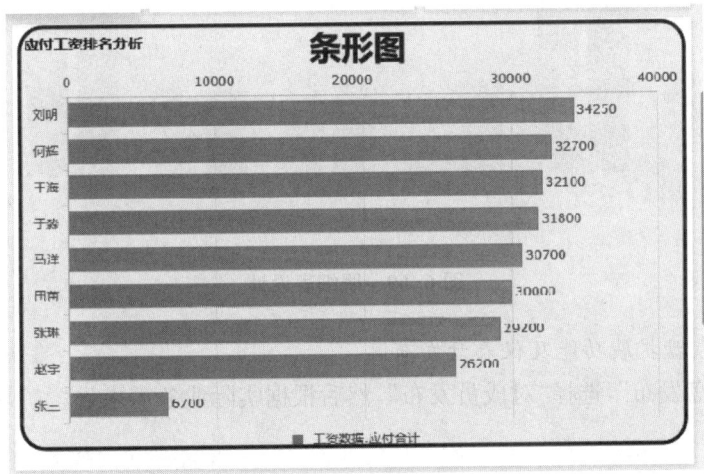

图 6-67 条形图设计

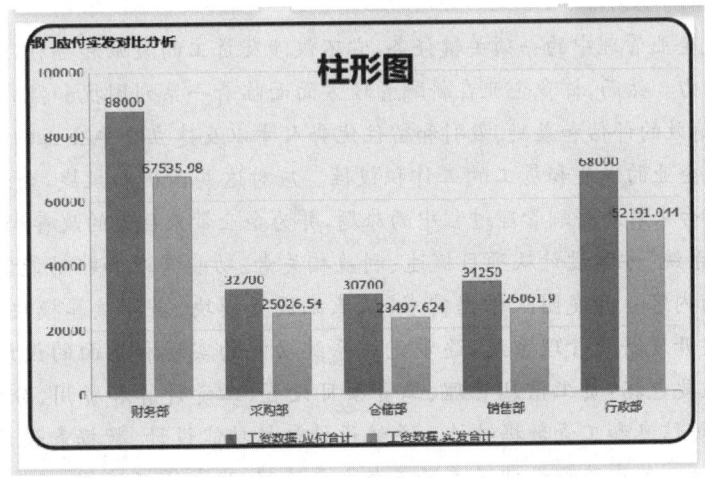

图 6-68 柱形图设计

5）设计明细表

首先，选择左侧数据源，将数据源更改为人事档案表；其次，根据需求拖拽添加显示字段，过滤条件为"无"；最后，根据需求配置图表样式。明细表设计如图6-69所示。

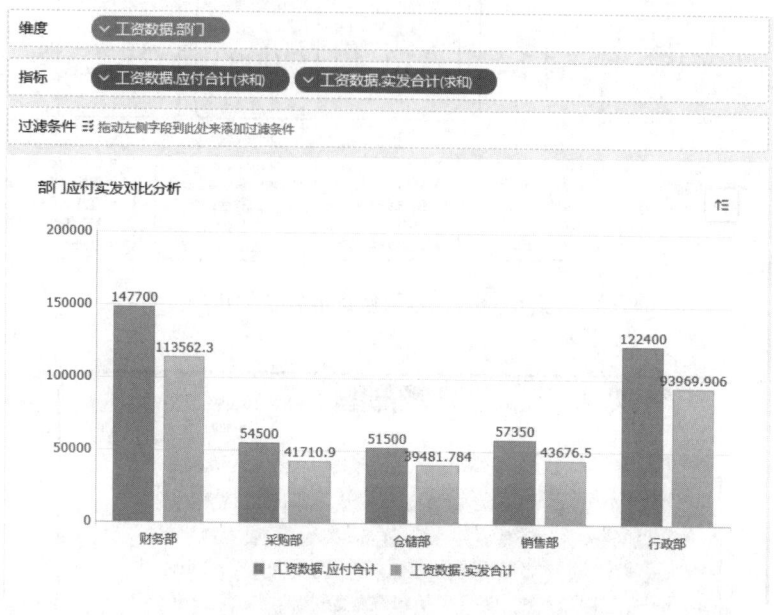

图6-69 明细表设计

4. 设置仪表盘扩展功能及仪表盘发布

点击"仪表盘发布"，选择"对成员发布"，然后根据实际业务需求设置扩展功能以及添加成员即可。

本章小结

薪酬管理是企业管理中的一项关键任务，它不仅涉及员工的激励和福利，更直接关系到企业的绩效和竞争力。然而，许多企业在薪酬管理方面面临着一系列困扰和挑战，包括薪酬结构的复杂性、员工绩效的评估和激励、吸引和留住优秀人才以及建立公平公正的薪酬制度。这些问题直接影响到企业的发展和员工的工作积极性。应对这些困扰和挑战，企业需要借助专业的业财一体化平台来解决薪酬管理过程中的难题，并为企业带来巨大的改善和发展机会。

"薪资管理系统"方案设计从项目概述、利益相关者、功能需求和非功能需求四个方面梳理了需求分析的内容。开发团队根据需求，从基础设置模块、会计核算模块、薪资管理模块和统计报表模块开发薪资管理系统，逐步完成系统功能的实现和界面的设计。薪资管理系统的功能需求主要包括：员工信息管理、工资项目设置、工资计算和费用、分配工资发放、记账凭证生成、人员信息和工资数据统计。系统设计包括功能设计、数据表设计、流程设计、界面设计、权限设计。其中流程设计涵盖了三个主要流程：生成凭证流程、工资费用分配流程、发放工资流程，后两个流程均体现业财一体化（业财融合）的特点。

薪酬管理的目标是确保薪酬与员工价值和贡献相匹配,激励员工提高绩效,同时满足企业的需求。薪酬管理的作用包括吸引和留住人才、提高员工满意度、增强组织竞争力、促进绩效改善、合规管理和塑造组织形象等。薪资管理的核心需求包括公平和透明的薪酬制度、薪资与绩效的关联、合理的薪资水平和结构、及时和准确的薪资支付、合规管理和风险控制,以及薪资管理信息系统的支持等。同时,薪资管理系统涉及敏感的员工工资数据,因此数据安全性是需要考虑的一个重要因素。确保系统具备适当的权限管理和数据加密功能,限制对敏感数据的访问。

使用低代码开发薪资管理系统时,不仅要注意系统需求分析、数据安全性、合规性、灵活性和可扩展性、用户体验、数据一致性和准确性、数据集成和交换,以及测试和质量保证等方面。这些注意事项有助于确保开发的薪资管理系统能够满足企业的需求并具备稳定性和可靠性。

思考与练习

1. 阐述什么是薪资管理?进行薪酬管理的目标和作用是什么?
2. 请您根据本章学习内容及教学平台中实验模块的步骤,完成新建应用"薪资管理系统"及在应用下分组任务,并完成基础表单"人事档案表""工资数据表""会计科目表""凭证模板""月工资数据生成""月工资数据维护"的开发任务。
3. 请您根据本章学习内容及教学平台中实验模块的步骤,完成"工资数据聚合表"开发任务。
4. 请您根据本章学习内容及教学平台中实验模块的步骤,完成流程表单"会计凭证""工资费用分配""工资费用分配"的开发任务。
5. 请您根据本章学习内容及教学平台中实验模块的步骤,完成仪表盘"人事信息统计表""工资数据统计表""人事信息统计表"的开发任务。

拓展思考

1. 以小组为单位组建团队,选取一家公司作为案例,基于实践案例的业务场景,设计开发薪资管理系统,并阐述原因。
2. 以小组为单位组建团队,创立一家礼品生产企业,主营业务为小礼物的生产和销售,主要产品是木质画框图片挂件和摆件,以自产自销(批发+零售)的方式开展经营。请结合本章内容完成企业薪资管理系统方案设计与开发。

薪资管理体系建设促进效率与公平

第七章

费控管理体系建设

 学习目标

1. 了解费控管理的概念、目标和作用,内容和面临的困境,以及核心需求、功能特点及应用场景。
2. 理解需求分析的主要内容;理解费控报销管理系统设计的内容;理解设置各功能模块的作用。
3. 掌握功能设计、数据表设计、流程设计、权限设计、界面设计的思路和方法;掌握模块中表单及仪表盘的设计开发;掌握表单及仪表盘的开发步骤。

第一节 费控管理概述

一、费控管理的概念

费控管理是指企业或组织在运营过程中对费用支出进行有效控制和管理的一种方法和手段。它涉及对各项费用支出的规划、预算、监控和优化,旨在实现合理利用资源、降低成本、提高效益,以确保企业的财务健康和可持续发展。

二、费控管理的目标和作用

费控管理的核心目标是在确保业务运作正常的前提下,通过合理控制和优化费用支出,实现企业的成本效益最大化。它包括成本控制、资源优化、财务健康、风险管理、提高竞争力。

三、费控管理的内容及目前面临的困境

(一)费控管理的主要内容

1. 费用规划和预算

费用规划和预算包括确定费用项目、设定费用预算限额、制定费用支出的时间计划等。费用规划和预算是费控管理的基础,为后续的费用控制和管理提供指导和依据。

2. 费用监控

费用监控包括建立费用控制机制和流程,监测费用支出情况,及时发现和纠正异常或不必要的费用支出,避免资源浪费和效益下降。

3. 费用分析和优化

费用分析和优化是指通过对费用结构和组成的分析,找出费用支出的优化空间和潜力。这可能包括与供应商谈判以获取更好的价格优惠、优化内部流程以提高效率、采用新技术或工具降低成本等。

4. 费用降低

费用降低包括通过合理控制和管理费用支出,寻找降低成本的机会和途径。这可能涉及优化采购策略、节约能源和资源的使用、减少废物和损耗等。

5. 绩效评估与激励

绩效评估与激励是指通过对费用支出和效益的评估,可以为员工和团队设定明确的绩效目标,并设计相应的激励措施,激发员工的积极性和创造力,推动费用控制和管理的有效实施。

6. 风险管理

风险管理是指通过对费用支出的控制和管理,可以降低企业面临的财务风险、供应链风险和经营风险等。有效的费控管理可以帮助企业更好地应对外部环境变化和市场波动,降低不确定性对企业的影响。

(二)费用管理过程中面临的困境

费用管理按照支付对象划分为对私的费用报销和对公的费用付款。这两类费用支出有着不同的流程和管控点,在此分别从这两个方面梳理并识别费控管理的核心环节面临的困境与问题。

1. 对私业务报销

对私业务报销是指业务经办部门在业务发生时,先行垫付费用并取得原始凭据,再按规定的审批程序办理垫付款项归还员工个人的结算活动,对私费用报销流程包括员工申请、业务审核、财务审核、报销打款、财务记账。目前这一过程面临的主要困境是事前无计划,缺乏事前花费计划,事后缺少关联依据;费控执行难,有标准但实际落地执行力度不够;审核费精力,人工审核内容多、易出错,员工填写不规范,沟通成本高;预算管控滞后,无事前、事中预算管控,人工事后预算管控效果差;费用难统计,费用缺乏多维度统计,手工报表滞后不及时;记账繁琐沉重,投入大量工作收集入账信息,难以实现真正的财务价值创造;除以上列出的问题外,还有员工体验差、电子凭证与传统报销不匹配等问题存在。

2. 对公费用付款流程

对公费用付款是指依据企业之间签订的合作协议,约定企业间发生费用的内容、费用产生的金额、费用结算方式等内容,再依据协议的约定发起付款请求,将相关款项转账至对方企业的对公账户。对公费用付款流程包括:员工申请、业务审核、财务审核、对公付款、财务记账。目前这一过程面临除了存在与对私费用报销的共有问题外,对公费用付款还有以下主要困境:支付和费用归属期以及来票有时间差;组织架构复杂且多变。

四、费控管理的核心需求

费控管理的核心需求可简单归纳为四个统一和降本增效。四个统一是指统一制度、统一门户、统一组织、统一权限;降本增效是指从源头控制成本、提升用户体验、重构优化流程、推动业财一体化。

1. 统一制度

有统一明确的财务制度,制度需符合企业的管理文化,能让每个员工了解,并能根据制度分解到详细的审核规则进行管控。同时,制度体现的管控要求也决定了费控管理系统建设的整体方案。统一制度要做到以下三点:

强管控:结合预算编制和管理要求,把费用发生规则落实到每一管控节点。

额度管控:无需详细分解控制节点,设置好额度限制即可。

动态比对:需动态与业务执行的收入比对进行控制费用,就需要与滚动收入关联等。

2. 统一门户

有统一的数据采集门户,将对私费用报销以及对公费用付款产生的业务起点集成统一,向前对接业务系统,向后对接银企直联、税务以及 ERP 财务核算系统等,保持该数据链畅通没有断点,将所有的支出活动产生的数据与业务和财务属性交互,直至最后入账。

3. 统一组织

依托费控管理平台能够打破法人组织边界,以虚拟组织架构实现灵活敏捷,应对快速变化的组织架构以及不同法人归属的核算问题。

4. 统一权限

费控管理系统根据统一的职级规则设定审批权限。同时,系统建立了多重权限组合功能,具体流程可以根据临时组织架构以及特定内容等进行审批权限的灵活配置。

5. 从源头控制成本

企业需要全面地收集各类费用信息,及时了解各部门的预算使用情况,从而能够在费用发生前多维度地规划预算管控体系。根据不同的维度建立预算模型,且配置到系统流程中,在费用发生时主动控制,提升财务信息的及时性和高效性,最终达到费控管理的预算环节精细化、费用发生环节透明化、报销环节合规化。同时推动预算管控的责任前置到各费用发生环节,而非仅仅是财务环节,从本质上提升管理效能。

6. 提升用户体验

需要分别从员工申请、管理层审批以及财务审核三个角度来优化体验和提高效率。

7. 重构优化流程

聚焦流程梳理,实现数据交互,并能同时应对纸质凭证和电子凭证的双重需求。

8. 推动业财一体化

将费用支出中的零散数据进行整合,把无序的数据变成井然有序的业务、财务信息资源,有助于挖掘信息价值。

五、费控管理系统的功能特点与应用场景

1. 费控管理的功能特点

1）数据采集

费控管理系统能够实时采集企业的收支数据，包括财务报表、营销数据、采购成本、人员工资等，方便企业对各项费用进行及时监控。

2）预算管理

系统能够依据前期经营情况和业务发展需求，进行财务预算和预测分析，为企业提供可行性建议，提高经营风险控制能力。

3）费用分析

根据费用项目、时间段等进行数据分析，为企业提供详尽的费用概况和预警信息，帮助企业调整费用支出方案，提高盈利能力。

4）绩效考核

以支出、成本、利润、增长率、生产效率等为考核指标，综合评价企业经济效益，为企业管理层提供数据参考和业务指导。

2. 费控管理系统的应用场景

1）企业资金管理

费控管理系统能够对企业各项收支进行实时监测和汇总，让企业更好地控制自身运营资金，降低财务风险。

2）营销费用管理

营销费用一直是企业的一项重要支出，费控管理系统能够对不同营销项目的费用进行管理和分析，为企业制定更加精准的营销策略。

3）人员管理

人员管理是每个企业的必备环节，费控管理系统能够通过对人员工资、社保福利等费用的分析和管理，帮助企业建立合理的薪资架构和激励机制，提高员工工作积极性和企业的凝聚力。

第二节　费控管理系统方案设计

一、场景发现和需求分析

（一）企业背景

长沙大洋医疗器械有限公司（以下简称大洋公司），位于长沙市高新区，是集研发、设计、制造、销售为一体的专业化企业。公司有多项自主研发的知识产权，通过 ISO9001 质量管理体系及医疗器械 13485 质量管理体系，通过欧盟销售许可 CE 认证。

大洋公司是一家规模较小的传统制造业企业，费用报销等流程完全是通过纸质单据流

转、Excel表格来收集数据。在费用报销过程中,无事前、事中预算管控,人工事后预算管控效果差,费用缺乏多维统计,手工报表滞后不及时,记账流程繁琐沉重,难以实现真正的财务价值。

2022年,大洋公司开始企业数字化转型。经企业管理层研究,决定使用低代码平台搭建一套费控报销管理系统。希望能够实现对费用报销的标准化管理,根据预设规则自动生成记账凭证,提升费用管理的效率和准确性,最终实现业财融合。

(二)场景发现

系统设计师需要与利益相关者及其团队成员进行讨论,了解他们对费控报销管理系统的期望和需求。分析当前的费控报销管理流程和系统,识别存在的瓶颈、问题和改进点。了解现有系统的不足之处,以便为新系统的搭建提供更好的解决方案。

搭建费控报销管理系统可能涉及多个利益相关者,常见利益相关者包括财务人员、其他员工、部门经理、高级管理层。

常见利益相关者的需求如下:

(1)财务人员:系统能够自动化费用报销的流程,减少手工操作和人工错误。①系统提供凭证管理功能,能够方便地上传、存储和检索报销凭证,确保财务记录的完整性和可追溯性。②系统提供准确的财务数据和报告,能够帮助财务部门进行预算控制和财务决策。③系统具备合规性控制功能,能够根据企业的费用政策和规定进行审核和稽核,确保费用报销的合规性。

(2)其他员工:系统能够简化费用报销的操作流程,减少繁琐的手工操作和填写,提高报销效率。①系统能够提供明确的费用政策和规定,帮助员工了解相关规定,避免违规操作。②系统提供实时的报销状态查看和跟踪功能,让员工了解自己的报销进度和结果。③系统能够支持移动应用,方便员工随时随地提交报销申请和查看报销信息。

(3)部门经理:系统能够提供实时的费用统计和分析功能,让部门经理了解部门的费用情况和趋势,做出相应的预算管控和资源分配决策。①系统能够提供审批和授权功能,让部门经理能够随时随地地审批员工的报销申请,确保费用审批的及时性。②系统能够提供通知和提醒功能,及时通知部门经理有关报销申请的审批和待处理事项。

(4)高级管理层:系统提供实时的费用监控和报告功能,让高级管理层能够随时了解企业的费用状况和趋势,做出准确的决策和财务规划。①系统能够支持预算管控功能,帮助高级管理层控制费用的预算和支出,确保实现企业的财务目标。②系统提供数据分析和洞察功能,能够对费用数据进行深入分析,帮助高级管理层发现潜在的成本优化和效率改进机会。

(三)当前的费控报销管理流程和系统常见的问题

当前的费控报销管理流程和系统常见的问题包括手动流程和繁琐操作、缺乏实时性和可追溯性、缺乏合规性控制和稽核机制、信息不透明和沟通不畅、缺乏数据分析和决策支持、缺乏移动应用支持等。

(四)需求分析

基于场景发现的结果,对需求进行详细分析和定义。

1. 项目概述

(1) 项目名称:费控报销系统。

(2) 项目目标:建立一个自动化的费用控制和报销管理系统,简化报销流程,提高管理效率。

(3) 项目范围:系统将覆盖费用申请、审批、核对、报销、预算控制等流程,适用于公司内部各部门。

2. 利益相关者及其需求

(1) 财务人员:提供准确的财务数据和报告,帮助财务部进行预算管控;减少人工审核、查询等工作量。

(2) 其他员工:减少人工操作、提高报销效率;及时获得审批进度通知。

(3) 部门经理:实时的部门费用统计与分析、部门预算管控;随时随地进行审批。

(4) 高级管理层:实时的费用统计与分析、预算管控、决策支持。

3. 功能需求

1) 费用申请

员工通过在线或移动应用填写费用申请单、提交申请审批,并支持上传相关附件等,确保申请的准确性和完整性。

2) 费用审批

审批流程自动流转,审批人可以根据预设的规则和条件,对费用进行审批;系统可以记录审批意见及审批结果、自动通知等。

3) 费用核对

财务人员核对费用报销申请,确保单据的真实性、合规性和准确性。

4) 费用报销

费用报销单的生成、流转、支付流程跟踪等全流程把控。

5) 预算控制

系统可以设定预算限额,对费用申请和报销进行预算控制,确保费用的可控性和预算的有效管理。

6) 报表生成

根据费用数据生成各类统计分析报表,以满足管理层对预算及费用的监控和分析需求。

7) 数据安全

系统需要提供权限管理、数据加密、备份和恢复等功能,确保费用数据的机密性、完整性和可靠性;系统还需要遵守相关的数据保护法规和政策,保障用户的隐私权和数据安全。

4. 非功能需求

1) 用户界面

界面简洁、直观,易于使用和导航;支持响应式设计,适配不同终端设备。

2) 安全性

用户认证和授权机制、敏感信息的加密存储和传输,能够确保数据安全。

3) 性能

系统能够在3秒内响应,同时支持100名并发用户。

4) 可靠性

要求系统具有稳定性和容错能力。系统需要能够处理异常情况和错误输入,并具备数据备份和恢复功能。

5) 可扩展性

系统需要支持不断增长的数据量和用户量,能够进行水平或垂直扩展。

6) 可维护性

要求系统易维护及可测试。容易进行单元测试和集成测试,以保证代码的质量和稳定性。

二、费控管理系统的设计

费控管理系统方案设计包括功能设计、数据表设计、流程设计、界面设计和权限设计。

(一) 功能设计

费控管理系统的功能设计需要根据需求和利益相关者的期望来制定具体的功能模块。

1. 报表查询与分析功能

(1) 费用报销查询统计:生成费用报销相关的统计分析报表,如费用分布、报销趋势等。

(2) 预算信息查询统计:提供预算使用情况的报表,用于管理层决策分析。

(3) 凭证信息查询统计:用于查询凭证相关信息。

2. 通知和提醒功能

(1) 提交通知:系统通知员工有待审批的费用申请或报销。

(2) 审批提醒:系统提醒审批人员有待处理的审批任务。

(3) 预算超支提醒:系统提醒预算管理员和管理层有费用超出预算的情况。

3. 移动端支持功能

系统提供移动端应用,使员工能够随时提交申请、查看审批状态以及报销进度。

4. 费控管理系统功能模块

费控管理系统由基础设置、费控报销、会计核算和统计报表四个模块构成,具体功能划分如图7-1所示。

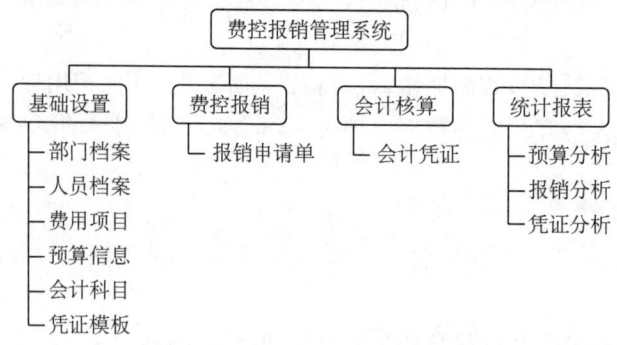

图7-1 费控管理系统功能模块

(二)数据表设计

1. 业务类

在费控管理系统下的业务类数据表主要包括部门档案表、人员档案表、报销申请单、预算信息表、费用项目表。我们通过三个功能即普通表单、流程表单、仪表盘就可实现会计信息系统的80%的功能。其中,主表报销申请单是一个非常典型的流程表单,报销申请单中可通过费用部门预算总额和费用部门预算剩余来控制报销金额,附件可以是电子的也可以是拍照后上传的。剩余四个表单都为普通表单,其中在费控管理系统中人员档案表的设计就比薪资管理系统中的设计要简单,人员名称和报销人是对应的关系,另外部门名称和人员名称、编码也是对应关系,只不过是1对多(N)的关系,其余预算信息和报销申请单也为1对多的关系。具体数据表设计——业务类表如图7-2所示。

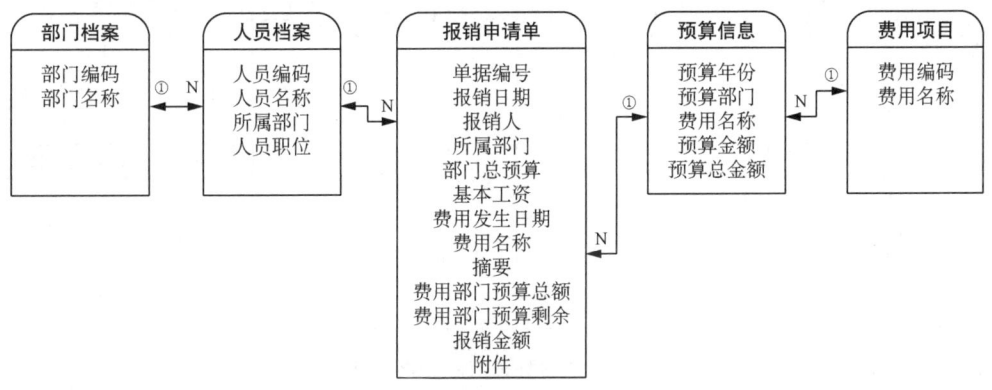

图7-2 数据表设计——业务类表

2. 财务类

在费控管理系统下的财务类数据表主要包括会计科目、凭证模块、会计凭证表。其中,主表单为流程表单会计凭证,会计科目和凭证模板为普通表单。凭证模板通过业务类型业务动作1、业务动作2等来决定对应不同的会计凭证,而会计科目对应不同的凭证模板。具体数据表设计——财务类表如图7-3所示。

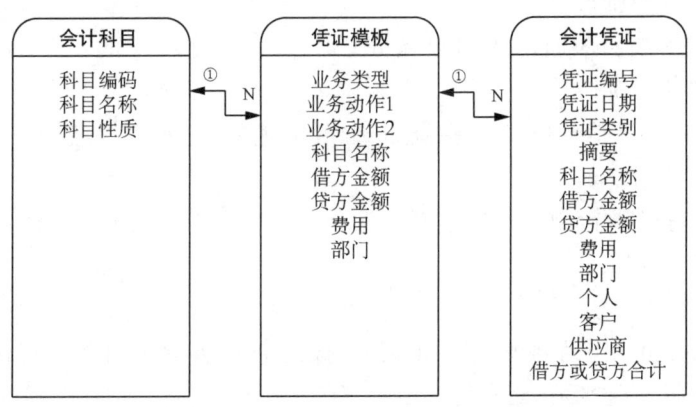

图7-3 数据表设计——财务类表

(三)流程设计

流程设计包括生成凭证流程表单和报销流程表单,在凭证流程中,先要填写记账凭证,同时也能通过自动生成外部导入的模式,通过审核员审核后生成正式的记账凭证。报销流程先由业务员填写报销单、报销申请,业务主管审核通过后,到财务主管节点进行审批,再由出纳选择支付方式,最后自动生成记账凭证,经审核员审批通过后生成正式的记账凭证。具体流程表如图7-4所示。

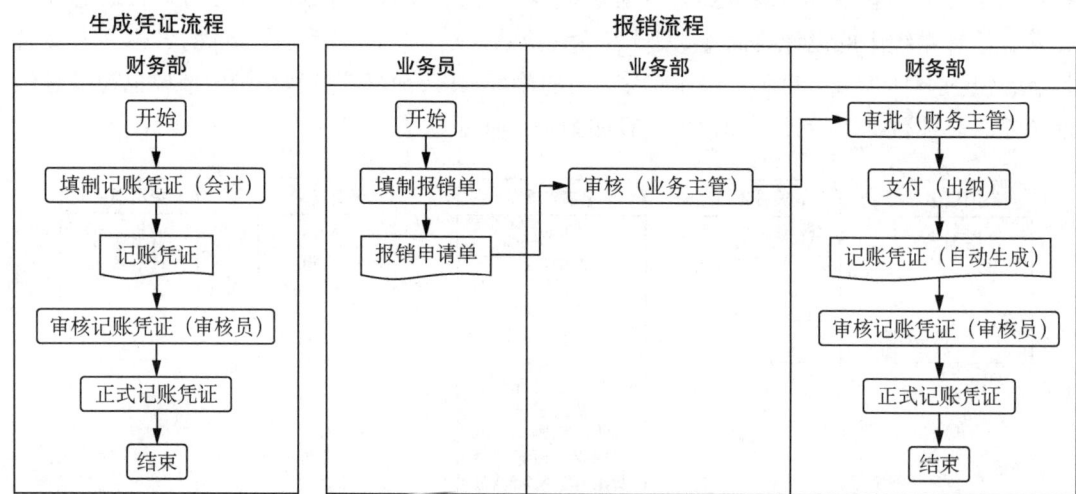

图7-4 生成凭证流程和报销流程

(四)界面设计(UI设计)

费控管理系统的用户界面应该简洁、直观,易于使用和导航。界面设计要考虑到不同角色的用户需求,提供相应权限下可见的功能。

1. 登录页面

用户登录系统的入口,要求输入用户名和密码。基础数据页面包括记录门店、商品、会计科目、凭证模板等基础信息,支持添加、修改、删除操作。

2. 员工信息管理页面

显示员工列表,支持添加、编辑和删除员工信息。

3. 预算信息设置页面

显示已设置的预算信息列表,支持添加、编辑和删除部门预算信息。

4. 报销申请页面

提供用户填写报销申请的表单,包括报销项目、金额、发票附件等。若有可以关联的费用申请单,以便与申请关联。

5. 报销审批页面

显示待审批的报销申请列表,包括报销人、报销金额、申请时间等。提供审批人操作的按钮,如提交、暂存、结束流程、退回等。

6. 报销审批页面

在记账凭证页面显示录入、生成的记账凭证数据。

7. 各类数据查询统计页面

显示预算信息、报销信息、凭证信息的查询与统计。

报销申请单主要由两大信息构成，即报销信息和报销明细信息。通常可根据需求进行表头设置及字段信息的选取。此外，每个字段输入框大小、字体大小与颜色，系统也会自动选择并生成。报销申请单如图7-5所示。

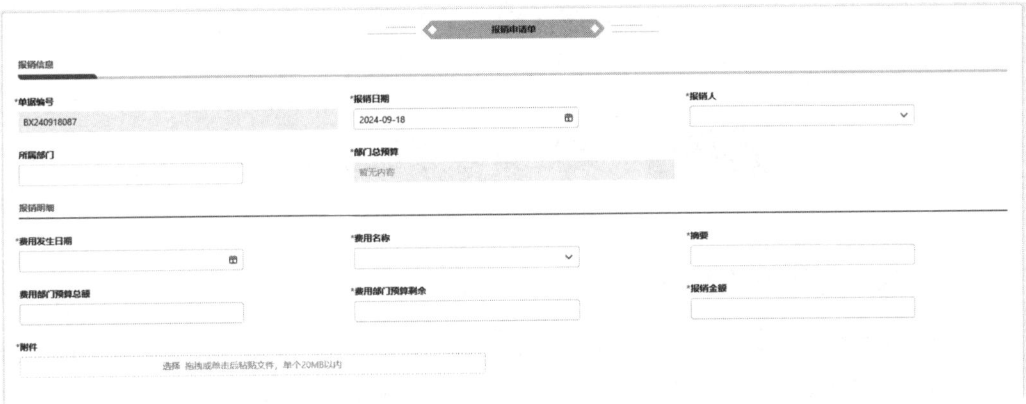

图7-5 报销申请单

（五）权限设计

在权限设计中，通过定义不同角色的权限，规范用户在系统中的操作。可能的角色包括系统管理员、业务员、业务主管、财务主管、出纳、会计。

1. 系统管理员

系统管理员具有完全的系统管理权限。

2. 业务员

业务员具有录入、查询与管理报销申请单的权限。

3. 业务主管

业务主管具有审批、查询报销申请单，查看部门费用仪表盘的权限。

4. 财务主管

财务主管具有审批、查询报销申请单，查看费用仪表盘的权限。

5. 出纳

出纳具有查询报销申请单及确认支付方式的权限。

6. 会计

会计具有填制、查看和管理会计凭证的权限。

费控管理利益相关者如图7-6所示。

图 7-6　费控管理利益相关者

第三节　费控管理系统的开发

一、"基础设置"模块开发

"基础设置"模块开发包括"部门档案"表单开发、"人员档案"表单开发、"费用项目"表单开发、"预算信息"表单开发、"会计科目"表单开发、"凭证模板"表单开发。

（一）"部门档案"表单开发

1. 开发效果

"部门档案"主要为"费控管理系统"提供部门相关基础数据信息。此表单较为简单，也可不单独设置。后续表单中若需要使用部门相关信息，可选取"下拉框"字段，设置部门选项即可。"部门档案"表单开发效果如图7-7所示。

图 7-7　"部门档案"表单开发效果

2. 开发步骤

步骤1：新建应用"费控报销管理系统"。

步骤2：在应用下新建分组"基础设置"，并在该组别下新建普通空白表单"部门档案"。

步骤3：拖拽添加表单所需字段。

步骤4：设置字段属性和表单属性，完成表单的创建。

步骤5：表单测试与发布。

3. 表单设计

1) 字段关键属性设置

选中某一个字段,就可以设置字段属性。如修改字段的标题名称、添加描述信息、提示文字、设置字段校验、设置字段权限(流程表单需要在流程节点中设置)等,让数据收集更加方便。"部门档案"涉及的不同字段属性设置如表7-1所示。

表 7-1　不同字段属性设置

字段	标题	校验	字段权限	其　他
分割线	部门档案	—	可见	描述信息;样式;标题颜色;主题色
流水号	部门编码	必填	可见	格式:无;默认值:自定义
单行文本	部门名称	必填	可见、可编辑	格式:无;默认值:自定义

2) 表单属性设置

进行字段属性设置后,可以进行表单属性设置。此处不可见字段赋值可以设置为"保持原值",表单布局设置为"单列",如图 7-8 和图 7-9 所示。

图 7-8　表单属性设置界面(1)

图 7-9　表单属性设置界面(2)

4. 系统测试

表单设计完成后,可以点击"预览"查看表单的设计效果,可以边开发边设计以提高效率,减少后期改动,如图 7-10 所示。

系统测试板块包括单元测试、导入数据两部分内容。

1) 单元测试

在表单中录入数据,点击"提交"按钮,数据保存到"数据管理"中。操作界面如图 7-11 所示。

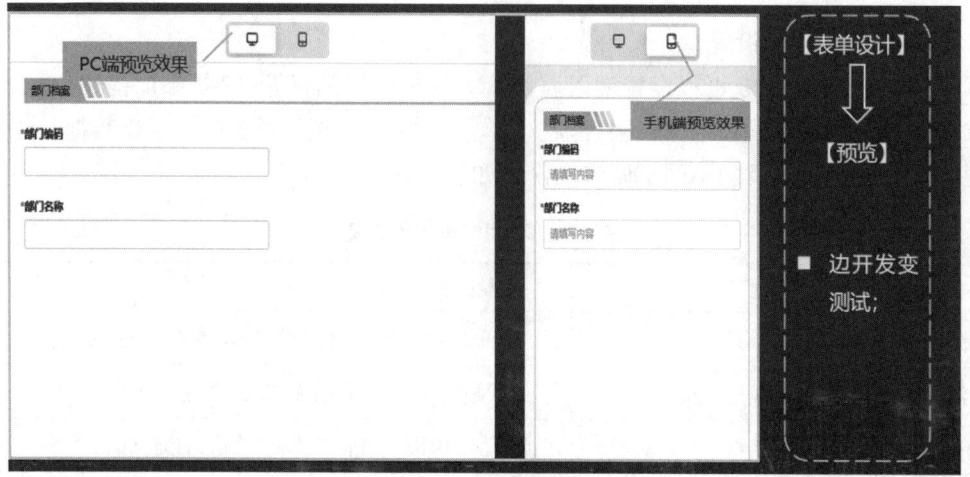

图 7-10　表单设计效果预览界面

图 7-11　单元测试系统操作界面

2）导入数据

进入"数据管理",将"部门档案"根据业务需要导入。操作界面如图 7-12 所示。

(二)"人员档案"表单开发

1. 开发效果

"人员档案"主要为"费控报销系统"提供人员基础信息数据,包括人员编码、人员名称、所属部门、人员职位。本系统中的人员档案只涉及与本系统相关的字段,"人员档案"表单开发效果如图 7-13 所示。

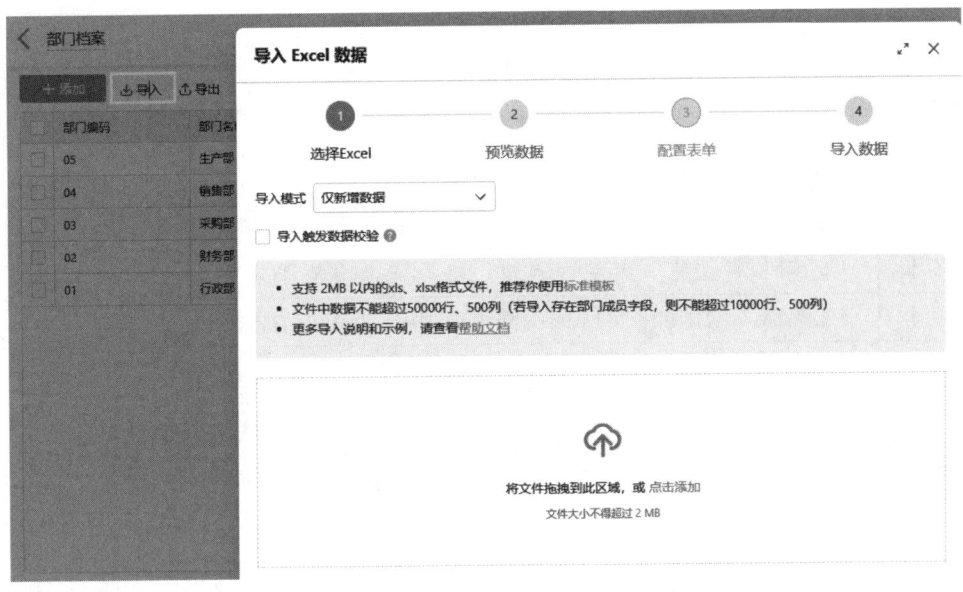

图 7-12 导入数据操作界面

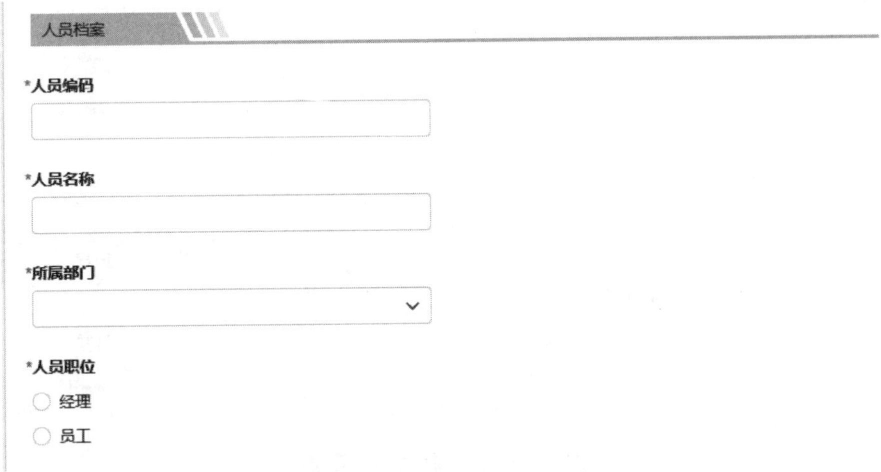

图 7-13 "人员档案"表单开发效果

2. 开发步骤

步骤 1：在"费控管理系统"应用中的"基础设置"组下新增空白普通表单"人员档案"。

步骤 2：拖拽添加表单所需字段。

步骤 3：设置字段属性和表单属性，完成表单的创建。

步骤 4：表单测试与发布。

3. 表单设计

1）字段关键属性设置

选中某一个字段，就可以设置字段属性。如修改字段的标题名称、添加描述信息、提示文字、设置字段校验、设置字段权限(流程表单需要在流程节点中设置)等,让数据收集更加方便。"人员档案"涉及的不同字段属性设置如表7-2所示。

表7-2 不同字段属性设置

字段	标题	校验	字段权限	其他
分割线	人员档案	—	可见	描述信息;样式;标题颜色;主题色
单行文本	人员编码	必填	可见、可编辑	格式:无;默认值:自定义
单行文本	人员名称	必填	可见、可编辑	格式:无;默认值:自定义
下拉框	所属部门	必填	可见、可编辑	选项:关联其他表单数据 关联"部门档案"表中的"部门名称"字段
单选按钮组	人员职位	必填	可见、可编辑	选项:经理、员工

2)表单属性设置

进行字段属性设置后,可以进行表单属性设置。此处不可见字段赋值可以设置为"保持原值",表单布局设置为"单列",操作界面如图7-14所示。

图7-14 表单属性设置界面

4. 系统测试

首先,边开发边测试;其次,进行单元测试;最后,导入数据,点击进入"数据管理",将Excel"人员档案"导入。

(三)"费用项目"表单开发

1. 开发效果

在"费控报销管理"系统中,设置"费用项目"对费用进行分类。此举有助于费用明细记录、预算控制、费用分摊、统计分析。通过费用分类,系统可以生成各类费用的统计和分析报告。这有助于管理层了解不同费用类别的支出情况,进行预算调整、成本控制和决策分析。综上所述,费用项目分类为企业实现费用管理的精细化和优化提供了决策基础。此数据表设计相对简单,只涉及一级会计科目,如图7-15所示。

图 7-15 "费用项目"表单开发效果

2. 开发步骤

步骤1:在"费控管理系统"应用中的"基础设置"组下新增空白普通表单"费用项目"。

步骤2:拖拽添加表单所需字段。

步骤3:设置字段属性和表单属性,完成表单的创建。

步骤4:表单测试与发布。

3. 表单设计

1)字段关键属性设置

选中某一个字段,就可以设置字段属性。如修改字段的标题名称、添加描述信息、提示文字、设置字段校验、设置字段权限(流程表单需要在流程节点中设置)等,让数据收集更加方便。"费用项目"表单涉及的不同字段属性设置如表7-3所示。

表 7-3 不同字段属性设置

字段	标题	校验	字段权限	其他
分割线	费用项目	—	可见	描述信息;样式;标题颜色;主题色
单行文本	费用编码	必填、不允许重复值	可见、可编辑	默认值:自定义;格式:无
单行文本	费用名称	必填、不允许重复值	可见、可编辑	默认值:自定义;格式:无

2)表单属性设置

进行字段属性设置后,可以进行表单属性设置。此处不可见字段赋值可以设置为"保持原值",表单布局设置为"单列",如图7-16所示。

4. 系统测试

首先,边开发边测试;其次,进行单元测试;最后,点击进入"数据管理",将Excel"附件费用项目表"导入。

(四)"预算信息"表单开发

1. 开发效果

在"费控报销管理"系统中,设置"预算信息"对各部门不同类别费用进行预算,如图7-17所示。此举是为了进行预算控制和限额管理,帮助管理层和员工遵守预算限制,避

图 7-16　表单属性设置界面

免超支和不必要的开支。此外,预算金额的设定还提供了费用管理和监控的手段,可以实时监测各部门的实际支出情况,并及时发现和解决费用异常和预算不足的问题。预算金额的设定也为绩效评估和绩效管理提供了依据,通过对实际支出与预算金额的对比,可以评估各部门的绩效和成本效益。此外,预算金额的设定为决策提供了支持,管理层可以根据各部门的预算情况进行优化资源分配、成本效益提升和决策分析。

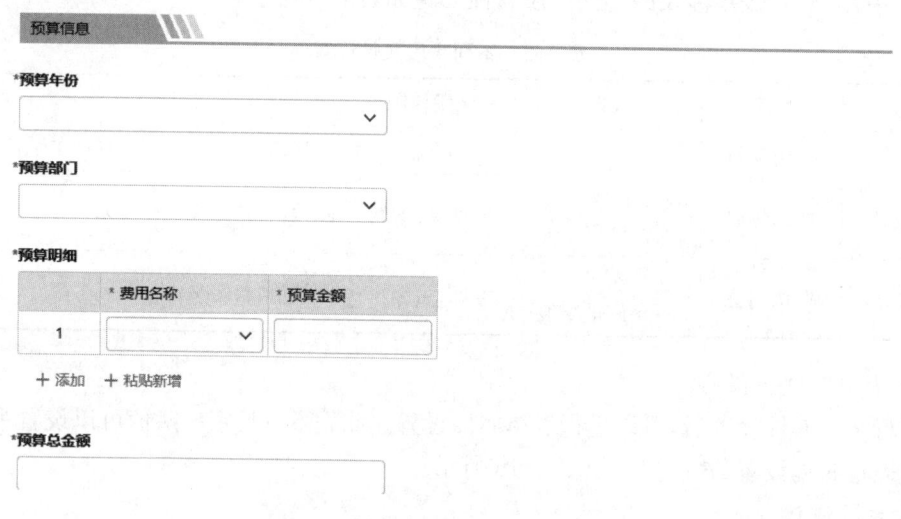

图 7-17　"预算信息"表单开发效果

2. 开发步骤

步骤 1:在"费控管理系统"应用中的"基础设置"组下新增空白普通表单"预算信息"。
步骤 2:拖拽添加表单所需字段。
步骤 3:设置字段属性和表单属性,完成表单的创建。
步骤 4:表单测试与发布。

3. 表单设计

1)字段关键属性设置

在企业的日常经营活动中,不同的业务类型涉及不同的会计凭证模板。对于复杂业务,只通过业务类型不能识别到对应的凭证模板,还需要借助业务动作进行更精确识别。"预算信息"表单开发涉及的不同字段属性设置如表7-4所示。

表7-4 不同字段属性设置

字段	标题	校验	字段权限	其 他
分割线	预算信息	—	可见	描述信息;样式;标题颜色;主题色
下拉框	预算年份	必填	可见、可编辑	选项:2023年、2024年、2025年
下拉框	预算部门	必填	可见、可编辑	选项:关联其他表单数据 关联"部门档案"表中的【部门名称】字段
子表单	预算明细	—	可见、可编辑	默认值:自定义
下拉框	科目名称（子字段）	必填	可见、可编辑	选项:关联其他表单数据关联"费用项目"表—【费用名称】字段
数字	预算金额	必填	可见、可编辑	默认值:自定义 格式:数值,保留两位小数,显示千分符
数字	预算总金额	必填	可见、可编辑	默认值:公式编辑 公式:SUM(预算明细.预算金额) 格式:数值,保留两位小数,显示千分符

2)表单属性设置

进行字段属性设置后,可以进行表单属性设置。此处不可见字段赋值可以设置为"保持原值",表单布局设置为"单列",如图7-18和图7-19所示。

图7-18 表单属性设置界面(1)

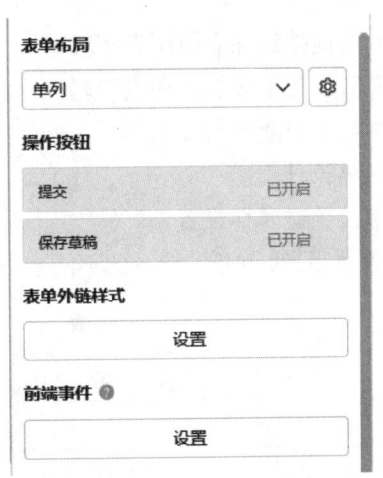

图7-19 表单属性设置界面(2)

4. 系统测试

首先,边开发边测试;其次,进行单元测试;最后,点击进入"数据管理",将 Excel"附件预算信息"导入

(五)"会计科目"表单开发

1. 开发效果

设计"会计科目"数据表的主要目的是为"费控报销管理系统"提供生成记账凭证所需的会计科目。当费用报销完成审批后,可以自动生成相应的记账凭证,实现了业财融合的同时,提高了财务处理的效率和准确性。"会计科目"表单开发效果如图 7-20 所示。

图 7-20 "会计科目"表单开发效果

2. 开发步骤

步骤1:在"费控管理系统"应用中的"基础设置"组下新增空白普通表单"会计科目"。
步骤2:拖拽添加表单所需字段。
步骤3:设置字段属性和表单属性,完成表单的创建。
步骤4:表单测试与发布。

3. 表单设计

1) 字段关键属性设置

"会计科目"表单开发涉及的不同字段属性设置如表 7-5 所示。

表 7-5 不同字段属性设置

字段	标题	校验	字段权限	其他
分割线	会计科目	—	可见	描述信息;样式;标题颜色;主题色
单行文本	科目编码	必填、不允许重复值	可见、可编辑	默认值:自定义;格式:无

(续表)

字段	标题	校验	字段权限	其他
单行文本	科目名称	必填、不允许重复值	可见、可编辑	默认值:自定义;格式:无
下拉框	科目类型	必填	可见、可编辑	选项:资产类、负债类、成本类、权益类、损益类

2) 表单属性设置

进行字段属性设置后,可以进行表单属性设置。此处不可见字段赋值可以设置为"保持原值",表单布局设置为"单列",如图7-21和图7-22所示。

图 7-21　表单属性设置界面(1)

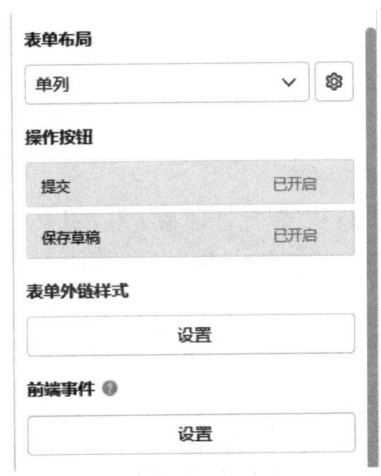

图 7-22　表单属性设置界面(2)

4. 系统测试

首先,边开发边测试;其次,进行单元测试;最后,点击进入"数据管理",将 Excel"会计科目表"导入。

(六)"凭证模版"表单开发

1. 开发效果

在"费控报销管理"系统中,通过凭证模板的设置,实现基于规则自动生成会计凭证,从而实现业财融合,这样可以提高费控报销管理和财务核算的效率和准确性。

例如:财务部张三报销一笔培训费后,该笔费用为银行存款支付。自动生成的会计分录为:

借:管理费用(培训费—财务部—张三)

　贷:银行存款

其中业务类型用于识别不同的凭证模板,此处默认业务类型为"费用报销",而对于复杂业务,则需要业务动作1和业务动作2进行更精确识别后生成对应的凭证模板,如图7-23所示。

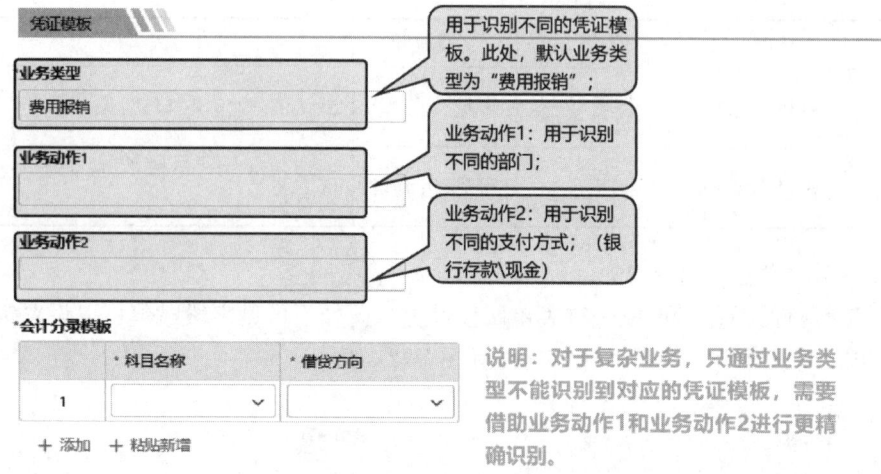

图 7-23 "凭证模版"表单开发效果

2. 开发步骤

步骤1:在"费控管理系统"应用中的"基础设置"组下新增空白普通表单"凭证模板"。
步骤2:拖拽添加表单所需字段。
步骤3:设置字段属性和表单属性,完成表单的创建。
步骤4:表单测试与发布。

3. 表单设计

1) 字段关键属性设置

在企业的日常经营活动中,不同的业务类型会涉及不同的会计凭证模板。对于复杂业务,只通过业务类型不能识别到对应的凭证模板,还需要借助业务动作进行更精确识别。"凭证模板"表单开发涉及的不同字段属性设置如表7-6所示。

表 7-6 不同字段属性设置

字段	标题	校验	字段权限	其他
分割线	凭证模板	—	可见	描述信息;样式;标题颜色;主题色
单行文本	业务类型	必填	可见、可编辑	默认值:自定义—费用报销;格式:无
单行文本	业务动作1	—	可见、可编辑	默认值:自定义;格式:无
单行文本	业务动作2	—	可见、可编辑	默认值:自定义;格式:无
子表单	会计分录模板	必填	可见、可编辑	默认值:自定义
下拉框	科目名称	必填	可见、可编辑	选项:关联其他表单数据会计科目—科目名称
下拉框	借贷方向	必填	可见、可编辑	选项:借方、贷方

2) 表单属性设置

进行字段属性设置后,可以进行表单属性设置。此处不可见字段赋值可以设置为"保持原值",表单布局设置为"单列",如图 7-24 和图 7-25 所示。

图 7-24 表单属性设置界面(1)

图 7-25 表单属性设置界面(2)

4. 系统测试

首先,边开发边测试;其次,进行单元测试;最后,点击进入"数据管理",将 Excel"凭证模板"导入。

二、"会计核算"模块开发——"会计凭证"流程表单开发

(一) 开发效果

费用报销申请审批结束后,费控报销管理系统可以自动生成凭证。该过程涉及从已审批通过的费用报销申请中提取必要信息,根据这些信息自动生成会计凭证。生成的凭证经过财务人员的审核和验证后,进行存档和归集。自动生成凭证实现了凭证的快速、准确、可追溯,提高了财务处理效率,减少了人工错误。"会计凭证"流程表单开发效果如图 7-26 所示。

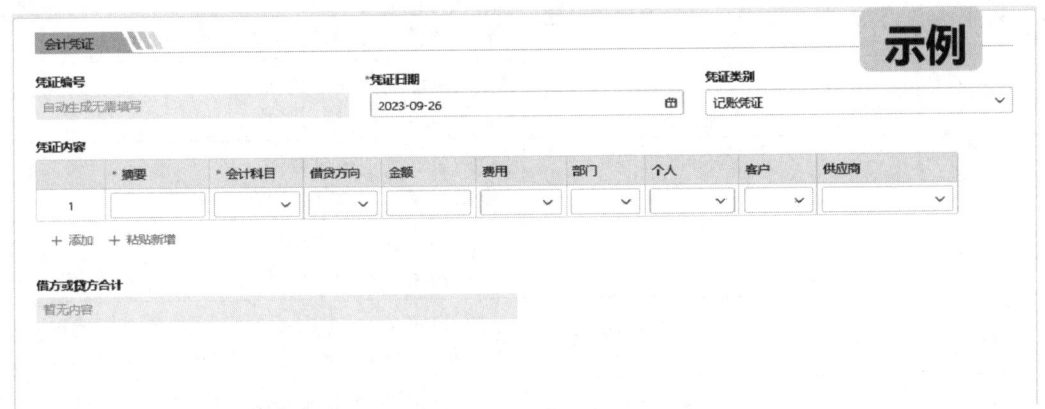

图 7-26 "会计凭证"流程表单开发效果

（二）开发步骤

步骤1：在"费控管理系统"应用新建分组"会计核算"并在该组别下新建普通空白表单"会计凭证"。

步骤2：拖拽添加表单所需字段。

步骤3：设置字段属性和表单属性，完成"会计凭证"表单的设计开发。

步骤4：对"会计凭证"表进行流程设定。

步骤5：启用流程并测试流程。

（三）表单设计

1. 字段关键属性设置

选中某一个字段，就可以设置字段属性。如修改字段的标题名称、添加描述信息、提示文字、设置字段校验、设置字段权限（流程表单需要在流程节点中设置）等，让数据收集更加方便。"会计凭证"表单开发涉及的不同字段属性设置如表7-7所示。

表7-7 不同字段属性设置

字段	标题	校验	字段权限	其他
分割线	会计凭证	—	可见	描述信息；样式；标题颜色；主题色
流水号	凭证编号	—	—	流水号规则：提交日期+自动计数 提交日期：自定义格式 yyyyMM 自动计数：三位数字、每月重置
日期时间	凭证日期	必填	可见、可编辑	默认值：填写当时；类型：年—月—日
下拉框	凭证类别	必填	可见、可编辑	选项：记账凭证（默认）
子表单	凭证内容	—	可见、可编辑	默认值：自定义
单行文本	摘要	必填	可见、可编辑	默认值：自定义；格式：无
下拉框	会计科目	必填	可见、可编辑	选项：关联其他表单数据（会计科目表中的"科目名称"字段）
下拉框	借贷方向	—	可见、可编辑	选项：借方、贷方
数字	金额	—	可见、可编辑	默认值：自定义 格式：数值，保留两位小数，显示千分符
下拉框	费用	—	可见、可编辑	选项：关联其他表单数据 "费用项目"表—费用名称
下拉框	部门	—	可见、可编辑	选项：关联其他表单数据 "部门档案"表—部门名称
下拉框	个人	—	可见、可编辑	选项：关联其他表单数据 "人员档案"表—人员名称
下拉框	客户	—	可见、可编辑	选项：自定义（可根据业务实际需求添加选项，也可关联客户档案表中的客户名称）
下拉框	供应商	—	可见、可编辑	选项：自定义（可根据业务实际需求添加选项，也可关联客户档案表中的客户名称）

(续表)

字段	标题	校验	字段权限	其他
分割线	不显示标题	—	可见	描述信息;样式;标题颜色;主题色
数字	借方或贷方合计	—	可见、可编辑	默认值:公式编辑 公式:SUMIF(凭证内容.借贷方向,"借方",凭证内容.金额)
单选按钮组	凭证审核	必填	可见、可编辑	选项:通过、未通过
单行文本	审核意见	—	可见、可编辑	默认值:自定义;格式:无

2. 表单属性设置

在表单属性设置中,可通过编辑公式进行提交校验。

表单提交校验条件:在"不满足校验条件时提示文字"中填入"借贷不平衡",并在"公式"中填入公式:SUMIF(凭证内容,借贷方向,"借方",凭证内容.金额)==SUMIF(凭证内容,借贷方向,"贷方",凭证内容.金额),如图 7-27 所示。

进行字段属性设置后,可以进行表单属性设置。此处不可见字段赋值可以设置为"保持原值",表单布局设置为"三列",如图 7-28 和图 7-29 所示。

图 7-27　表单提交校验条件　　　　图 7-28　表单属性设置界面(1)

(四)"会计凭证"流程设定

设置"凭证填制"为流程发起节点,"凭证审核修改"为流程节点,"流程结束"为流程结束节点,如图 7-30 所示。

(五)"会计凭证"流程节点属性设置

1. "凭证填制"发起节点属性设置

字段权限设置:除"凭证审核、审核意见"节点外的设置为"可见",除"凭证审核、审核意见、借方或贷方合计"节点外设置为"可编辑";其他节点均设置为"可编辑";自选字段设置为

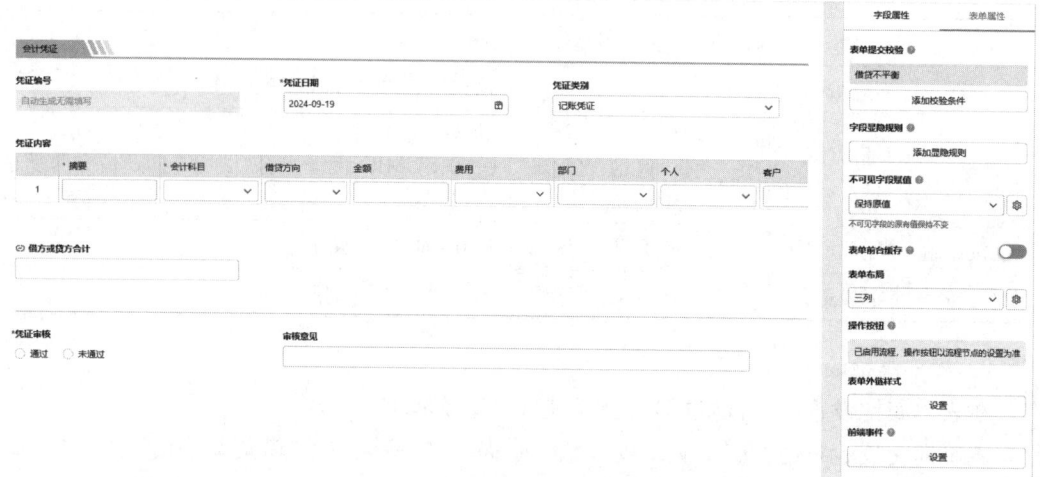

图 7-29　表单属性设置界面(2)

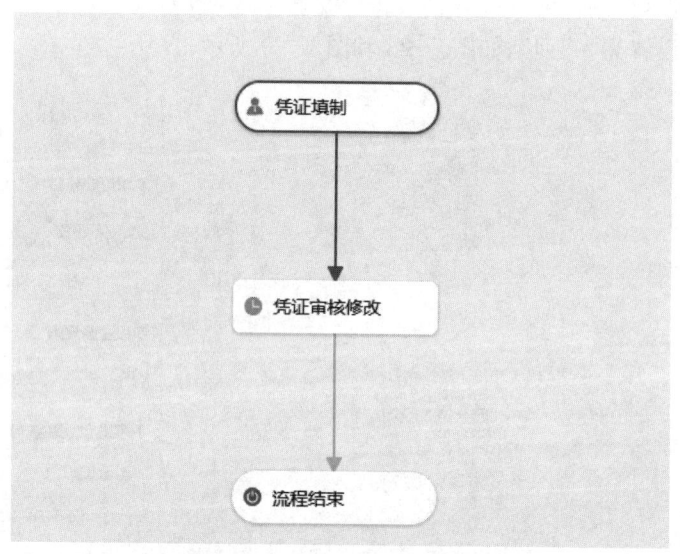

图 7-30　"会计凭证"流程设定

"简报"。

节点操作:开启"提交"与"保存草稿"操作权限。

节点提交条件:设置为"所有数据均可提交"。

2."凭证审核修改"节点属性设置

节点负责人:选择财务部主管。

字段权限:全选字段设置为"可见";除"借方或贷方合计"字段外设置为"可编辑",自选字段设置为"简报"。

审批意见:设置为"未开启"。

节点操作:开启"提交"与"回退(上一节点)"操作权限。
节点提交条件:设置为"所有数据均可提交"。
流转规则:设置为"任意负责人提交后进入下一节点"。
节点限时处理:设置"限时处理",流程到达节点4小时截止,超时当时自动提醒节点负责人。

(六) 启用流程及表单发布

对"会计凭证"表进行流程设定,启用流程并测试流程。点击"表单发布",选择"对成员发布"然后添加成员即可,启用流程及发布界面如图7-31所示。

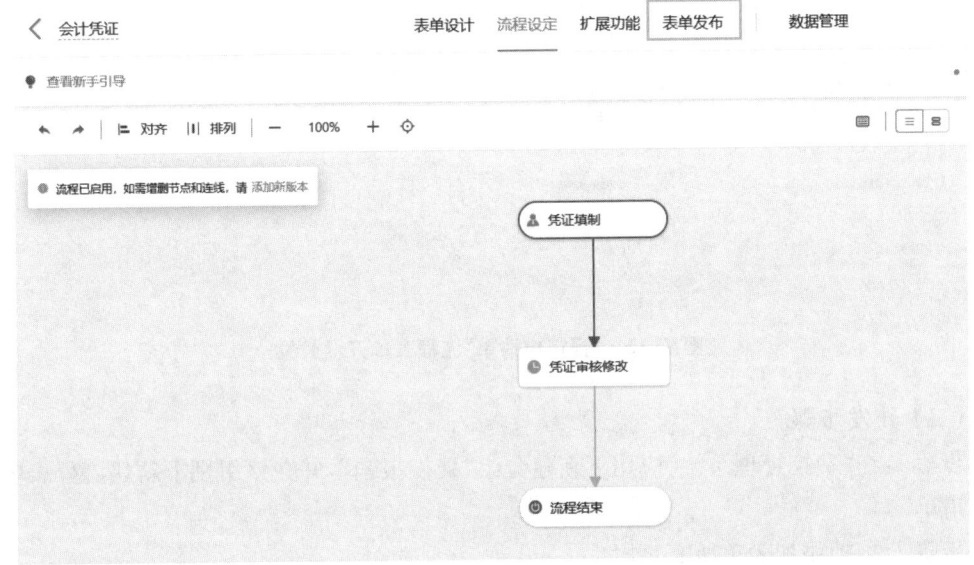

图7-31 启用流程及表单发布

(七) 流程测试

首先,边开发边测试;其次,进行单元测试,按照"费用报销申请"流程表单设定好的流程提交数据,依次完成审批;最后,在模块三——会计核算"会计凭证"的"数据管理"中查看已生成的凭证信息。

三、"费控报销"模块开发——"报销申请单"流程表单开发

费控报销模块开发主要为"报销申请单"流程表单开发。费用报销申请流程是通过费控报销管理系统进行费用报销的过程。

员工线上填写报销申请表,提交后,系统自动按照预设的审批流程将申请发送给相应的审批人员。审批人员在系统中查看申请并进行审批、拒绝或退回操作等。一旦申请通过审批,系统会自动生成会计凭证。

通过系统操作使报销流程更加统一、规范,提高了效率,减少了纸质文档使用,并提供了实时的审批跟踪和数据可追溯性。

(一)开发效果

报销申请单包含两大信息:报销信息和报销明细。其中,报销信息包含单据编号、报销日期、报销人、报销部门及部门总预算。报销明细包含费用发生日期、费用名称、摘要、费用部门预算总额、费用部门预算剩余、报销金额、附件,如图7-32所示。

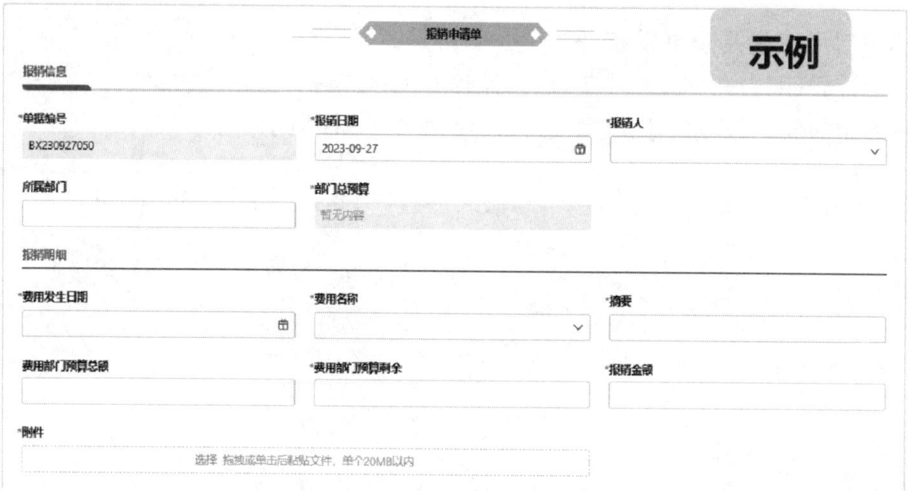

图 7-32 "报销申请单"流程表单开发效果

(二)开发步骤

步骤1:在"费控管理系统"应用下新建分组"费控报销",并在该组别下新建流程表单"报销申请单"。

步骤2:拖拽添加表单所需字段。

步骤3:设置字段属性和表单属性,完成"报销申请单"表单的设计开发。

步骤4:对"报销申请单"进行流程设定。

步骤5:启用流程并测试流程。

(三)表单设计——字段关键属性设置

选中某一个字段,就可以设置字段属性。如修改字段的标题名称、添加描述信息、提示文字、设置字段校验、设置字段权限(流程表单需要在流程节点中设置)等,让数据收集更加方便。"报销申请单"开发涉及的不同字段属性设置如表7-8所示。

表 7-8 不同字段属性设置

字段	标题	校验	字段权限	其他
分割线	报销申请单	—	可见	描述信息;样式;标题颜色;主题色
分割线	报销信息	—	可见	描述信息;样式;标题颜色;主题色
单行文本	单据编号	必填、不允许重复值	可见	默认值:公式编辑 公式设置详见下图① (此字段可以直接使用流水号字段实现)

（续表）

字段	标题	校验	字段权限	其他
日期时间	报销日期	必填	可见、可编辑	默认值：填写当时；类型：年—月—日
下拉框	报销人	必填	可见、可编辑	选项：关联其他表单数据 人员档案—人员名称
单行文本	所属部门	必填	可见、可编辑	默认值：数据联动 联动表单："人员档案"表 过滤条件：人员名称＝报销人 "所属部门"联动显示"所属部门"
数字	部门总预算	必填	可见、可编辑	默认值：数据联动 联动表单："预算信息"表 过滤条件：预算部门＝所属部门 "部门总预算"联动显示"预算总金额" 格式：数值，保留两位小数，显示千分符
分割线	报销明细	—	可见	描述信息；样式；标题颜色；主题色
日期时间	费用发生日期	必填	可见、可编辑	默认值：自定义；类型：年—月—日
下拉框	费用名称	必填	可见、可编辑	选项：关联其他表单数据 费用项目—费用名称
单行文本	摘要	必填	可见、可编辑	默认值：自定义；格式：无
数字	费用部门预算总额	必填	可见、可编辑	默认值：数据联动 联动表单："预算剩余"聚合表 过滤条件：预算明细.费用名称＝费用名称 预算部门.所属部门＝所属部门 "费用部门预算总额"联动显示"预算费用部门预算" 格式：数值，保留两位小数，显示千分符
数字	费用部门预算剩余	必填	可见、可编辑	默认值：数据联动 联动表单："预算剩余"聚合表 过滤条件：预算明细.费用名称＝费用名称 预算部门.所属部门＝所属部门 "费用部门预算剩余"联动显示"预算剩余" 格式：数值，保留两位小数，显示千分符
数字	报销金额	必填	可见、可编辑	默认值：自定义 格式：数值，保留两位小数，显示千分符
附件	附件	必填	可见、可编辑	—
分割线	审批信息	—	可见	描述信息；样式；标题颜色；主题色
单选按钮组	部门主管审批	必填	可见、可编辑	选项：同意、不同意

(续表)

字段	标题	校验	字段权限	其他
单行文本	部门审批意见	—	可见、可编辑	默认值：自定义 格式：无
单选按钮组	财务主管审批	必填	可见、可编辑	选项：同意、不同意
单行文本	财务审批意见	—	可见、可编辑	默认值：自定义 格式：无
单选按钮组	出纳支付	必填	可见、可编辑	选项：现金、银行存款
分割线	凭证信息	—	可见	描述信息；样式；标题颜色；主题色
子表单	关联凭证信息	必填	可见、可编辑	默认值：数据联动 联动表单："凭证模板"表 过滤条件：业务动作1＝所属部门 业务动作2＝出纳支付 触发以下联动："关联凭证信息"联动显示"会计分录模板" 子字段："科目名称"显示"科目名称" "借贷方向"显示"借贷方向"
单行文本	摘要	必填	可见、可编辑	默认值：公式编辑 公式：＝"摘要"；格式：无
单行文本	科目名称	必填	可见、可编辑	默认值：以子表单联动显示为准 格式：无
单行文本	借贷方向	必填	可见、可编辑	默认值：以子表单联动显示为准；格式：无
数字	金额	必填	可见、可编辑	默认值：公式编辑 公式：＝"报销金额" 格式：数值，保留两位小数，显示千分符
单行文本	费用	—	可见、可编辑	默认值：公式编辑 公式：IF(关联凭证信息.借贷方向＝＝"借方",费用名称,"")
单行文本	部门	—	可见、可编辑	默认值：公式编辑 公式：IF(关联凭证信息.借贷方向＝＝"借方",所属部门,"")
单行文本	个人	—	可见、可编辑	默认值：公式编辑 公式：IF(关联凭证信息.借贷方向＝＝"借方",报销人,"")

其中，单据编号的公式为：CONCATENATE ('BX', TEXT(DATE(报销日期),"yymmdd"), RIGHT('000'+RECNO(),3))，如图7-33所示。

图 7-33 单据编号公式

(四)聚合表设计开发

报销申请单需要根据预算信息按部门进行汇总,本例使用聚合表实现对数据的分类汇总,在"管理后台"完成"预算剩余聚合表"的设计开发,详细操作步骤如图 7-34 所示。

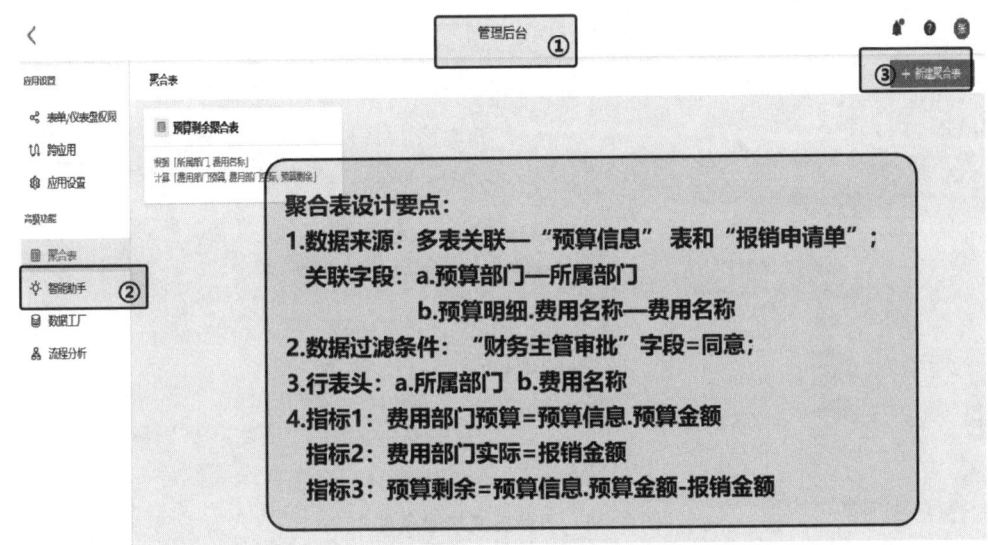

图 7-34 "预算剩余聚合表"操作步骤

"预算剩余"聚合表效果展示如图 7-35 所示。

(五)表单关键属性设置——表单提交校验

在表单属性设置中,可通过编辑公式进行提交校验。

所属部门	费用名称	费用部门预算	费用部门实际	预算剩余
销售部	通讯费	40000	0.00	40000
	办公费	10000	1,200.00	8800
	招待费	80000	0.00	80000
	差旅费	50000	5,280.00	44720
采购部	通讯费	20000	0.00	20000
	招待费	50000	9,200.00	40800
	办公费	10000	2,260.00	7740
	差旅费	20000	0.00	20000
财务部	差旅费	20000	3,500.00	16500
	通讯费	10000	0.00	10000
	招待费	30000	0.00	30000
	办公费	10000	6,050.00	3950
生产部	差旅费	10000	0.00	10000
	办公费	6000	0.00	6000
	通讯费	8000	4,500.00	3500
	招待费	10000	0.00	10000
行政部	办公费	10000	2,000.00	8000
	招待费	30000	0.00	30000
	差旅费	20000	0.00	20000
	通讯费	10000	1,500.00	8500

图 7-35 "预算剩余"聚合表效果展示

表单提交校验条件1：在"不满足校验条件时提示文字"中填入"报销金额不能为负数"，并在"公式"中填入公式：报销金额＞0，如图 7-36 所示。

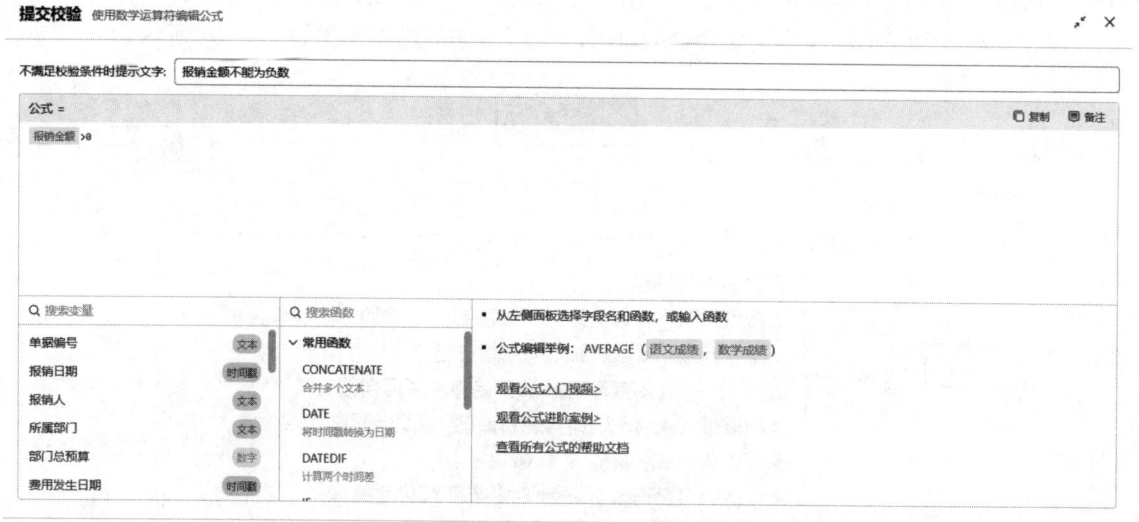

图 7-36 表单提交校验条件1

表单提交校验条件2：在"不满足校验条件时提示文字"中填入"报销金额不能超预算"，并在"公式"中填入公式：报销金额＜费用部门预算剩余，如图 7-37 所示。

表单属性栏中可添加校验条件、显隐规则，可增加不可见字段赋值、更改表单布局等。进行字段属性设置后，可以进行表单属性设置。此处不可见字段赋值可以设置为"保持原值"，表单布局设置为"双列"，如图 7-38 所示。

图 7-37　表单提交校验条件 2

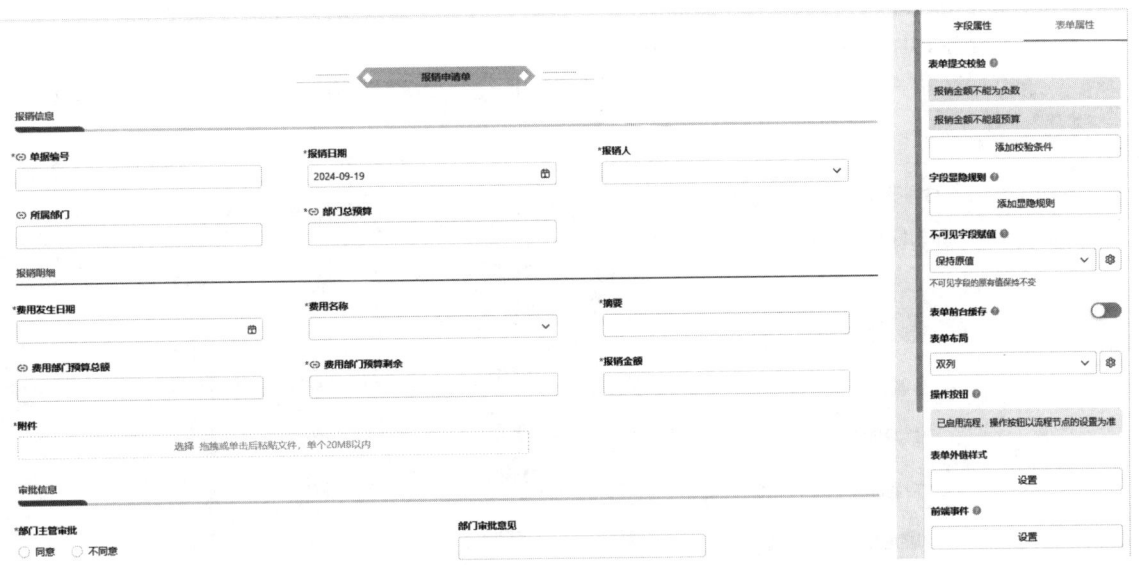

图 7-38　字段属性设置开发界面

(六)"报销申请单"流程设定

设置"报销申请"为流程发起节点,"部门审批""财务审批""出纳支付"为流程节点,"自动生成会计凭证"为子流程节点,设置"流程结束"为流程结束节点,如图 7-39 所示。

(七) 流程节点属性设置

1. 报销申请"发起节点属性设置

字段权限:如图 7-40 所示。

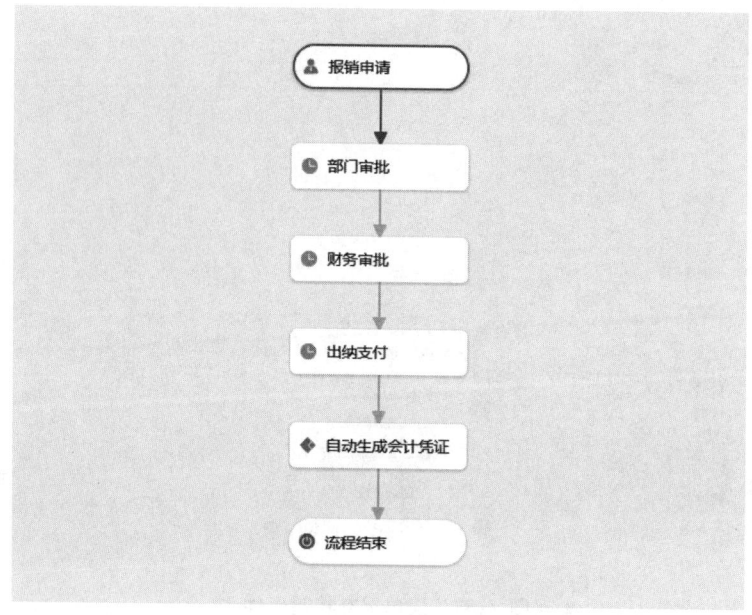

图 7-39 "报销申请单"流程设定

节点操作:开启"提交"与"保存草稿"操作权限。

节点提交条件:设置为"满足条件的数据才可提交",条件为"报销金额＜费用部门预算剩余"。

图 7-40 "报销申请"发起节点属性设置

2."部门审批"节点属性设置

节点负责人:设置动态负责人,具体为"主管,流程发起人,直接部门主管"。

字段权限:在发起节点字段可见权限的基础上,增加"部门主管审批、部门审批意见"字段;"部门主管审批、部门审批意见"字段设置为"可编辑";自选字段设置为"简报"。

审批意见:设置为"未开启"。

节点操作:开启"提交、暂存、回退(上一节点)、结束流程"操作权限。

节点提交条件:设置为"所有数据均可提交"。

流转规则:设置为"任意负责人提交后进入下一节点";找不到节点负责人时,则停止流转并报错。

节点限时处理:设置"限时处理",流程到达节点4小时截止,超时当时自动提醒节点负责人。

3. "财务审批"节点属性设置

节点负责人:选择相应的财务审批人员。

字段权限:在部门审批节点字段可见权限的基础上,增加"财务主管审批、财务审批意见"字段;"财务主管审批、财务审批意见"字段设置为"可编辑";自选字段设置为"简报"。

审批意见:设置为"未开启"。

节点操作:开启"提交、暂存、回退(上一节点)、结束流程"操作权限。

节点提交条件:设置为"所有数据均可提交"。

流转规则:设置为"任意负责人提交后进入下一节点";找不到节点负责人时,则停止流转并报错。

节点限时处理:设置"限时处理",流程到达节点4小时截止,超时当时自动提醒节点负责人。

4. "出纳支付审批"节点属性设置

节点负责人:选择出纳人员。

字段权限:"全选"字段设置为"可见";"出纳支付"字段设置为"可编辑";自选字段设置为"简报"。

审批意见:设置为"未开启"。

节点操作:开启"提交、提交并打印"操作权限。

节点提交条件:设置为"所有数据均可提交"。

流转规则:设置为"任意负责人提交后进入下一节点";找不到节点负责人时,则停止流转并报错。

节点限时处理:设置"限时处理",流程到达节点4小时截止,超时当时自动提醒节点负责人。

5. "自动生成会计凭证"子流程节点属性设置

子流程表单:选择"会计凭证"。

子流程发起人:设置为流程发起人。

数据传递规则:设置为"父流程 ⟶ 子流程",如图7-41所示。

流转规则:设置为"子流程结束后进入下一节点"。

子流程发起后自动提交:设置为"开启"。

注意：

（1）若子流程的发起人为多个，则创建多个子流程，每个子流程对应一个发起人。所有子流程都流转结束后，即父流程的子流程节点处理完成。

（2）开启子流程自动提交后，流转至子流程节点时，将自动为发起人创建流程并提交，直接进入后续节点；关闭时，仅为发起人创建待办，停留在发起节点。

图7-41 "自动生成会计凭证"子流程节点属性设置

（八）流程属性设置

在流程设定中，可对流程属性进行修改，如设置流程提醒（以微信或者邮件提醒节点负责人、抄送人）等，具体操作界面如图7-42所示。

图7-42 流程属性设置界面

(九)启用流程及表单发布

对"报销申请单"进行流程设定,启用流程并测试流程。点击"表单发布",点击"启用流程"按钮,如图 7-43 所示。

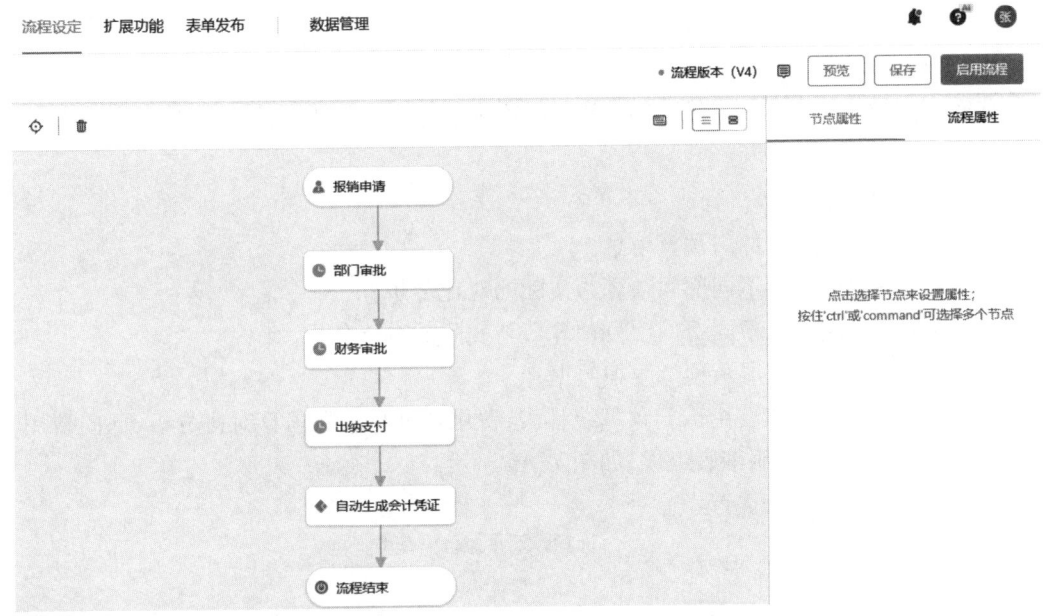

图 7-43　表单启用流程及发布界面

(十)流程测试

首先,边开发边测试;其次,进行单元测试,按照"报销申请单"流程表单设定好的流程提交数据,依次完成审批;最后,在模块三——会计核算"会计凭证"的"数据管理"中查看已生成的凭证信息。

(十一)扩展功能设置及表单发布

点击"表单发布",选择"对成员发布"后,根据实际业务需求设置扩展功能以及添加成员即可,也可导出表单,如图 7-44 所示。

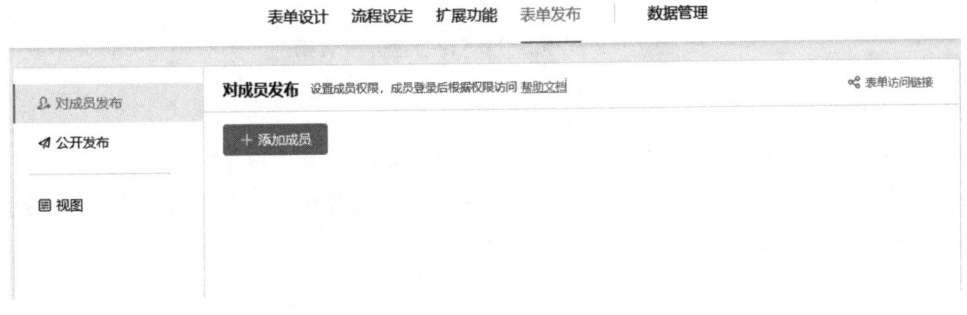

图 7-44　表单扩展功能及仪表盘发布界面

四、"统计分析"模块开发

"统计分析"模块开发包括"预算分析"仪表盘开发、"报销分析"仪表盘开发、"凭证分析"仪表盘开发。

(一)"预算分析"仪表盘开发

1. 开发效果

"预算分析"仪表盘基于预算信息表和预算剩余聚合表,对相关信息进行统计和实时监测。

本仪表盘设计要点:

(1) 通过条形图展示部门预算信息。

(2) 通过柱形图展示不同部门预算与实际的对比分析。

(3) 通过柱形图展示不同费用项目预算数与实际的对比分析。

(4) 通过数据明细表展示预算明细数据。

"预算分析"仪表盘主要由部门预算统计表、费用预算与实际预算对比分析、部门费用与实际预算对比分析、部门明细表组成,如图7-45所示。

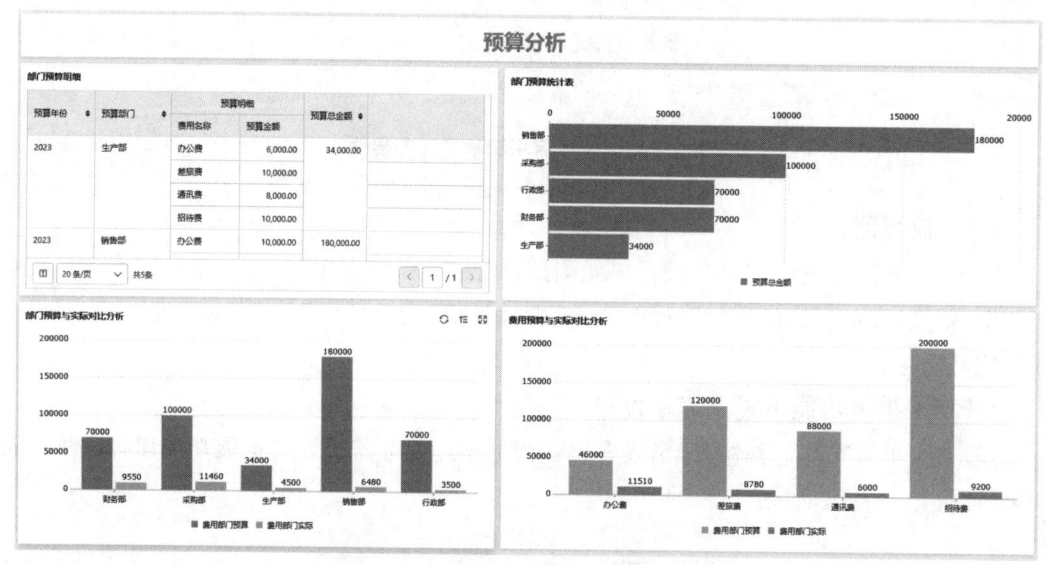

图 7-45 "预算分析"仪表盘开发效果

2. 开发步骤

首先,在应用下新建分组"统计分析",并在该组别下新建仪表盘"预算分析"。其次,在仪表盘中添加相关组件、图表和工具。再次,对各组件、图表和工具进行相关设置。最后,设置扩展功能并发布仪表盘。

3. 组件、图表及工具设计

1) 设计文本组件

点击左侧"文本组件",修改文本内容为"预算分析",根据需要调整尺寸,如图7-46所示。

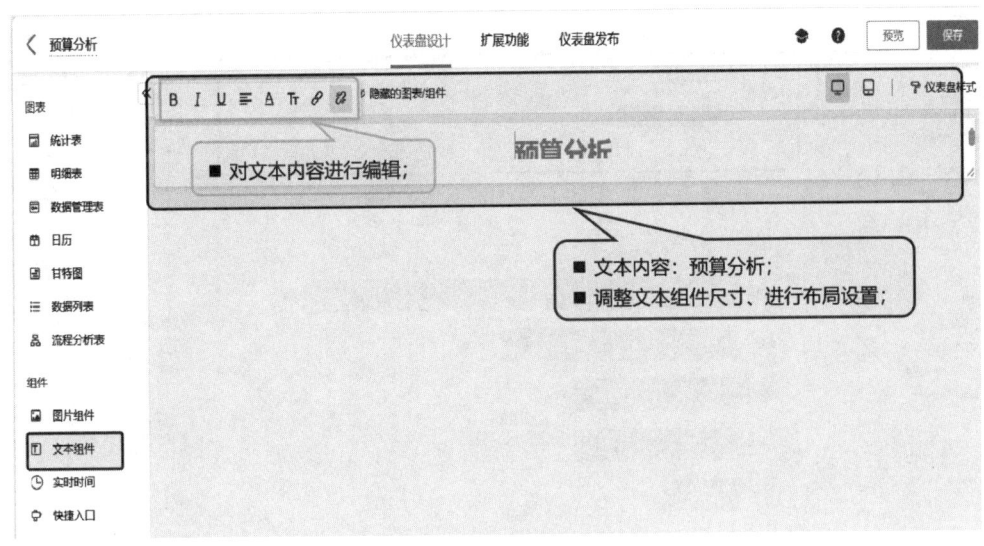

图 7-46　设计文本组件操作界面

2) 设计明细表

设计明细表如图 7-47 所示。

图 7-47　设计明细表

3) 设计条形图

首先，选择预算分析表盘左侧"数据源"，将"数据源"更改为"门店销售日报"，其次，维度设置为"预算部门"，指标设置为"预算总金额（求和）"，选择图表类型为"条形图"，最后，根据需求配置图表样式，如图 7-48 所示。

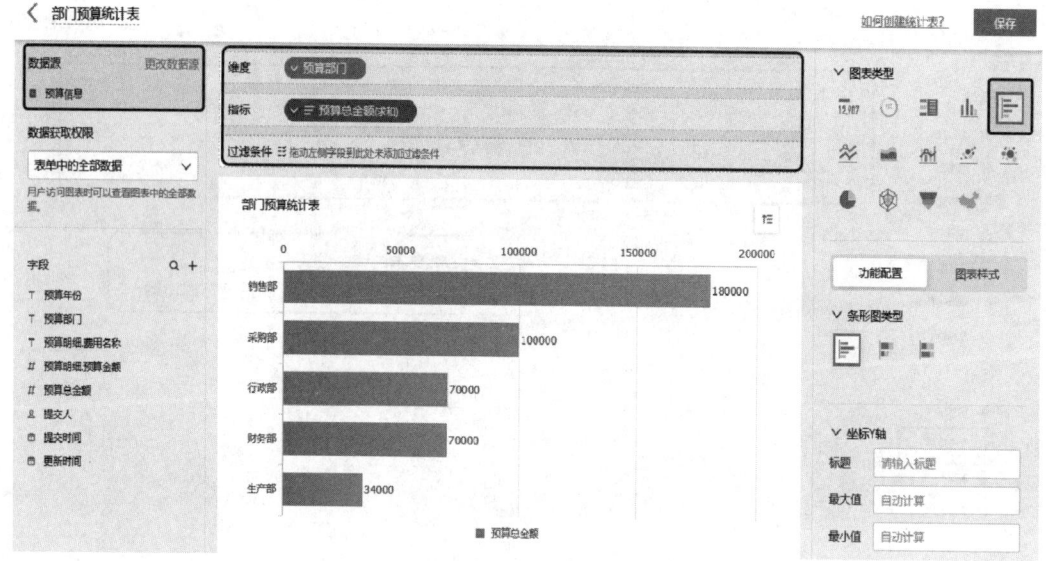

图 7-48 设计条形图

4）设计柱形图

首先，选择预算分析表盘左侧"数据源"，将数据源更改为"预算剩余聚合表"；其次，维度设置为"所属部门""预算部门"，指标设置为"费用部门预算（求和）、费用部门实际（求和）"，选择图表类型为"柱形图"；最后，根据需求配置图表样式，如图 7-49 所示。

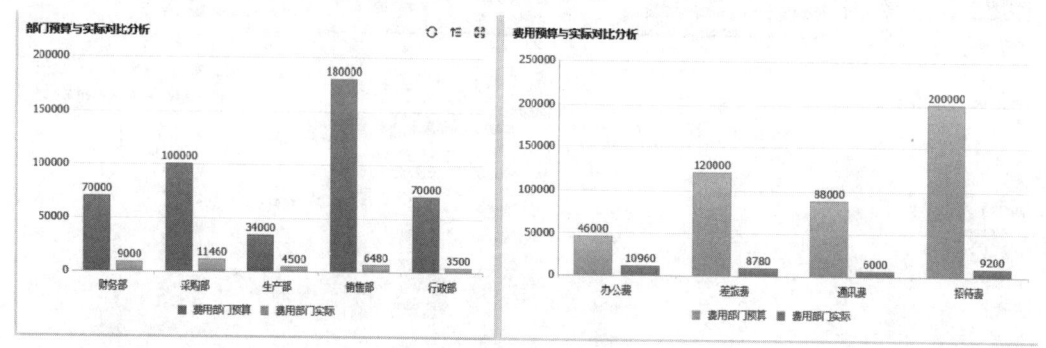

图 7-49 设计柱形图

4. 设置仪表盘扩展功能及仪表盘发布

点击"仪表盘发布"，选择"对成员发布"后，根据实际业务需求设置扩展功能以及添加成员即可。

（二）"报销分析"仪表盘开发

1. 开发效果

"报销分析"仪表盘实现对报销申请单的相关信息进行可视化展示，如图 7-50 所示。
本仪表盘设计要点：

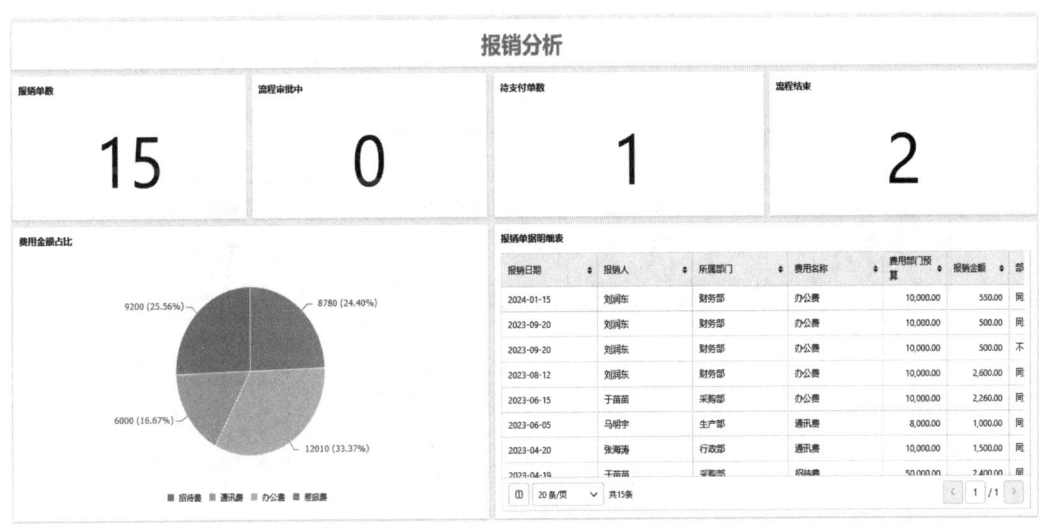

图 7-50 "报销分析"仪表盘开发效果

(1)通过指标图展示报销单数、流程审批中单数、待支付报销单数、流程结束单据数几个关键指标。

(2)使用饼图展示不同费用项目报销金额占比情况。

(3)使用数据明细表展示报销单据的信息。

2. 开发步骤

步骤1：在应用下新建分组"统计分析"，并在该组别下新建仪表盘"报销分析"。

步骤2：在仪表盘中添加相关组件、图表和工具。

步骤3：对各组件、图表和工具进行相关设置。

步骤4：设置扩展功能并发布仪表盘。

3. 组件、图表及工具设计

1) 设计文本组件及指标图

首先，点击右侧"文本组件"，修改文本内容为"报销分析"；其次，根据需要调整文本组件尺寸，进行布局设置；再次，输入单据编号为设计指标图时，将维度设置为"无"，指标设置为"计数"；过滤条件从左至右依次设置为"无""【流程状态】＝进行中""【出纳支付】等于任意一个""未填写""【流程状态】＝流转完成"；最后，根据需求配置图表样式并点击"保存"，如图7-51所示。

2) 设计饼图

首先，选择左侧"数据源"，将"数据源"更改为"报销申请单"；其次，维度设置为"费用名称"，指标设置为"金额（求和）"，选择图表类型为"饼图"；最后，根据需求配置图表样式，如图7-52所示。

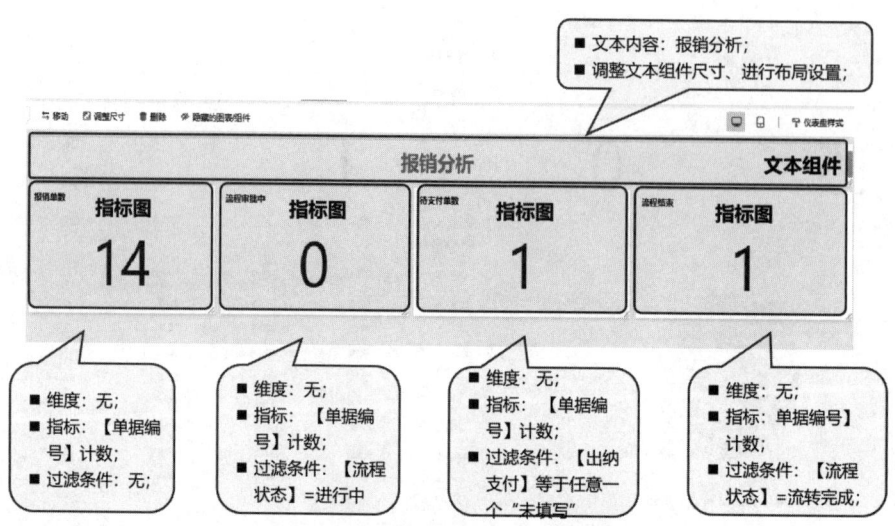

图 7-51 设计文本组件操作界面

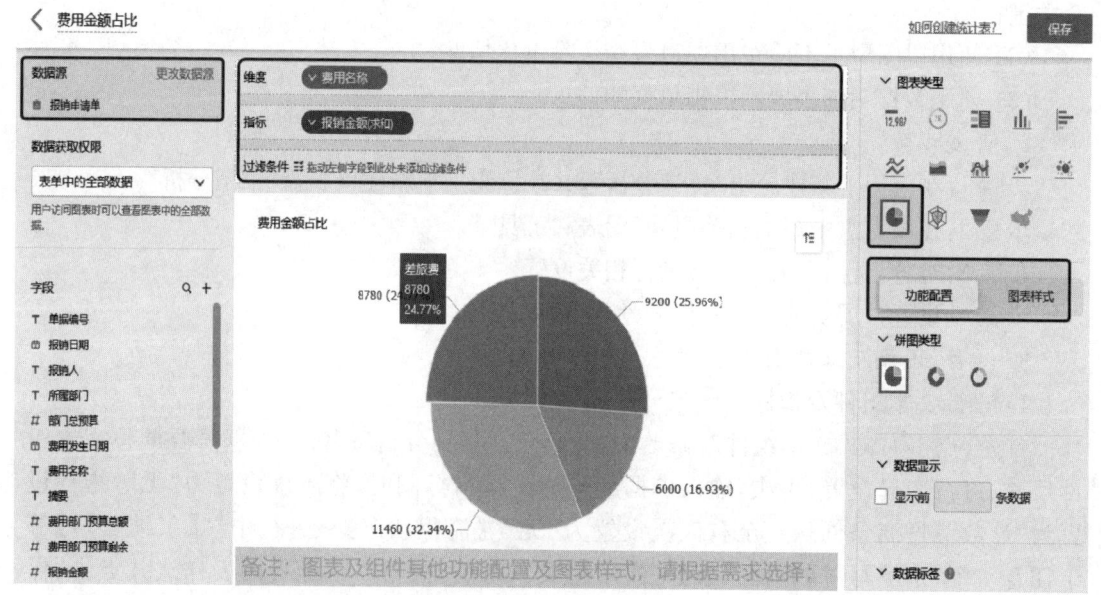

图 7-52 设计饼图示例

3)设计明细表

首先,选择左侧"数据源",将"数据源"更改为"报销申请单";其次,显示字段可根据需求拖拽添加,过滤条件可根据左侧字段拖拽添加;最后,根据需求配置图表样式,明细表设计如图 7-53 所示。

图 7-53　设计明细表示例

4. 设置仪表盘扩展功能及仪表盘发布

点击"仪表盘发布",选择"对成员发布",根据实际业务需求设置扩展功能以及添加成员即可。

(三)"凭证分析"仪表盘开发

1. 开发效果

"凭证分析"仪表盘基于自动生成的凭证相关信息进行实时查询、统计、可视化展示,具体如图 7-54 所示。

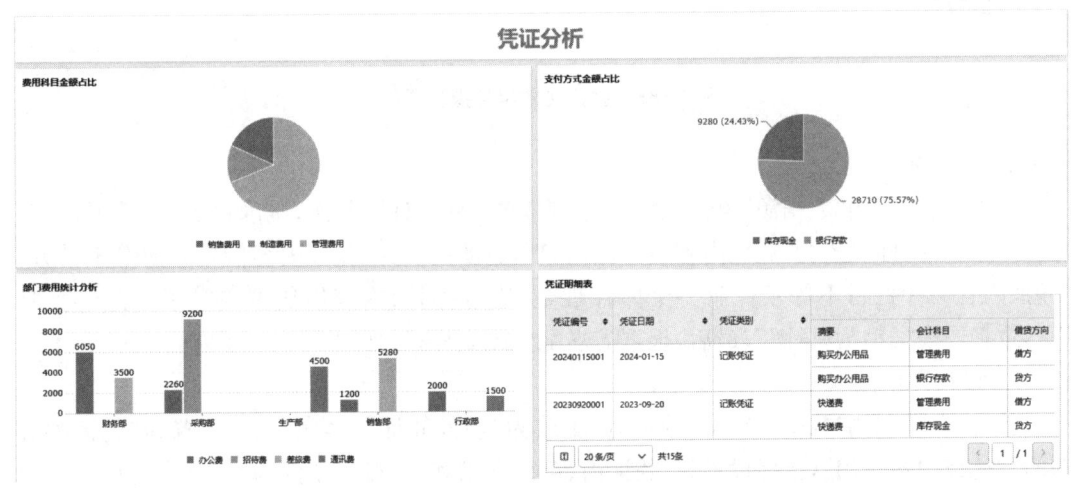

图 7-54　"凭证分析"仪表盘开发效果

本仪表盘设计要点：
（1）通过饼图展示不同科目发生费用金额占比、不同类型支付方式的金额占比。
（2）使用柱形图展示不同部门、不同费用报销的对比分析。
（3）使用数据明细表展示会计凭证数据的详细信息。

2. 开发步骤

首先，在应用下新建分组"统计分析"，并在该组别下新建仪表盘"凭证分析"；其次，在仪表盘中添加相关组件、图表和工具；再次，对各组件、图表和工具进行相关设置；最后，设置扩展功能并发布仪表盘。

3. 组件、图表及工具设计

1）设计文本组件

点击左侧"文本组件"，修改文本内容为"凭证分析"，根据需要调整组件尺寸、进行布局设置，如图7-55所示。

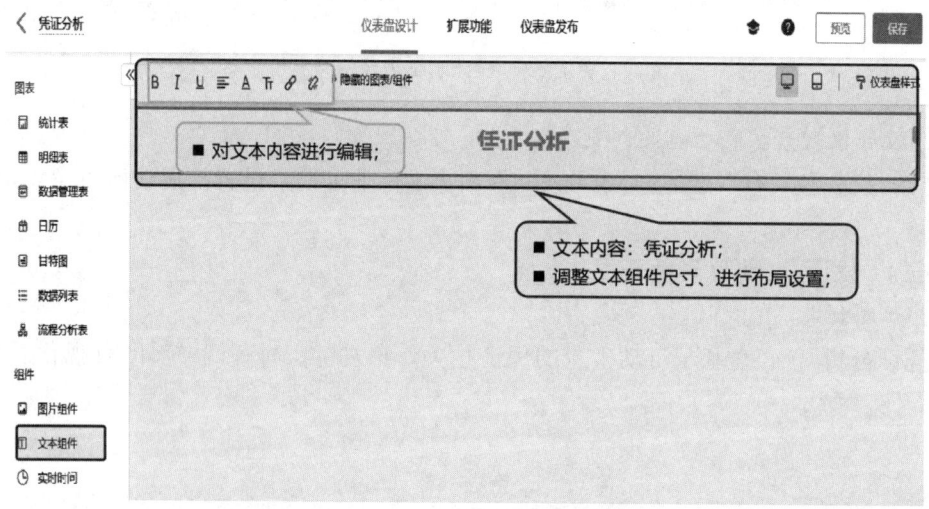

图7-55　设计文本组件操作界面

2）设计饼图

首先，选择左侧"数据源"，将"数据源"更改为"会计凭证"；其次，维度设置为"凭证内容""会计科目"，指标设置为"凭证内容金额（求和）"，过滤条件为"凭证内容借贷方向等于借方""凭证内容会计科目不等于任意一个库存现金、银行存款、内容借贷方向等于任意一个贷方"，选择图表类型为"饼图"；最后，根据需求配置图表样式，如图7-56所示。

3）设计柱形图

首先，选择左侧"数据源"，将"数据源"更改为"会计凭证"；其次，维度设置为"凭证内容部门""凭证内容费用"，指标设置为"凭证内容金额（求和）"，过滤条件为"凭证内容借贷方向等于任意一个借方"，选择图表类型为"柱形图"；最后，根据需求配置图表样式，如图7-57所示。

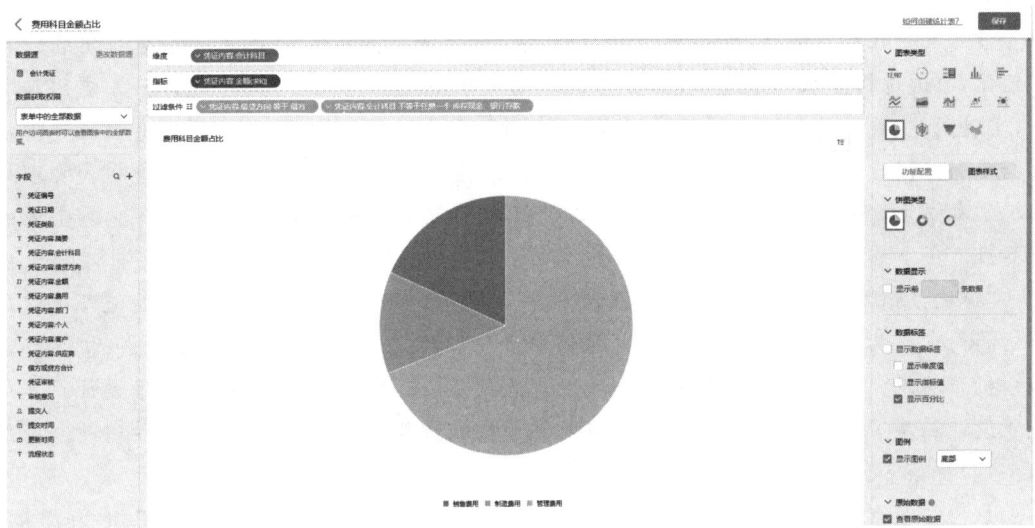

图 7-56　设计饼图示例

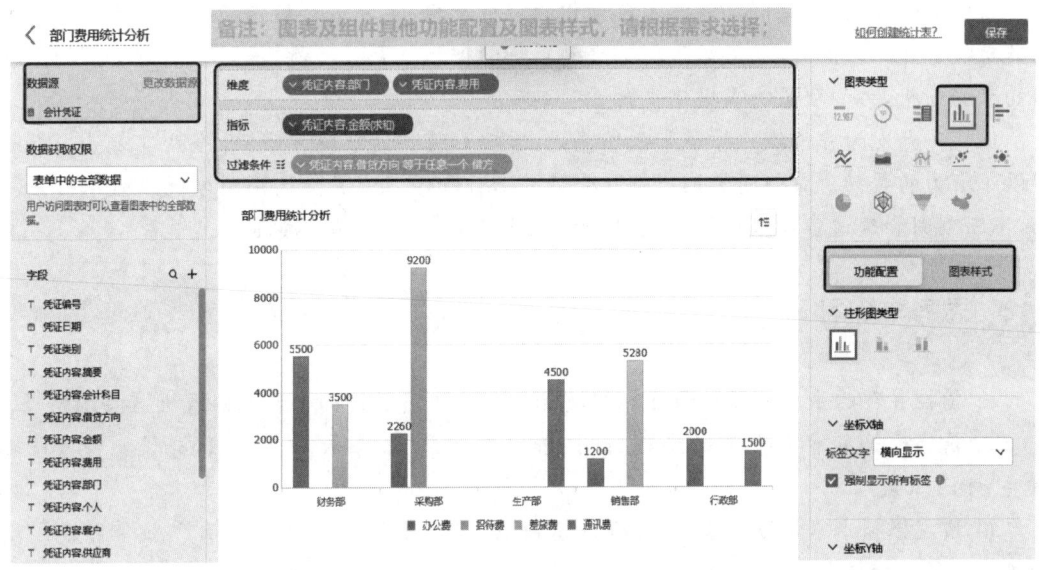

图 7-57　设计柱形图示例

4. 设置仪表盘扩展功能及仪表盘发布

点击"仪表盘发布",选择"对成员发布"后,根据实际业务需求设置扩展功能以及添加成员即可。

本章小结

在现代商业环境中,企业如何有效地控制成本,提高运营效率是一个关键问题。费控管

理的需求要全部达到,通过人工操作是无法实现的,也无法获得完整的数据链,无法实现事中管控的及时性和有效性,更谈不上事前防范风险。因此企业需要建立一个数字化的费控管理体系,通过搭建基础系统,与业务系统及财务系统交互,同时对接外部第三方应用服务等,实现高效、统一的费用支付门户,保持业务数据发生过程的链路完整、规则有效配置以及数据多点应用。费控管理系统作为一种强大的工具,可以帮助企业实现成本控制和管理的目标。本章主要介绍了利用低代码平台设计费控管理系统的功能和优势,以及它对企业的重要性。

"费控报销系统"从项目概述、利益相关者、功能需求和非功能需求四个方面梳理了需求分析的内容。其中功能需求主要包括:报销申请和审批;预算控制;记账凭证生成;报表查询与分析等功能。系统设计包括功能设计、数据表设计、流程设计、界面设计、权限设计。其中流程设计涵盖了两个主要流程:生成凭证流程和报销流程。报销流程体现业财一体化(业财融合)的特点。

费控管理系统是一种集成的软件系统,旨在帮助企业管理和控制各种费用,包括采购、物流、运输、人力资源等。它提供了一系列功能和工具,使企业能够更好地管理和监控费用的流动和使用情况。

通过低代码的流程引擎,创建了自动化的审批流程,实现了费用申请、审批、生成凭证等关键功能智能化。同时,利用低代码平台的数据管理和仪表盘功能,提供了实时、可视化、多维的数据分析,为管理层决策提供支持。

低代码开发为费控报销管理带来了高效、准确和可靠的解决方案,为企业实现业财融合提供了有力的帮助。希望同学们能够在今后的工作和学习中灵活运用所学的低代码开发技术,不断创新和改进费控报销管理流程,为企业的发展和提升作出贡献。

思考与练习

1. 费控管理的主要内容和面临的困境是什么?使用低代码平台可以解决这些困境吗?
2. 请您根据本章学习内容,新建应用"费控管理系"及在应用下分组,并设计开发基础表单"部门档案"。
3. 请您根据本章学习内容,设计开发基础表单"人员档案""费用项目""预算信息""会计科目""凭证模板"。
4. 请您根据本章学习内容,设计开发流程表单"会计凭证""报销申请单"。
5. 请您根据本章学习内容,设计开发仪表盘"预算分析""报销分析""凭证分析"及仪表盘"首页"。
6. 请您根据本章学习内容,设计开发"预算剩余"聚合表。

拓展思考

1. 以小组为单位组建团队,选取一家公司作为案例,基于实践案例的业务场景,设计开发薪资管理系统,并阐述原因。

2. 以小组为单位组建团队,创立一家礼品生产企业,主营业务为小礼物的生产和销售,主要产品是木质画框图片挂件和摆件,以自产自销(批发+零售)的方式开展经营。请结合本章内容完成企业费控管理系统的方案设计与开发。

思政园地

降低实体经济成本,
实现健康可持续发展

第八章

库存管理体系建设

第八章　库存管理体系建设

第九章 门店管理体系建设

第九章 门店管理体系建设